LES GRANDS INITIÉS
ESQUISSE DE L'HISTOIRE
SECRÈTE DES RELIGIONS

RAMA - KRISHNA - HERMES - MOISE - ORPHEE
PYTHAGORE - PLATON - JESUS

Avertissement de l'Éditeur

Le texte qui suit date de 1889. Il véhicule à ce titre quelques références scientifiques discutables car datées, ainsi qu'une vision du monde propre à son époque qui par certains endroits peut être qualifiée de racialisante. Il n'en demeure pas moins que passées ces critiques et la nécessaire contextualisation historique que suppose le texte, cette oeuvre reste une référence majeure en la matière et mérite pleinement d'être rééditée.

FVE

A LA MÉMOIRE DE MARGHERITA
ALBANA MIGNATY

Sans toi, ô grande âme aimée ! ce livre n'eût point vu le jour. Tu l'as couvé de ta flamme puissante, tu l'as nourri de ta douleur, tu l'as béni d'une divine espérance. Tu avais l'intelligence qui voit le Beau et le Vrai éternels au-dessus des réalités éphémères ; tu avais la Foi qui transporte les montagnes ; tu avais l'Amour qui éveille et qui crée des âmes ; ton enthousiasme brûlait comme un feu rayonnant.

Et voici, tu t'es éteinte et tu as disparu. D'une aile sombre, la Mort t'a emportée dans le grand Inconnu... Mais si mes regards ne peuvent plus t'atteindre, je te sais plus vivante que jamais ! Affranchie des chaînes terrestres, du sein de la lumière céleste où tu t'abreuves, tu n'a cessé de suivre mon oeuvre et j'ai senti ton rayon fidèle veiller jusqu'au bout sur son éclosion prédestinée.

Si quelque chose de moi devait survivre parmi nos frères, dans ce monde où tout ne fait que passer, je voudrais que ce fût ce livre, témoignage d'une foi conquise et partagée. Comme un flambeau d'Éleusis, orné de noir cyprès et de narcisse étoilé, je le voue à l'Âme ailée de Celle qui m'a conduit jus qu'au fond des Mystères, afin qu'il propage le feu sacré et qu'il annonce l'Aurore de la grande Lumière !

INTRODUCTION SUR LA
DOCTRINE ÉSOTÉRIQUE

Je suis persuadé qu'un jour viendra où le physiologiste, le poète et le philosophe parleront la même langue et s'entendront tous. Claude Bernard.

Le plus grand mal de notre temps est que la Science et la Religion y apparaissent comme deux forces ennemies et irréductibles. Mal intellectuel d'autant plus pernicieux qu'il vient de haut et s'infiltre sourdement, mais sûrement, dans tous les esprits, comme un poison subtil qu'on respire dans l'air. Or, tout mal de l'intelligence devient à la longue un mal de l'âme et par suite un mal social.

Tant que le christianisme ne fit qu'affirmer naïvement la foi chrétienne au milieu d'une Europe encore à demi-barbare, comme au moyen âge, il fut la plus grande des forces morales ; il a formé l'âme de l'homme moderne. - Tant que la science, expérimentale, ouvertement reconstituée au seizième siècle, ne fit que revendiquer les droits légitimes de la raison et sa liberté illimitée, elle fut la plus grande des forces intellectuelles ; elle a renouvelé la face du monde, affranchi l'homme de chaînes séculaires et fourni à l'esprit humain des bases indestructibles.

Mais depuis que l'Église, ne pouvant plus prouver son dogme primaire en face des objections de la science, s'y est enfermée comme dans une maison sans fenêtres, opposant la foi à la raison comme un commandement absolu et indiscutable ; depuis que la Science, enivrée de ses découvertes dans le monde physique, faisant abstraction du monde psychique et intellectuel, est devenue agnostique dans sa méthode, matérialiste dans ses principes comme dans sa fin ; depuis que la Philosophie, désorientée et impuissante entre les deux, a en quelque sorte abdiqué ses droits pour tomber dans un scepticisme transcendant, une scission profonde s'est faite dans l'âme de la société comme dans celle des individus. Ce conflit, d'abord nécessaire et utile, puisqu'il a établi les droits de la Raison et de la Science, a fini par devenir une cause d'impuissance et de dessèchements. La Religion répond aux besoins du coeur, de là sa magie éternelle ; la Science à ceux de l'esprit de là sa force invincible.

Mais depuis longtemps, ces puissances ne savent plus s'entendre. La Religion sans preuve et la Science sans espoir sont debout, l'une en face de l'autre, et se défient sans pouvoir se vaincre.

De là une contradiction profonde, une guerre cachées non seulement entre l'État et l'Église mais encore dans la Science elle-même, dans le sein de toutes les églises et jusque dans la conscience de tous les individus pensants. Car, qui que nous soyons, à quelque école philosophique, esthétique et sociale que nous appartenions nous portons en nous ces deux mondes ennemis, en apparence irréconciliables, qui naissent de deux besoins indestructibles de l'homme : le besoin scientifique et le besoin religieux. Cette situation, qui dure depuis plus de cent ans, n'a certainement pas peu contribué à développer les facultés humaines en les tendant les unes contre les autres. Elle a inspiré à la poésie et à la musique des accents d'un pathétique et d'un grandiose inouï. Mais aujourd'hui la tension prolongée et suraiguë a produit l'effet contraire. Comme l'abattement succède à la fièvre chez un malade, elle s'est changée en marasme, en dégoût, en impuissance. La Science ne s'occupe que du monde physique et matériel ; la philosophie morale a perdu la direction des intelligences ; la Religion gouverne encore dans une certaine mesure les masses, mais elle ne règne plus sur les sommets sociaux ; toujours grande par la charité, elle ne rayonne plus par la foi. Les guides intellectuels de notre temps sont des incrédules ou des sceptiques parfaitement sincères et loyaux. Mais ils doutent de leur art et se regardent en souriant comme les augures romains. En public, en privé, ils prédisent les catastrophes sociales sans trouver le remède, ou enveloppent leurs sombres oracles d'euphémismes prudents. Sous de tels auspices, la littérature et l'art ont perdu le sens du divin. Déshabituée des horizons éternels, une grande partie de la jeunesse a versé dans ce que ses maîtres nouveaux appellent le naturalisme, dégradant ainsi le beau nom de Nature. Car ce qu'ils décorent de ce vocable n'est que l'apologie des bas instincts, la fange du vice ou la peinture complaisante de nos platitudes sociales, en un mot, la négation systématique de l'âme et de l'intelligence. Et la pauvre Psyché ayant perdu ses ailes gémit et soupire étrangement au fond de ceux-là même qui l'insultent et la nient.

A force de matérialisme, de positivisme et de scepticisme cette fin de siècle en est arrivée à une fausse idée de la Vérité et du Progrès.

Nos savants, qui pratiquent la méthode expérimentale de Bacon pour l'étude de l'univers visible avec une précision merveilleuse et d'admirables résultats, se font de la Vérité une idée tout extérieure et matérielle. Ils pensent qu'on s'en rapproche à mesure qu'on accumule un plus grand nombre de faits. Dans leur domaine, ils ont raison. Ce qu'il y a de grave, c'est que nos philosophes et nos moralistes ont fini par penser de même. A ce compte, il est certain que les causes premières et les fins dernières resteront à jamais impénétrables à l'esprit humain. Car, supposez que nous sachions exactement ce qui se passe, matériellement parlant, dans toutes les planètes du système solaire, ce qui, soit dit en passant, serait une magnifique base d'induction ; supposez même que nous sachions quelle sorte d'habitants renferment les satellites de Sirius et de plusieurs étoiles de la voie lactée. Certes, il serait merveilleux de savoir tout cela, mais en saurions-nous davantage sur la totalité de notre amas stellaire, sans parler de la nébuleuse d'Andromède et de la nuée de Magellan ? - Cela fait que notre temps conçoit le développement de l'humanité comme la marche éternelle vers une vérité indéfinie, indéfinissable et à jamais inaccessible.

Voilà la conception de la philosophie positiviste d'Auguste Comte et de Herbert Spencer qui a pré valu de nos jours.

Or, la Vérité était tout autre chose pour les sages et les théosophes de l'Orient et de la Grèce. Ils savaient sans doute qu'on ne peut l'embrasser et l'équilibrer sans une connaissance sommaire du monde physique, mais ils savaient aussi qu'elle réside avant tout en nous-mêmes, dans les principes intellectuels et dans la vie spirituelle de l'âme. Pour eux, l'âme était la seule, la divine réalité et la clef de l'univers. En ramassant leur volonté à son centre en développant ses facultés latentes, ils atteignaient à ce foyer vivant qu'ils nommaient Dieu, dont la lumière fait comprendre les hommes et les êtres. Pour eux, ce que nous nommons le Progrès, à savoir l'histoire du monde et des hommes, n'était que l'évolution dans le temps et dans l'espace de cette Cause centrale et de cette Fin dernière. – Et vous croyez peut-être que ces théosophes furent de purs contemplatifs, des rêveurs impuissants, des fakirs perchés sur leurs colonnes ? Erreur. Le monde n'a pas connu de plus grands hommes d'action, dans le sens le plus fécond, le plus incalculable du mot. Ils brillent comme des étoiles de première grandeur dans le ciel des âmes. Ils s'appellent Krishna, Bouddha, Zoroastre, Hermès, Moïse, Pythagore, Jésus, et ce furent de puissants mouleurs d'esprits, de formidables éveilleurs d'âmes, de salutaires organisateurs de sociétés. Ne vivant que pour leur idée, toujours prêts à mourir, et sachant que la mort pour la Vérité est l'action efficace et suprême, ils ont créé les sciences et les religions, par suite les lettres et les arts dont le suc nous nourrit encore et nous fait vivres. Et qu'est en train de produire le positivisme et le scepticisme de nos jours ? Une génération sèche, sans idéal, sans lumière et sans foi, ne croyant ni à l'âme ni à Dieu, ni à l'avenir de l'humanité, ni à cette vie ni à l'autre, sans énergie dans la volonté, doutant d'elle-même et de la liberté humaine.

« C'est par leurs fruits que vous les jugerez », a dit Jésus. Ce mot du Maître des maîtres s'applique aux doctrines comme aux hommes. Oui, cette pensée s'impose : Ou la vérité est à jamais inaccessible à l'homme, ou elle a été possédée dans une large mesure par les plus grands sages et les premiers initiateurs de la terre. Elle se trouve donc au fond de toutes les grandes religions et dans les livres sacrés de tous les peuples. Seulement, il faut savoir l'y trouver et l'en dégager.

Si l'on regarde l'histoire des religions avec des yeux dessillés par cette vérité centrale que l'initiation intérieure peut seule donner, on demeure à la fois surpris et émerveillé. Ce qu'on aperçoit alors ne ressemble guère à ce qu'enseigne l'Église qui borne la révélation au christianisme et ne l'admet que dans son sens primaire. Mais cela ressemble tout aussi peu, à ce qu'enseigne la science purement naturaliste dans notre Université. Celle-ci se place cependant à un point de vue plus large. Elle met toutes les religions sur la même ligne et leur applique une méthode unique d'investigation. Son érudition est profonde, son zèle admirable, mais elle ne s'est pas encore élevée au point de vue de l'*ésotérisme comparé*, qui montre l'histoire des religions et de l'humanité sous un aspect entièrement nouveau. De cette hauteur, voici ce qu'on aperçoit :

Toutes les grandes religions ont une histoire extérieure et une histoire intérieure ; l'une apparente, l'autre cachée. Par l'histoire extérieure, j'entends les dogmes et les mythes enseignés publiquement dans les temples et les écoles, reconnus dans le culte et les

9

superstitions populaires. Par l'histoire intérieure, j'entends la science profonde, la doctrine secrète, l'action occulte des grands initiés, prophètes ou réformateurs qui ont créé, soutenu, propagé ces mêmes religions. La première, l'histoire officielle, celle qui se lit partout se passe au grand jour; elle n'en est pas moins obscure, embrouillée, contradictoire. La seconde, que j'appelle la tradition ésotérique ou la doctrine des Mystères, est très difficile à démêler. Car elle se passe dans le fond des temples, dans les confréries secrètes, et ses drames les plus saisissants se déroulent tout entiers dans l'âme des grands prophètes, qui n'ont confié à aucun parchemin ni à aucun disciple leurs crises suprêmes, leurs extases divines. Il faut la deviner. Mais une fois qu'on la voit, elle apparaît lumineuse, organique, toujours en harmonie avec elle-même. On pourrait aussi l'appeler l'histoire de la religion éternelle et universelle. En elle se montre le dessous des choses, *l'endroit* de la conscience humaine, dont l'histoire n'offre que *l'envers* laborieux. Là, nous saisissons le point générateur de la Religion et de la Philosophie qui se rejoignent à l'autre bout de l'ellipse par la science intégrale. Ce point correspond aux vérités transcendantes. Nous y trouvons la cause, l'origine et la fin du prodigieux travail des siècles, la Providence en ses agents terrestres. Cette histoire est la seule dont je me sois occupé dans ce livre.

Pour la race aryenne, le germe et le noyau s'en trouvent dans les Védas. Sa première cristallisation historique apparaît dans la doctrine trinitaire de Krishna qui donne au brahmanisme sa puissance, à la religion de l'Inde son cachet indélébile. Bouddha, qui selon la chronologie des brahmanes serait postérieur à

Krishna de deux mille quatre cents ans, ne fait que mettre en dehors un autre côté de la doctrine occulte, celui de la métempsycose et de la série des existences enchaînées par la loi du Karma. Quoique le bouddhisme fût une révolution démocratique, sociale et morale contre le brahmanisme aristocratique et sacerdotal, son fond métaphysique est le même, mais moins complet.

L'antiquité de la doctrine sacrée n'est pas moins frappante en Égypte, dont les traditions remontent jusqu'à une civilisation bien antérieure à l'apparition de la race aryenne sur la scène de l'histoire. Il était permis de supposer, jusqu'en ces derniers temps, que le monisme trinitaire exposé dans les livres grecs d'Hermès Trismégiste était une compilation de l'école d'Alexandrie sous la double influence du judéo-christianisme et du néo-platonisme. D'un commun accord, croyants ou incrédules, historiens et théologiens n'ont cessé de l'affirmer jusqu'à ce jour. Or, cette théorie tombe aujourd'hui devant les découvertes de l'épigraphie Égyptienne. L'authenticité fondamentale des livres d'Hermès comme documents de l'antique sagesse de l'Égypte, ressort triomphante des hiéroglyphes expliqués. Non seulement les inscriptions des stèles de Thèbes et de Memphis confirment toute la chronologie de Manéthon, mais elles démontrent que les prêtres d'Ammon-Râ professaient la haute métaphysique qu'on enseignait sous d'autres formes sur les bords du Gange[1]. On peut dire ici avec le prophète

---

[1] Voir les beaux travaux de François Lenormant et de M. Maspio.

hébreu que « la pierre parle et que le mur jette son cri. » Car, pareil au « soleil de minuit » qui reluisait, dit-on, dans les Mystères d'Isis et d'Osiris, la pensée d'Hermès, l'antique doctrine du verbe solaire s'est rallumée dans les tombeaux des Rois et brille jusque sur les papyrus du *livre des Morts*, gardés par des momies de quatre mille ans.

En Grèce, la pensée ésotérique est à la fois plus visible et plus enveloppée qu'ailleurs ; plus visible, parce qu'elle se joue à travers une mythologie humaine et ravissante, parce qu'elle coule comme un sang ambrosien dans les veines de cette civilisation, et jaillit par tous les pores de ses Dieux comme un parfum et comme une rosée céleste. D'autre part, la pensée profonde et scientifique, qui présida à la conception do tous ces mythes, est souvent plus difficile pénétrer à cause de leur séduction même et des embellissements qu'y ont ajoutés les poètes. Mais les principes sublimes do la théosophie dorienne et de la sagesse delphique sont inscrits en lettres d'or dans les fragments orphiques et dans la synthèse pythagoricienne ; non moins quo dans la vulgarisation dialectique et un peu fantaisiste de Platon. L'école d'Alexandrie enfin nous fournit des clefs utiles. Car elle fut la première à publier en partie et à commenter le sens des mystères, au milieu du relâchement de la religion grecque et en face du christianisme grandissant.

La tradition occulte d'Israël, qui procède à la fois de l'Égypte, de la Chaldée et de la Perse, nous a été conservée sous des formes bizarres et obscures, mais dans toute sa profondeur et son étendue par la *Kabbale* ou tradition orale, depuis le *Zohar* et le *Sépher Yézirah* attribué à *Simon Ben Yochaï* jusqu'aux commentaires de Maïmonidès. Mystérieusement renfermée dans la Genèse et dans la symbolique des prophètes, elle ressort d'une manière frappante de l'admirable travail de Fabre d'Olivet sur *la Langue Hébraïque Restituée*, qui tend à reconstruire la véritable cosmogonie de Moïse, selon la méthode égyptienne, d'après le triple sens de chaque verset et presque de chaque mot des dix premiers chapitres de la Genèse.

Quant à l'ésotérisme chrétien, il rayonne de lui-même dans les Évangiles éclairés par les traditions esséniennes et gnostiques. Il jaillit comme d'une source vive de la parole du Christ, de ses paraboles, du fond même de cette âme incomparable et vraiment divine. En même temps, l'Évangile de Saint Jean nous donne la clef de l'enseignement intime et supérieur de Jésus avec le sens et la portée de sa promesse. Nous retrouvons là cette doctrine de la Trinité et du Verbe divin déjà enseignée depuis des milliers d'années dans les temples de l'Égypte et de l'Inde, mais évertuée, personnifiée par le prince des initiés, par le plus grand des fils de Dieu.

L'application de la méthode que j'ai appelée l'ésotérisme comparé à l'histoire des religions nous conduit donc à un résultat d'une haute importance, qui se résume ainsi : l'antiquité, la continuité et l'unité essentielle de la doctrine ésotérique. Il faut reconnaître que c'est là un fait bien remarquable. Car il suppose que les sages et les prophètes des temps les plus divers sont arrivés à des conclusions identiques pour le fond, quoique différentes dans la forme, sur les vérités premières et dernières – et cela toujours par la même voie de l'initiation intérieure et de la méditation. Ajoutons que ces sages et ces prophètes furent les plus grands bienfaiteurs de l'humanité, les sauveurs dont la force rédemptrice arracha les hommes au gouffre de la nature inférieure et de la négation.

Ne faut-il point dire après cela qu'il y a, selon l'expression de Leibnitz une sorte de philosophie éternelle, *perennis quædam philosophia,* qui constitue le lien primordial de la science et de la religion et leur unité finale ?

La théosophie antique professée en Inde, en Égypte et en Grèce constituait une encyclopédie véritable divisée généralement en quatre catégorie

1. la *Théogonie* ou science des principes absolus, identique avec la science des *Nombres* appliquée à l'univers, ou les mathématiques sacrées ;

2. la *Cosmogonie*, réalisation des principes éternels dans l'espace et le temps, ou *involution* de l'esprit dans la matière ; périodes du monde ;

3. la *Psychologie ;* constitution de l'homme ; évolution de l'âme à travers la chaîne des existences ;

4. la *Physique*, science des règnes de la nature terrestre et de ses propriétés.

La méthode inductive et la méthode expérimentale se combinaient et se contrôlaient l'une par l'autre dans ces divers ordres de sciences, et à chacune d'elles correspondait un art. C'étaient, en les prenant dans l'ordre inverse, et en commençant par les sciences physiques :

1. une *Médecine spéciale* fondée sur la connaissance des propriétés occultes des minéraux, des plantes et des animaux ; l'Alchimie ou transmutation des métaux, désintégration et réintégration de la matière par l'agent universel, art pratiqué dans l'Égypte ancienne selon Olympiodore et nommé par lui chrysopée et argyropée, fabrication de l'or et de l'argent ;

2. les *Arts psychurgiques* correspondant aux forces de l'âme : magie et divination ;

3. 3. la *Généthliaque* céleste ou astrologie, ou l'art de découvrir le rapport entre les destinées des peuples ou des individus et les mouvements de l'univers marqués par les révolutions des astres ;

4. la Théurgie, l'art suprême du mage, aussi rare que périlleux et difficile, celui de mettre l'âme en rapport conscient avec les divers ordres d'esprits et d'agir sur eux.

On le voit, sciences et arts, tout se tenait dans cette théosophie et découlait d'un même principe que j'appellerai en langage moderne le *monisme intellectuel*, le *spiritualisme évolutif et transcendant*. On peut formuler comme il suit les principes essentiels de la doctrine ésotérique :

- L'esprit est la seule réalité. La matière n'est que son expression inférieure, changeante, éphémère, son dynamisme dans l'espace et le temps.

- La création est éternelle et continue comme la vie.

- Le micros-cosme-homme est par sa constitution ternaire : (esprit, âme et corps) l'image et le miroir du macro-cosme-univers (monde divin, humain et naturel), qui est lui-même l'organe du Dieu ineffable, de l'Esprit absolu, lequel est par sa nature : Père, Mère et Fils (essence, substance et vie).

- Voilà pourquoi l'homme, image de Dieu, peut devenir son verbe vivant. La gnose ou la mystique rationnelle de tous les temps, est l'art de trouver Dieu en soi, en développant les profondeurs occultes, les facultés latentes de la conscience.

- L'âme humaine, l'individualité est immortelle par essence. Son développement a lieu sur un plan tour à tour descendant et ascendant, par des existences alternativement spirituelles et corporelles.

- La réincarnation est la loi de son évolution. Parvenue à sa perfection, elle y échappe et retourne à l'Esprit pur, à Dieu dans la plénitude de sa conscience. De même que l'âme s'élève au-dessus de la loi du combat pour la vie lorsqu'elle prend conscience de son humanité, de même elle s'élève au-dessus de la loi de la réincarnation lorsqu'elle prend conscience de sa divinité.

Les perspectives qui s'ouvrent au Seuil de la théosophie sont immenses surtout lorsqu'on les compare à l'étroit et désolant horizon où le matérialisme enferme l'homme, ou aux données enfantines et inacceptables de la théologie cléricale. En les apercevant pour la première fois on éprouve l'éblouissement, le frisson de l'infini. Les abîmes de l'Inconscient s'ouvrent en nous- mêmes, nous montrent le gouffre d'où nous sortons, Les hauteurs Vertigineuses où nous aspirons. Ravis de cette immensité, mais épouvantés du voyage, nous demandons à ne plus être ; nous faisons appel au Nirvana ! Puis, nous nous apercevons que cette faiblesse n'est que la lassitude du marin prêt à lâcher la rame au milieu de la bourrasque. Quelqu'un a dit : l'homme est né dans un creux de Vague et ne sait rien du vaste océan qui s'étend en arrière et en avant. Cela est vrai ; mais la mystique transcendante pousse notre barque sur la crête d'une lame, et là, toujours battus par la furie de la tempête, nous saisissons son rythme grandiose ; et l'œil, mesurant la voûte du ciel, se repose dans le calme de l'azur.

La surprise augmente, si, revenant aux sciences modernes, on constate que depuis Bacon et Descartes, elles tendent involontairement, mais d'autant plus sûrement, à revenir aux données de l'ancienne théosophie. Sans abandonner l'hypothèse des atomes, la physique moderne en est arrivée insensiblement à identifier l'idée de matière avec l'idée de force, ce qui est un pas vers le dynamisme spiritualiste. Pour expliquer la lumière, le magnétisme, l'électricité, les savants ont dû admettre une matière subtile et absolument impondérable, remplissant l'espace et pénétrant tous les corps, matière qu'ils ont appelée éther, ce qui est un pas vers l'antique idée théosophique de l'*âme du monde*. Quant à l'impressionnabilité, à l'intelligente docilité de cette matière, elle ressort d'une récente expérience qui prouve la transmission du son par la lumière[2].

- De toutes les sciences, celles qui semblent avoir le plus compromis le spiritualisme, sont la zoologie comparée et l'anthropologie. En réalité, elles l'auront servi, en montrant la loi et le mode d'intervention du monde intelligible dans le monde animal. Darwin a mis fin à l'idée enfantine de la création selon la théologie primaire. Sous ce rapport, il n'a fait que revenir aux idées de l'ancienne théosophie. Pythagore déjà avait dit : « l'homme est parent de l'animal. » Darwin a montré les lois auxquelles obéit la nature pour exécuter le plan divin, lois instrumentaires qui sont : le combat pour la vie, l'hérédité et la sélection naturelle. Il a prouvé la variabilité des espèces, il en a réduit le nombre, il en a établi l'étiage. Mais ses disciples, les théoriciens du transformisme absolu qui ont voulu faire sortir toutes les espèces d'un seul prototype et faire dépendre leur apparition des seules influences des milieux, ont forcé les faits en faveur d'une conception

---

[2] Expérience de Bell. — On fait tomber un rayon de lumière sur une plaque de sélénium, qui le renvoie à distance sur une autre plaque du même métal. Celle-ci communique avec une pile galvanique à laquelle s'adapte un téléphone. Les paroles prononcées derrière la première plaque s'entendent distinctement dans le téléphone qui fait suite à la seconde plaque. Le rayon de lumière a donc servi de fil téléphonique. Les ondes sonores se sont transformées en ondes lumineuses, celles-ci en ondes galvaniques et celles-ci sont redevenues ondes sonores.

purement externe et matérialiste de la nature. Non, les milieux n'expliquent pas les espèces, pas plus que les lois physiques n'expliquent les lois chimiques, pas plus que la chimie n'explique le principe évolutif du végétal, ni celui-ci le principe évolutif des animaux. Quant aux grandes familles d'animaux, elles correspondent aux types éternels de la vie, signatures de l'Esprit, qui marquent l'échelle de la conscience. L'apparition des mammifères après les reptiles et les oiseaux n'a pas sa raison d'être dans un changement du milieu terrestre ; celui-ci n'en est que la condition. Elle suppose une embryogénie nouvelle ; par conséquent une nouvelle force intellectuelle et animique agissant par le dedans et le fond de la nature, que nous appelons l'au-delà relativement à la perception des sens. Sans cette force intellectuelle et animique on n'expliquerait pas même l'apparition d'une cellule organisée dans le monde inorganique. Enfin l'Homme qui résume et couronne la série des êtres, révèle toute la pensée divine par l'harmonie des organes et la perfection de la forme ; effigie vivante de l'Âme universelle, de l'Intelligence active. Condensant toutes les lois de l'évolution et toute la nature dans son corps, il la domine et s'élève au-dessus d'elle, pour entrer par la conscience et par la liberté dans le royaume infini de l'Esprit.

La psychologie expérimentale appuyée sur la physiologie, qui tend depuis le commencement du siècle à redevenir une science, à conduit les savants contemporains jusqu'au seuil d'un autre monde, le monde propre de l'âme, où, sans que les analogies cessent, règnent des lois nouvelles. J'entends parler des études et des constatations médicales de ce siècle sur le magnétisme animal, sur le somnambulisme et sur tous les états de l'âme différents de la veille, depuis le sommeil lucide à travers la double vue jusqu'à l'extase. La science moderne n'a fait encore que tâtonner dans ce domaine, où la science des temples antiques avait su s'orienter, parce qu'elle en possédait les principes et les clefs nécessaires. Il n'en est pas moins vrai qu'elle y a découvert tout un ordre de faits qui lui ont paru étonnants, merveilleux, inexplicables, parce qu'ils contredisent nettement les théories matérialistes sous l'empire desquelles elle a pris l'habitude de penser et d'expérimenter. Rien n'est plus instructif que l'incrédulité indignée de certains savants matérialistes devant tous les phénomènes qui tendent à prouver l'existence d un monde invisible et spirituel. Aujourd'hui, quelqu'un qui s'avise de prouver l'âme scandalise l'orthodoxie et l'athéisme, autant qu'on scandalisait autrefois l'orthodoxie de l'Église en niant Dieu. On ne risque plus sa vie, il est vrai, mais on risque sa réputation. – Quoiqu'il en soit, ce qui ressort du plus simple phénomène de suggestion mentale à distance et par la pensée pure, phénomène constaté mille fois dans les annales du magnétisme[3], c'est un mode d'action de l'esprit et de la volonté en dehors des lois physiques et du monde visible. La porte de l'Invisible est donc ouverte. – Dans les hauts phénomènes du somnambulisme, ce monde s'ouvre tout à fait. Mais je m'arrête ici à ce qui est constaté par la science officielle.

---

[3] Voir le beau livre de M. Ochorowitz sur la suggestion mentale. The perfect way of finding Christ, par Anna Kingsford et Mait Iaud. Londres, 1882

Si nous passons de la psychologie expérimentale et objective à la psychologie intime et subjective de nôtre temps qui s'exprime en poésie, en musique et en littérature, nous trouverons qu'un immense souffle d'ésotérisme inconscient les traverse. Jamais l'aspiration à la vie spirituelle, aux mondes invisibles, refoulée par les théories matérialistes des savants et par l'opinion mondaine, n'a été plus sérieuse et plus réelle. On retrouve cette aspiration dans les regrets, dans les doutes, dans les mélancolies noires et jusque dans les blasphèmes de nos romanciers naturalistes et de nos poètes décadents. Jamais l'âme humaine n'a eu un sentiment plus profond de l'insuffisance, de la misère, de l'irréel de sa vie présente, jamais elle n'a aspiré plus ardemment à l'invisible au delà, sans parvenir à y croire. Quelquefois même son intuition arrive à formuler des vérités transcendantes qui ne font point partie du système admis par sa raison, qui contredisent ses opinions de surface et qui sont d'involontaires effulgurations de sa conscience occulte. J'en citerai pour preuve le passage d'un rare penseur qui a goûté toute l'amertume et toute la solitude morale de ce temps-ci. « Chaque sphère de l'être, dit Frédéric Amiel, tend à une sphère plus élevée et en a déjà des révélations et des pressentiments. L'idéal, sous toutes ses formes, est l'anticipation, la vision prophétique de cette existence supérieure la sienne, à laquelle chaque être aspire toujours. Cette existence supérieure en dignité est plus intérieure par sa nature, c'est-à-dire plus spirituelle. Comme les volcans nous apportent les secrets de l'intérieur du globe, l'enthousiasme, l'extase sont des explosions passagères de ce monde intérieur de l'âme, et la vie humaine n'est que la préparation et l'avènement à cette vie spirituelle. Les degrés de l'initiation sont innombrables. Ainsi veille, disciple de la vie, chrysalide d'un ange, travaille à ton éclosion future, car l'Odyssée divine n'est qu'une série de métamorphoses de plus en plus éthérées, où chaque forme, résultat des précédentes, est la condition de celles qui suivent. La vie divine est une série de morts successives où l'esprit rejette ses imperfections et ses symboles et cède à l'attraction croissante du centre de gravitation ineffable, du soleil de l'intelligence et de l'amour. » Habituellement Amiel n'était qu'un hégélien très intelligent, doublé d'un moraliste supérieur. Le jour où il écrivit ces lignes inspirées, il fut profondément théosophe. Car on ne saurait exprimer d'une manière plus saisissante et plus lumineuse l'essence même de la vérité ésotérique.

Ces aperçus suffisent à démontrer que la science et l'esprit moderne se préparent sans le savoir et sans le vouloir à une reconstitution de l'antique théosophie avec des instruments plus précis et sur une base plus solide. Selon le mot de Lamartine, l'humanité est un tisserand qui travaille en arrière à la trame des temps. Un jour viendra, où passant de l'autre côté de la toile, elle contemplera le tableau magnifique et grandiose qu'elle aura tissé pendant des siècles de ses propres mains, sans en voir autre chose que le pêle-mêle des fils enchevêtrés à l'envers. Ce jour là elle saluera la Providence manifestée en elle-même. Alors se confirmeront les paroles d'un écrit hermétique contemporain, et elles ne sembleront pas trop audacieuses à ceux qui ont pénétré assez profondément dans les traditions occultes pour soupçonner leur merveilleuse unité : « La doctrine ésotérique n'est pas seulement une science, une philosophie, une morale, une religion. Elle est *la* science, *la* philosophie, *la* morale et *la* religion, dont toutes les autres ne sont que des préparations ou des dégénérescences, des expressions partielles ou faussées, selon qu'elles s'y acheminent ou en dévient. »

Loin de moi la vaine pensée d'avoir donné de cette science des sciences une démonstration complète. Il n'y faudrait pas moins que l'édifice des sciences connues et inconnues, reconstituées dans leur cadre hiérarchique et réorganisées dans l'esprit de l'ésotérisme. Tout ce que j'espère avoir prouvé, c'est que la doctrine des Mystères est à la source de notre civilisation ; qu'elle a créé les grandes religions aussi bien aryennes que sémitiques ; que le christianisme y conduit le genre humain tout entier par sa réserve ésotérique, et que la science moderne y tend providentiellement par l'ensemble de sa marche ; qu'enfin ils doivent s'y rencontrer comme en un port de jonction et trouver là leur synthèse.

On peut dire que partout où se trouve un fragment quelconque de la doctrine ésotérique, elle existe virtuellement en son entier. Car chacune de ses parties présuppose ou engendre les autres. Les grands sages, les vrais prophètes l'ont tous possédée, et ceux de l'avenir la possèderont comme ceux du passé. La lumière peut être plus ou moins intense ; mais c'est toujours la même lumière. La forme, les détails, les applications peuvent varier à l'infini ; le fond, c'est-à-dire les principes et la fin, jamais. – On n'en trouvera pas moins dans ce livre une sorte de développement graduel, de révélation successive de la doctrine en ses diverses parties, et cela à travers les grands initiés, dont chacun représente une des grandes religions qui ont contribué à la constitution de l'humanité actuelle, et dont la suite marque la ligne d'évolution décrite par elle dans le présent cycle, depuis l'Égypte ancienne et les premiers temps aryens. On la verra donc sortir non d'une exposition abstraite et scolastique, mais de l'âme en fusion de ces grands inspirés et de l'action vivante de l'histoire.

Dans cette série, Rama ne fait voir que les abords du temple. Krishna et Hermès en donnent la clef. Moise, Orphée et Pythagore en montrent l'intérieur. Jésus-Christ en représente le sanctuaire.

Ce livre est sorti tout entier d'une soif ardente de la vérité supérieure, totale, éternelle, sans laquelle les vérités partielles ne sont qu'un leurre. Ceux-là me comprendront, qui ont comme moi la conscience que le moment présent de l'histoire, avec ses richesses matérielles, n'est qu'un triste désert au point de vue de l'âme et de ses immortelles aspirations. L'heure est des plus graves les conséquences extrêmes de l'agnosticisme commencent à se faire sentir par la désorganisation sociale. Il s'agit pour notre France comme pour l'Europe d'être ou de n'être pas. Il s'agit d'asseoir sur leurs bases indestructibles les vérités centrales, organiques ou de verser définitivement dans l'abîme du matérialisme et de l'anarchie.

La Science et la Religion, ces gardiennes de la civilisation, ont perdu l'une et l'autre leur don suprême, leur magie, celle de la grande et forte éducation. Les temples de l'Inde et de l'Égypte ont produit les plus grands sages de la terre. Les temples grecs ont moulé des héros et des poètes. Les apôtres du

Christ ont été des martyrs sublimes et en ont enfanté par milliers. L'Église du moyen âge, malgré sa théologie primaire, a fait des saints et des chevaliers, parce qu'elle croyait et que, par secousses, l'esprit du Christ tressaillait en elle. Aujourd'hui, ni l'Eglise emprisonnée dans son dogme, ni la Science enfermée dans la matière ne savent plus faire des hommes complets. L'art de créer et former les âmes s'est perdu et ne sera retrouvé que lorsque la Science et la Religion, refondues en une force vivante, s'y appliqueront ensemble et d'un commun accord pour le bien et le salut de l'humanité. Pour cela, la Science n'aurait pas à changer de méthode, mais à étendre son domaine, ni le christianisme de tradition, mais à en comprendre les origines, l'esprit et la portée.

Ce temps de régénération intellectuelle et de transformation sociale viendra, nous en sommes sûrs. Déjà des présages certains l'annoncent. Quand la Science saura, la Religion pourra, et L'Homme agira avec une énergie nouvelle. L'Art de la vie et tous les arts ne peuvent renaître que par leur entente.

Mais en attendant, que faire en cette fin de siècle, qui ressemble à la descente dans un gouffre, par un crépuscule menaçant, alors que son début avait paru la montée vers les libres sommets sous une brillante aurore ? – La foi, a dit un grand docteur, est le courage de l'esprit qui s'élance en avant, sûr de trouver la vérité. Cette foi-là n'est pas l'ennemie de la raison, mais son flambeau ; c'est celle de Christophe Colomb et de Galilée, qui veut la preuve et la contre-épreuve, *provando e riprovando*, et c'est la seule possible aujourd'hui.

Pour ceux qui l'ont irrévocablement perdue, et ils sont nombreux − car l'exemple est venu de haut, la route est facile et toute tracée : - suivre le courant du jour, subir son siècle, au lieu de lutter contre lui, se résigner au doute ou à la négation, se consoler de toutes les misères humaines et des prochains cataclysmes par un sourire de dédain, et recouvrir le profond néant des choses − auquel seul on croit − d'un voile brillant qu'on décore du beau nom d'idéal − tout en pensant que ce n'est qu'une chimère utile.

Quant à nous, pauvres enfants perdus, qui croyons que l'Idéal est la seule Réalité et la seule Vérité au milieu d'un monde changeant et fugitif, qui croyons à la sanction et à l'accomplissement de ses promesses, dans l'histoire de l'humanité comme dans la vie future, qui savons que cette sanction est nécessaire, qu'elle est la récompense de la fraternité humaine, comme la raison de l'univers et la logique de Dieu ; - pour nous, qui avons cette conviction, il n'y a qu'un seul parti à prendre : Affirmons cette Vérité sans crainte et aussi haut que possible ; jetons-nous pour elle et avec elle dans l'arène de l'action, et par-dessus cette mêlée confuse, essayons de pénétrer par la méditation et l'initiation individuelle dans le Temple des Idées immuables, pour nous armer là des Principes infrangibles.

C'est ce que j'ai tenté de faire dans ce livre, espérant que d'autres me suivront et le feront mieux que moi.

LIVRE PREMIER

RAMA

LE CYCLE ARYEN

Zoroastre demanda à Ormuzd, au grand Créateur : Quel est le premier homme avec lequel tu t'es entretenu ?

Ormuzd répondit : C'est le bel Yima, celui qui était à la tête des Courageux.

Je lui ai dit de veiller sur les mondes qui m'appartiennent et je lui donnai un glaive d'or, une épée de victoire.

Et Yima s'avança sur la route du soleil et réunit les hommes courageux dans le célèbre Airyana-Vaéja, créé pur.

Zend Avesta (Vendidad-Sadé, 2° Fargard).

O Agni ! Feu sacré ! Feu purifiant ! Toi qui dors dans le bois et montes en flammes brillantes sur l'autel, tu es le cœur du sacrifice, l'essor hardi de la prière, l'étincelle divine cachée en toute chose et l'âme glorieuse du soleil.

Hymne védique.

I

LES RACES HUMAINES ET LES ORIGINES DE LA RELIGION

« Le Ciel est mon Père, il m'a engendré. J'ai pour famille tout cet entourage céleste. Ma Mère, c'est la grande Terre. La partie la plus haute de sa surface, est sa matrice ; là Le Père féconde le sein de celle qui est son épouse et sa fille. »

Voilà ce que chantait, il y a quatre ou cinq mille ans, devant un autel de terre où flambait un feu d'herbes sèches, le poète védique. Une divination profonde, une conscience grandiose respire dans ces paroles étranges. Elles renferment le secret de la double origine de l'humanité. Antérieur et supérieur à la terre est le type divin de l'homme ; céleste est l'origine de son âme. Mais son corps est le produit des éléments terrestres fécondés par une essence cosmique. Les embrassements d'Ouranos et de la grande Mère signifient dans la langue des Mystères les pluies d'âmes ou de monades spirituelles qui viennent féconder les germes terrestres ; les principes organisateurs sans lesquels la matière ne serait qu'une masse inerte et diffuse. La partie la plus haute de la surface terrestre que le poète védique appelle la matrice de la terre désigne les continents et les montagnes, berceaux des races humaines. Quant au Ciel: *Varuna*, l'Ouranos des Grecs, il représente l'ordre invisible, hyperphysique, éternel et intellectuel, il embrasse tout l'Infini de l'Espace et du Temps.

Dans ce chapitre, nous n'envisagerons que les origines terrestres de l'humanité selon les traditions ésotériques confirmées par la science anthropologique et ethnologique de nos jours.

Les quatre races qui se partagent actuellement le globe sont filles de terres et de zones diverses. Créations successives, lentes élaborations de la terre en travail, les continents ont émergé des mers à des intervalles de temps considérables que les anciens prêtres de l'Inde appelaient cycles interdiluviens. A travers des milliers d'années, chaque continent a enfanté sa flore et sa faune couronnée par une race humaine de couleur différente.

Le continent austral, englouti par le dernier grand déluge, fut le berceau de la race rouge primitive, dont les Indiens d'Amérique ne sont que les débris issus de Troglodytes qui gagnèrent le sommet des montagnes quand s'effondra leur continent. L'Afrique est la mère de la race noire appelée éthiopienne par les Grecs. L'Asie a mis au jour la race jaune qui se maintient dans les Chinois. La dernière venue, la race blanche, est sortie des forêts de l'Europe, entre les tempêtes de l'Atlantique et les sourires de la Méditerranée. Toutes les variétés humaines résultent des mélanges, des combinaisons, des dégénérescences ou des sélections de ces quatre grandes races. Dans les cycles précédents, la rouge et la noire ont régné successivement par de puissantes civilisations qui ont laissé des traces les constructions cyclopéennes comme dans l'architecture du Mexique. Les temples de l'Inde et de l'Égypte avaient sur ces civilisations évanouies des chiffres et des traditions sommaires.

– Dans notre cycle, c'est la race blanche qui domine et si l'on mesure l'antiquité probable de l'Inde et de l'Égypte, on fera remonter sa prépondérance à sept ou huit mille ans[4].

Selon les traditions brahmaniques, la civilisation aurait commencé sur notre terre, il y a cinquante mille ans, avec la race rouge, sur le continent austral, alors que l'Europe entière et une partie de l'Asie étaient encore sous eau. Ces mythologies parlent aussi d'une race de géants antérieure. On a retrouvé dans certaines cavernes du Thibet des ossements humains gigantesques dont la conformation ressemble plus au singe qu'à l'homme. Ils se rapportent à une humanité primitive, intermédiaire, encore voisine de l'animalité qui ne possédait ni langage articulé, ni organisation sociale, ni religion. Car ces trois choses jaillissent toujours à la fois ; et c'est là le sens de cette remarquable triade bardique qui dit : « Trois choses sont primitivement contemporaines : Dieu, la lumière

_____

[4]   Cette division de l'humanité en quatre races successives et originaires était admise par les plus anciens prêtres de l'Égypte. Elles sont représentées par quatre figures à types et à teintes différents dans les peintures du tombeau de Séti 1° à Thèbes. La race rouge porte le nom de Rot ; la race asiatique, au teint jaune, celui d'Amou ; la race africaine, au teint noir, celui de Halasiou ; la race lybico-européenne, au teint blanc, aux cheveux blonds celui de Tamahou. – Lenormant *Histoire des peuples d'Orient*, 1.

et la liberté. » Avec le premier balbutiement de la parole naît la société et le vague soupçon d'un ordre divin. C'est le souffle de Jéhovah dans la bouche d'Adam, le verbe d'Hermès, la loi du premier Manou, le feu de Prométhée. Un Dieu tressaille dans le faune humain. La race rouge, nous l'avons dit, occupait le continent austral aujourd'hui englouti, appelé Atlantide par Platon d'après les traditions égyptiennes. Un grand cataclysme le détruisit en partie et en dispersa les restes. Plusieurs races polynésiennes ainsi que les Indiens de l'Amérique du Nord et les Aztèques que François Pizarre rencontra au Mexique sont les survivants de l'antique race rouge dont la civilisation, à jamais perdue, eut ses jours de gloire et de splendeur matérielle. Tous ces pauvres retardataires portent dans leur âme la mélancolie incurable des vieilles races qui se meurent sans espoir.

Après la race rouge, la race noire domina sur le globe. Il faut en chercher le type supérieur non pas dans le nègre dégénéré, mais dans l'Abyssinien et le Nubien, en qui se conserve le moule de cette race parvenue à son apogée. Les Noirs envahirent le sud de l'Europe en des temps préhistoriques et en furent refoulés par les Blancs. Leur souvenir s'est complètement effacé de nos traditions populaires. Ils y ont cependant pendant laissé deux empreintes ineffaçables : l'horreur du dragon qui fut l'emblème de leurs rois et l'idée que le diable est noir. Les Noirs rendirent l'insulte à la race rivale en faisant leur diable blanc. Au temps de leur souveraineté, les Noirs eurent des centres religieux en Haute Égypte et en Inde. Leurs villes cyclopéennes crénelaient les montagnes de l'Afrique, du Caucase et de l'Asie centrale. Leur organisation sociale consistait en une théocratie absolue. Au sommet, des prêtres redoutés comme des dieux ; en bas, des tribus grouillantes, sans famille reconnue, les femmes esclaves. Ces prêtres avaient des connaissances profondes, le principe de l'unité divine de l'univers et le culte des astres qui, sous le nom de *sabéisme*, s'infiltra chez les peuples blancs[5]. Mais entre la science des prêtres noirs et le fétichisme grossier des masses, il n'y avait point d'intermédiaire, d'art idéaliste, de mythologie suggestive. Du reste, une industrie déjà savante, sur tout l'art de manier par la balistique des masses de pierres colossales et de fondre les métaux dans d'immenses fourneaux auxquels on faisait travailler les prisonniers de guerre. Chez cette race puissante par la résistance physique, l'énergie passionnelle et la capacité d'attachement, la religion fut donc le règne de la force par la terreur. La Nature et Dieu n'apparurent guère à la conscience de ces peuples enfants que sous la forme du dragon, du terrible animal antédiluvien que les rois, faisaient peindre sur leurs bannières et que les prêtre sculptaient sur la porte de leurs temples.

Si le soleil d'Afrique a couvé la race noire, on dirait que les glaces du pôle arctique ont vu l'éclosion de la race blanche. Ce sont les Hyperboréens dont parle la mythologie grecque. Ces hommes aux cheveux roux,

---

[5] Voir les historiens arabes, ainsi que Aboul-Ghasi, histoire généalogique des Tartares et Mohammed Moshen, historien des Persans. − William Jones, Asiatie Reseaches. I. Discours sur les Tartares et les Persans.

aux yeux bleus, vinrent du Nord à travers des forêts éclairées de lueurs boréales, accompagnés par des chiens et des rennes, commandés par des chefs téméraires et poussés par des femmes voyantes. Crins d'or et yeux d'azur ; couleurs prédestinées. Cette race devait inventer le culte du soleil et du feu sacré et apporter dans le monde la nostalgie du ciel. Tantôt elle se révoltera contre lui jusqu'à vouloir l'escalader, tantôt elle se prosternera devant ses splendeurs dans une adoration absolue.

Comme les autres, la race blanche dut se dégager de l'état sauvage avant de prendre conscience d'elle-même. – Elle a pour signes distinctifs le goût de la liberté individuelle, la sensibilité réfléchie qui crée le pouvoir de la sympathie, et la prédominance de l'intellect qui donne à l'imagination un tour idéaliste et symbolique. – La sensibilité animique amena l'attachement, la préférence de l'homme pour une seule femme ; de là la tendance de cette race à la monogamie, le principe conjugal et la famille. – Le besoin de liberté, joint à celui de sociabilité, créa le clan avec son principe électif. – L'imagination idéale créa le culte des ancêtres qui forme la racine et le centre de la religion chez les peuples blancs.

Le principe social et politique se manifeste le jour où un certain nombre d'hommes à demi sauvages, pressés par une peuplade ennemie, s'assemblent d'instinct et choisissent le plus fort et le plus intelligent d'entre eux pour les défendre et les commander. Ce jour-là, la société est née. Le chef est un roi en herbe, ses compagnons, de futurs nobles ; les vieillards délibérants, mais incapables de marcher, forment déjà une espèce de sénat ou d'assemblée des anciens. Mais comment est née la religion ? On a dit que c'était de la crainte de l'homme primitif devant la nature. Mais la crainte n'a rien de commun avec le respect et l'amour. Elle ne relie pas le fait à l'idée, le visible à l'invisible, l'homme à Dieu. Tant que l'homme ne fit que trembler devant la nature, il ne fut pas homme encore. Il le devint le jour où il saisit le lien qui le rattachait au passé et à l'avenir, à quelque chose de supérieur et de bienfaisant et où il adora ce mystérieux inconnu. Mais comment adora-t-il pour la première fois ?

Fabre d'Olivet fait une hypothèse éminemment géniale et suggestive sur la manière dont le culte des ancêtres a dû s'établir chez la race blanche[6]. Dans un clan belliqueux, deux guerriers rivaux sont en querelle. Furieux, ils vont se battre, déjà ils sont aux prises. A ce moment, une femme échevelée s'élance entre eux et les sépare. C'est la sœur de l'un et la femme de l'autre. Ses yeux jettent des flammes, sa voix a l'accent du commandement. Elle s'écrie en paroles haletantes, incisives, qu'elle a vu dans la forêt l'Ancêtre de la race, le guerrier victorieux d'autrefois, le héroll lui apparaître. Il ne veut pas que deux guerriers frères se combattent, mais qu'ils s'unissent contre l'ennemi commun. « C'est l'ombre du grand Ancêtre, c'est le héroll qui me l'a dit, clame la femme exaltée, il m'a parlé ! Je l'ai vu ! » Ce qu'elle dit, elle le croit. Convaincue, elle convainc. Émus, étonnés et comme terrassés par une force invincible, les adversaires

---

[6] Histoire philosophique du genre humain, tome 1er.

réconciliés se donnent la main et regardent cette femme inspirée comme une sorte de divinité.

De telles inspirations suivies de brusques volte-face durent se produire en grand nombre et sous des formes très diverses dans la vie préhistorique de la race blanche. Chez les peuples barbares, c'est la femme qui, par sa sensibilité nerveuse, pressent d'abord l'occulte, affirme l'invisible. Qu'on envisage maintenant les conséquences inattendues et prodigieuses d'un événement semblable à celui dont nous parlons. Dans le clan, dans la peuplade, tout le monde parle du fait merveilleux. Le chêne où la femme inspirée a vu l'apparition devient un arbre sacré. On l'y ramène ; et là, sous l'influence magnétique de la lune qui la plonge dans un état visionnaire, elle continue à prophétiser au non du grand Ancêtre. Bientôt cette femme et d'autres semblables, debout sur les rochers, au milieu des clairières, au bruit du vent et de l'Océan lointain, évoqueront les âmes diaphanes des ancêtres devant des foules palpitantes, qui les verront ou croiront les voir, attirées par de magiques incantations dans les brumes flottantes aux transparences lunaires. Le dernier des grands Celtes, Ossian, évoquer Fingal et ses compagnons dans les nuages assemblés. Ainsi, à l'origine même de la vie sociale, le culte des Ancêtres s'établit chez la race blanche ; Le grand Ancêtre devient le Dieu de la peuplade. Voilà le commencement de la religion.

Mais ce n'est pas tout. Autour de la prophétesse se groupent des vieillards qui l'observent dans ses sommeils lucides, dans ses extases prophétiques. Ils étudient ses états divers, contrôlent ses révélations, interprètent ses oracles. Ils remarquent que lorsqu'elle prophétise dans l'état visionnaire, son visage se transfigure, sa parole devient rythmique et sa voix élevée profère ses oracles en chantant sur une mélopée grave et significative[7]. De là le vers, la strophe, la poésie et la musique dont l'origine passe pour divine chez tous les peuples de race aryenne. L'idée de la révélation ne pouvait se produire qu'à propos de faits de cet ordre. Du même coup nous en voyons jaillir la religion et le culte, les prêtres et la poésie.

---

[7] Tous ceux qui ont vu une véritable somnambule ont été frappés de la singulière exaltation intellectuelle qui se produit dans son sommeil lucide. Pour ceux qui n'ont pas été témoins de pareils phénomènes et qui en douteraient, nous citerons un passage du célèbre David Strauss qui n'est pas suspect, de superstition. Il vit chez son ami le docteur Justinus Kerner la célèbre « voyante de Prévorst » et la décrit ainsi : « Peu après, la visionnaire tomba dans un sommeil magnétique. J'eus ainsi pour la première fois le spectacle de cet, état merveilleux, et, je puis le dire, dans sa plus pure et sa plus belle manifestation. C'était un visage d'une expression souffrante, mais élevée et tendre, et comme inondé d'un rayonnement céleste ; *une langue pure, mesurée solennelle, musicale, un sorte de récitatif* ; une abondance de sentiments qui débordaient et qu'on aurait pu comparer des bandes de nuées, tantôt lumineuses, tantôt sombres, glissant au-dessus de l'âme, ou bien encore à *des brises mélancoliques et sereines s'engouffrant dans les cordes d'une merveilleuse harpe éolienne.* » (Trad. R. Lindau, Biographie générale, art. Korner.)

En Asie dans l'Iran et dans l'Inde, où des peuples de race blanche fondèrent les premières civilisations aryennes en se mêlant à des peuples de couleur diverse, les hommes prirent rapidement le dessus sur les femmes en fait d'inspiration religieuse. Là, nous n'entendons plus parler que de sages, de rishis, de prophètes. La femme refoulée, soumise, n'est plus prêtresse qu'au foyer. Mais en Europe, la trace du rôle prépondérant de la femme se retrouve chez les peuples de même origine, restés barbares pendant des milliers d'années. Il perce dans la Pythonisse scandinave, dans la Voluspa de l'Edda, dans les druidesse celtiques, dans les femmes devineresses qui accompagnaient les armées germaniques et décidaient du jour des batailles[8], et jusque dans les Bacchantes thraces qui surnagent dans la légende d'Orphée. La Voyante préhistorique se continue dans la Pythie de Delphes.

Les prophétesses primitives de la race blanche s'organisèrent en collèges de druidesses, sous la surveillance des vieillards instruits ou des druides, les hommes du chêne. Elles ne furent d'abord que bienfaisantes. Par leur intuition, leur divination, leur enthousiasme, elles donnèrent un élan immense à la race qui n'en était qu'au commencement de sa lutte plusieurs fois séculaire avec les Noirs. Mais la corruption rapide et les abus énormes de cette institution étaient inévitables. Se sentant maîtresses des destinées des peuples, les druidesses voulurent les dominer à tout prix. L'inspiration leur faisant défaut,

---

[8] Voir la dernière bataille entre Arioviste et César dans les *Commentaires* de celui-ci.

elles tentèrent de régner par la terreur. Elles exigèrent les sacrifices humains et en firent l'élément essentiel de leur culte. En cela, les instincts héroïques de leur race les favorisaient. Les Blancs étaient courageux ; leurs guerriers méprisaient la mort ; au premier appel, ils venaient d'eux-mêmes et par bravade se jeter sous le couteau des prêtresses sanguinaires. Par hécatombes humaines, on dépêchait les vivants chez les morts comme des messagers, et on croyait obtenir ainsi les faveurs des ancêtres. Cette menace perpétuelle planant sur la tête des premiers chefs par la bouche des prophétesses et des druides devint entre leurs mains un formidable instrument de domination.

Premier exemple de la perversion que subissent fatalement les plus nobles instincts de la nature humaine, lorsqu'ils ne sont pas maîtrisés par une autorité savante, dirigés vers le bien par une conscience supérieure. Livrée au hasard de l'ambition et de la passion personnelle, l'inspiration dégénère en superstition, le courage en férocité, l'idée sublime du sacrifice en instrument de tyrannie, en exploitation perfide et cruelle.

Mais la race blanche n'en était qu'à son enfance violente et folle. Passionnée dans la sphère animique, elle devait traverser bien d'autres et de plus sanglantes crises. Elle venait d'être réveillée par les attaques de la race noire qui commençait à l'envahir par le sud de l'Europe. Lutte inégale au début. Les Blancs à demi sauvages, sortant de leurs forêts et de leurs habitations lacustres, n'avaient d'autre ressource que leurs arcs, leurs lances et leurs flèches aux pointes de pierre. Les Noirs avaient des armes de fer, des armures d'airain, toutes les ressources d'une civilisation industrieuse et leurs cités cyclopéennes. Écrasés au premier choc, les Blancs, emmenés en captivité, commencèrent par devenir en masse les esclaves des Noirs qui les forcèrent à travailler la pierre et à porter le minerai dans leurs fours. Cependant des captifs échappés rapportèrent dans leur patrie les usages, les arts et des fragments de science de leurs vainqueurs. Ils apprirent des Noirs deux choses capitales : la fonte des métaux et l'écriture sacrée, c'est-à-dire l'art de fixer certaines idées par des signes mystérieux et hiéroglyphiques sur des peaux de bête, sur la pierre ou sur l'écorce des frênes ; de là les runes des Celtes. Le métal fondu et forgé, c'était l'instrument de la guerre ; l'écriture sacrée fut l'origine de la science et de la tradition religieuse. La lutte entre la race blanche et la race noire oscilla pendant de longs siècles des Pyrénées au Caucase et du Caucase à l'Himalaya. Le salut des Blancs, ce furent leurs forêts, où comme des fauves ils pouvaient se cacher pour en rebondir au moment propice. Enhardis, aguerris, mieux armés de siècle en siècle, ils prirent enfin leur revanche, renversèrent les cités des Noirs, les chassèrent des côtes de l'Europe et envahirent à leur tour le nord de l'Afrique et le centre de l'Asie occupé par des peuplades mélaniennes.

Le mélange des deux races s'opéra de deux manières différentes, soit par colonisation pacifique, soit par conquête belliqueuse. Fabre d'Olivet, ce merveilleux voyant du passé préhistorique de l'humanité, part de cette idée pour émettre une vue lumineuse sur l'origine des peuples dits sémitiques et des peuples aryens. Là où les colons blancs se seraient soumis aux peuples noirs en acceptant leur domination et en recevant de leurs prêtres l'initiation religieuse, là se seraient formés les peuples sémitiques, tels que les Égyptiens d'avant Ménès, les Arabes, les Phéniciens, les Chaldéens et les Juifs. Les civilisations aryennes, par contre, se seraient formées là où les Blancs auraient régné sur les Noirs par la guerre ou par la conquête, comme les Iraniens, les Indous, les Grecs, les Étrusques. Ajoutons que sous cette dénomination des peuples ariens, nous comprenons aussi tous les peuples blancs restés à l'état barbare et nomade dans l'antiquité, tels que les Scythes, les Gètes, les Sarmates, les Celtes et, plus tard, les Germains. Par là s'expliquerait la diversité fondamentale des religions et aussi de l'écriture chez ces deux grandes catégories de nations. Chez les Sémites où l'intellectualité de la race noire a dominé primitivement, on remarque, au-dessus de l'idolâtrie populaire, une tendance au monothéisme, - le principe de l'unité du Dieu caché, absolu et sans forme, ayant été un des dogmes essentiels des prêtres de la race noire et de leur initiation secrète. Chez les Blancs vainqueurs ou restés purs, on remarque au contraire la tendance au polythéisme, à la mythologie, à la personnification de la divinité, ce qui provient de leur amour pour la nature et de leur culte passionné pour les ancêtres.

La différence principale entre la manière d'écrire des Sémites et celle des Aryens s'expliquerait par la même cause. Pourquoi tous les peuples sémitiques écrivent-ils de droite à gauche, et pourquoi tous les peuples aryens écrivent-ils de gauche à droite ? La raison qu'en donne Fabre d'Olivet est aussi curieuse qu'originale. Elle évoque devant nos yeux une véritable vision de ce passé perdu.

Tout le monde sait que dans les temps préhistoriques il n'y avait point d'écriture vulgaire. L'usage ne s'en répandit qu'avec l'écriture phonétique ou l'art de figurer par des lettres le son même des mots. Mais l'écriture hiéroglyphique ou l'art de représenter les choses par des signes quelconques est aussi vieille que la civilisation humaine. Et toujours, en ces temps primitifs, elle fut le privilège du sacerdoce, étant considérée comme chose sacrée, comme fonction religieuse et primitivement comme inspiration divine. Lorsque, dans l'hémisphère austral, les prêtres de la race noire où sudéenne traçaient sur des peaux de bêtes ou sur des tables de pierres leurs signes mystérieux, ils avaient l'habitude de se tourner vers le pôle sud ; leur main se dirigeait vers l'Orient, source de la lumière. Ils écrivaient donc de droite à gauche. Les prêtres de la race blanche ou nordique apprirent l'écriture des prêtres noirs et commencèrent par écrire comme eux. Mais lorsque le sentiment de leur origine se fut développé en eux avec la conscience nationale et l'orgueil de la race, ils inventèrent des signes à eux, et au lieu de se tourner vers le Sud, vers le pays des Noirs, ils firent face au Nord, au pays des Ancêtres, en continuant à écrire vers l'Orient. Leurs caractères coururent alors de gauche à droite. De là la direction des runes celtique du zend, du sanscrit, du grec, du latin et de toutes les écritures des races aryennes. Elles courent vers le soleil, source de la vie terrestre mais elles regardent le Nord, patrie des ancêtres et source mystérieuse des aurores célestes.

Le courant sémitique et le courant aryen, voilà les deux fleuves par lesquels nous sont venues toutes nos idées, mythologies et religions, arts, sciences et philosophies. Chacun de ces courant porte avec lui une conception opposée de la vie, dont la réconciliation et l'équilibre seraient la vérité même. Le courant sémitique contient les principes absolus et supérieurs : l'idée de l'unité et de l'universalité au nom d'un principe suprême qui conduit, dans l'application, à l'unification de la famille humaine. Le courant aryen contient l'idée de l'évolution ascendante dans tous les règnes terrestres et supraterrestres, et conduit dans l'application à la diversité infinie des développements au nom de la richesse de la nature et des aspirations multiples de l'âme. Le génie sémitique descend de Dieu à l'homme ; le génie aryen remonte de l'homme à Dieu. L'un se figure par l'archange justicier, qui descend sur la terre armé du glaive et de la foudre : l'autre par Prométhée qui tient à la main le feu ravi du ciel et mesure l'Olympe du regard.

Ces deux génies nous les portons en nous. Nous pensons et nous agissons tour à tour sous l'empire de l'un et de l'autre. Mais ils sont enchevêtrés, non fondus dans notre intellectualité. Ils se contredisent et se combattent dans nos sentiments intimes et dans nos pensées subtiles comme dans notre vie sociale et dans nos institutions. Cachés sous des formes multiples qu'on pourrait résumer sous les noms génériques de spiritualisme et de naturalisme, ils dominent nos discussions et nos luttes. Inconciliables et invincibles tous deux, qui les unira ? Et cependant l'avancement, le salut de l'humanité dépend de leur conciliation et de leur synthèse. C'est pour cela que, dans ce livre, nous voudrions remonter jusqu'à la source des deux courants, à la naissance des deux génies. Par delà les mêlées de l'histoire, les guerres des cultes, les contradictions des textes sacrés, nous entrerons dans la conscience même des fondateurs et des prophètes qui donnèrent aux religions leur mouvement initial. Ceux-là eurent l'intuition profonde et l'inspiration d'en haut, la lumière vivante qui donne l'action féconde. Oui, la synthèse préexistait en eux. Le rayon divin pâlit et s'obscurcit chez leurs successeurs ; mais il reparaît, il brille, chaque fois que d'un point quelconque de l'histoire un prophète, un héros, ou un voyant remonte à son foyer. Car du point de départ seul on aperçoit le but ; du soleil rayonnant la course des planètes.

Telle est la révélation dans l'histoire, continue, graduée, multiforme comme la nature – mais identique dans sa source, une comme la vérité, immuable comme Dieu.

En remontant le courant sémitique, nous arrivons par Moïse à l'Égypte, dont les temples possédaient d'après Manéthon une tradition de trente mille ans. – En remontant le courant aryen, nous arrivons à l'Inde où se développa la première grande civilisation résultant d'une conquête de la race blanche. L'Inde et l'Égypte furent deux grandes mères de religions. Elles eurent le secret de la grande initiation. Nous entrerons dans leurs sanctuaires.

Mais leurs traditions nous font remonter plus haut encore, à une époque antérieure, où les deux génies opposés dont nous avons parlé nous apparaissent unis dans une innocence première et dans une harmonie merveilleuse. C'est l'époque aryenne primitive. Grâce aux admirables travaux de la science moderne, grâce à la philologie, à la mythologie, à l'ethnologie comparées, il nous est permis aujourd'hui d'entrevoir cette époque.

Elle se dessine à travers les hymnes védiques qui n'en sont pourtant qu'un reflet, avec une simplicité patriarcale et une grandiose pureté de lignes. Age viril et grave qui ne ressemble à rien moins qu'à l'âge d'or enfantin rêvé par les poètes. La douleur et la lutte n'en sont point absentes, mais il y a dans les hommes une confiance, une force, une sérénité que l'humanité n'a pas retrouvées depuis.

En Inde, la pensée s'approfondira, les sentiments s'affineront. En Grèce, les passions et les idées s'envelopperont du prestige de l'art et du vêtement magique de la beauté. Mais aucune poésie ne surpasse certains hymnes védiques en élévation morale, en hauteur et en largeur intellectuelle. Il y a là le sentiment du divin dans la nature, de l'invisible qui l'entoure et de la grande unité qui pénètre le tout.

Comment une telle civilisation est-elle née ? Comment une si haute intellectualité s'est- elle développée au milieu des guerres des races et de la lutte coutre la nature ? Ici s'arrêtent les investigations et les conjectures de la science contemporaine. Mais les traditions religieuses des peuples interprétées dans leur sens ésotérique vont plus loin et nous permettent de deviner que la première concentration du noyau aryen dans l'Iran se fit par une sorte de sélection opérée dans le sein même de la race blanche sous la conduite d'un conquérant législateur qui donna à son peuple une religion et une loi conformes au génie de la race blanche.

En effet le livre sacré des Persans, le *Zend-Avesta* parle de cet antique législateur sous le nom de Yima et Zoroastre en fondant une religion nouvelle en appelle à ce prédécesseur comme au premier homme auquel parla Ormuzd, le Dieu vivant, de même que Jésus-Christ en appelle à Moïse. – Le poète persan Firdousi nomme ce même législateur : Djem, le conquérant des Noirs. – Dans l'épopée indoue, dans le Ramayana il apparaît sous le nom de Rama costumé en roi indien, entouré des splendeurs d'une civilisation avancée ; mais il y conserve ses deux caractères distinctifs de conquérant rénovateur et d'initié. – Dans les traditions égyptiennes l'époque de Rama est désignée par le règne d'Osiris, le seigneur de la lumière, qui précède le règne d'Isis, la reine des mystères. – En Grèce enfin, l'ancien héros demi était honoré sous le nom de Dionysos qui vient du sanscrit *Déva Nahousha*, le divin rénovateur. Orphée donna même ce nom à l'Intelligence divine et le poète Nonnus chanta la conquête de l'Inde par Dionysos selon les traditions d'Éleusis.

Comme les rayons d'un même cercle, toutes ces traditions désignent un centre commun. En suivant leur direction on peut y parvenir. Alors, par de là l'Inde des Védas, par delà l'Iran de Zoroastre, dans l'aube crépusculaire de la race blanche, on voit sortir des forêts de l'antique Scythie le premier créateur de la religion aryenne ceint de sa double tiare de conquérant et d'initié, portant dans sa main le feu mystique, le feu sacré qui illuminera toutes les races.

C'est à Fabre d'Olivet que revient l'honneur d'avoir retrouvé ce personnage[9] ; il a frayé la route lumineuse

---

[9] Histoire philosophique du genre humain. Tome 1.

qui y conduit et c'est en la suivant que j'essayerai à mon tour de l'évoquer.

II

LA MISSION DE RAMA

Quatre ou cinq mille ans avant notre ère, d'épaisses forêts recouvraient encore l'antique Scythie qui s'étendait de l'océan Atlantique aux mers polaires. Les Noirs avaient appelé ce continent qu'ils avaient vu naître île par île : « la terre émergée des flots. » Comme elle contrastait avec leur sol blanc, brûlé du soleil, cette Europe aux côtes vertes, aux baies humides et profondes, avec ses fleuves rêveurs, ses lacs sombres et ses brumes éternellement accrochées aux flancs de ses montagnes ! Dans les plaines herbeuses sans culture, vastes comme des pampas, on n'entendait guère que le cri des fauves, le mugissement des buffles et le galop indompté des grands troupeaux de chevaux sauvages passant crinière au vent. L'homme blanc qui habitait ces forêts n'était plus l'homme des cavernes. Déjà il pouvait se dire maître de sa terre. Il avait inventé les couteaux et les haches de silex, l'arc et la flèche, la fronde et le lacet. Enfin il avait trouvé deux compagnons de lutte, deux amis excellents, incomparables et dévoués jusqu'à la mort : le chien et le cheval. Le chien domestique devenu le gardien fidèle de sa maison de bois lui avait donné la sécurité du foyer. En domptant le cheval, il avait conquis la terre, soumis les autres animaux ; il était devenu le roi de l'espace. Montés sur des chevaux fauves, ces hommes roux tourbillonnaient comme de fauves éclairs. Ils frappaient l'ours, le loup, l'auroch, terrifiaient la panthère et le lion qui, alors, habitaient nos forêts.

La civilisation avait commencé : la famille rudimentaire, le clan, la peuplade existaient. Partout les Scythes, fils des Hyperboréens, élevaient à leurs aïeux de monstrueux menhirs.

Lorsqu'un chef mourait, on enterrait avec lui ses armes et son cheval, afin, disait-on, que le guerrier pût chevaucher les nuées et chasser le dragon de feu dans l'autre monde. De là, la coutume du sacrifice du cheval qui joue un si grand rôle dans les Védas et chez les Scandinaves. La religion commençait ainsi par le culte des ancêtres.

Les Sémites trouvèrent le Dieu unique, l'Esprit universel dans le désert, au sommet des montagnes, dans l'immensité des espaces stellaires. Les Scythes et les Celtes trouvèrent les Dieux, les esprits multiples, au fond de leurs bois. Là, ils entendirent des voix, là ils eurent les premiers frissons de l'Invisible, les visions de l'Au-delà. C'est pourquoi la forêt ravissante ou terrible est restée chère à la race blanche. Attirée par la musique des feuilles et la magie lunaire, elle y revient toujours dans le cours des âges comme à sa fontaine de Jouvence, au temple de la grande mère Hertha. Là dorment ses dieux, ses amours, ses mystères perdus.

Dès les temps les plus reculés, des femmes visionnaires prophétisaient sous les arbres. Chaque peuplade avait sa grande prophétesse, comme la Voluspa des Scandinaves, avec son collège de druidesse. Mais ces femmes, d'abord noblement inspirées, étaient devenues ambitieuses et cruelles. Les bonnes prophétesses se changèrent en mauvaises magiciennes. Elles instituèrent les sacrifices humains et le sang des hérolls coulait sans discontinuer sur les dolmens, aux chants sinistres des prêtres, aux acclamations des Scythes féroces.

Parmi ces prêtres, se trouvait un jeune homme à la fleur de l'âge du nom de Ram qui se destinait lui aussi au sacerdoce, mais dont l'âme recueillie et l'esprit profond se révoltaient contre ce culte sanguinaire.

Le jeune druide était doux et grave. Il avait montré de bonne heure une aptitude singulière dans la connaissance des plantes, de leurs vertus merveilleuses, de leurs sucs distillés et préparés, non moins que dans l'étude des astres et de leurs influences. Il semblait deviner, voir les choses lointaines. De là, son autorité précoce sur les plus vieux druides. Une grandeur bienveillante émanait de ses paroles, de son être. Sa sagesse contrastait avec la folie des druidesses, ces clameuses de malédictions qui proféraient leurs oracles néfastes dans les convulsions du délire. Les druides l'avaient appelé « celui qui sait », le peuple l'avait nommé « l'inspiré de la paix. »

Cependant Ram qui aspirait à la Science divine avait voyagé dans toute la Scythie et dans les pays du Sud. Séduits par son savoir personnel et sa modestie, les prêtres des Noirs lui avaient fait part d'une partie de leurs connaissances secrètes. Revenu dans le pays du Nord, Ram s'effraya de voir le culte des sacrifices humains sévir de plus en plus parmi les siens. Il y vit la perte de sa race. Mais comment combattre cette coutume propagée par l'orgueil des druidesses, par l'ambition des druides et la superstition du peuple ?

Alors un autre fléau tomba sur les Blancs et Ram crut y voir un châtiment céleste du culte sacrilège. De leurs incursions dans les pays du Sud et de leur contact avec les Noirs, les Blancs avaient rapporté une horrible maladie, une sorte de peste. Elle corrompait l'homme par le sang, par les sources de la vie. Le corps entier se couvrait de taches noires, le souffle devenait infect, les membres gonflés et rongés d'ulcères se déformaient et le malade expirait dans d'atroces douleurs. Le souffle des vivants et l'odeur des morts propageaient le fléau. Aussi les Blancs ahuris tombaient et râlaient-ils par milliers dans leurs forêts abandonnées même des oiseaux de proie. Ram affligé cherchait vainement un moyen de salut.

Il avait l'habitude de méditer sous un chêne, dans une clairière. Un soir qu'il avait longuement réfléchi sur les maux de sa race, il s'endormit au pied de l'arbre. Dans son sommeil il lui sembla qu'une voix forte l'appelait par son nom et il crut s'éveiller. Alors, il vit devant lui un homme d'une taille majestueuse, vêtu comme lui-même de la robe blanche des druides. Il portait une baguette autour de laquelle s'entrelaçait un serpent. Ram étonné allait demander à l'inconnu ce que cela voulait dire. Mais celui-ci le prenant par la main le fit lever et lui montra sur l'arbre même au pied duquel il était couché une très belle branche de gui. « O Ram ! Lui dit-il le remède que tu cherches le voilà. » Puis il tira de son sein, une petite serpette d'or, en coupa la branche et la lui donna. Il murmura encore quelques mots sur la manière de préparer le gui et disparut.

Alors Ram s'éveilla tout à fait et se sentit très conforté. Une voix intérieure lui disait qu'il avait trouvé le salut. Il ne manqua pas de préparer le gui selon les conseils de l'ami divin à la faucille d'or. Il fit boire ce breuvage à un malade dans une liqueur fermentée, et le malade guérit. Les cures merveilleuses qu'il opéra ainsi rendirent Ram célèbre dans toute la Scythie. Partout on l'appelait pour guérir. Consulté par les druides de sa peuplade, il leur fit part de sa découverte en ajoutant qu'elle devait rester le secret de la caste sacerdotale pour assurer son autorité. Les disciples de Ram voyageant par toute la Scythie avec des branches de gui furent considérés comme des messagers divins et leur maître comme un demi-dieu.

Cet événement fut l'origine d'un culte nouveau. Depuis lors le gui devint une plante sacrée. Ram en consacra la mémoire, en instituant la fête de Noël ou du nouveau salut qu'il plaça au commencement de l'année et qu'il appela la Nuit Mère (du soleil nouveau) ou la grande rénovation. Quant à l'être mystérieux que Ram avait vu en songe et qui lui avait montré le gui, il s'appela dans la tradition ésotérique des Blancs d'Europe, *Aesc-heyl-hopa*, ce qui signifie : « l'espérance du salut est au bois ». Les Grecs en firent Esculape, le génie de la médecine qui tient la baguette magique sous forme de caducée.

Cependant Ram « l'inspiré de la paix » avait des visées plus vastes. Il voulait guérir son peuple d'une plaie morale plus néfaste que la peste. Élu chef des prêtres de sa peuplade, il intima l'ordre à tous les collèges de druides et de druidesses de mettre fin aux sacrifices humains. Cette nouvelle courut jusqu'à l'océan, saluée comme un feu de joie par les uns, comme un sacrilège attentatoire par les autres. Les druidesses menacées dans leur pouvoir se mirent à clamer leurs malédictions contre l'audacieux, à fulminer contre lui des arrêts de mort. Beaucoup de druides qui voyaient dans les sacrifices humains le seul moyen de régner se mirent de leur côté. Ram, exalté par un grand parti, fut exécré par l'autre. Mais loin de reculer devant la lutte, il l'accentua en arborant un symbole nouveau.

Chaque peuplade blanche avait alors son signe de ralliement sous forme d'un animal qui symbolisait ses qualités préférées. Parmi les chefs, les uns clouaient des grues, des aigles ou des vautours, - les autres des têtes de sangliers ou de buffles sur la charpente de leurs palais de bois ; origine première du blason. Mais l'étendard préféré des Scythes était le Taureau qu'ils appelaient Thor, le signe de la force brutale et de la violence. Au Taureau Ram opposa le Bélier, le chef courageux et pacifique du troupeau, et en fit le signe de ralliement de tous ses partisans. Cet étendard arboré au centre de la Scythie devint le signal d'un tumulte général et d'une véritable révolution dans les esprits. Les peuples blancs se partagèrent en deux camps. L'âme même de la race blanche se séparait en deux pour se dégager de l'animalité rugissante et monter la première marche du sanctuaire invisible qui conduit à l'humanité divine. « Mort au Bélier ! » criaient les partisans de Thor. « Guerre au Taureau ! » criaient les amis de Ram. Une guerre formidable était imminente.

Devant cette éventualité Ram hésita. Déchaîner cette guerre n'était-ce pas empirer le mal et forcer sa race à se détruire elle-même ? Alors il eut un nouveau rêve.

Le ciel tempétueux était chargé de nuages sombres qui chevauchaient les montagnes et rasaient dans leur vol les cimes agitées des forêts. Debout sur un rocher, une femme échevelée était prête à frapper un guerrier superbe, garrotté devant elle. « Au nom des ancêtres, arrête ! » cria Ram en s'élançant sur la femme. La druidesse menaçant l'adversaire, lui jeta un regard aigu comme un coup de couteau. Mais le tonnerre roula dans les nuages épais et, dans un éclair, une figure éclatante apparut. La forêt en blêmit, la druidesse tomba comme foudroyée et les liens du captif s'étant rompus, il regarda le géant lumineux avec un geste de défi. Ram ne tremblait pas, car dans les traits de l'apparition, il reconnut l'être divin qui, déjà, lui avait parlé sous le chêne. Cette fois- ci, il lui parut plus beau ; car tout son corps resplendissait de lumière. Et Ram vit qu'il se trouvait dans un temple ouvert, aux larges colonnes. A la place de la pierre du sacrifice, s'élevait un autel. Auprès, se tenait le guerrier dont les yeux défiaient toujours la mort. La femme, couchée sur les dalles, semblait morte. Or, le Génie céleste portait dans sa main droite un flambeau, dans sa main gauche une coupe. Il sourit avec bienveillance et dit :

« Ram, je suis content de toi. Vois-tu ce flambeau ? C'est le feu sacré de l'Esprit divin. Vois-tu cette coupe ? C'est la coupe de Vie et d'Amour. Donne le flambeau à l'homme et la coupe à la femme. » Ram fit ce que lui ordonnait son Génie. A peine le flambeau fut-il dans les mains de l'homme et la coupe dans les mains de la femme que le feu s'alluma de lui-même sur l'autel, et tous deux rayonnèrent transfigurés à sa lueur comme l'Époux et l'Épouse divine. En même temps, le temple s'élargit ; ses colonnes montèrent jusqu'au ciel ; sa voûte devint le firmament. Alors Ram, emporté par son rêve, se vit transporté au sommet d'une montagne sous le ciel étoilé. Debout, près de lui, son Génie lui expliquait le sens des constellations et lui faisait lire dans les signes flamboyants du zodiaque les destins de l'humanité.

« - Esprit merveilleux, qui es-tu ? » dit Ram à son Génie. Et le Génie répondit : « - On m'appelle Déva Nahousha, l'Intelligence divine. Tu répandras mon rayon sur la terre et je viendrai toujours à ton appel. Maintenant, suis ta route. Va ! » Et, de sa main, le Génie montra l'Orient.

III

L'EXODE ET LA CONQUÊTE

Dans ce rêve, comme sous une lumière fulgurante, Ram vit sa mission et l'immense destinée de sa race. Dès lors, il n'hésita plus. Au lieu d'allumer la guerre entre les peuplades de l'Europe, il résolut d'entraîner l'élite de sa race au coeur de l'Asie. Il annonça aux siens qu'il instituerait le culte du feu sacré, qui ferait le bonheur des hommes ; que les sacrifices humains seraient à jamais abolis ; que les Ancêtres seraient invoqués, non plus par des prêtresses sanguinaires sur des rochers sauvages dégouttants de sang humain, mais à chaque foyer, par l'époux et par l'épouse, unis dans une même prière, dans un hymne d'adoration, près du feu qui purifie. Oui, le feu visible de l'autel, symbole et conducteur du feu céleste invisible, unirait la famille, le clan, la tribu et tous les peuples, centre du Dieu vivant sur la terre. Mais pour récolter cette moisson, il fallait séparer le bon grain de l'ivraie ; il fallait que tous les hardis se préparassent à quitter l'Europe pour conquérir une terre nouvelle, une terre vierge. Là, il donnerait sa loi ; là, il fonderait le culte du feu rénovateur.

Cette proposition fut accueillie avec enthousiasme par un peuple jeune et avide d'aventures. Des feux allumés et entretenus pendant plusieurs mois sur les montagnes, furent le signal de l'émigration en masse pour tous ceux qui voulaient suivre le Bélier. La formidable émigration, dirigée par ce grand pasteur des peuples, s'ébranla lentement et se dirigea vers le centre de l'Asie. Le long du Caucase, elle eut à prendre plusieurs forteresses cyclopéennes des Noirs. En souvenir de ces victoires, les colonies blanches sculptèrent plus tard de gigantesques têtes de béliers dans les rochers du Caucase. Ram se montra digne de sa haute mission. Il aplanissait les difficultés, pénétrait les pensées, prévoyait l'avenir, guérissait les maladies, apaisait les révoltés, enflammait les courages. Ainsi les puissances célestes que nous nommons Providence, voulaient la domination de la race boréenne sur la terre et lançaient, par le génie de Ram, des rayons lumineux sur son chemin. Cette race avait déjà eu ses inspirés de second ordre pour l'arracher à l'état sauvage. Mais Ram qui, le premier, conçut la loi sociale comme une expression de la loi divine fut un inspiré direct et de premier ordre.

Il fit amitié avec les Touraniens, vieilles tribus scythiques croisées de sang jaune, qui occupaient la haute Asie, et les entraîna à la conquête de l'Iran d'où il refoula complètement les Noirs, voulant qu'un peuple de pure race blanche occupât le centre de l'Asie et devînt pour tous les autres un foyer de lumière. Il y fonda la ville de Ver, ville admirable, dit Zoroastre. Il enseigna à labourer et à ensemencer la terre, il fut le père du blé et de la vigne. Il créa les castes selon les occupations et divisa le peuple en prêtres, guerriers, laboureurs, artisans. A l'origine, les castes ne furent point rivales ; le privilège héréditaire, source de haine et de jalousie, ne s'introduisit que plus tard. Il défendit l'esclavage autant que le meurtre, affirmant que l'asservissement de l'homme par l'homme était la source de tous les maux. Quant au clan, ce groupement primitif de la race blanche, il le conserva tel quel et lui permit d'élire ses chefs et ses juges.

Le chef-d'œuvre de Ram, l'instrument civilisateur par excellence créé par lui, fut le rôle nouveau qu'il donna à la femme. Jusqu'alors l'homme n'avait connu la femme que sous une double forme : ou l'esclave misérable de sa hutte qu'il écrasait et maltraitait brutalement, ou la troublante prêtresse du chêne et du rocher dont il recherchait les faveurs et qui le dominait malgré lui, magicienne fascinante et terrible, dont il redoutait les oracles et devant laquelle tremblait son âme superstitieuse. Le sacrifice humain, c'était la revanche de la femme contre l'homme, lorsqu'elle enfonçait le couteau dans le cœur de son tyran farouche. Proscrivant ce culte affreux et relevant la femme devant l'homme dans ses fonctions divines d'épouse et de mère, Ram en fit la prêtresse du foyer, gardienne du feu sacré, l'égale de l'époux, invoquant avec lui l'âme des Ancêtres.

Comme tous les grands législateurs, Ram ne fit donc que développer, en les organisant, les instincts supérieurs de sa race. Afin d'orner et d'embellir la vie, Ram ordonna quatre grandes fêtes de l'année. La première fut celle du printemps ou des générations. Elle était consacrée à l'amour de l'époux et de l'épouse. La fête d'été ou des moissons appartenait aux fils et aux filles qui offraient les gerbes du travail aux parents. La fête de l'automne célébrait les pères et les mères ; ceux-ci donnaient alors des fruits aux enfants en signe de réjouissance. La plus sainte et la plus mystérieuse des fêtes était celle de Noël ou des grandes semailles. Ram la consacra à la fois aux enfants nouveau-nés, aux fruits de l'amour conçus en printemps et aux âmes des morts, aux Ancêtres. Point de conjonction entre le visible et l'invisible, cette solennité religieuse était à la fois l'adieu aux âmes envolées et le salut mystique à celles qui reviennent s'incarner dans les mères et renaître dans les enfants. Dans cette nuit sainte, les antiques Aryas se réunissaient dans les sanctuaires de l'Aïryana-Vaéïa comme ils l'avaient fait jadis dans leurs forêts. Par des feux et des chants, ils célébraient le recommencement de l'année terrestre et solaire, la germination de la nature au cœur de l'hiver, le tressaillement de la vie au fond de la mort. Ils chantaient l'universel baiser du ciel à la terre et l'enfantement triomphal du nouveau Soleil par la grande Nuit Mère.

Ram reliait ainsi la vie humaine au cycle, des saisons, aux révolutions astronomiques. En même temps il en faisait ressortir le sens divin. C'est pour avoir fondé d'aussi fécondes institutions, que Zoroastre l'appelle « le chef des peuples, le très fortuné monarque. » C'est pourquoi le poète indou Valmiki, qui transporte l'antique héros à une époque beaucoup plus récente et dans le luxe d'une civilisation plus avancée, lui conserve cependant les traits d'un si haut idéal. « Rama aux yeux de lotus bleu, dit Valmiki, était le seigneur du monde, le maître de son âme et l'amour des hommes, le père et la mère de ses sujets. *Il sut donner à tous les êtres la chaîne de l'amour.* »

Établie dans l'Iran, aux portes de l'Himalaya, la race blanche n'était pas encore maîtresse du monde. Il fallait que son avant-garde s'enfonçât dans l'Inde, centre capital des Noirs, les antiques vainqueurs de la race rouge et de la race jaune. Le Zend-Avesta parle de cette marche sur l'Inde de Rama[10]. L'épopée indoue en a fait l'un de ses thèmes favoris. Rama fut le

---

[10] Il est très remarquable que le Zend-Avesta, le livre sacré des Parsis, tout en considérant Zoroastre comme l'inspiré d'Ormuzd, le prophète de la loi de Dieu, en fait le continuateur d'un prophète beaucoup plus ancien. Sous le symbolisme des temples antique, on saisit ici le fil de la grande révélation de l'humanité qui relie entre eux les vrais initiés. Voici ce passage important :

1. Zarathoustra (Zoroastre) demanda à Ahura Mazda (Ormuzd, le Dieu de lumière) : Ahura Mazda, toi, saint et très sacré créateur de tous les êtres corporels et très purs ;

2. Quel est le premier homme avec lequel tu t'es entretenu, toi qui es Ahura Mazda ?

4. Alors Ahura Mazda répondit : « C'est avec le bel Yima, celui qui était à la tête d'un rassemblement digne d'éloges, ô pur Zarathoustra » ;

13. Et je lui dis : « Veille sur les mondes qui sont à moi, rends-les fertiles en ta qualité de protecteur.

conquérant de la terre qu'enferme l'Himavat, la terre des éléphants, des tigres et des gazelles. Il ordonna le premier choc et conduisit la première poussée de cette lutte gigantesque, où deux races se disputaient inconsciemment le sceptre du monde. La tradition poétique de l'Inde renchérissant sur les traditions occultes des temples, en a fait la lutte de la magie blanche avec la magie noire. Dans sa guerre contre les peuples et les rois du pays des Djambous, comme on l'appelait alors, Ram ou Rama, comme l'appelèrent les Orientaux, déploya des moyens miraculeux en apparence, parce qu'ils sont au-dessus des facultés ordinaires de l'humanité, et que les grands initiés doivent à la connaissance et au maniement des forces cachées de la nature. Ici la tradition le représente faisant jaillir des sources d'un désert, là trouvant des ressources inattendues dans une sorte de manne dont il enseigna l'usage, ailleurs, faisant cesser une épidémie avec une plante nommée *hom*, l'*amomos* des Grecs, la *perséa* des Égyptiens, dont il tira un suc salutaire. Cette plante devint sacrée parmi ses sectateurs et remplaça le gui du chêne conservé par les Celtes de l'Europe.

Rama usait contre ses ennemis de toutes sortes de prestiges. Les prêtres des Noirs ne régnaient plus que par un culte bas : Ils avaient l'habitude de nourrir dans leurs temples d'énormes serpents et des ptérodactyles, rares survivants d'animaux antédiluviens qu'ils faisaient adorer comme des dieux et qui terrifiaient la foule. A ces serpents ils faisaient manger la chair des captifs. Quelquefois Rama apparut à l'improviste dans ces temples, avec des torches, chassant, terrifiant, domptant les serpents et les prêtres. Quelquefois il se montrait dans le camp ennemi, s'exposant sans défense à ceux qui cherchaient sa mort et repartait sans que personne eût osé le toucher. Lorsqu'on interrogeait ceux qui l'avaient laissé échapper, ils répondaient qu'en rencontrant son regard ils s'étaient sentis pétrifiés ; ou bien, pendant qu'il parlait, une montagne d'airain s'était interposée entre eux et lui, et ils avaient cessé de le voir. Enfin, comme couronnement de son œuvre, la tradition épique de l'Inde attribue à Rama la conquête de Ceylan, dernier refuge du magicien noir Ravana sur lequel le magicien blanc fait pleuvoir une grêle de feu, après avoir jeté un pont sur un bras de mer avec une armée de singes qui ressemble fort à quelque peuplade primitive de bimanes sauvages, entraînée et enthousiasmée par ce grand charmeur de nations.

IV

LE TESTAMENT DU GRAND ANCÊTRE

Par sa force, par son génie, par sa bonté, disent les livres sacrés de l'Orient, Rama était devenu le maître de l'Inde et le roi spirituel de la terre. Les prêtres, les rois et les peuples s'inclinaient devant lui comme devant un bienfaiteur céleste. Sous le signe du bélier, ses émissaires répandirent au loin la loi aryenne qui proclamait l'égalité des vainqueurs et des vaincus, l'abolition des sacrifices humains et de l'esclavage, le respect de la femme au foyer, le culte des ancêtres et l'institution du feu sacré, symbole visible du Dieu innommé.

Rama était devenu vieux. Sa barbe avait blanchi, mais la vigueur n'avait pas quitté son corps et la majesté des pontifes de la vérité reposait sur son front. Les rois et les envoyés des peuples lui offrirent le pouvoir suprême. Il demanda un an pour réfléchir, et de nouveau il fit un rêve. Car le Génie qui l'inspirait lui parlait dans son sommeil.

Il se revit dans les forêts de sa jeunesse. Lui-même était redevenu jeune et portait la robe de lin des druides. La lune donnait. C'était la nuit sainte, la Nuit Mère où les peuples attendent la renaissance du soleil et de l'année. Rama marchait sous les chênes, prêtant l'oreille comme jadis aux voix évocatrices de la forêt. Une belle femme vint à lui. Elle portait une magnifique couronne. Sa fauve chevelure avait la couleur de l'or, sa peau la blancheur de la neige et ses yeux l'éclat profond de l'azur après l'orage. Elle lui dit : « J'étais la Druidesse sauvage ; par toi je suis devenue l'Épouse rayonnante. Et maintenant je m'appelle Sita. Je suis la femme glorifiée par toi, je suis la race blanche, je suis ton épouse. Oh, mon maître et mon roi ! N'est-ce pas pour moi que tu as franchi les fleuves, charmé les peuples et terrassé les rois ? Voici la récompense. Prends cette couronne de ma main, place-la sur ta tête et règne avec moi sur le monde ! » Elle s'était agenouillée dans une attitude humble et soumise, offrant la couronne de la terre. Ses pierres précieuses jetaient mille feux ; l'ivresse d'amour souriait dans les yeux de la femme. Et l'âme du grand Rama, du pasteur des peuples, en fut émue. Mais debout sur la cime des forêts, Déva Nahousha, son Génie, lui apparut et lui dit : « Si tu mets cette couronne sur ta tête, l'Intelligence divine te quittera ; tu ne me verras plus. Si tu étreins cette femme dans tes bras, elle mourra de ton bonheur. Mais si tu renonces à la posséder, elle vivra heureuse et libre sur la terre et ton esprit invisible régnera sur elle. Choisis : ou de l'écouter ou de me suivre. » Sita toujours à genoux regardait son maître avec des yeux perdus d'amour, et, suppliante, attendait la réponse. Rama garda un instant le silence. Son regard plongé dans les yeux de Sita mesurait le gouffre qui sépare la possession complète de l'éternel adieu. Mais sentant que l'amour suprême est un suprême renoncement, il posa sa main libératrice sur le front de la femme blanche, la bénit et lui dit : «

Adieu ! Sois libre et ne m'oublie pas ! » Aussitôt la femme disparut comme un fantôme lunaire. La jeune Aurore leva sa baguette magique sur la vieille forêt. Le roi était redevenu vieux. Une rosée de larmes baignait sa barbe blanche et du fond des bois une voix triste appelait : « Rama ! Rama ! »

Mais Déva Nahousha, le Génie resplendissant de lumière, s'écria : - A moi ! – Et l'Esprit divin emporta Rama sur une montage au nord de l'Himavat.

Après ce rêve qui lui indiquait l'accomplissement de sa mission, Rama réunit les rois et les envoyés des peuples et leur dit : « Je ne veux pas du pouvoir suprême que vous m'offrez. Gardez vos couronnes et observez ma loi. Ma tâche est finie. Je me retire pour toujours avec mes frères initiés sur une montagne de l'Aïryana-Vaéïa. De là, je veillerai sur vous. Veillez au feu divin ! S'il venait à s'éteindre, je reparaîtrais en juge et en vengeur terrible parmi vous ! » Là-dessus, il se retira avec les siens sur le mont Albori, entre Balk et Bâmyân, dans une retraite connue des seuls initiés. Là, il enseignait à ses disciples ce qu'il savait des secrets de la terre et du grand Être. Ceux-ci allèrent porter au loin, en Égypte et jusqu'en Occitanie, le feu sacré, symbole de l'unité divine des choses, et les cornes de bélier, emblème de la religion aryenne. Ces cornes devinrent les insignes de l'initiation et, par suite, du pouvoir sacerdotal et royal[11]. De loin Rama continuait à veiller sur ses peuples et sur sa chère race blanche. Les dernières années de sa vie furent occupées à fixer le calendrier des Aryas. C'est à lui que nous devons les signes du zodiaque. Ce fut le testament du patriarche des initiés. Étrange livre, écrit avec des étoiles, en hiéroglyphes célestes, dans le firmament sans fond et sans bornes, par l'Ancien des jours de notre race. En fixant les douze signes du zodiaque, Ram leur attribua un triple sens. Le premier se rapportait aux influences du soleil dans les douze mois de l'année ; le second relatait en quelque sorte sa propre histoire ; le troisième indiquait les moyens occultes dont il s'était servi pour atteindre son but. Voilà pourquoi ces signes lus dans l'ordre inverse devinrent plus tard les emblèmes secrets

---

[11] Les cornes du bélier se retrouvent sur la tête d'une foule de personnages sur les monuments égyptiens. Cette coiffure des rois et des grands prêtres est le signe de l'initiation sacerdotale et royale. Les deux cornes de la tiare papale viennent de là.

de l'initiation graduée[12]. Il ordonna aux siens de cacher

---

[12] Voici comment les signes du zodiaque représentent l'histoire de Ram selon Fabre d'Olivet, ce penseur de génie qui sut interpréter les symboles du passé selon la tradition ésotérique. − 1. *Le Bélier* qui fuit la tête tournée en arrière, indique la situation de Ram abandonnant sa patrie, l'œil fixé vers le pays qu'il quitte. − 2. *Le Taureau* furieux s'oppose à sa marche, mais la moitié de son corps enfoncé dans la vase l'empêche d'exécuter son dessein ; il tombe sur ses genoux. Ce sont les Celtes désignés par leur propre symbole qui, malgré leurs efforts, finissent par se soumettre. − 3. *Les Gémeaux* expriment l'alliance de Ram avec les Touraniens. − 4. *Le Cancer* ses méditations et ses retours sur lui-même. − 5. *Le Lion* ses combats contre ses ennemis. − 6. *La Vierge ailée* la victoire. − 7. *La Balance* l'égalité entre les vainqueurs et les vaincus. − 8. *Le Scorpion* la révolte et la trahison. − 9. *Le Sagittaire* la vengeance qu'il en tire. − 10. *Le Capricorne*. − 11. *Le Verseau*. − 12. *Les Poissons* se rapportent à la partie morale de son histoire. —— On peut trouver cette explication du zodiaque aussi osée que bizarre. En attendant, jamais aucun astronome ni aucun mythologue ne nous a lointainement expliqué l'origine ni le sens de ces signes mystérieux de la carte céleste, adoptés et vénérés par les peuples dès l'origine de notre cycle aryen. L'hypothèse de Fabre d'Olivet a du moins le mérite d'ouvrir à l'esprit de nouvelles et vastes perspectives. − J'ai dit que ces signes lus dans l'ordre inverse marquèrent plus tard en Orient et en Grèce les divers degrés qu'il fallait monter pour

sa mort et de continuer son œuvre en perpétuant leur fraternité. Pendant des siècles les peuples crurent que Rama portant la tiare aux cornes de bélier était toujours vivant dans sa montagne sainte. Dans les temps védiques le Grand Ancêtre devint Yama, le juge des morts, l'Hermès psychopompe des Indous.

V

LA RELIGION VÉDIQUE

Par son génie organisateur, le grand initiateur des Aryas avait créé au centre de l'Asie, dans l'Iran, un peuple, une société, un tourbillon de vie qui devaient rayonner en tous sens. Les colonies des Aryas primitifs se répandirent en Asie, en Europe, emportant avec eux leurs mœurs, leurs cultes et leurs dieux. De toutes ces colonies, la branche des Aryas de l'Inde se rapproche le plus des Aryas primitifs.

Les livres sacrés des Indous, les Védas, ont pour nous une triple valeur. D'abord ils nous conduisent au foyer de l'antique et pure religion aryenne dont les hymnes védiques sont les rayons brillants. Ils nous donnent ensuite la clef de l'Inde. Enfin ils nous montrent une première cristallisation des idées mères de la doctrine ésotérique et de toutes les religions aryennes[13].

Bornons-nous à un bref aperçu et de l'enveloppe et du noyau de la religion védique.

Rien de plus simple et de plus grand que cette religion, où un profond naturalisme se mêle à un spiritualisme transcendant. Avant le lever du jour, un homme, un chef de famille est debout devant un autel de terre, où brûle le feu allumé avec deux morceaux de bois. Dans sa fonction, ce chef est à la fois père, prêtre et roi du sacrifice. Pendant que l'aurore se dévoile dit un poète védique, « comme une femme qui sort du bain et qui a tissé la plus belle des toiles », le chef prononce une prière, une invocation à Ousha (l'Aurore), à Savitri (le Soleil), aux Asouras (aux esprits

_____

[13] Les brahmanes considèrent les Véda comme leurs livres sacrés par excellence. Ils y trouvent la science des sciences. Le mot *Véda* même signifie *savoir*. Les savants d'Europe ont été justement attirés vers ces textes par une sorte de fascination. D'abord, ils n'y ont vu qu'une poésie patriarcale ; puis, ils y ont découvert non seulement l'origine des grands mythes indo-européens et de nos dieux classiques, maie encore un culte savamment organisé, un profond système religieux et métaphysique (Voir *Bergaigne, La religion des Védas,* ainsi que le beau et lumineux travail de M. *Auguste Barth, Les religions de l'Inde*). – L'avenir leur réserve peut-être une dernière surprise qui sera de trouver dans les Védas la définition des forces occultes de la nature, que la science moderne est en train de redécouvrir.

de vie). La mère et les fils versent la liqueur fermentée de l'asclepia, le sôma, dans Agni, le feu. Et la flamme qui monte emporte aux dieux invisibles la prière purifiée qui sort des lèvres du patriarche et du cœur de la famille.

L'état d'âme du poète védique est également éloigné du sensualisme hellénique (je parle des cultes populaires de la Grèce, non de la doctrine des initiés grecs), qui se représente les dieux cosmiques avec de beaux corps humains, et du monothéisme judaïque qui adore l'Éternel sans forme partout présent. Pour le poète védique la nature ressemble à un voile transparent derrière lequel se meuvent des forces impondérables et divines. Ce sont ces forces qu'il invoque, qu'il adore, qu'il personnifie, mais sans être la dupe de ses métaphores. Pour lui Savitri est moins le soleil que Vivasvat, la puissance créatrice de vie qui l'anime et qui évertue le système solaire. Indra, le guerrier divin, qui sur son char doré parcourt le ciel, lance la foudre et fait crever les nuages, personnifie la puissance de ce même soleil dans la vie atmosphérique, dans « le grand transparent des airs. » Lorsqu'ils invoquent Varouna (l'Ouranos des Grecs), le dieu du ciel immense, lumineux, qui embrasse toute chose, les poètes védiques montent plus haut encore. « Si Indra représente la vie active et militante du ciel, Varouna en représente l'immuable majesté. Rien n'égale la magnificence des descriptions que font de lui les Hymnes. Le soleil est son oeil, le ciel son vêtement, l'ouragan son souffle. C'est lui qui a établi sur ses fondements inébranlables le ciel et la terre et qui les maintient séparés. Il a tout fait et conserve tout. Rien ne saurait porter atteinte aux œuvres de Varouna. Nul ne le pénètre ; mais lui, il sait tout et voit tout ce qui est et ce qui sera. Des sommets du ciel où il réside en un palais aux mille portes, il distingue la trace des oiseaux dans l'air et celle des navires sur les flots. C'est de là, du haut de son trône d'or aux fondements d'airain, qu'il contemple et juge les agissements des hommes. Il est le mainteneur de l'ordre dans l'univers et dans la société ; il punit le coupable ; il est miséricordieux à l'homme qui se repent. Aussi c'est vers lui que s'élève le cri d'angoisse du remords ; c'est devant sa face que le pécheur vient se décharger du poids de sa faute. Ailleurs la religion védique est ritualiste, parfois hautement spéculative. Avec Varouna, elle descend dans les profondeurs de la conscience et réalise la notion de la sainteté[14]». Ajoutons qu'elle s'élève à la pure notion d'un Dieu unique qui pénètre et domine le grand Tout.

Cependant les images grandioses que les hymnes roulent à larges flots comme des fleuves généreux, ne nous offrent que l'enveloppe des Védas. Avec la notion d'Agni, du feu divin, nous touchons au noyau de la doctrine, à son fond ésotérique et transcendant. En effet Agni est l'agent cosmique, le principe universel par excellence. « Il n'est pas seulement le feu terrestre de l'éclair et du soleil. Sa véritable patrie est le ciel invisible, mystique, séjour de l'éternelle lumière et des premiers principes de toutes choses. Ses naissances sont infinies, soit qu'il jaillisse du morceau de bois dans lequel il dort comme l'embyron dans la matrice, soit que, « Fils des Ondes », il s'élance, avec le bruit du

---

[14] A. Barth. Les religions de l'Inde.

tonnerre, des rivières célestes, où les Açvins (les cavaliers célestes) l'ont engendré avec des aranis d'or. Il est *l'aîné des dieux*, pontife au ciel comme sur la terre et il officia dans la demeure de Vivasvat (le ciel ou le soleil) bien avant que Mathariçva (l'éclair) l'eût apporté aux mortels et que Atharvan et les Angiras, les anciens sacrificateurs l'eussent institué ici-bas comme le protecteur, l'hôte et l'ami des hommes. Maître et générateur du sacrifice, Agni devient le porteur de toutes les spéculations mystiques dont le sacrifice est l'objet. Il *engendre* les dieux, il organise le monde, il produit et conserve la vie universelle : en un mot *il est puissance cosmogonique*.

Sôma est le pendant d'Agni. En réalité c'est le breuvage d'une plante fermentée versée en libation aux dieux dans le sacrifice. Mais comme Agni il a une existence mystique. Sa résidence suprême est dans les profondeurs du troisième ciel, où Sourya, la fille du soleil l'a filtré, où l'a trouvé Pushan, le dieu nourricier. C'est de là que le Faucon, un symbole de l'éclair, ou Agni lui-même ont été le ravir à l'Archer céleste, au Gandharva son gardien, et l'ont apporté aux hommes. Les dieux l'ont bu et sont devenus immortels ; les hommes le deviendront à leur tour quand ils le boiront chez Yama, dans le séjour des heureux. En attendant, il leur donne ici-bas la vigueur et la plénitude des jours ; il est l'ambroisie et l'eau de jouvence. Il nourrit, pénètre les plantes, vivifie la semence des animaux, inspire le poète et donne l'élan de la prière. *Âme du ciel et de la terre, d'Indra et de Vishnou, il forme avec Agni un couple inséparable ; ce couple a allumé le soleil et les étoiles.*[15] »

La notion d'Agni et de Sôma contient les deux principes essentiels de l'univers selon la doctrine ésotérique et selon toute philosophie vivante, Agni est *l'Éternel Masculin*, l'intellect créateur, l'Esprit pur ; Sôma *l'Éternel Féminin*, l'Âme du monde ou substance éthérée, matrice de tous les mondes visibles et invisibles aux yeux de chair, la Nature enfin ou la matière subtile en ses infinies transformations[16]. Or l'union parfaite de ces deux êtres constitue l'Être suprême, l'essence de Dieu.

De ces deux idées capitales en jaillit une troisième, non moins féconde. Les Védas font de *l'acte cosmogonique un sacrifice perpétuel.* Pour produire tout ce qui existe, l'Être suprême s'immole lui- même ; il se divise pour sortir de son unité. Ce sacrifice est donc considéré comme le point vital de toutes les fonctions de la nature. Cette idée surprenante au premier abord, très profonde quand on y réfléchit, contient en germe toute la doctrine théosophique de l'évolution de Dieu dans le monde, la synthèse ésotérique du polythéisme et du monothéisme. Elle enfantera la doctrine dionysiaque de

---

[15] A. Barth. Les religions de l'Inde.

[16] Ce qui prouve indubitablement que Sôma représentait le principe féminin absolu, c'est que les brahmanes l'identifièrent plus tard avec la lune. Or la lune symbolise le principe féminin dans toutes les religions antiques, comme le soleil symbolise le principe masculin.

la chute et de la rédemption des âmes qui s'épanouira dans Hermès et dans Orphée. De là jaillira la doctrine du Verbe divin proclamée par Krishna, accomplie par Jésus-Christ.

Le sacrifice du feu avec ses cérémonies et ses prières, centre immuable du culte védique, devient ainsi l'image de ce grand acte cosmogonique. Les Védas attachent une importance capitale à la prière, à la formule d'invocation, qui accompagne le sacrifice. C'est pour cela qu'ils font de la prière une déesse : Brahmanaspati. La foi au pouvoir évocateur et créateur de la parole humaine, accompagnée du mouvement puissant de l'âme ou d'une intense projection de la volonté, est la source de tous les cultes, et la raison de la doctrine égyptienne et chaldéenne de la magie. Pour le prêtre védique et brahmanique, les Asouras, les seigneurs invisibles, et les Pitris ou âmes des ancêtres sont censés s'asseoir sur le gazon pendant le sacrifice, attirés par le feu, les chants et la prière. La science qui se rapporte à ce côté du culte est celle de la hiérarchie des esprits de tout ordre.

Quant à l'immortalité de l'âme, les Védas l'affirment aussi hautement, aussi clairement que possible. « Il est une partie immortelle de l'homme ; c'est elle, ô Agni, qu'il faut échauffer de tes rayons, enflammer de tes feux. O Jatavédas, dans le corps glorieux formé par toi, transporte-la au monde des pieux. » Les poètes védiques n'indiquent pas seulement la destinée de l'âme, ils s'inquiètent aussi de son origine. « D'où est née l'âme ? Il en est qui viennent vers nous et s'en retournent, qui s'en retournent et reviennent. » Voilà déjà en deux mots la doctrine de la réincarnation qui jouera un rôle capital dans le brahmanisme et le bouddhisme, chez les Égyptiens et les Orphiques, dans la philosophie de Pythagore et de Platon, le mystère des mystères, l'arcane des arcanes.

Comment ne pas reconnaître après cela dans les Védas les grandes lignes d'un système religieux organique, d'une conception philosophique de l'univers ? Il n'y a pas là seulement l'intuition profonde des vérités intellectuelles antérieures et supérieures à l'observation, il y a de plus unité et largeur de vue dans la compréhension de la nature, dans la coordination de ses phénomènes. Comme un beau cristal de roche, la conscience du poète védique reflète le soleil de l'éternelle vérité, et dans ce prisme brillant se jouent déjà tous les rayons de la théosophie universelle. Les principes de la doctrine permanente sont même plus visibles ici que dans les autres livres sacrés de l'Inde et dans les autres religions sémitiques ou aryennes, à cause de la singulière franchise des poètes védiques et de la transparence de cette religion primitive, si haute et si pure. A cette époque, la distinction entre les mystères et le culte populaire n'existait pas. Mais en lisant attentivement les Védas, derrière le père de famille ou le poète officiant des hymnes, on aperçoit déjà un autre personnage plus important : le rishi, le sage, l'initié, dont il a reçu la vérité. On voit aussi que cette vérité s'est transmise par une tradition ininterrompue qui remonte aux origines de la race aryenne.

Voilà donc le peuple aryen lancé dans sa carrière conquérante et civilisatrice, le long de l'Indus et du Gange. Le génie invisible de Rama, l'intelligence des choses divines, Déva Nahousha, règne sur elle. Agni, le feu sacré, circule dans ses veines. Une aurore rosée enveloppe cet âge de jeunesse, de force, de virilité. La famille est constituée, la femme respectée. Prêtresse au foyer, parfois elle compose, elle chante elle-même les hymnes. « Que le mari de cette épouse vive cent automnes » dit un poète. On aime la vie ; mais on croit aussi à son au-delà. Le roi habite un château sur la colline qui domine le village. A la guerre, il est monté sur un char brillant, vêtu d'armes luisantes, couronné d'une tiare ; il resplendit comme le dieu Indra.

Plus tard, quand les brahmanes auront établi leur autorité, on verra s'élever, près du palais splendide du *Maharaja* ou du grand roi, la pagode de pierre d'où sortiront les arts, la poésie et le drame des dieux, mimé et chanté par les danseuses sacrées. Pour le moment les castes existent, mais sans rigueur, sans barrière absolue. Le guerrier est prêtre et le prêtre guerrier, plus souvent serviteur officiant du chef ou du roi.

Mais voici un personnage pauvre d'aspect et gros d'avenir. Cheveux et barbe inculte, demi nu, couvert de haillons rouges. Ce *mouni*, ce solitaire habite près des lacs sacrés, dans les solitudes sauvages, où il se livre à la méditation et à la vie ascétique. De temps en temps, il vient admonester le chef ou le roi. Souvent on le repousse, on lui désobéit ; mais on le respecte et on le craint. Déjà il exerce un pouvoir redoutable.

Entre ce roi, sur son char doré, entouré de ses guerriers, et ce mouni presque nu, n'ayant d'autres armes que sa pensée, sa parole et son regard, il y aura une lutte. Et le vainqueur formidable ce ne sera pas le roi ; ce sera le solitaire, le mendiant décharné, parce qu'il aura la science et la volonté.

L'histoire de cette lutte est celle même du brahmanisme comme elle sera plus tard celle du bouddhisme, et en elle se résume presque toute l'histoire de l'Inde.

LIVRE II

KRISHNA L'INDE ET L'INITIATION

BRAHMÂNIQUE

Celui qui crée sans cesse les mondes est triple. Il est Brahmâ, le Père ; il est Maya, la Mère ; il est Vishnou, le fils ; Essence, Substance et Vie, Chacun renferme les deux autres, et tous trois sont un dans l'ineffable.

Doctrine brahmanique. Upanishads ;

Tu portes en toi-même un ami sublime que tu se connais pas. Car Dieu réside dans l'intérieur de tout homme, mais peu savent le trouver. L'homme qui fait le sacrifie de ses désirs et de ses œuvres à l'Être d'où procèdent les principes de toute chose et par qui l'univers a été formé, obtient par ce sacrifice la perfection. Car celui qui trouve en lui-même son bonheur, sa joie, et en lui-même aussi sa Lumière, est un avec Dieu. Or, sache-le, l'âme qui a trouvé Dieu est délivrée de la renaissance et de la mort, de la vieillesse et de la douleur et boit l'eau de l'immortalité.

Baghavad Gita.

I

L'INDE HÉROIQUE LES FILS DU SOLEIL ET LES FILS DE LA LUNE

De la conquête de l'Inde par les Aryas sortit une des plus brillantes civilisations qu'ait connues la terre. Le Gange et ses affluents virent naître de grands empires et d'immenses capitales, comme Ayodhya, Hastina-poura et Indrapechta. Les récits épiques du *Mahabharâta*, et les cosmogonies populaires des Pouranas qui renferment les plus vieilles traditions historiques de l'Inde, parlent avec éblouissement de l'opulence royale, de la grandeur héroïque et de l'esprit chevaleresque de ces âges reculés. Rien de plus fier, mais aussi de plus noble, qu'un de ces rois aryens de l'Inde, debout sur son char de guerre, et qui commande à des armées d'éléphants, de chevaux et de fantassins. Un prêtre védique consacre ainsi son roi devant la foule assemblée : « Je t'ai amené au milieu de nous. Tout le peuple te désire. Le ciel est ferme ; ta terre est ferme ; ces montagnes sont fermes ; que le roi des familles soit ferme aussi. » Dans un code de lois postérieur, le Manava Dharma Sâstra, on lit : « Ces maîtres du monde qui, ardents à s'entre défaire, déploient leur vigueur dans la bataille, sans jamais tourner le visage, montent après leur mort directement au ciel. » De fait, ils se disent descendants des dieux, se croient leurs rivaux, prêts à le devenir eux-mêmes. L'obéissance filiale, le courage militaire avec un sentiment de protection généreuse vis-à-vis de tous, voilà l'idéal de l'homme. Quant à la femme, l'épopée indoue, humble servante des brahmanes, ne nous la montre guère que sous les traits de l'épouse fidèle. Ni la Grèce, ni les peuples du Nord n'ont imaginé dans leurs poèmes des épouses aussi délicates, aussi nobles, aussi exaltées que la passionnée Sita ou la tendre Damayanti.

Ce que l'épopée indoue ne nous dit pas, c'est le mystère profond du mélange des races et la lente incubation des idées religieuses, qui amenèrent les changements profonds dans l'organisation sociale de l'Inde védique. Les Aryas, conquérants de race pure, se trouvaient en présence de races très mêlées et très inférieures, où le type jaune et rouge se croisait sur un fond noir en nuances multiples. La civilisation indoue nous apparaît ainsi comme une formidable montagne, portant à sa base une race mélanienne, les sang-mêlés sur ses flancs et les purs Aryens à son sommet. La séparation des castes n'étant pas rigoureuse à l'époque primitive, de grands mélanges se firent entre ces peuples. La pureté de la race conquérante s'altéra de plus en plus avec les siècles ; mais, jusqu'à nos jours, on remarque la prédominance du type aryen dans les hautes classes et du type mélanien dans les classes inférieures. Or, des bas-fonds troubles de la société indoue s'éleva toujours, comme les miasmes des jungles mêlés à l'odeur des fauves, une vapeur brûlante de passions, un mélange de langueur et de férocité. Le sang noir surabondant a donné à l'Inde sa couleur spéciale. Il a affiné et efféminé la race. La merveille est que, malgré ce métissage, les idées dominantes de la race blanche aient pu se maintenir au sommet de cette civilisation à travers tant de révolutions.

Voilà donc la base ethnique de l'Inde bien définie : d'une part, le génie de la race blanche avec son sens moral et ses sublimes aspirations métaphysiques ; de l'autre, le génie de la race noire avec ses énergies passionnelles et sa force dissolvante. Comment ce double génie se traduit-il dans l'antique histoire religieuse de l'Inde ? Les plus anciennes traditions parlent d'une dynastie solaire et d'une dynastie lunaire. Les rois de la dynastie solaire prétendaient descendre du soleil ; les autres se disaient fils de la lune. Mais ce langage symbolique recouvrait deux conceptions religieuses opposées, et signifiait que ces deux catégories de souverains se rattachaient à deux cultes différents. Le culte solaire donnait au Dieu de l'univers le sexe mâle. Autour de lui se groupait tout ce qu'il y avait de plus pur dans la tradition védique ; la science du feu sacré et de la prière, la notion ésotérique du Dieu suprême, le respect de la femme, le culte des ancêtres, la royauté élective et patriarcale. Le culte lunaire attribuait à la divinité le sexe féminin, sous le signe duquel les religions du cycle aryen ont toujours adoré la nature, et souvent la nature aveugle, inconsciente, dans ses manifestations violentes et terribles. Ce culte penchait vers l'idolâtrie et la magie noie, favorisait la polygamie et la tyrannie appuyées sur les passions populaires. – La lutte entre les fils du soleil et les fils de la lune, entre les Pandavas et les Kouravas, forme le sujet même de la grande épopée indoue, le Mahabharâta, sorte de résumé en perspective de l'histoire de l'Inde aryenne avant la constitution définitive du brahmanisme. Cette lutte abonde en combats acharnés, en aventures étranges et interminables. Au milieu de la gigantesque épopée, les Kouravas, les rois lunaires, sont vainqueurs. Les Pandavas, les nobles enfants du soleil, les gardiens des rites purs, sont détrônés et bannis. Ils errent exilés, cachés dans les forêts, réfugiés chez les anachorètes, en habits d'écorce, avec des bâtons d'ermite.

Les instincts d'en bas vont-ils triompher ? Les puissances des ténèbres représentées dans l'épopée indoue par les Rakshasas noirs vont-elles l'emporter sur les Dévas lumineux ? La tyrannie va-t-elle écraser l'élite sous son char de guerre, et le cyclone des passions mauvaises broyer l'autel védique, éteindre le feu sacré des ancêtres ? Non, l'Inde n'en est qu'au début de son évolution religieuse. Elle va déployer son génie métaphysique et organisateur dans l'institution du brahmanisme. Les prêtres qui desservaient les rois et les chefs sous le nom de *pourohitas* (préposés au sacrifice du feu) étaient déjà devenus leurs conseillers et leurs ministres. Ils avaient de grandes richesses et une influence considérable. Mais ils n'auraient pu donner à leur caste cette autorité souveraine, cette position inattaquable au-dessus du pouvoir royal lui-même, sans le secours d'une autre classe d'hommes qui personnifie l'esprit de l'Inde dans ce qu'il a de plus original et de plus profond. Ce sont les anachorètes.

Depuis un temps immémorial, ces ascètes habitaient des ermitages au fond des forêts, au bord des fleuves ou dans les montagnes, près des lacs sacrés. On les trouvait tantôt seuls, tantôt assemblés en confréries, mais toujours unis dans un même esprit. On reconnaît en eux les rois spirituels, les maîtres véritables de l'Inde.

Héritiers des anciens sages, des rishis, eux seuls possédaient l'interprétation secrète des Védas. En eux vivait le génie de l'ascétisme, de la science occulte, des pouvoirs transcendants. Pour atteindre cette science et ce pouvoir, ils bravent tout, la faim, le froid, le soleil brûlant, l'horreur des jungles. Sans défense dans leur cabane de bois, ils vivent de prière et de méditation. De la voix, du regard, ils appellent ou éloignent les serpents, apaisent les lions et les tigres. Heureux qui obtient leur bénédiction : il aura les Dévas pour amis ! Malheur à qui les maltraite ou les tue : leur malédiction, disent les poètes, poursuit le coupable jusque dans sa troisième incarnation. Les rois tremblent devant leurs menaces, et, chose curieuse, ces ascètes font même peur aux dieux. Dans le Ramayana, Viçvamitra, un roi devenu ascète, acquiert un tel pouvoir par ses austérités et ses méditations, que les dieux tremblent pour leur existence. Alors Indra lui envoie la plus ravissante des Apsaras, qui vient se baigner dans le lac, devant la hutte du saint. L'anachorète est séduit par la nymphe céleste ; un héros naît de leur union, et pour quelques milliers d'années l'existence de l'univers est garantie. Sous ces exagérations poétiques, on devine le pouvoir réel et supérieur des anachorètes de la race blanche, qui, d'une divination profonde, d'une volonté intense, gouvernent l'âme orageuse de l'Inde du fond de leurs forêts.

C'est du sein de la confrérie des anachorètes que devait sortir la révolution sacerdotale qui fit de l'Inde la plus formidable des théocraties. La victoire du pouvoir spirituel sur le pouvoir temporel, de l'anachorète sur le roi, d'où naquit la puissance du brahmanisme advint par un réformateur de premier ordre. En réconciliant les deux génies en lutte, celui de la race blanche et de la race noire, les cultes solaires et les cultes lunaires, cet homme divin fut le véritable créateur de la religion nationale de l'Inde. En outre, par sa doctrine, ce puissant génie jeta dans le monde une idée nouvelle, d'une portée immense : celle du verbe divin ou de la divinité incarnée et manifestée par l'homme. Ce premier des messies, cet aîné des fils de Dieu, fut Krishna.

Sa légende a cet intérêt capital qu'elle résume et dramatise toute la doctrine brahmanique. Seulement elle est restée comme éparse et flottante dans la tradition, par cette raison que la force plastique fait absolument défaut au génie indou. Le récit confus et mythique du Vishnou-Pourana renferme cependant des données historiques sur Krishna, d'un caractère individuel et saillant. D'autre part, le Bhagavadgita, ce merveilleux fragment interpolé dans le grand poème du Mahabharâta, et que les brahmanes considèrent comme un de leurs livres les plus sacrés, contient dans toute sa pureté la doctrine qu'on lui attribue. C'est en lisant ces deux livres que la figure du grand initiateur religieux de l'Inde m'est apparue avec la persuasion des êtres vivants. Je raconterai donc l'histoire de Krishna en puisant à ces deux sources, dont l'une représente la tradition populaire et l'autre celle des initiés.

II

LE ROI DE MADOURA

Au commencement de l'âge du Kali-Youg, vers l'an 3000 avant notre ère (selon la chronologie des brahmanes), la soif de l'or et du pouvoir envahit le monde. Pendant plusieurs siècles, disent les anciens sages, Agni, le feu céleste qui forme le corps glorieux des Dévas et qui purifie l'âme des hommes, avait répandu sur la terre ses effluves éthérés. Mais le souffle brûlant de Kali, la déesse du Désir et de la Mort, qui sort des abîmes de la terre comme une haleine embrasée, passait alors sur tous les cœurs. La justice avait régné avec les nobles fils de Pandou, les rois solaires qui obéissent à la voix des sages. Vainqueurs, ils pardonnaient aux vaincus et les traitaient en égaux. Mais depuis que les fils du soleil avaient été exterminés ou chassés de leurs trônes et que leurs rares descendants se cachaient chez les anachorètes, l'injustice, l'ambition et la haine avaient pris le dessus. Changeants et faux comme l'astre nocturne dont ils avaient pris le symbole les rois lunaires se faisaient une guerre sans merci L'un cependant avait réussi à dominer tous les autres par la terreur et de singuliers prestiges.

Dans le nord de l'Inde, au bord d'un large fleuve brillait une ville puissante. Elle avait douze pagodes, dix palais, cent portes flanquées de tours. Des étendards multicolores flottaient sur ses hauts murs, semblables à des serpents ailés. C'était la hautaine Madura, imprenable comme la forteresse d'Indra. Là régnait Kansa, au cœur tortueux, à l'âme insatiable. Il ne souffrait autour de lui que des esclaves, il ne croyait posséder que ce qu'il avait terrassé, et ce qu'il possédait ne lui semblait rien auprès de ce qui lui restait à conquérir. Tous les rois qui reconnaissaient les cultes lunaires lui avaient rendu hommage. Mais Kansa songeait à soumettre toute l'Inde, de Lankâ jusqu'à l'Himavat. Pour accomplir ce dessein, il s'allia à Kalayéni, maître des monts Vindhya, le puissant roi des Yavanas, les hommes à la face jaune. En sectateur de la déesse Kali, Kalayéni s'était adonné aux arts ténébreux de la magie noire. On l'appelait l'ami des Rakshasas ou des démons noctivagues et le roi des serpents, parce qu'il se servait de ces animaux pour terrifier son peuple et ses ennemis. Au fond d'une forêt épaisse se trouvait le temple de la déesse Kali, creusé dans une montagne ; immense caverne noire dont on ignorait le fond et dont l'entrée était gardée par des colosses à têtes d'animaux, taillés dans le roc. C'est là qu'on amenait ceux qui voulaient rendre hommage à Kalayéni pour obtenir de lui quelque pouvoir secret. Il apparaissait à l'entrée du temple, au milieu d'une multitude de serpents monstrueux qui s'entortillaient autour de son corps et se dressaient au commandement de son sceptre. Il forçait ses tributaires à se prosterner devant ces animaux, dont les têtes enchevêtrées surplombaient la sienne. En même temps, il murmurait une formule mystérieuse. Ceux qui avaient accompli ce rite et adoré les serpents obtenaient, disait- on, d'immenses faveurs et tout ce qu'ils désiraient. Mais ils tombaient irrévocablement au pouvoir de Kalayéni. De loin ou de près, ils restaient ses esclaves. Essayaient-ils de lui désobéir, de lui échapper, ils croyaient voir se dresser devant eux le terrible magicien entouré de ses reptiles, ils se voyaient environnés de leurs têtes sifflantes, paralysés par leurs yeux fascinateurs. Kansa demanda à Kalayéni son alliance. Le roi des Yavanas lui promit l'empire de la terre, à condition qu'il épouserait sa fille.

Fière comme une antilope et souple comme un serpent était la fille du roi magicien, la belle Nysoumba, aux pendeloques d'or, aux seins d'ébène. Son visage ressemblait à un nuage sombre nuancé de reflets bleuâtres par la lune, ses yeux à deux éclairs, sa bouche avide à la pulpe d'un fruit rouge aux pépins blancs. On eût dit Kali elle-même, la déesse du Désir. Bientôt elle régna en maîtresse sur le cœur de Kansa, et soufflant sur toutes ses passions en fit un brasier ardent. Kansa avait un palais rempli de femmes de toutes les couleurs, mais il n'écoutait que Nysoumba.

- Que j'aie de toi un fils, lui dit-il, et j'en ferai mon héritier. Alors je serai le maître de la terre et je ne craindrai plus personne.

Cependant Nysoumba n'avait point de fils, et son cœur s'en irritait. Elle enviait les autres femmes de Kansa dont les amours avaient été fécondes. Elle faisait multiplier par son père les sacrifices à Kali, mais son sein restait stérile comme le sable d'un sol torride. Alors le roi de Madura ordonna de faire devant toute la ville le grand sacrifice du feu et d'invoquer tous les Dévas. Les femmes de Kansa et le peuple y assistèrent en grande pompe. Prosternés devant le feu, les prêtres invoquèrent par leurs chants le grand Varouna, Indra, les Açwins et les Marouts. La reine Nysoumba s'approcha et jeta dans le feu une poignée de parfums d'un geste de défi, en prononçant une formule magique dans une langue inconnue. La fumée s'épaissit, les flammes tourbillonnèrent, et les prêtres épouvantés s'écrièrent :

- O reine, ce ne sont pas les Déva, mais les Rakshasas qui ont passé sur le feu.Ton sein restera stérile.

- Kansa s'approcha du feu à son tour et dit au prêtre :

- Alors dis-moi de laquelle de mes femmes naîtra le maître du monde ?

A ce moment, Dévaki, la sœur du roi, s'approcha du feu. C'était une vierge au cœur simple et pur qui avait passé son enfance à filer et à tisser, et qui vivait comme dans un songe. Son corps était sur la terre, son âme semblait toujours au ciel. Dévaki s'agenouilla humblement, en priant les Dévas qu'ils donnassent un fils à son frère et à la belle Nysoumba. Le prêtre regarda tour à tour le feu et la vierge. Tout à coup il s'écria plein d'étonnement :

- O roi de Madura, aucun de tes fils ne sera le maître du monde ! Il naîtra dans le sein de ta sœur que voici.

Grandes furent la consternation de Kansa et la colère de Nysoumba à ces paroles. Quand la reine se trouva seule avec le roi, elle lui dit.

- Il faut que Dévaki périsse sur-le-champ !

- Comment, répondit Kansa, ferais-je périr ma sœur ? Si les Dévas la protègent, leur vengeance retombera sur moi.

- Alors, dit Nysoumba pleine de fureur, qu'elle règne à ma place et que ta sœur mette au monde celui qui te fera périr honteusement. Mais moi, je ne veux plus régner avec un lâche qui a peur des Dévas, et je m'en retourne chez mon père Kalayéni.

Les yeux de Nysoumba lançaient des feux obliques, les pendeloques s'agitaient sur sou cou noir et luisant. Elle se roula par terre, et son beau corps se tordit comme un serpent en fureur. Kansa, menacé de la perdre et fasciné d'une volupté terrible, fut saisi de peur et mordu d'un nouveau désir.

- Eh bien ! Dit-il, Dévaki périra ; mais ne me quitte pas.

Un éclair de triomphe brilla dans les yeux de Nysoumba, une onde de sang empourpra son visage noir. Elle se releva d'un bond et enlaça le tyran dompté de ses bras souples. Puis, l'effleurant de ses seins d'ébène d'où s'exhalaient des parfums capiteux et le touchant de ses lèvres brûlantes, elle murmura à voix basse :

- Nous offrirons un sacrifice à Kali, la déesse du Désir et de la Mort, et elle nous donnera un fils qui sera le maître du monde !

Cependant, cette nuit même, le pourohita, chef du sacrifice, vit en songe le roi Kansa qui tirait l'épée contre sa sœur. Aussitôt il se rendit chez la vierge Dévaki, lui annonça qu'un danger de mort la menaçait, et lui ordonna de s'enfuir sans tarder chez les anachorètes. Dévaki, instruite par le prêtre du feu, déguisée en pénitente, sortit du palais de Kansa et quitta la ville de Madura sans que personne s'en aperçût. De grand matin, les soldats cherchèrent la sœur du roi pour la mettre à mort, mais ils trouvèrent sa chambre vide. Le roi interrogea les gardiens de la ville. Ils répondirent que les portes étaient restées fermées toute la nuit. Mais dans leur sommeil ils avaient vu les murs sombres de la forteresse se briser sous un rayon de lumière, et une femme sortir de la ville en suivant ce rayon. Kansa comprit qu'une puissance invincible protégeait Dévaki. Dès lors, la peur entra dans son âme, et il se mit à haïr sa sœur d'une haine mortelle.

III

LA VIERGE DÉVAKI

Quand Dévaki, habillée d'un vêtement d'écorces qui cachait sa beauté, entra dans les vastes solitudes des bois géants, elle chancelait, épuisée de fatigue et de faim. Mais à peine eut-elle senti l'ombre de ces bois admirables, goûté les fruits du manguier et respiré la fraîcheur d'une source, qu'elle se ranima comme une fleur languissante. Elle entra d'abord sous des voûtes énormes, formées par des troncs massifs dont les branches se replantaient dans le sol et multipliaient à l'infini leurs arcades. Longtemps elle marcha à l'abri du soleil, comme dans une pagode sombre et sans issue. Le bourdonnement des abeilles, le cri des paons amoureux, le chant des kokilas et de mille oiseaux l'attiraient toujours plus avant. Et toujours plus immenses devenaient les arbres, la forêt toujours plus profonde et plus enchevêtrée. Les troncs se serraient derrière les troncs, les feuillages se bombaient sur les feuillages en coupoles, en pylônes grandissants. Tantôt Dévaki glissait dans des couloirs de verdure où le soleil jetait des avalanches de lumière et où gisaient des troncs renversés par la tempête. Tantôt elle s'arrêtait sous des berceaux de manguiers et d'açokas, d'où retombaient des guirlandes de lianes et des pluies de fleurs. Des daims et des panthères bondissaient dans les fourrés ; souvent aussi des buffles faisaient craquer les branches, ou bien une troupe de singes passait dans les feuillages en poussant des cris. Elle marcha ainsi toute la journée. Vers le soir, au-dessus d'un bois de bambous, elle aperçut la tête immobile d'un sage éléphant. Il regarda la vierge d'un air intelligent et protecteur, et leva sa trompe comme pour la saluer. Alors la forêt s'éclaircit, et Dévaki aperçut un paysage d'une paix profonde, d'un charme céleste et paradisiaque.

Devant elle s'épandait un étang semé de lotus et de nymphéas bleus : son sein d'azur s'ouvrait dans la grande forêt chevelue comme un autre ciel. Des cigognes pudiques rêvaient immobiles sur ses rives, et deux gazelles buvaient dans ses ondes. Sur l'autre bord, souriait, à l'abri des palmiers, l'ermitage des anachorètes. Une lumière rose et tranquille baignait le lac, les bois et la demeure des saints rishis. A l'horizon, la cime blanche du mont Mérou dominait l'océan des forêts. L'haleine d'un fleuve invisible animait les plantes, et le tonnerre tamisé d'une cataracte lointaine errait dans la brise comme une caresse ou comme une mélodie.

Au bord de l'étang, Dévaki vit une barque. Debout auprès, un homme d'un âge mûr, un anachorète, semblait attendre. Silencieusement, il fit signe à la vierge d'entrer dans la barque et prit les avirons. Pendant que la nacelle s'élançait en frôlant les nymphéas, Dévaki vit la femelle d'un cygne nager sur l'étang. D'un vol hardi, un cygne mâle, venu par les airs, se mit à décrire de grands cercles autour d'elle, puis il s'abattit sur l'eau auprès de sa compagne en frémissant de son plumage de neige. A cette vue,

Dévaki tressailli profondément sans savoir pourquoi. Mais la barque avait touché la rive opposée, et la vierge aux yeux de lotus se trouva devant le roi des anachorètes : Vasichta.

Assis sur une peau de gazelle et vêtu lui-même d'une peau d'antilope noire, il avait l'air vénérable d'un dieu plutôt que d'un homme. Depuis soixante ans, il ne se nourrissait que de fruits sauvages. Sa chevelure et sa barbe étaient blanches comme les cimes de l'Himavat, sa peau transparente, le regard de ses yeux vagues tournés au dedans par la méditation. En voyant Dévaki, il se leva et la salua par ces mots : « Dévaki, sœur de l'illustre Kansa, sois la bienvenue parmi nous. Guidée par Mahadéva, le maître suprême, tu as quitté le monde des misères pour celui des délices. Car te voilà près des saints rishis, maîtres de leurs sens, heureux de leur destinée et désireux de la voie du ciel. Depuis longtemps, nous t'attendions comme la nuit attend l'aurore. Car nous sommes l'œil des Dévas fixé sur le monde, nous qui vivons au plus profond des forêts. Les hommes ne nous voient pas, mais nous voyons les hommes et nous suivons leurs actions. L'âge sombre du désir, du sang et du crime sévit sur la terre. Nous t'avons élue pour l'œuvre de délivrance, et les Dévas t'ont choisie par nous. Car c'est dans le sein d'une femme que le rayon de la splendeur divine doit recevoir une forme humaine.

A ce moment, les rishis sortaient de l'ermitage pour la prière du soir. Le vieux Vasichta leur ordonna de s'incliner jusqu'à terre devant Dévaki. Ils se courbèrent, et Vasichta reprit : « Celle-là sera notre mère à tous, puisque d'elle naîtra l'esprit qui doit nous régénérer. » Puis se tournant vers elle : « Va, ma fille, les rishis te conduiront à l'étang voisin où demeurent les sœurs pénitentes. Tu vivras parmi elles et les mystères s'accompliront. »

Dévaki alla vivre dans l'ermitage entouré de lianes, chez les femmes pieuses qui nourrissent les gazelles apprivoisées en se livrant aux ablutions et aux prières. Dévaki prenait part à leurs sacrifices. Une femme âgée lui donnait les instructions secrètes. Ces pénitentes avaient reçu l'ordre de la vêtir comme une reine, d'étoffes exquises et parfumées, et de la laisser errer seule en pleine forêt. Et la forêt pleine de parfums, de voix et de mystères, attirait la jeune fille. Quelquefois elle rencontrait des cortèges de vieux anachorètes qui revenaient du fleuve. En la voyant, ils s'agenouillaient près d'elle, puis reprenaient leur route. Un jour, près d'une source voilée de lotus roses, elle aperçut un jeune anachorète en prière. Il se leva à son approche, jeta sur elle un regard triste et profond, et s'éloigna en silence. Et les figures graves des vieillards, et l'image des deux cygnes, et le regard du jeune anachorète hantaient la vierge dans ses rêves. Près de la source, il y avait un arbre d'âge immémorial aux larges branches, que les saints rishis appelaient « l'arbre de vie.» Dévaki aimait à s'asseoir à son ombre. Souvent elle s'y assoupissait, visitée par des visions étranges. Des voix chantaient derrière les feuillages : « Gloire à toi, Dévaki ! Il viendra couronné de lumière, ce fluide pur émané de la grande âme, et les étoiles pâliront devant sa splendeur. – Il viendra, et la vie défiera la mort, et il rajeunira le sang.de tous les êtres. – Il viendra plus doux que le miel et l'amrita, plus pur que l'agneau sans tache et la bouche d'une vierge, et tous les cœurs seront transportés d'amour.

– Gloire, gloire, gloire à toi, Dévaki[17] ! » Étaient-ce les anachorètes ? Étaient-ce les Dévas qui chantaient ainsi ? Parfois il lui semblait qu'une influence lointaine ou une présence mystérieuse, comme une main invisible étendue sur elle, la forçait à dormir. Alors elle tombait dans un sommeil profond, suave, inexplicable, d'où elle sortait confuse et troublée. Elle se retournait comme pour chercher quelqu'un, mais ne voyait jamais personne. Seulement elle trouvait quelquefois des roses semées sur son lit de feuilles ou une couronne de lotus entre ses mains.

Un jour Dévaki tomba dans une extase plus profonde. Elle entendit une musique céleste, comme un océan de harpes et de voix divines. Tout à coup le ciel s'ouvrit en abîmes de lumière. Des milliers d'êtres splendides la regardaient, et, dans l'éclat d'un rayon fulgurant, le soleil des soleils, Mahadéva, lui apparut sous forme humaine. Alors, ayant été *adombrée* par l'Esprit des mondes, elle perdit connaissance, et dans

---

[17] Atharva-Véda.

95

l'oubli de la terre, dans une félicité sans bornes, elle conçut l'enfant divin[18].

Quand sept lunes eurent décrit leurs cercles magiques autour de la forêt sacrée, le chef des anachorètes fit appeler Dévaki : La volonté des Dévas s'est accomplie, dit-il. Tu as conçu dans la pureté du cœur et dans l'amour divin. Vierge et mère, nous te saluons. Un fils naîtra de toi qui sera le sauveur du monde. Mais ton frère Kansa te cherche pour te faire

---

[18] Une remarque est indispensable ici sur le sen symbolique de la légende et sur l'origine réelle de ceux qui ont porté dans l'histoire le nom de *fils de Dieu*. Selon la doctrine secrète de l'Inde, qui fut aussi celle des Initiés de l'Égypte et de la Grèce, l'âme humaine est fille du ciel, puisque avant de naître sur la terre elle a eu une série d'existences corporelles et spirituelles. Le père et la mère n'engendrent donc que le corps de l'enfant, puisque son âme vient d'ailleurs. Cette loi universelle s'impose à tous. Les plus grands prophètes, ceux-là même en qui le Verbe divin a parlé, ne sauraient y échapper. Et, en effet, du moment que l'on admet la préexistence de l'âme, la question de savoir quel a été le père devient secondaire. Ce qu'il importe de croire, c'est que ce prophète vient d'un monde divin. Et cela, les vrais fils de Dieu le prouvent par leur vie et par leur mort. – Mais les initiés antiques n'ont pas cru devoir faire connaître ces choses au vulgaire. Quelques-uns de ceux qui ont paru dans le monde comme des envoyés divins furent des fils d'initiés, et leurs mères avaient fréquenté les temples afin de concevoir des élus.

périr avec le fruit tendre que tu portes dans tes flancs. Il faut lui échapper. Les frères vont te guider chez les pâtres qui habitent au pied du mont Mérou, sous les cèdres odorants, dans l'air pur de l'Himavat. Là, tu mettras au monde ton fils divin et tu l'appelleras Krishna, le sacré. Mais qu'il ignore son origine et la tienne ; ne lui en parle jamais. Va sans crainte, car nous veillons sur toi. »

Et Dévaki s'en alla chez les pasteurs du mont Mérou.

IV

LA JEUNESSE DE KRISHNA

Au pied du mont Mérou s'étendait une fraîche vallée semée de pâturages et dominée par de vastes forêts de cèdres, où glissait le souffle pur de l'Himavat. Dans cette vallée haute habitait une peuplade de pâtres sur laquelle régnait le patriarche Nanda, l'ami des anachorètes. C'est là que Dévaki trouva un refuge contre les persécutions du tyran de Madoura ; et c'est là, dans la demeure de Nanda, qu'elle mit au monde son fils Krishna. Excepté Nanda, personne ne sut qui était l'étrangère et d'où lui venait ce fils. Les femmes du pays dirent seulement : « C'est un fils des Gandharvas[19]. Car les musiciens d'Indra doivent avoir présidé aux amours de cette femme, qui ressemble à une nymphe céleste, à une Apsara. » L'enfant merveilleux de la femme inconnue grandit parmi les troupeaux et les bergers, sous l'œil de sa mère. Les pâtres l'appelèrent « le Rayonnant », parce que sa seule présence, son sourire et ses grands yeux avaient le don de répandre la joie. Animaux, enfants, femmes, hommes, tout le monde l'aimait, et il semblait aimer tout le monde, souriant à sa mère, jouant avec les brebis et les enfants de son âge, ou parlant avec les

---

[19] Ce sont les génies qui, dans toute la poésie indous, sont sensés présider aux mariages d'amour.

vieillards. L'enfant Krishna était sans crainte, plein d'audace et d'actions surprenantes. Quelquefois on le rencontrait dans les bois, couché sur la mousse, étreignant de jeunes panthères et leur tenant la gueule ouverte sans qu'elles osassent le mordre. Il avait aussi des immobilités subites, des étonnements profonds, des tristesses étranges. Alors il se tenait à l'écart, et grave, absorbé, regardait sans répondre. Mais par dessus toute chose et tous les êtres, Krishna adorait sa jeune mère, si belle, si radieuse, qui lui parlait du ciel des Dévas, de combats héroïques et de choses merveilleuses qu'elle avait apprises chez les anachorètes. Et les pâtres, qui conduisaient leurs troupeaux sous les cèdres du mont Mérou, disaient : « Quelle est cette mère et quel est son fils ? Quoique vêtue comme nos femmes, elle ressemble à une reine. L'enfant merveilleux est élevé avec les nôtres, et cependant il ne leur ressemble pas. Est-ce un génie ? Est-ce un dieu ? Quel qu'il soit, il nous portera bonheur. »

Quand Krishna eut quinze ans, sa mère Dévaki fut rappelée par le chef des anachorètes. Un jour, elle dis parut sans dire adieu à son fils. Krishna, ne la voyant plus, alla trouver le patriarche Nanda et lui dit :

- Où est ma mère? Nanda répondit en courbant la tête :

- Mon entant, ne m'interroge pas. Ta mère est partie pour un long, voyage. Elle est retournée au pays d'où elle est venue, et je ne sais pas quand elle reviendra.

Krishna ne répondit rien, - mais il tomba dans une rêverie si profonde, que tous les enfants s'écartaient de lui, comme saisis d'une crainte superstitieuse. Krishna abandonna ses compagnons, quitta leurs jeux, et, perdu dans ses pensées, s'en alla seul sur le mont Mérou. Il erra ainsi plusieurs semaines. Un matin, il parvint sur une haute cime boisée, d'où la vue s'étendait sur la chaîne de l'Himavat. Tout à coup, il aperçut près de lui un grand vieillard en robe blanche d'anachorète, debout sous les cèdres géants, dans la lumière matinale. Il paraissait âgé de cent ans. Sa barbe de neige et son front chauve brillaient de majesté. L'enfant plein de vie et le centenaire se regardèrent longtemps. Les yeux du vieillard se reposaient avec complaisance sur Krishna. Mais Krishna fut si émerveillé de le voir, qu'il resta muet d'admiration. Quoiqu'il le vit pour la première fois, il lui semblait connu.

- Qui cherches-tu ? dit enfin le vieillard - Ma mère. - Elle n'est plus ici. - Où la retrouverai-je ?

- Chez Celui qui ne change jamais. - Mais comment le trouver, Lui ? - Cherche. - Et toi, te reverrai-je ?

- Oui ; quand la fille du Serpent poussera le fils du Taureau au crime, alors tu me reverras dans une aurore de pourpre. Alors tu égorgeras le Taureau et tu écraseras la tête du Serpent. Fils de Mahadéva, sache que toi et moi nous ne faisons qu'un en Lui ! Cherche le, - cherche, cherche toujours !

Et le vieillard étendit les mains en signe de bénédiction. Puis il se retourna et fit quelques pas sous les hauts cèdres, dans la direction de l'Himavat. Soudain, il sembla à Krishna que forme majestueuse devenait transparente, puis elle tremblota et disparut, sous le scintillement des branches aux fines aiguilles, dans une vibration lumineuse[20].

Quand Krishna redescendit du mont Mérou, il parut comme transformé. Une énergie nouvelle irradiait de son être. Il rassembla ses compagnons et leur dit : « Allons lutter coutre les taureaux et les serpents ; allons défendre les bons et terrasser les méchants. » L'arc en main et l'épée au flanc, Krishna et ses compagnons, les fils des pâtres transformés en guerriers, se mirent à battre les forêts en luttant contre les bêtes fauves. Au fond des bois, on entendit des hurlements d'hyènes, de chacals et de tigres, et les cris de triomphe des jeunes gens devant les animaux abattus. Krishna tua et dompta des lions ; il fit la guerre à des rois et délivra des peuplades opprimées. Mais la tristesse demeurait au fond de sou cœur. Ce cœur n'avait qu'un désir profond, mystérieux, inavoué : retrouver sa mère et revoir l'étrange, le sublime vieillard. Il se souvenait de ses paroles : « Ne m'a-t.il pas promis que je le reverrais, quand j'écraserais la tête du serpent ? Ne m'a-t-il pas dit que je retrouverais ma mère auprès de Celui qui ne change jamais ? » Mais il avait eu beau lutter, vaincre, tuer ; il n'avait revu ni le vieillard sublime ni sa mère radieuse. Un jour, il entendit parler de Kalayéni, le roi des serpents, et il demanda à lutter avec la plus terrible de ses bêtes, en présence du magicien noir. On disait que cet animal,

---

[20] C'est une croyance constante, en Inde, que les grands ascètes peuvent se manifester à distance sous une apparence visible, pendant que leur corps reste plongé dans un sommeil cataleptique.

dressé par Kalayéni, avait déjà dévoré des centaines d'hommes, et que son regard glaçait d'épouvante les plus courageux. Du fond du temple ténébreux de Kali, Krishna vit sortir, à l'appel de Kalayéni, un long reptile d'un bleu verdâtre. Le serpent dressa lentement son corps épais, enfla sa crête rouge, et ses yeux perçants s'allumèrent dans sa tête monstrueuse casquée d'écailles luisantes. « Ce serpent, dit Kalayéni, sait bien des choses ; c'est un démon puissant. Il ne les dira qu'à celui qui le tuera, mais il tue ceux qui succombent. Il t'a vu ; il te regarde, tu es en son pouvoir. Il ne te reste qu'à l'adorer ou à périr dans une lutte insensée. » A ces paroles, Krishna fut indigné ; car il sentait que son cœur était comme la pointe de la foudre. Il regarda le serpent et se jeta sur lui en l'empoignant au-dessous de la tête. L'homme et le serpent roulèrent sur les marches du temple. Mais avant que le reptile l'eût enlacé de ses anneaux, Krishna lui trancha la tête de son glaive, et, se dégageant du corps qui se tordait encore, le jeune vainqueur éleva d'un air de triomphe la tête du serpent dans sa main gauche. Cependant, cette tête vivait encore ; elle regardait toujours Krishna, et lui dit : « Pourquoi m'as-tu tué, fils de Mahadéva ? Crois-tu trouver la vérité en tuant les vivants ? Insensé, tu ne la trouveras qu'en agonisant toi-même. La mort est dans la vie, la vie est dans la mort. Crains la fille du serpent et le sang répandu. Prends garde ! prends garde ! » En parlant ainsi, le serpent mourut. Krishna laissa tomber sa tête et s'en alla plein d'horreur. Mais Kalayéni dit : « Je ne peux rien sur cet homme ; Kali seule pourrait le dompter par un charme.

Après un mois d'ablutions et de prières au bord du Gange, après s'être purifié dans la lumière du soleil et dans la pensée de Mahadéva, Krishna s'en revint à son pays natal, chez les pasteurs du mont Mérou.

La lune d'automne montrait sur les bois de cèdres son globe resplendissant, et, de nuit, l'air s'embaumait de la senteur des lis sauvages, dans lesquels les abeilles font leurs murmures le long du jour. Assis sous un grand cèdre, au bord d'une pelouse, Krishna, lassé des vains combats de la terre, rêvait aux combats célestes et à l'infini du ciel. Plus il pensait à sa mère radieuse et au vieillard sublime, plus ses exploits enfantins lui paraissaient méprisables, et plus les choses célestes devenaient vivantes en lui. Un charme consolant, un divin ressouvenir l'inondait tout entier. Alors, un hymne de reconnaissance à Mahadéva monta de son cœur et déborda de ses lèvres sur une mélodie suave et divine. Attirées par ce chant merveilleux, les Gopis, les filles et les femmes des bergers, sortirent de leur demeure. Les premières, ayant aperçu des vieillards de leur famille sur leur route, rentrèrent aussitôt, après avoir fait semblant de cueillir une fleur. Quelques-unes s'approchèrent davantage en appelant : Krishna ! Krishna ! puis elles s'enfuirent toutes honteuses. S'enhardissant peu à peu, les femmes entourèrent Krishna par groupes, comme des gazelles timides et curieuses, charmées par ses mélodies. Mais lui, perdu dans le songe des dieux, ne les voyait pas. Excitées de plus en plus par son chant, les Gopis commencèrent par s'impatienter de n'être point remarquées. Nichdali, la fille de Nanda, était tombée, les yeux fermés, dans une sorte d'extase. Mais Sarasvatî, sa sœur, plus hardie, se glissa près du fils de Dévaki et se pressa à son côté ; puis, d'une voix caressante :

- Oh ! Krishna, dit-elle, ne vois-tu pas que nous t'écoutons et que nous ne pouvons, plus dormir dans nos demeures ? Tes mélodies nous ont enchantées, ô héros adorable ! et nous voilà enchaînées à ta voix, et nous ne pouvons plus nous passer de toi.

- Oh ! chante encore, dit une jeune fille ; enseigne-nous à moduler nos voix !

- Apprends-nous la danse, dit une femme.

Et Krishna, sortant de son rêve, jeta sur les Gopis des regards bienveillants. Il leur adressa de douces paroles et, leur prenant la main, les fit asseoir sur le gazon, à l'ombre des grands cèdres, sous la lumière de la lune brillante. Alors, il leur raconta ce qu'il avait vu en lui-même : l'histoire des dieux et des héros, les guerres d'Indra et les exploits du divin Rama. Femmes et jeunes filles écoutaient ravies. Ces récits duraient jusqu'à l'aube. Quand l'aurore rose mont derrière le mont Mérou et que les kokilas commençaient à gazouiller sous les cèdres, les filles et les femmes des Gopas regagnaient furtivement leurs demeures. Mais, le lendemain, dès que la lune magique montrait sa faucille, elles revenaient plus avides. Krishna, voyant qu'elles s'exaltaient à ses récits, leur enseigna à chanter de leurs voix et à figurer de leurs gestes les actions sublimes des héros et des dieux. Il donna aux unes des vinas aux cordes frémissantes comme des âmes, aux autres des cymbales sonores comme les cœurs des guerriers, aux autres des tambours qui imitent le tonnerre. Et, choisissant les plus belles, il les animait de ses pensées. Ainsi, les bras, étendus, marchant et se mouvant en un rêve divin, les danseuses sacrées représentaient la majesté de Varouna, la colère d'Indra tuant le dragon, ou le désespoir de Maya délaissée. Ainsi les combats et la gloire éternelle des dieux que Krishna avait contemplés en lui-même, revivaient dans ces femmes heureuses et transfigurées.

Un matin, les Gopis s'étaient dispersées. Les timbres de leurs instruments variés, de leurs voix chantantes et rieuses, s'étaient perdus au loin. Krishna, resté seul sous le grand cèdre, vit venir à lui les deux filles de Nanda : Sarasvatî et Nichdali. Elles s'assirent à ses côtés. Sarasvatî, jetant ses bras autour du cou de Krishna et faisant résonner ses bracelets, lui dit : « En nous enseignant les chants et les danses sacrées, tu as fait de nous les plus heureuses des femmes ; mais nous serons les plus malheureuses quand tu nous auras quittées. Que deviendrons-nous quand nous ne te verrons plus ? Oh ! Krishna ! épouse-nous, ma sœur et moi, nous serons tes femmes fidèles, et nos yeux n'auront pas la douleur de te perdre. Pendant que Sarasvatî parlait ainsi, Nichdali ferma les paupières comme si elle tombait en extase.

- Nichdali, pourquoi fermes-tu les yeux ? demanda Krishna. - Elle est jalouse, répondit Sarasvatî en riant ; elle ne veut pas voir mes bras autour de ton cou.

- Non, répondit Nichdali en rougissant ; je ferme les yeux pour contempler ton image qui s'est gravée au fond de moi-même. Krishna, tu peux partir ; je ne te perdrai jamais.

Krishna était devenu pensif. Il délia en souriant les bras de Sarasvatî passionnément attachés à son cou. Puis il regarda tour à tour les deux femmes et enlaça ses deux bras autour d'elles. Il posa d'abord sa bouche sur les lèvres de Sarasvatî, puis sur les yeux de Nichdali.

Dans ces deux longs baisers, le jeune Krishna parut sonder et savourer toutes les voluptés de la terre. Tout à coup, il frémit et dit :

- Tu es belle, ô Sarasvatî ! toi dont les lèvres ont le parfum de l'ambre et de toutes les fleurs ; tu es adorable ô Nichdali, toi dont les paupières voilent les yeux profonds et qui sais regarder au dedans de toi-même. Je vous aime toutes les deux. Mais comment vous épouserais-je, puisque mon cœur devrait se partager entre vous ?

- Ah ! il n'aimera jamais ! dit Sarasvatî avec dépit.

- Je n'aimerai que d'amour éternel.

- Et que faut-il pour que tu aimes ainsi ? dit Nichdali avec tendresse.

Krishna s'était levé ; ses yeux flamboyaient.

- Pour aimer d'amour éternel ? dit-il. Il faut que la lumière du jour s'éteigne, que la foudre tombe dans mon cœur et que mon Âme s'enfuie hors de moi-même jusqu'au fond du ciel !

Pendant qu'il parlait, il parut aux jeunes filles qu'il grandissait d'une coudée. Tout à coup, elles eurent peur de lui et rentrèrent chez elles en pleurant. Krishna prit seul le chemin du mont Mérou. La nuit suivante, les Gopis se réunirent pour leurs jeux, mais vainement elles attendirent leur maître. Il avait disparu, ne leur laissant qu'une essence, un parfum de son être les chants et les danses sacrées.

V

INITIATION

Cependant, le roi Kansa, ayant appris que sa sœur Dévaki avait vécu chez les anachorètes et n'ayant pu la découvrir, se mit à les persécuter et à les chasser comme des bêtes fauves. Ils durent se réfugier dans la partie la plus reculée et la plus sauvage de la forêt. Alors leur chef, le vieux Vasichta, quoique âgé de cent ans, se mit en route pour parler au roi de Madoura. Les gardes virent, avec étonnement un vieillard aveugle, guidé par une gazelle qu'il tenait en laisse, apparaître aux portes du palais. Frappés de respect pour le rishi, ils le laissèrent passer. Vasichta s'approcha du trône où Kansa était assis à côté de Nysoumba et lui dit :

- Kansa, roi de Madoura, malheur à toi, fils du Taureau qui persécutes les solitaires de la forêt sainte ! Malheur à toi, fille du Serpent qui lui souffles la haine. Le jour de vôtre châtiment approche. Sachez que le fils de Dévaki est vivant. Il viendra couvert d'une armure d'écailles infrangibles, et il te chassera de ton trône dans l'ignominie. Maintenant, tremblez et vivez dans la peur ; c'est le châtiment, que les Dévas vous assignent.

Les guerriers, les gardes, les serviteurs s'étaient prosternés devant le saint centenaire, qui ressortit, conduit par sa gazelle, sans que personne eût osé le toucher. Mais, à partir de ce jour, Kansa et Nysoumba songèrent aux moyens de faire périr secrètement le roi des anachorètes. Dévaki était morte, et nul, hormis Vasichta, ne savait que Krishna était son fils. Cependant, le bruit de ses exploits avait retenti aux oreilles du roi. Kansa pensa : « J'ai besoin d'un homme fort pour me défendre. Celui qui a tué le grand serpent de Kalayéni n'aura pas peur de l'anachorète. » Ayant pensé cela, Kansa fit dire au patriarche Nanda : « Envoie-moi le jeune héros Krishna pour que j'en fasse le conducteur de mon char et mon premier conseiller[21]. » Nanda fit part à Krishna de l'ordre du roi, et Krishna répondit : « J'irai. » A part lui il pensait : « Le roi de Madoura serait-il Celui qui ne change jamais ? Par lui je saurai où est ma mère. »

Kansa, voyant la force, l'adresse et l'intelligence de Krishna, prit plaisir à lui et lui confia la garde de son royaume. Cependant, Nysoumba, en voyant le héros du mont Mérou, tressaillit dans sa chair d'un désir impur, et son esprit subtil trama un projet ténébreux à la lueur d'une pensée criminelle. A l'insu du roi, elle fit appeler le conducteur du char dans son gynécée. Magicienne, elle possédait l'art de se rajeunir momentanément par des philtres puissants. Le fils de Dévaki trouva Nysoumba aux seins d'ébène presque nue sur un lit de pourpre ; des anneaux d'or serraient ses chevilles et ses bras ; un diadème de pierres précieuses étincelait sur sa tête. A ses pieds brûlait une

---

[21] Dans l'Inde ancienne, ces deux fonctions étaient souvent réunies. Les conducteurs de chars des rois étaient de grands personnages et souvent les ministres des monarques. Les exemples en fourmillent dans la poésie indoue.

cassolette de cuivre d'où s'échappait un nuage de parfums.

- Krishna, dit la fille du roi des serpents, ton front est plus calme que la neige de l'Himavat et ton cœur est comme la pointe de la foudre. Dans ton innocence, tu resplendis au-dessus des rois de la terre. Ici, personne ne t'a reconnu ; tu t'ignores toi-même. Moi seule je sais qui tu es ; les Dévas ont fait de toi le maître des hommes ; moi seule je puis faire de toi le maître du monde. Veux-tu ?

- Si c'est Mahadéva qui parle par ta bouche, dit Krishna d'un air grave, tu me diras où est ma mère et où je trouverai le grand vieillard qui m'a parlé sous les cèdres du mont Mérou.

- Ta mère ? dit Nysoumba avec un sourire dédaigneux, ce n'est certes pas moi qui te l'apprendrai ; quant à ton vieillard, je ne le connais pas. Insensé ! Tu poursuis des songes et tu ne vois pas les trésors de la terre que je t'offre. Il y a des rois qui portent la couronne et qui ne sont pas des rois. Il y a des fils de pâtres qui portent la royauté sur leur front et qui ne connaissent pas leur force. Tu es fort, tu es jeune, tu es beau ; les cœurs sont à toi. Tue le roi dans son sommeil et je mettrai la couronne sur ta tête, et tu seras le maître du monde. Car je t'aime et tu m'es prédestiné. Je le veux, je l'ordonne !

En parlant ainsi, la reine s'était soulevée impérieuse, fascinante, terrible comme un beau serpent. Dressée sur sa couche, elle lança de ses yeux noirs un jet de flamme si sombre dans les yeux limpides de Krishna, qu'il frémit épouvanté. Dans ce regard, l'enfer lui apparut. Il vit le gouffre du temple de Kali, déesse du Désir et de la Mort, et des serpents qui s'y tordaient comme dans une agonie éternelle. Alors, soudainement, les yeux de Krishna parurent comme deux glaives. Ils transpercèrent la reine de part en part, et le héros du mont Mérou s'écria :

- Je suis fidèle au roi qui m'a pris pour défenseur mais toi, sache que tu mourras !

Nysoumba poussa un cri perçant et roula sur sa couche en mordant la pourpre. Toute sa jeunesse factice s'était évanouie ; elle était redevenue vielle et ridée. Krishna, la laissant à sa colère, sortit.

Persécuté nuit et jour par les paroles de l'anachorète, le roi de Madoura dit à son conducteur de char :

- Depuis que l'ennemi a mis le pied dans mon palais, je ne dors plus en paix sur mon trône. Un magicien infernal du nom de Vasichta, qui vit dans une forêt profonde, est venu me jeter sa malédiction. De puis, je ne respire plus ; le vieillard a empoisonné mes jours. Mais avec toi qui ne.crains rien, je ne le crains pas. Viens avec moi dans la forêt maudite. Un espion qui connaît tous les sentiers nous conduira jusqu'à lui. Dès que tu le verras, cours à lui et frappe-le sans qu'il ait pu dire une parole ou te lancer un regard. Quand il sera blessé mortellement, demande-lui où est le fils de ma sœur, Dévaki, et quel est son nom. La paix de mon royaume dépend d ce mystère.

- Sois tranquille, répondit Krishna, je n'ai pas eu peur de Kalayéni ni du serpent de Kali. Qui pourrait me faire trembler maintenant ? Si puissant que soit cet homme, je saurai ce qu'il te cache.

Déguisés en chasseurs, le roi et son guide roulaient sur un char aux chevaux fougueux, aux roues rapides. L'espion, qui avait exploré la forêt, se tenait derrière eux. On était au début de la saison des pluies. Les rivières s'enflaient, une végétation de plantes recouvrait les chemins, et la ligne blanche des cigognes se montrait sur le dos des nuées. Lorsqu'ils approchèrent de la forêt sacrée, l'horizon s'assombrit, le soleil se voila, l'atmosphère se remplit d'une brume cuivrée. Du ciel orageux, des nuages pendaient comme des trompes sur la chevelure effarée des bois.

- Pourquoi, dit Krishna au roi, le ciel s'est-il obscurci tout à coup et pourquoi la forêt devient-elle si noire ?

- Je le vois bien, dit le roi de Madoura, c'est Vasichta le méchant solitaire qui assombrit le ciel et hérisse contre moi la forêt maudite. Mais Krishna, as-tu peur ?

- Que le ciel change de visage et la terre de couleur, je n'ai pas peur ! - Alors, avance ! Krishna fouetta les chevaux, et le char entra sous l'ombre épaisse des baobabs. Il roula quelque temps d'une vitesse merveilleuse. Mais toujours plus sauvage et plus terrible devenait la forêt. Des éclairs jaillirent ; le tonnerre gronda,

- Jamais, dit Krishna, je n'ai vu le ciel si noir, ni les arbres se tordre ainsi. Il est puissant ton magicien !

- Krishna, tueur de serpents, héros du mont Mérou, as-tu peur ? - Que la terre tremble et que le ciel s'effondre, je n'ai pas peur ! - Alors, poursuis !

De nouveau, le hardi conducteur fouetta les chevaux et le char reprit sa course. Alors la tempête devint si effroyable que les arbres géants ployèrent. La forêt secouée mugit comme du hurlement de mille démons. La foudre tomba à côté des voyageurs ; un baobab fracassé barra la route ; les chevaux s'arrêtèrent et la terre trembla.

- C'est donc un dieu que ton ennemi, dit Krishna, puisque Indra lui-même le protège ?

- Nous touchons au but, dit l'espion du roi. Regarde cette allée de verdure. Au bout se trouve une cabane misérable. C'est là qu'habite Vasichta, le grand mouni, nourrissant les oiseaux, redouté des fauves et défendu par une gazelle. Mais pas pour une couronne, je ne ferai un pas de plus.

A ces mots, le roi de Madoura était devenu livide :

« Il est là ? Vraiment ? Derrière ces arbres ? » Et se cramponnant à Krishna, il chuchota à voix basse, en tremblant de tous ses membres :

- Vasichta ! Vasichta, qui médite ma mort, est là. Il me voit du fond de sa retraite... son œil me poursuit... Délivre-moi de lui !

- Oui, par Mahadéva dit Krishna en descendant du char et en sautant par-dessus le tronc du baobab, je veux voir celui qui te fait trembler ainsi.

Le mouni centenaire Vasichta vivait depuis un an dans cette cabane, cachée au plus profond de la forêt sainte, en attendant la mort. Avant la mort du corps, il était délivré de la prison du corps. Ses yeux étaient éteints, mais il voyait par l'âme. Sa peau percevait à peine le chaud et le froid, mais son esprit vivait dans une unité parfaite avec l'esprit souverain. Il ne voyait plus les choses de ce monde qu'à travers la lumière de Brahmâ, priant, méditant sans cesse. Un disciple fidèle parti de l'ermitage lui apportait tous les jours les grains de riz dont il vivait. La gazelle qui broutait dans sa main l'avertissait en bramant de l'approche des fauves. Alors il les éloignait en murmurant un mantra et en étendant son bâton de bambou à sept nœuds. Quant aux hommes, quels qu'ils fussent, il les voyait venir par le regard intérieur, à plusieurs lieues de distance.

Krishna, marchant dans l'allée obscure, se trouva tout à coup en face de Vasichta. Le roi des anachorètes était assis, les jambes croisées sur une natte, appuyé contre le poteau de sa cabane, dans une paix profonde. De ses yeux d'aveugle sortait une scintillation intérieure de voyant. Dès qui Krishna l'eut aperçu, il reconnut – « le vieillard sublime ! » - Il sentit une commotion de joie, le respect courba son âme tout entière. Oubliant le roi, son char et son royaume, il plia un genou devant le saint, - et l'adora.

Vasichta semblait le voir. Car son corps appuyé à la cabane se dressa par une légère oscillation ; il étendit les deux bras pour bénir son hôte, et ses lèvres murmurèrent la syllabe sainte : AUM[22].

Cependant le roi Kansa, n'entendant pas un cri et ne voyant pas revenir son conducteur, se glissa d'un pas

---

[22] Dans l'initiation brahmanique, elle signifie : le Dieu suprême, le Dieu Esprit. Chacune de ses lettres correspond à une des facultés divines, populairement parlant, à une des personnes de la Trinité.

furtif dans l'allée et resta pétrifié d'étonnement en apercevant Krishna agenouillé devant le saint anachorète. Celui-ci dirigea sur Kansa ses yeux d'aveugle, et levant son bâton, il dit :

- O roi de Madoura, tu viens pour me tuer ; salut ! Car tu vas me délivrer de la misère de ce corps. Tu veux savoir où est le fils de ta sœur Dévaki, qui doit te détrôner. Le voici courbé devant moi et devant Mahadéva, et c'est Krishna, ton propre conducteur ! Considère combien tu es insensé et maudit, puisque ton ennemi le plus redoutable est celui-là même. Tu me l'as amené pour que je lui dise qu'il est l'enfant prédestiné. Tremble ! Tu es perdu, car ton âme infernale va être la proie des démons.

Kansa stupéfié écoutait. Il n'osait regarder le vieillard en face ; blême de rage et voyant Krishna toujours à genoux, il prit son arc, et, le tendant de toute sa force, décocha une flèche contre le fils de Dévaki. Mais le bras avait tremblé, le trait dévia et la flèche alla s'enfoncer dans la poitrine de Vasichta, qui, les bras en croix, semblait l'attendre comme en extase.

Un cri partit, un cri terrible, - non pas de la poitrine du vieillard, mais de celle de Krishna. Il avait entendu la flèche vibrer à son oreille, il l'avait dans la chair du saint... et il lui semblait qu'elle s'était enfoncée dans son propre cœur, tellement son âme, à ce moment, s'était identifiée à celle du rishi. Avec cette flèche aigue, toute la douleur du monde transperça l'âme de Krishna, la déchira jusqu'en ses profondeurs.

Cependant, Vasichta, la flèche dans sa poitrine, sans changer de posture, agitait encore les lèvres. Il murmura :

- Fils de Mahadéva pourquoi pousser ce cri ? Tuer est vain. La flèche ne peut atteindre l'âme, et la victime est le vainqueur de l'assassin. Triomphe, Krishna, le destin s'accomplit : je retourne à Celui qui ne change jamais. Que Brahmâ reçoive mon âme. Mais toi, son élu, sauveur du monde, debout ! Krishna ! Krishna !

Et Krishna se dressa, la main à son épée ; il voulut se retourner contre le roi. Mais Kansa s'était enfui.

Alors une lueur fendit le ciel noir, et Krishna tomba à terre, foudroyé sous une lumière éclatante tandis que son corps restait insensible, son âme, unie à celle du vieillard par la puissance de la sympathie, monta dans les espaces. La terre avec ses fleuves, ses mers, ses continents, disparut comme une boule noire, et tous deux s'élevèrent au septième ciel des Dévas, vers le Père des être, le soleil des soleils, Mahadéva, l'intelligence divine. Ils plongèrent dans un océan de lumière qui s'ouvrait devant eux. Au centre de la sphère, Krishna vit Dévaki sa mère radieuse, sa mère glorifiée, qui d'un sourire ineffable lui tendait les bras, l'attirait sur son sein. Des milliers de Dévas venaient s'abreuver dans le rayonnement de la Vierge Mère comme en un foyer incandescent. Et Krishna se sentit résorbé dans un regard d'amour de Dévaki. Alors, du cœur de la mère radieuse, son être rayonna à travers tous les cieux Il sentit qu'il était le Fils, l'âme divine de tous les êtres, la Parole de vie, le Verbe créateur. Supérieur à la vie universelle, il la pénétrait cependant par l'essence de la douleur, par le feu de la prière et la

félicité d'un divin sacrifice[23].

---

[23] La légende de Krishna nous fait saisir à sa source même l'idée de la Vierge Mère, de l'Homme Dieu et de la Trinité. – En Inde, cette idée apparaît dès l'origine dans son symbolisme transparent, avec son profond sens métaphysique. Au livre V, ch. : II, le Vishnou- Purana, après avoir raconté la conception de Krishna par Dévaki, ajoute : « Personne ne pouvait regarder Dévaki, a cause de la lumière qui l'enveloppait et ceux qui contemplaient sa splendeur sentaient leur esprit troublé ; les dieux, invisibles aux mortels, célébraient continuellement ses louanges depuis que Vishnou était renfermé en sa personne. Ils disaient : « Tu es cette Prakriti infinie et subtile qui porta jadis Brahmâ en son sein ; tu fus ensuite la déesse de la Parole, l'énergie du Créateur de l'univers et la mère des védas : O toi, être éternel, qui comprends en ta substance l'essence de toutes les choses créées, tu étais identique avec la création, tu étais le sacrifice d'où procède tout ce que produit la terre ; tu es le bois qui, par son frottement, engendre le feu. Comme Aditi, tu es la mère des dieux ; comme Diti, tu es celle des Datyas, leurs ennemis. Tu es la lumière d'où naît le jour, tu es l'humilité, mère de la véritable sagesse ; tu es la politique des rois, mère de l'ordre ; tu es le désir d'où naît l'amour ; tu es la satisfaction d'où dérive la résignation, tu es l'intelligence, mère de la science ; tu es la patience, mère du courage ; tout le firmament et les étoiles sont tes enfants ; c'est de toi que procède tout ce qui existe... Tu es descendue sur la terre pour le salut du

117

Quand Krishna revint à lui, le tonnerre roulait encore dans le ciel, la forêt était sombre et des torrents de pluie tombaient sur la cabane. Une gazelle léchait le sang sur le corps de l'ascète transpercé. « Le vieillard sublime » n'était plus qu'un cadavre. Mais Krishna se leva comme ressuscité. Un abîme le séparait du monde et de ses vaines apparences. Il avait vécu la grande vérité et compris sa mission.

Quant au roi Kansa, plein d'épouvante, il fuyait sur son char chassé par la tempête, et ses chevaux se cabraient comme fouettés par mille démons.

VI

LA DOCTRINE DES INITIÉS

Krishna fut salué par les anachorètes comme le successeur attendu et prédestiné de Vasichta. On célébra le *srada* ou cérémonie funèbre du saint vieillard dans la forêt sacrée, et le fils de Dévaki reçut le bâton à sept nœuds, signe du commandement, après avoir accompli le sacrifice du feu en présence des plus anciens anachorètes, de ceux qui savent par cœur les trois Védas. Ensuite Krishna se retira au mont Mérou pour y méditer sa doctrine et la voie du salut pour les hommes. Ses méditations et ses austérités durèrent sept ans. Alors il sentit qu'il avait dompté sa nature terrestre par sa nature divine, et qu'il s'était suffisamment identifié avec le soleil de Mahadéva pour mériter le nom de fils de Dieu. Alors seulement il appela auprès de lui les anachorètes, les jeunes et les anciens, pour leur révéler sa doctrine. Ils trouvèrent Krishna purifié et grandi ; le héros s'était transformé en saint ; il n'avait pas perdu la force des lions, mais il avait gagné la douceur des colombes. Parmi ceux qui accoururent les premiers se trouvait Ardjouna, un descendant des rois solaires, l'un des Pandavas détrônés par les Kouravas ou rois lunaires. Le jeune Ardjouna était plein de feu, mais prompt à se décourager et à tomber dans le doute. Il s'attacha passionnément à Krishna.

Assis sous les cèdres du mont Mérou, en face de l'Himavat, Krishna commença à parler à ses disciples des vérités inaccessibles aux hommes qui vivent dans l'esclavage des sens. Il leur enseigna la doctrine de l'âme immortelle, de ses renaissances et de son union mystique avec Dieu. Le corps, disait-il, enveloppe de l'âme qui y fait sa demeure, est une chose finie ; mais l'âme qui l'habite est invisible, impondérable, incorruptible, éternelle[24]. L'homme terrestre est triple comme la divinité qu'il reflète : intelligence, âme et corps. Si l'âme s'unit à l'intelligence, elle atteint Satwa, la sagesse et la paix ; si elle demeure incertaine entre l'intelligence et le corps, elle est dominée par Raja, la passion, et tourne d'objet en objet dans un cercle fatal ; si elle s'abandonne au corps, elle tombe dans Tama, la déraison, l'ignorance et la mort temporaire. Voilà ce que chaque homme peut observer en lui-même et autour de lui[25].

- Mais, demanda Ardjouna, quel est le sort de l'âme après la mort ? Obéit-elle toujours à la même loi ou peut-elle lui échapper ?

- Elle ne Lui échappe jamais et lui obéit toujours, répondit Krishna. C'est ici le mystère des renaissances. Comme les profondeurs du ciel s'ouvrent aux rayons des étoiles, ainsi les profondeurs de la vie s'éclairent à la

---

[24] L'énoncé de cette doctrine, qui devint plus tard celle de Platon, se trouve au livre 1er de la Bhagavadgita sous forme d'un dialogue entre Krishna et Ardjouna.

[25] Livre XIII à XVIII de la Bhagavadgita.

lumière de cette vérité. « Quand le corps est dissous, lorsque *Satwa* (la sagesse) a le dessus, l'âme s'envole dans les région de ces êtres purs qui ont la connaissance du Très- Haut. Quand le corps éprouve cette dissolution pendant que *Raja* (la passion) domine, l'âme vient de nouveau habiter parmi ceux qui se sont attachés aux choses de la terre. De même, si le corps est détruit quand *Tama* (l'ignorance) prédomine, l'âme obscurcie par la matière est de nouveau attirée par quelque matrice d'êtres irraisonnables[26].

- Cela est juste, dit Ardjouna. Mais apprends-nous maintenant ce qui advient, dans le cours des siècles, de ceux qui ont suivi la sagesse et qui vont habiter après leur mort dans les mondes divins.

- L'homme surpris par la mort dans la dévotion, répondit Krishna, après avoir joui pendant plusieurs siècles des récompenses dues à ces vertus dans les régions supérieures, revient enfin de nouveau habiter un corps dans une famille sainte et respectable. Mais cette sorte de régénération dans cette vie est très difficile à obtenir. L'homme ainsi né de nouveau se trouve avec le même degré d'application et d'avancement, quant à l'entendement, qu'il avait dans son premier corps, et il commence de nouveau à travailler pour se perfectionner en dévotion[27].

- Ainsi, dit Ardjouna, même les bons sont forcés de renaître et de recommencer la vie du corps ! Mais apprend ô seigneur de la vie ! si pour celui qui poursuit

---

[26] *Ibid.*, liv. XIV.

[27] Ibd., liv. V.

la sagesse, il n'est point de fin aux renaissances éternelles ?

- Écoutez donc, dit Krishna, un très grand et très profond secret, le mystère souverain, sublime et pur. Pour parvenir à la perfection, il faut conquérir la science de l'unité, qui est au-dessus de la sagesse ; il faut s'élever à l'être divin qui est au-dessus de l'âme, au-dessus même de l'intelligence. Or cet être divin, cet ami sublime, est en chacun de nous. Car Dieu réside dans l'intérieur de tout homme, mais peu savent le trouver. Or voici le chemin du salut. Une fois que tu auras aperçu l'être parfait qui est au-dessus du monde et en toi-même, détermine-toi à abandonner l'ennemi qui prend la forme du désir. Domptez vos passions. Les jouissances que procurent les sens sont comme les matrices des peines à venir. Ne faites pas seulement le bien, mais soyez bons. Que le motif soit dans l'acte et non dans ses fruits. Renoncez au fruit de vos œuvres, mais que chacune de vos actions soit comme une offrande à l'Être suprême. L'homme qui fait le sacrifice de ses désirs et de ses œuvres à l'être d'où procèdent les principes de toutes choses, et par qui l'univers a été formé, obtient par ce sacrifice la perfection. Uni spirituellement, il atteint cette sagesse spirituelle qui est au-dessus du culte des offrandes et ressent une félicité divine. Car celui qui trouve en lui-même son bonheur, sa joie et en lui-même aussi sa lumière, est un avec Dieu. Or, sachez-le, l'âme qui a trouvé Dieu est délivrée de la renaissance et de la mort, de la vieillesse et de la douleur, et boit l'eau de l'immortalité[28].

---

[28] *Bhagavadgita, passim.*

Ainsi Krishna expliquait sa doctrine à ses disciples, et par la contemplation intérieure, il les élevait peu à peu aux vérités sublimes qui s'étaient dévoilées à lui-même, sous le coup de foudre de sa vision. Lorsqu'il parlait de Mahadéva, sa voix devenait plus grave, ses traits s'illuminaient. Un jour, Ardjouna, plein de curiosité et d'audace, lui dit :

- Fais-nous voir Mahadéva dans sa forme divine. Nos yeux ne peuvent-ils le contempler ?

Alors Krishna se levant commença à parler de l'être qui respire dans tous les êtres, aux cent mille formes, aux yeux innombrables, aux faces tournées de tous les côtés, et qui cependant les surpasse de toute la hauteur de l'infini ; qui, dans son corps immobile et sans bornes, renferme l'univers mouvant avec toutes ses divisions. « Si, dans les cieux, éclatait en même temps la splendeur de mille soleils, dit Krishna, elle ressemblerait à peine à la splendeur du Tout-Puissant unique ». Tandis qu'il parlait ainsi de Mahadéva, un tel rayon jaillit des yeux de Krishna que les disciples n'en purent soutenir l'éclat et se prosternèrent à ses pieds. Les cheveux d'Ardjouna se dressèrent sur sa tête, et se courbant, il dit en joignant les mains : « Maître, tes paroles nous épouvantent, et nous ne pouvons soutenir la vue du grand Être que tu évoques devant nos yeux. Elle nous foudroie[29] ».

---

[29] Voir cette transfiguration de Krishna au livre XI de la *Bhagavadgita*. On peut la comparer à la transfiguration de Jésus, XVII, saint Matthieu. Voir au livre VIII de cet ouvrage.

Krishna reprit ; « Écoutez ce qu'il vous dit par ma bouche : Moi et vous, nous avons eu plusieurs naissances. Les miennes ne sont connues que de moi, mais vous ne connaissez même pas les vôtres. Quoique je ne sois pas, par ma nature, sujet à naître ou à mourir et que je sois le maître de toutes les créatures, cependant, comme je commande à ma nature, je me rends visible par ma propre puissance, et toutes les fois que la vertu décline dans le monde et que le vice et l'injustice l'emportent, alors je me rends visible, et ainsi je me montre d'âge en âge pour le salut du juste, la destruction du méchant et le rétablissement de la vertu. Celui qui connaît selon la vérité ma nature et mon œuvre divine, quittant son corps ne retourne pas à une naissance nouvelle, il vient à moi[30] ».

En parlant ainsi, Krishna regarda ses disciples avec douceur et bienveillance. Ardjouna s'écria :

- Seigneur ! tu es notre maître, tu es le fils de Mahadéva ! Je le vois à ta bonté, à ton charme ineffable plus encore qu'à ton éclat terrible. Ce n'est pas dans les vertiges de l'infini que les Dévas te cherchent et te désirent, c'est sous la forme humaine, qu'ils t'aiment et t'adorent. Ni la pénitence, ni les aumônes, ni les Védas, ni le sacrifice ne valent un seul de tes regards. Tu es la vérité. Conduis- nous à la lutte, au combat, à la mort. Où que ce soit, nous te suivrons !

Souriants et ravis, les disciples se pressaient autour de Krishna, en disant : - Comment ne l'avons-nous pas

---

[30] Bhagavadgita, liv. IV. Traduction d'Émile Burnouf. Cf. Schiegel et Wilkins.

vu plus tôt ? C'est Mahadéva qui parle en toi. Il répondit :

- Vos yeux n'étaient pas ouverts. Je vous ai donné le grand secret. Ne le dites qu'à ceux qui peuvent le comprendre. Vous êtes mes élus ; vous voyez le but, la foule ne voit qu'un bout du chemin. Et maintenant allons prêcher au peuple la voie du salut.

VII

LE TRIOMPHE ET LA MORT

Après avoir instruit ses disciples sur le mont Mérou ; Krishna se rendit avec eux sur les bords de la Djamouna et du Gange, afin de convertir le peuple. Il entrait dans les cabanes et s'arrêtait dans les villes. Le soir, aux abords des villages, la foule se groupait autour de lui. Ce qu'il prêchait avant tout au peuple, c'était la charité envers le prochain. « Les maux dont nous affligeons notre prochain, disait-il, nous poursuivent ainsi que notre ombre suit notre corps. – Les œuvres qui ont pour principe l'amour du semblable sont celles qui doivent être ambitionnées par le juste, car ce seront celles qui pèseront le plus dans la balance céleste. – Si tu fréquentes les bons, tes exemples seront inutile ; ne crains pas de vivre parmi les méchants pour les ramener au bien. – L'homme vertueux est semblable au multipliant gigantesque dont l'ombrage bienfaisant donne aux plantes qui l'entourent la fraîcheur de la vie. » Parfois Krishna, dont l'âme débordait maintenant d'un parfum d'amour, parlait de l'abnégation et du sacrifice d'une voix suave et en images séduisantes : « De même que la terre supporte ceux qui la foulent aux pieds et lui déchirent le sein en la labourant, de même nous devons rendre le bien pour le mal. – L'honnête homme doit tomber sous le coup des méchants, comme l'arbre santal, qui, lorsqu'on l'abat, parfume la hache qui l'a frappé. » Lorsque les demi-savants, les incrédules ou les orgueilleux lui demandaient de leur expliquer la nature de Dieu, il répondait par des sentences comme celles-ci : « La science de l'homme n'est que vanité ; toutes ses bonnes actions sont illusoires quand il ne sait pas les rapporter à Dieu. – Celui qui est humble de cœur et d'esprit est aimé de Dieu ; il n'a pas besoin d'autre chose. – L'infini et l'espace peuvent seuls comprendre l'infini ; Dieu seul peut comprendre Dieu. »

Ce n'étaient pas les seules choses nouvelles de son enseignement ; Il ravissait, il entraînait la foule sur tout, par ce qu'il disait du Dieu vivant, de Vishnou. Il enseignait que le maître de l'univers s'était incarné déjà plus d'une fois parmi les hommes. Il avait paru successivement dans les sept rishis, dans Vyasa et dans Vasichta. Il paraîtrait encore. Mais Vishnou, au dire de Krishna, se plaisait quelquefois à parler par la bouche des humbles, dans un mendiant, dans une femme repentante, dans un petit enfant. Il racontait au peuple la parabole du pauvre pécheur Dourga, qui avait rencontré un petit enfant mourant de faim sous un tamarinier. Le bon Dourga, quoique ployé sous la misère et chargé d'une nombreuse famille qu'il ne savait comment nourrir, fut ému de pitié pour le petit enfant et l'emmena chez lui. Or, le soleil s'était couché, la lune montait sur le Gange, la famille avait prononcé la prière du soir, et le petit enfant murmura à mi- voix : « Le fruit du cataca purifie l'eau ; ainsi les bienfaits purifient l'âme. Prends tes filets, Dourga ta barque flotte sur le Gange. » Dourga jeta ses filets, et ils ployèrent sous le nombre des poissons. L'enfant avait disparu. Ainsi, disait Krishna, quand l'homme oublie sa propre misère pour celle des autres, Vishnou se manifeste et le rend heureux dans son cœur. Par de tels exemples, Krishna prêchait le culte de Vishnou. Chacun était émerveillé de trouver Dieu si près de son cœur, quand parlait le fils de Dévaki.

La renommée du prophète du mont Mérou se répandit en Inde. Les pâtres qui l'avaient vu grandir et avaient assisté à ses premiers exploits, ne pouvaient croire que ce saint personnage fût le héros impétueux qu'ils avaient connu. Le vieux Nanda était mort. Mais ses deux filles, Sarasvatî et Nichdali, que Krishna aimait, vivaient encore. Diverse avait été leur destinée. Sarasvatî, irritée du départ de Krishna, avait cherché l'oubli dans le mariage. Elle était devenue la femme d'un homme de caste noble, qui l'avait prise pour sa beauté. Mais ensuite il l'avait répudiée et vendue à un vayçia ou marchand. Sarasvatî avait quitté par mépris cet homme pour devenir une femme de mauvaise vie. Puis, un jour, désolée dans son cœur, prise de remords et de dégoût, elle revint vers son pays et alla trouver secrètement sa sœur Nichdali. Celle-ci, pensant toujours à Krishna, comme s'il était présent, ne s'était point mariée et vivait auprès d'un frère comme servante. Sarasvatî lui ayant conté ses infortunes et sa honte, Nichdali lui répondit :

- Ma pauvre sœur ! je te pardonne, mais mon frère ne te pardonnera pas. Krishna seul pourrait te sauver.

Une flamme brilla dans les yeux éteints de Sarasvatî.

- Krishna ! dit-elle ; qu'est-il devenu ?

- Un saint, un grand prophète. Il prêche sur les bords du Gange.

- Allons le trouver ! dit Sarasvatî. − Et les deux sœurs se mirent en route, l'une flétrie par les passions, l'autre embaumée d'innocence, - et cependant toutes deux consumées d'un même amour.

Krishna était en train d'enseigner sa doctrine aux guerriers ou kchatryâs. Car tour à tour il entreprenait les brahmanes, les hommes de la caste militaire et le peuple. Aux brahmanes, il expliquait avec le calme de l'âge mûr les vérités profondes de la science divine ; devant les rajas, il célébrait les vertus guerrières et familiales avec le feu de la jeunesse ; au peuple, il parlait, avec la simplicité de l'enfance, de charité, de résignation et d'espérance.

Krishna était assis à la table d'un festin chez un chef renommé, lorsque deux femmes demandèrent à être présentées au prophète. On les laissa entrer à cause de leur costume de pénitentes. Sarasvatî et Nichdali allèrent se prosterner aux pieds de Krishna. Sarasvatî s'écria en versant un torrent de larmes :

- Depuis que tu nous à quittées, j'ai passé ma vie dans l'erreur et le pêcher ; mais, si tu le veux, Krishna, tu peux me sauver !...

Nichdali ajouta :

- Oh ! Krishna, quand je t'ai vu autrefois, j'ai su que je t'aimerais pour toujours ; maintenant que je te retrouve dans ta gloire, je sais que tu es le fils de Mahadéva !

Et toutes les deux embrassèrent ses pieds. Les rajas dirent : Pourquoi, saint rishi, laisses-tu ces femmes du peuple t'insulter par leurs paroles insensées ? Krishna leur répondit :

- Laissez-les épancher leur cœur ; elles valent mieux que vous. Car celle-ci a la foi et celle-là l'amour. Sarasvatî la pécheresse est sauvée dès à présent parce qu'elle a cru en moi, et Nichdali, dans son silence, a plis aimé la vérité que vous par tous vos cris. Sachez donc que ma mère radieuse, qui vit dans le soleil de Mahadéva, lui enseignera les mystères de l'amour éternel, quand vous tous serez encore plongés dans les ténèbres des vies inférieures.

A partir de ce jour, Sarasvatî et Nichdali s'attachèrent aux pas de Krishna et le suivirent avec ses disciples. Inspirées par lui, elles enseignèrent les autres femmes.

Kansa régnait toujours à Madoura. Depuis le meurtre du vieux Vasichta, le roi n'avait pas trouvé de paix sur son trône. La prophétie de l'anachorète s'était réalisée : le fils de Dévaki était vivant ! Le roi l'avait vu, et devant son regard il avait senti se fondre sa force et sa royauté. Il tremblait pour sa vie comme une feuille sèche et souvent, malgré ses gardes, il se retournait brusquement, s'attendant à voir le jeune héros, terrible et radieux, debout sous sa porte. – De son côté, Nysoumba, roulée sur sa couche, au fond du gynécée, songeait à ses pouvoirs perdus. Lorsqu'elle appris que Krishna, devenu prophète, prêchait sur les bords du Gange, elle persuada au roi d'envoyer contre lui une troupe de soldat et de l'amener garrotté. Quand Krishna les aperçut, il sourit et leur dit :

- Je sais qui vous êtes et pourquoi vous venez. Je suis prêt à vous suivre auprès de votre roi ; mais, avant, laissez-moi vous parler du roi du ciel, qui est le mien.

Et il commença à parler de Mahadéva, de sa splendeur et de ses manifestations. Quand il eut fini, les soldats rendirent leurs armes à Krishna en disant :

- Nous ne t'emmènerons pas prisonnier auprès de notre roi, mais nous te suivrons chez le tien. Et ils restèrent auprès de lui. Kansa, ayant appris cela, fut fort effrayé. Nysoumba lui dit : - Envoie les premiers du royaume ;

Ainsi fut fait. Ils allèrent dans la ville où Krishna enseignait. Ils avaient promis de ne pas l'écouter. Mais quand ils virent l'éclat de son regard, la majesté de son maintien et le respect que lui témoignait la foule, ils ne purent s'empêcher de l'entendre. Krishna leur parla de la servitude intérieure de ceux qui font le mal et de la liberté céleste de ceux qui font le bien. Les kchatryâs furent pleins de joie et de surprise, car ils se sentirent comme délivrés d'un poids énorme.

- En vérité, tu es un grand magicien, dirent-ils. Car nous avions juré de te mener au roi avec des chaînes de fer ; mais il nous est impossible de le faire, puisque tu nous as délivrés des nôtres.

Ils s'en retournèrent auprès de Kansa et lui dirent :

- Nous ne pouvons t'amener cet homme. C'est un très grand prophète et tu n'as rien à craindre de lui.

Le roi, voyant que tout était inutile, fit tripler ses gardes et mettre des chaînes de fer à toutes les portes de son palais. Un jour cependant, il entendit un grand bruit dans la ville, des cris de joie et de triomphe. Les gardes vinrent lui dire : « C'est Krishna qui entre dans Madoura. Le peuple enfonce les portes, il brise les chaînes de fer. » Kansa voulut s'enfuir. Les gardes même l'obligèrent à rester sur son trône.

En effet, Krishna, suivi de ses disciples et d'un grand nombre d'anachorètes, faisait son entrée dans Madoura, pavoisée d'étendards, au milieu d'une multitude entassée d'hommes qui ressemblait à une mer agitée par le vent. Il entrait sous une pluie de guirlandes et de fleurs. Tous l'acclamaient. Devant les temples, les brahmes se tenaient groupés sous les bananiers sacrés pour saluer le fils de Dévaki, le vainqueur du serpent, le héros du mont Mérou, mais surtout le prophète de Vishnou. Suivi d'un brillant cortège et salué comme un libérateur par le peuple et les kchatryâs, Krishna se présenta devant le roi et la reine.

- Tu n'as régné que par la violence et le mal, dit Krishna à Kansa, et tu as mérité mille morts, parce que tu as tué le saint vieillard Vasichta. Pourtant tu ne mourras pas encore. Je veux prouver au monde que ce n'est pas en les tuant qu'on triomphe de ses ennemis vaincus, mais en leur pardonnant.

- Mauvais magicien ! dit Kansa, tu m'as volé ma couronne et mon royaume. Achève-moi.

- Tu parles comme un insensé, dit Krishna. Car, si tu mourais dans ton état de déraison, d'endurcissement et de crime, tu serais irrévocablement perdu dans l'autre vie. Si, au contraire, tu commences à comprendre ta folie et à te repentir dans celle-ci, ton châtiment sera moindre dans l'autre, et, par l'entremise des purs esprits, Mahadéva te sauvera un jour.

Nysoumba, penchée à l'oreille du roi, murmura : - Insensé ! profite de la folie de son orgueil. Tant qu'on est vivant, il reste l'espoir de la vengeance.

Krishna comprit ce qu'elle avait dit sans l'avoir entendu. Il lui jeta un regard sévère, de pitié pénétrante :

- Ah ! malheureuse ! toujours ton poison. Corruptrice, magicienne noire, tu n'as plus dans ton cœur que le venin des serpents. Extirpe-le, ou un jour je serai forcé d'écraser ta tête. Et maintenant tu iras avec le roi dans un lieu de pénitence pour expier tes crimes sous la surveillance des brahmanes.

Or, après ces événements, Krishna, avec le consentement des grands du royaume et du peuple, consacra Ardjouna, son disciple, le plus illustre descendant de la race solaire, comme roi de Madoura. Il donna l'autorité suprême aux brahmanes, qui devinrent les instituteurs des rois. Lui- même demeura le chef des anachorètes, qui formèrent le conseil supérieur des brahmanes. Afin de soustraire ce conseil aux persécutions, il fit bâtir pour eux et pour lui une ville forte au milieu des montagnes, défendue par une haute enceinte et par une population choisie. Elle s'appelait Dwarka. Au centre de cette ville se trouvait le temple des initiés, dont la partie la plus importante était souterrainement cachée.

Cependant, lorsque les rois du culte lunaire apprirent qu'un roi du culte solaire était remonté sur le trône de Madoura et que les brahmanes, par lui, allaient devenir les maîtres de l'Inde, ils firent entre eux une ligue puissante pour le renverser. Ardjouna, de son côté, groupa autour de lui tous les rois du culte solaire de la tradition blanche, aryenne, védique. Du fond du temple de Dwarka, Krishna les suivait, les dirigeait. Les deux armées se trouvaient en présence, et la bataille décisive était imminente. Cependant Ardjouna, n'ayant plus son maître auprès de lui, sentait son esprit se troubler et faiblir son courage. Un matin, au point du jour, Krishna apparut devant la tente du roi, son disciple :

- Pourquoi, dit sévèrement le maître, n'as-tu pas commencé le combat qui doit décider si les fils du soleil ou les fils de la lune vont régner sur la terre ?

- Sans toi je ne le puis, dit Ardjouna. Regarde ces deux armées immenses et ces multitudes qui vont s'entre-tuer.

De l'éminence où ils étaient placés, le seigneur des esprits et le roi de Madoura contemplèrent les deux armées innombrables, rangées en ordre, l'une en face de l'autre, on y voyait briller les cottes de mailles dorées des chefs ; des milliers de fantassins, de chevaux et d'éléphants attendaient le signal du combat. A ce moment, le chef de l'armée ennemie, le plus vieux des Kouravas, souffla dans sa conque marine, dans la grande conque dont le son ressemblait au rugissement d'un lion. A ce bruit, on entendit tout à coup sur le vaste champ de bataille des hennissements de chevaux, un bruit confus d'armes, de tambours et de trompettes, - et ce fut une grande rumeur. Ardjouna n'avait plus qu'à monter sur son char traîné par des chevaux blancs et à souffler dans sa conque d'un bleu céleste pour donner le signal du combat aux fils du soleil. Mais voici que le roi fut submergé de pitié et dit, très abattu :

- En voyant cette multitude en venir aux mains, je sens tomber mes membres ; ma bouche se dessèche, mon corps tremble, mes cheveux se dressent sur ma tête, ma peau brûle, mon esprit tourbillonne. Je vois de mauvais augures. Aucun bien ne peut venir de ce massacre. Que ferons- nous avec des royaumes, des plaisirs, et même avec la vie ? Ceux-là mêmes pour lesquels nous désirons des royaumes, des plaisirs, de joies, sont debout là pour se battre, oubliant leur vie et leurs biens. Précepteurs, pères, fils, grands pères, oncles, petit-fils, parents, vont s'entre-égorger. Je n'ai pas envie de les tuer pour régner sur les trois mondes, mais bien moins encore pour régner sur cette terre. Quel plaisir éprouverais-je à tuer mes ennemis ? Les félons morts, le péché retombera sur nous.

- Comment t'a-t-il saisi, dit Krishna, ce fléau de la peur, indigne du sage, source d'infamie qui nous chasse du ciel ? Ne sois pas efféminé. Debout !

Mais Ardjouna, accablé de découragement, s'assit en silence et dit : - Je ne combattrai pas. Alors Krishna, le roi des esprits, reprit avec un léger sourire :

- O Ardjouna ! je t'ai appelé le roi du sommeil pour que ton esprit veille toujours. Mais ton esprit s'est endormi, et ton corps a vaincu ton âme. Tu pleures sur ceux qu'on ne devrait pas pleurer, et tes paroles sont dépourvues de sagesse. Les hommes instruits ne se lamentent ni sur les vivants ni sur les morts. Moi et toi et ces commandeurs d'hommes, nous avons toujours existé et nous ne cesserons jamais d'être à l'avenir. De même que dans ce corps l'âme éprouve l'enfance, la jeunesse, la vieillesse, de même elle l'éprouvera en d'autres corps. Un homme de discernement ne s'en trouble pas. Fils de Bhârat ! supporte la peine et le plaisir d'une âme égale. Ceux qu'ils n'atteignent plus, méritent l'immortalité. Ceux qui voient l'essence réelle voient l'éternelle vérité qui domine l'âme et le corps. Sache-le donc, ce qui traverse toutes les choses est au-dessus de la destruction. Personne ne peut détruire l'Inépuisable. Tous ces corps ne dureront pas, tu le sais. Mais les voyants savent aussi que l'âme incarnée est éternelle, indestructible et infinie. C'est pourquoi, va combattre, descendant de Bhârat ! Ceux qui croient que l'âme peut tuer ou qu'elle est tuée se trompent également. Elle ne tue ni n'est tuée. Elle n'est pas née et ne meurt pas, et ne peut pas perdre cet être qu'elle a toujours eu. Comme une personne rejette de vieux habits pour en prendre de nouveaux, ainsi l'âme incarnée rejette son corps pour en prendre d'autres. Ni l'épée ne la tranche, ni le feu ne la brûle ni l'eau ne la mouille, ni l'air ne la sèche. Elle est imperméable et incombustible. Durable, ferme, éternelle, elle traverse tout. Tu ne devrais donc t'inquiéter ni de la naissance, ni de la mort, ô Ardjouna ! Car pour celui qui naît, la mort est certaine ; et, pour celui qui meurt, la naissance. Regarde ton devoir sans broncher ; car, pour un kchatryâ, il n'y a rien de mieux qu'un juste combat. Heureux les guerriers qui trouvent la bataille comme une porte ouverte sur le ciel ! Mais si tu ne veux pas combattre ce juste combat, tu tomberas dans le péché, abandonnant ton devoir et ta renommée. Tous les êtres parleront de ton infamie éternelle, et l'infamie est pire que la mort pour celui qui a été honoré.

A ces paroles du maître, Ardjouna fut saisi de honte et sentit rebondir son sang royal avec son courage. Il s'élança sur son char et donna le signal du combat. Alors Krishna dit adieu à son disciple et quitta le champ de bataille, car il était sûr de la victoire des fils du soleil.

Cependant Krishna avait compris que pour faire accepter sa religion des vaincus, il fallait remporter sur leur âme une dernière victoire plus difficile que celle des armes. De même que le saint Vasichta était mort percé d'une flèche, pour révéler la vérité suprême à Krishna, de même Krishna devait mourir volontairement sous les traits de son ennemi mortel, pour implanter jusque dans le cœur de ses adversaires la foi qu'il avait prêchée à ses disciples et au monde. Il savait que l'ancien roi de Madoura, loin de faire pénitence, s'était réfugié chez son beau-père Kalayéni, le roi des serpents. Sa haine, toujours excitée Nysoumba, le faisait suivre par des espions, guettant l'heure propice pour le frapper. Or Krishna sentait que sa mission était terminée et ne demandait, pour être accomplie, que le sceau suprême du sacrifice. Il cessa donc d'éviter et de paralyser son ennemi par la puissance de sa volonté. Il savait que, s'il cessait de se défendre par cette force occulte, le coup longtemps médité viendrait le frapper dans l'ombre. Mais le fils de Dévaki voulait mourir loin des hommes, dans les solitudes de l'Himavat. Là, il se sentirait plus près de sa mère radieuse, du vieillard sublime et du soleil de Mahadéva.

Krishna partit donc pour un ermitage qui se trouvait dans un lieu sauvage et désolé, au pied des hautes cimes de l'Himavat. Aucun de ses disciples n'avait pénétré son dessein. Seules Sarasvatî et Nichdali le lurent dans les yeux du maître par la divination qui est dans la femme et dans l'amour. Quand Sarasvatî comprit qu'il voulait mourir, elle se jeta à ses pieds, les embrassa avec fureur et s'écria :

- Maître ! ne nous quitte pas ! Nichdali le regarda et lui dit simplement ; - Je sais où tu vas. Si nous t'avons aimé, laisse- nous te suivre ! Krishna répondit : - Dans mon ciel, il ne sera rien refusé à l'amour. Venez !

Après un long voyage, le prophète et les saintes femmes atteignirent des cabanes groupées autour d'un grand cèdre dénudé, sur une montagne jaunâtre et rocheuse. D'un côté, les immenses dômes de neige de l'Himavat ; de l'autre, dans la profondeur, un dédale de montagnes ; au loin, la plaine, l'Inde perdue comme un songe dans une brume dorée. Dans cet ermitage vivaient quelques pénitents en vêtement d'écorce, aux cheveux tordus en gerbe, la barbe longue et le poil non taillé, sur un corps tout souillé de fange et de poussière, avec des membres desséchés par le souffle du vent et la chaleur du soleil. Quelques-uns n'avaient qu'une peau sèche sur un squelette aride. En voyant ce lieu triste, Sarasvatî s'écria :

- La terre est loin et le ciel est muet. Seigneur, pourquoi nous as-tu conduits dans ce désert abandonné de Dieu et des hommes ?

- Prie, répondit Krishna, si tu veux que la terre se rapproche et que le ciel te parle. - Avec toi le ciel est toujours présent, dit Nichdali ; mais pourquoi le ciel veut-il nous quitter ?

- Il faut, dit Krishna, que le fils de Mahadéva meure percé d'une flèche, pour que le monde croie à sa parole.

- Explique-nous ce mystère.

- Vous le comprendrez après ma mort. Prions.

Pendant sept jours, ils firent les prières et les ablutions. Souvent le visage de Krishna se transfigurait et paraissait comme rayonnant. Le septième jour, vers le coucher du soleil, les deux femmes virent des archers monter vers l'ermitage.

- Voici les archers de Kansa qui te cherchent, dit Sarasvatî ; maître, défends-toi !

Mais Krishna, à genoux près du cèdre, ne sortait pas de sa prière. Les archers vinrent ; ils regardèrent les femmes et les pénitents. C'étaient de rudes soldats, faces jaunes et noires. En voyant la figure extatique du saint, ils restèrent interdits. D'abord, ils essayèrent de le tirer de son extase en lui adressant des questions, en l'injuriant et en lui jetant des pierres. Mais rien ne put le faire sortir de son immobilité. Alors ils se jetèrent sur lui et le lièrent au tronc du cèdre. Krishna se laissa faire comme dans un rêve. Puis, les archers, se plaçant à distance, se mirent à tirer sur lui en s'excitant les uns les autres. A la première flèche qui le transperça, le sang jaillit, et Krishna s'écria : « Vasichta, les fils du soleil sont victorieux ! » Quand la seconde flèche vibra dans sa chair, il dit : « Ma mère radieuse, que ceux qui m'aiment entrent avec moi dans ta lumière ! » A la troisième, il dit seulement : « Mahadéva ! » Et puis, avec le nom de Brahma, il rendit l'esprit.

Le soleil s'était couché. Il s'éleva un grand vent, une tempête de neige descendit de l'Himavat et s'abattit sur la terre. Le ciel se voila. Un tourbillon noir balaya les montagnes. Effrayés de ce qu'ils avaient fait, les meurtriers s'enfuirent, et les deux femmes, glacées d'épouvante, roulèrent évanouies sur le sol comme sous une pluie de sang.

Le corps de Krishna fut brûlé par ses disciples dans la ville sainte de Dwarka. Sarasvatî et Nichdali se jetèrent dans le bûcher pour rejoindre leur maître, et la foule crut apercevoir le fils de Mahadéva sortir des flammes avec un corps de lumière, entraînant ses deux épouses.

Après cela, une grande partie de l'Inde adopta le culte de Vishnou, qui conciliait les cultes solaires et lunaires dans la religion de Brahma.

VIII

RAYONNEMENT DU VERBE

SOLAIRE

Telle est la légende de Krishna reconstituée dans son ensemble organique et replacée dans la perspective de l'histoire.

Elle jette une vive lumière sur les origines du brahmanisme. Certes, il est impossible d'établir par des documents positifs que derrière le mythe de Krishna se cache un personnage réel. Le triple voile qui recouvre l'éclosion de toutes les religions orientales, est plus épais en Inde qu'ailleurs. Car les brahmanes, maîtres absolus de la société indoue, uniques détenteurs de ses traditions, les ont souvent modelées et remaniées dans le cours des âges. Mais il est juste d'ajouter qu'ils en ont fidèlement conservé tous les éléments, et que, si leur doctrine sacrée s'est développée avec les siècles, son centre ne s'est jamais déplacé. Nous ne saurions donc, comme le font la plupart des savants européens, expliquer une figure comme celle de Krishna en disant : C'est un conte de nourrice plaqué sur un mythe solaire, avec une fantaisie philosophique brochée sur le tout. Ce n'est pas ainsi, croyons-nous, que se fonde une religion qui dure des milliers d'années, enfante une poésie merveilleuse, plusieurs grandes philosophies, résiste à l'attaque formidable du bouddhisme[31], aux invasions mongoles, mahométanes,

---

[31] La grandeur de Çakia Mouni réside dans sa charité sublime, dans sa réforme morale et dans la révolution sociale qu'il amena par le renversement des castes ossifiées. Le Bouddha donna au brahmanisme vieilli une secousse semblable à celle que le protestantisme donna au catholicisme il y a trois cents ans ; il le força à se ceindre les reins pour la lutte et à se régénérer. Mais Çakia Mouni n'ajouta rien à la doctrine ésotérique des brahmanes, il en divulgua seulement certaines parties. Sa psychologie est, au fond, la même, quoiqu'elle suive un chemin différent. (*Voir mon article sur la Légende de Bouddha, Revue des Deux Mondes, 1er juil. 1885.*)

Si le Bouddha ne figure point dans ce livre, ce n'est pas que nous méconnaissions sa place dans la chaîne des grands initiés, c'est à cause du plan spécial de cet ouvrage. Chacun des réformateurs ou des philosophes choisis par nous est destiné à montrer la doctrine des Mystères sous une face nouvelle et à une autre étape de son évolution. A ce point de vue le Bouddha eût fait double emploi, d'une part avec Pythagore, à travers lequel j'ai développé la doctrine de la réincarnation et de l'évolution des âmes, de l'autre avec Jésus-Christ qui promulgua pour l'occident comme pour l'Orient la fraternité et la charité universelles.

Quant au livre, très intéressant d'ailleurs et très digne d'être lu, *Esoteric Buddhism*, de M. Sinnett, dont quelques personnes attribuent la provenance à de prétendus adeptes actuellement vivants au Thibet, il à la conquête anglaise, et conserve jusque dans sa décadence profonde le sentiment de son immémoriale et haute origine. Non ; il y a toujours un grand homme à l'origine d'une grande institution. Considérant le rôle dominant du personnage de Krishna dans la tradition épique et religieuse, ses côtés humains d'une part, et de l'autre son identification constante avec Dieu manifesté ou Vishnou, force nous est de croire qu'il fut le créateur du culte visnouite, qui donna au brahmanisme sa vertu et son prestige. Il est donc logique d'admettre qu'au milieu du chaos religieux et social que créait dans l'Inde primitive l'envahissement des cultes naturalistes et passionnels, parut un réformateur lumineux, qui renouvela la pure doctrine aryenne par l'idée de la trinité et du verbe divin manifesté, qui mit le sceau à son œuvre par le sacrifice de sa vie, et donna ainsi à l'Inde son âme religieuse, son moule national et son organisation définitive.

L'importance de Krishna nous paraîtra plus grande encore et d'un caractère vraiment universel, si nous remarquons que sa doctrine renferme deux idées mères, deux principes organisateurs des religions et de la philosophie ésotérique. J'entends la doctrine organique de l'immortalité de l'âme ou des existences progressives par la réincarnation, et celle correspondante de la trinité ou du Verbe divin révélé dans l'homme. Je n'ai fait qu'indiquer plus haut[32] la portée philosophique de cette conception centrale, qui, bien comprise, a sa répercussion animatrice dans tous

---

[32] Voir la note sur Dévaki à propos de la vision de Krishna.

143

les domaines de la science, de l'art et de la vie. Je dois me borner, pour conclure, à une remarque historique.

L'idée que Dieu, la Vérité, la Beauté et la Bonté infinies se révèlent dans l'homme conscient avec un pouvoir rédempteur qui rejaillit jusqu'aux profondeurs du ciel par la force de l'amour et du sacrifice, cette idée féconde entre toutes, apparaît pour la première fois en Krishna. Elle se personnifie au moment où, sortant de sa jeunesse aryenne, l'humanité va s'enfoncer de plus en plus dans le culte de la matière. Krishna lui révèle l'idée du Verbe divin ; elle ne l'oubliera plus. Elle aura d'autant plus soif de rédempteurs et de fils de Dieu, qu'elle sentira plus profondément sa déchéance. Après Krishna, il y a comme une puissante irradiation du verbe solaire à travers les temples d'Asie, d'Afrique et d'Europe. En Perse, c'est Mithra, le réconciliateur du lumineux Ormuzd et du sombre Ahriman ; en Égypte, c'est Horus, le fils d'Osiris et d'Isis ; en Grèce, c'est Apollon, le dieu du soleil et de la lyre ; c'est Dionysos, le ressusciteur des âmes. Par tout le dieu solaire est un dieu médiateur, et la lumière est aussi la parole de vie. N'est-ce pas d'elle aussi que jaillit l'idée messianique ? Quoi qu'il eu soit, c'est par Krishna que cette idée entra dans le monde antique ; c'est par Jésus qu'elle rayonnera sur toute la terre.

Je montrerai dans la suite de cette histoire secrète des religions, comment la doctrine du ternaire divin, se relie à celle de l'âme et de son évolution, comment et pourquoi elles se supposent et se complètent réciproquement. Disons tout de suite que leur point de contact forme le centre vital, le foyer lumineux de la doctrine ésotérique. A ne considérer les grandes religions de l'Inde, de l'Égypte, de la Grèce et de la Judée que par le dehors, on ne voit que discorde, superstition, chaos. Mais sondez les symboles, interrogez les mystères, cherchez la doctrine mère des fondateurs et des prophètes, - et l'harmonie se fera dans la lumière. Par des routes très diverses et souvent tortueuses, on aboutira au même point, en sorte que pénétrer dans l'arcane de l'une de ces religions, c'est aussi pénétrer dans ceux des autres. Alors un phénomène étrange se produit. Peu à peu, mais dans une sphère grandissante, on voit reluire la doctrine des initiés au centre des religions comme un soleil débrouillant sa nébuleuse. Chaque religion apparaît comme une planète différente. Avec chacune d'elles, nous changeons d'atmosphère et d'orientation céleste, mais c'est toujours le même soleil qui nous éclaire. L'Inde, la grande songeuse, nous plonge avec elle dans le rêve de l'éternité. L'Égypte grandiose, austère comme la mort, nous invite au voyage d'outre-tombe. La Grèce enchanteresse nous entraîne aux fêtes magiques de la vie et donne à ses mystères la séduction de ses formes tour à tour charmantes ou terribles, de son âme toujours passionnée. Pythagore enfin formule scientifiquement la doctrine ésotérique, lui donne l'expression la plus complète peut-être et la plus solide qu'elle eût jamais ; Platon et les Alexandrins ne furent que ses vulgarisateurs. Nous venons de remonter jusqu'à sa source dans les jungles du Gange et les solitudes de l'Himavat.

LIVRE III

HERMÈS LES MYSTÈRES DE L'ÉGYPTE

O âme aveugle ! arme-toi du flambeau des Mystères, et dans la nuit terrestre, tu découvriras ton Double lumineux, ton Âme céleste. Suis ce guide divin et qu'il soit ton Génie. Car il tient la clef de tes existences passées et futures.

Appel aux Initiés (d'après le Livre des Morts).

Écoutes-en vous-mêmes et regardez dans l'Infini de l'Espace et du Temps. Là retentissent le chant des Astres, la voix des Nombres, l'harmonie des Sphères.

Chaque soleil est une pensée de Dieu et chaque planète un mode de cette pensée. C'est pour connaître la pensée divine, ô âmes ! que vous descendez et remontez péniblement la route des sept planètes et de leurs sept cieux.

Que font les astres ! que disent les Nombres ! que roulent les Sphères ! – O âmes perdues ou sauvées, ils disent, ils chantent, ils roulent – vos destinées !

Fragments (d'après Hermès).

I

LE SPHINX

En face de Babylone, métropole ténébreuse du despotisme, l'Égypte fut dans le monde antique une véritable citadelle de la science sacrée, une école pour ses plus illustres prophètes, un refuge et un laboratoire des plus nobles traditions de l'humanité. Grâce à des fouilles immenses, à des travaux admirables, le peuple égyptien nous est aujourd'hui mieux connu qu'aucune des civilisations qui précédèrent la Grèce, car il nous rouvre son histoire écrite sur des pages de pierre[33] ; On déblaye ses monuments, on déchiffre ses hiéroglyphes ; et cependant il nous reste encore à pénétrer dans le plus profond arcane de sa pensée. Cet arcane, c'est la doctrine occulte de ses prêtres. Cette doctrine scientifiquement cultivée dans les temples, prudemment voilée sous les mystères, nous montre du même coup l'âme de l'Égypte, le secret de sa politique et son rôle capital dans l'histoire universelle.

Nos historiens parlent des pharaons sur le même ton que des despotes de Ninive et de Babylone. Pour

---

[33] Champollion, *l'Égypte sous le Pharaons* ; Bunsen *Aegyptische Alterthümer* ; Lepsius, *Denkmaeler* ; Paul Pierret, *le Livre des morts* ; François Lenormant, *Histoire des peuples de l'Orient* ; Maspéro, *Histoire ancienne des peuples de l'Orient*, etc.

147

eux l'Égypte est une monarchie absolue et conquérante comme l'Assyrie et n'en diffère que parce qu'elle a duré quelques milliers d'années de plus. Se doutent-ils qu'en Assyrie la royauté écrasa le sacerdoce pour s'en faire un instrument, tandis qu'en Égypte le sacerdoce disciplina la royauté, n'abdiqua jamais, même aux pires époques, s'imposant aux rois, chassant les despotes, gouvernant, toujours la nation ; et cela par une supériorité intellectuelle, par une sagesse profonde et cachée, que nul corps enseignant n'a jamais égalée dans aucun pays ni dans aucun temps ? J'ai peine à le croire. Car bien loin de tirer les conséquences innombrables de ce fait essentiel, nos historiens l'ont à peine entrevu et semblent n'y attacher aucune importance. Il n'est pourtant pas nécessaire d'être archéologue ou linguiste pour comprendre que la haine implacable entre l'Assyrie et l'Égypte provient de ce que ces deux peuples représentaient dans le monde deux principe opposés et que le peuple Égyptien dut sa longue durée à une ossature religieuse et scientifique plus forte que toutes les révolutions.

Depuis l'époque aryenne, à travers la période troublée qui suivit les temps védiques jusqu'à la conquête persane et à l'époque alexandrine, c'est-à-dire pendant un laps de plus de cinq mille ans, l'Égypte fut la forteresse des pures et hautes doctrines, dont l'ensemble constitue la science des principes et qu'on pourrait appeler l'orthodoxie ésotérique de l'antiquité. Cinquante dynasties purent se succéder et le Nil charrier ses alluvions sur des cités entières, l'invasion phénicienne put inonder le pays et en être expulsée : au milieu des flux et des reflux de l'histoire, sous l'idolâtrie apparente de son polythéisme extérieur, l'Égypte garda le vieux fonds de sa théogonie occulte et son organisation sacerdotale. Elle résista aux siècles comme la pyramide de Gizeh à demi enfouie sous les sables, mais intacte. Grâce à cette immobilité de sphinx gardant son secret, à cette résistance de granit, l'Égypte devint l'axe autour duquel évolua la pensée religieuse de l'humanité en passant d'Asie en Europe. La Judée, la Grèce, l'Étrurie, autant d'âmes de vie qui formèrent des civilisations diverses. Mais, où puisèrent-elles leurs idées mères, sinon dans la réserve organique de la vieille Égypte ? Moïse et Orphée créèrent deux religions opposées et prodigieuses, l'une par son âpre monothéisme, l'autre par son polythéisme éblouissant. Mais dans quel moule se forma leur génie ? Où l'un trouva-t-il la force, l'énergie, l'audace de refondre un peuple à demi sauvage, comme l'airain dans une fournaise ; et l'autre la magie de faire parler les dieux, comme une lyre accordée, à l'âme de ses barbares charmés ? dans les temples d'Osiris, dans l'antique Thébah, que les initiés appelaient la cité du soleil ou l'Arche solaire – parce qu'elle contenait la synthèse de la science divine et tous les secrets de l'initiation.

Tous les ans, au solstice d'été, quand tombent les pluies torrentielles de l'Abyssinie ; le Nil change de couleur et prend cette teinte de sang dont parle la Bible. Le fleuve grossit jusqu'à l'équinoxe d'automne et ensevelit sous ses flots l'horizon dé ses rives. Mais debout sur leurs plateaux granitiques ; sous le soleil aveuglant, les temples taillés en plein roc, les nécropoles, les pylônes, les pyramides reflètent la majesté de leurs ruines dans le Nil changé en mer. Ainsi le sacerdoce égyptien a traversé les siècles avec son organisation et ses symboles, arcanes longtemps impénétrables de sa science. Dans ces temples, dans ces cryptes et dans ces pyramides s'élabora la fameuse doctrine du Verbe- Lumière, de la Parole universelle que Moïse renfermera dans son arche d'or et dont le Christ sera le flambeau vivant.

La vérité est immuable en elle-même ; elle seule survit à tout ; mais elle change de demeures comme de formes et ses révélations sont intermittentes. « La lumière d'Osiris » qui jadis éclairait pour les initiés les profondeurs de la nature et les voûtes célestes, s'est éteinte pour toujours dans les cryptes abandonnées. Il s'est réalisé le mot d'Hermès à Asclépios : « O Égypte ! Égypte ! il ne restera de toi que des fables incroyables aux générations futures et rien ne durera de toi que des mots taillés dans des pierres. »

C'est cependant un rayon de ce mystérieux soleil des sanctuaires que nous voudrions faire revivre en suivant la voie secrète de l'ancienne initiation égyptienne, autant que le permet l'intuition ésotérique et la fuyante réfraction des âges.

Mais avant d'entrer dans le temple, jetons un coup d'œil sur les grandes phases que traversa l'Égypte avant le temps des Hycsos.

Presque aussi vieille que la carcasse de nos continents, la première civilisation égyptienne remonte à l'antique race rouge[34]. Le sphinx colossal de Gizeh, près de la grande pyramide, est son œuvre : Du temps où le Delta (formé plus tard par les alluvions du Nil) n'existait pas encore, l'animal monstrueux et symbolique était déjà couché sur sa colline de granit, en avant de la chaîne des monts lybiques et regardait la mer se briser à ses pieds, là où s'étend aujourd'hui le sable du désert. Le sphinx, cette première création de l'Égypte, est devenu son symbole principal, sa marque distinctive. Le plus antique sacerdoce humain le sculpta, image de la nature calme et redoutable dans son mystère. Une tête d'homme sort d'un corps de taureau aux griffes de lion et replie ses ailes d'aigle sur ses flancs. C'est l'Isis terrestre, la nature dans l'unité vivante de ses règnes. Car déjà, ces sacerdoces immémoriaux savaient et enseignaient que, dans la grande évolution, la nature humaine émerge de la nature animale. Dans ce composé du taureau, du lion, de l'aigle et de l'homme sont aussi renfermés les quatre animaux de la vision d'Ézéchiel, représentant quatre éléments constitutifs du microcosme et du macrocosme l'eau, la terre, l'air et le feu, base de la science occulte. C'est pourquoi, dans les siècles postérieurs, quand les

---

[34] Dans une inscription de la quatrième dynastie, il est parlé du sphinx comme d'un monument dont l'origine se perdait dans la nuit des temps, qui avait été trouvé fortuitement sous le règne de ce prince, enfoui par le sable du désert sous lequel il était oublié depuis de longues générations. (Fr. Lenormant. Hist. d'Orient. II. 55. - Or, la quatrième dynastie nous reporte à 4000 ans avant J.-C. Qu'on juge par là de l'antiquité du Sphinx !

initiés verront l'animal sacré, couché sur le seuil des temples ou au fond des cryptes, ils sentiront vivre ce mystère en eux-mêmes et replieront en silence les ailes de leur esprit sur la vérité intérieure. Car avant Œdipe, ils sauront que le mot de l'énigme du sphinx c'est l'homme, le microcosme, l'agent divin, qui résume tous les éléments et toutes les forces de la nature.

La race rouge n'a donc laissé d'elle-même d'autre témoin que le sphinx de Gizeh, preuve irrécusable qu'elle avait posé et résolu à sa manière le grand problème.

II

HERMES

La race noire qui succéda à la race rouge australe dans la domination du monde, fit de la Haute Égypte son principal sanctuaire. Le nom d'Hermès-Toth, ce mystérieux et premier initiateur de l'Égypte aux doctrines sacrées, se rapporte sans doute à un premier et pacifique mélange de la race blanche et de la race noire, dans les régions de l'Éthiopie et de la Haute Égypte, longtemps avant l'époque aryenne. Hermès est un nom générique comme Manou et Bouddha. Il désigne à la fois un homme, une caste et un dieu. Homme, Hermès, est le premier, le grand initiateur de l'Égypte ; caste, c'est le sacerdoce dépositaire des traditions occultes ; dieu, c'est la planète Mercure, assimilée avec sa sphère à une catégorie d'esprits, d'initiateurs divins ; en un mot, Hermès, préside à la région supraterrestre de l'initiation céleste. Dans l'économie spirituelle du monde, toutes ces choses sont reliées par de secrètes affinités comme par un fil invisible. Le nom d'Hermès est un talisman qui les résume, un son magique qui les évoque. De là son prestige. Les Grecs, disciples des Égyptiens, l'appelèrent Hermès Trismégiste ou trois fois grand, parce qu'il était considéré comme roi, législateur et prêtre. Il typifie une époque où le sacerdoce, la magistrature et la royauté se trouvaient réunis en un seul corps gouvernant. La chronologie égyptienne de Manéthon appelle cette époque le règne des dieux. Il n'y avait alors ni papyrus ni écriture phonétique ; mais l'idéographie sacrée existait déjà ; la science du sacerdoce était inscrite en hiéroglyphes sur les colonnes et les murs des cryptes. Considérablement augmentée, elle passa plus tard dans les bibliothèques des temples. Les Égyptiens attribuaient à Hermès quarante-deux livres roulant sur la science occulte. Le livre grec connu sous le nom d'*Hermès Trismégiste* renferme certainement des restes altérés mais infiniment précieux de l'antique théogonie qui est comme le *fiat lux*, d'où Moïse et Orphée reçurent leurs premiers rayons. La doctrine du Feu-Principe et du Verbe-Lumière, renfermée dans la *Vision d'Hermès*, restera le sommet et le centre de l'initiation égyptienne.

Nous essayerons tout à l'heure de retrouver cette vision des maîtres, cette rose mystique qui ne s'épanouit que dans la nuit du sanctuaire et dans l'arcane des grandes religions. Certaines paroles d'Hermès, empreintes de l'antique sagesse, sont bien faites pour nous y préparer. « Aucune de nos pensées, dit-il à son disciple Asclépios, ne saurait concevoir Dieu ni aucune langue le définir. Ce qui est incorporel, invisible, sans forme, ne peut être saisi par nos sens ; ce qui est éternel ne saurait être mesuré par la courte règle du temps : Dieu est donc ineffable. Dieu peut, il est vrai, communiquer à quelques élus la faculté de s'élever au-dessus des choses naturelles, pour percevoir quelque rayonnement de sa perfection suprême – mais ces élus ne trouvent point de parole pour traduire en langue vulgaire l'immatérielle vision qui les a fait tressaillir. Ils peuvent expliquer à l'humanité les causes secondaires des créations qui passent sous leurs yeux comme les images de la vie universelle, mais la cause première demeure voilée et nous ne parviendrons à la comprendre qu'en traversant la mort. » C'est ainsi qu'Hermès parlait du Dieu inconnu au seuil des cryptes. Les disciples qui pénétraient avec lui dans leurs profondeurs, apprenaient à le connaître comme un être vivant[35].

Le livre parle de sa mort comme du départ d'un dieu. « Hermès vit l'ensemble des choses, et ayant vu, il comprit, et ayant compris, il avait la puissance de manifester et de révéler. Ce qu'il pensa, il l'écrivit ; ce

_____

[35] La théologie savante, ésotérique, dit M. Maspero, est monothéiste dès les temps de l'Ancien Empire. L'affirmation de l'unité fondamentale de l'être divin se lit exprimée en termes formels et d'une grande énergie dans les textes qui remontent à cette époque. Dieu est le Un unique, celui qui existe par essence, le seul qui vive en substance, le seul générateur dans le ciel et sur la terre qui ne soit pas engendré. A la fois Père, Mère et Fils, il engendre, il enfante et il est perpétuellement ; et ces trois personnes loin de diviser l'unité de la nature divine concourent à son infinie perfection. Ses attributs sont l'immensité, l'éternité, l'indépendance, la volonté toute-puissante, la bonté sans limite. « Il crée ses propres membres qui sont les Dieux » disent les vieux textes. Chacun de ces dieux secondaires considérés comme identiques au Dieu Un, peut former un type nouveau, d'où émanent à leur tour et par le même procédé d'autres types inférieurs. — _Histoire ancienne des peuples de l'Orient._

qu'il écrivit il le cacha en grande partie, se taisant avec sagesse et parlant à la fois, afin que toute la durée du monde à venir cherchât ces choses. Et ainsi, ayant ordonné aux dieux ses frères de lui servir de cortège, il monta aux étoiles.

On peut, à la rigueur, isoler l'histoire politique des peuples, on ne peut disjoindre leur histoire religieuse. Les religions de l'Assyrie, de l'Égypte, de la Judée, de la Grèce, ne se comprennent que lorsqu'on saisit leur point d'attache avec l'antique religion indo-aryenne. Prises à part ce sont autant d'énigmes et de charades ; vues d'ensemble et de haut, c'est une superbe évolution, où tout se commande et s'explique réciproquement. En un mot, l'histoire d'une religion sera toujours étroite, superstitieuse et fausse ; il n'y a de vrai que l'histoire religieuse de l'humanité. A cette hauteur, on ne sent plus que les courants qui font le tour du globe. Le peuple égyptien, le plus indépendant et le plus fermé de tous aux influences extérieures, ne put se soustraire à cette loi universelle. Cinq mille ans avant notre ère, la lumière de Rama, allumée dans l'Iran, rayonna sur l'Égypte et devint la loi de Hammon-Râ, le dieu solaire de Thèbes. Cette constitution lui permit de braver tant de révolutions. Ménès fut le premier roi de justice, le premier pharaon exécuteur de cette loi. Il se garda bien d'ôter à l'Égypte son ancienne théologie, qui était la sienne aussi, il ne fit que la confirmer et l'épanouir, en y joignant une organisation sociale nouvelle : le sacerdoce, c'est- à-dire l'enseignement, à un premier conseil ; la justice à un autre ; le gouvernement aux deux ; la royauté conçue comme leur délégation et soumise à leur contrôle ; l'indépendance relative des nômes ou communes, à la base de la société. C'est ce que nous pouvons nommer le gouvernement des initiés. Il avait pour clef de voûte une synthèse des sciences connues sous le nom d'Osiris (O- Sir-Is), le seigneur intellectuel. La grande pyramide en est le symbole et le gnomon mathématique. Le pharaon qui recevait son nom d'initiation du temple, qui exerçait l'art sacerdotal et royal sur le trône, était donc un bien autre personnage que le despote assyrien dont le pouvoir arbitraire était assis sur le crime et le sang. Le pharaon était l'initié couronné, ou du moins l'élève et L'instrument des initiés. Pendant des siècles, les pharaons défendront, contre l'Asie devenue despotique et coutre l'Europe anarchique, la loi du Bélier qui représentait alors les droits de la justice et de l'arbitrage international.

Vers l'an 2200 avant Jésus-Christ, l'Égypte subit la crise la plus redoutable qu'un peuple puisse traverser : celle de l'invasion étrangère et d'une demi conquête. L'invasion phénicienne était elle- même la suite du grand schisme religieux d'Asie qui avait soulevé les masses populaires en semant la dissension dans les temples. Conduite par les rois-pasteurs appelés Hicsos, cette invasion roula son déluge sur le Delta et la moyenne Égypte. Les rois schismatiques amenaient avec eux une civilisation corrompue, la mollesse ionienne, le luxe de l'Asie, les mœurs du harem, une idolâtrie grossière. L'existence nationale de l'Égypte était compromise, son intellectualité en danger, sa mission universelle menacée. Mais elle avait une âme de vie, c'est-à-dire un corps organisé d'initiés, dépositaires de l'antique science d'Hermès et d'Ammon-Râ. Que fit cette âme ? Elle se retira au fond de ses sanctuaires, elle se ramassa sur elle-même pour mieux résister à l'ennemi. En apparence, le sacerdoce se courba devant l'invasion et reconnut les usurpateurs qui apportaient la loi du Taureau et le culte du bœuf Apis. Cependant cachés dans les temples, les deux conseils y gardèrent comme un dépôt sacré leur science, leurs traditions, l'antique et pure religion et avec elle l'espoir d'une restauration de la dynastie nationale. C'est à cette époque que les prêtres répandirent dans la foule la légende d'Isis et d'Osiris, du démembrement de ce dernier et de sa résurrection prochaine par son fils Horus, qui retrouverait ses membres épars emportés par le Nil. On excita l'imagination

de la foule par la pompe des cérémonies publique. On entretint son amour pour la vieille religion en lui représentant les malheurs de la déesse, ses lamentions sur la perte de son époux céleste et l'espoir qu'elle plaçait dans son fils Horus, le divin médiateur. Mais en même temps, les initiés jugèrent nécessaire de rendre la vérité ésotérique inattaquable en la recouvrant d'un triple voile. A la diffusion du culte populaire d'Isis et d'Osiris, correspond l'organisation intérieure et savante des petits et des grands Mystères. On les entoura de barrières presque infranchissables, de dangers terribles. On inventa les épreuves morales, on exigea le serment du silence, et la peine de mort fut rigoureusement appliquée contre les initiés qui divulguaient le moindre détail des Mystères. Grâce à cette organisation sévère, l'initiation égyptienne devint non seulement le refuge de la doctrine ésotérique, mais encore le creuset d'une résurrection nationale et l'école des religions futures. Tandis que les usurpateurs couronnés régnaient à Memphis, Thèbes préparait lentement la régénération du pays. De son temple, de son arche solaire sortit le sauveur de l'Égypte, Amos, qui chassa les Hicsos après neuf siècles de domination, restaura dans ses droits la science égyptienne et la religion mâle d'Osiris.

Ainsi les Mystères sauvèrent l'âme de l'Égypte sous la tyrannie étrangère, et cela pour le bien de l'humanité. Car telle était alors la force de leur discipline, la puissance de leur initiation, qu'ils renfermaient sa meilleure force morale, sa plus haute sélection intellectuelle.

L'initiation antique reposait sur une conception de l'homme à la fois plus saine et plus élevée que la nôtre. Noua avons dissocié l'éducation du corps, de l'âme et de l'esprit. Nos sciences physiques et naturelles très avancées en elles-mêmes, font abstraction du principe de l'âme et de sa diffusion dans l'univers ; notre religion ne satisfait pas aux besoins de l'intelligence ; notre médecine ne veut rien savoir ni de l'âme, ni de l'esprit. L'homme contemporain cherche le plaisir sans le bonheur, le bonheur sans la science et la science sans la sagesse. L'antiquité n'admettait pas que l'on pût séparer ces choses. Dans tous les domaines, elle tenait compte de la triple nature de l'homme. L'initiation était un entraînement graduel de tout l'être humain vers les sommets vertigineux de l'esprit, d'où l'on peut dominer la vie. « Pour atteindre à la maîtrise, disaient les sages d'alors, l'homme a besoin d'une refonte totale de son être physique, moral et intellectuel. Or cette refonte n'est possible que par l'exercice simultané de la volonté, de l'intuition et du raisonnement. Par leur complète concordance, l'homme peut développer ses facultés jusqu'à des limites incalculables. L'âme a des sens endormis ; l'initiation les réveille. Par une étude approfondie, une application constante, l'homme peut se mettre en rapport conscient avec les forces occultes de l'univers. Par un effort prodigieux, il peut atteindre à la perception spirituelle directe, s'ouvrir les routes de l'au-delà et se rendre capable de s'y diriger. Alors seulement il peut dire qu'il a vaincu le destin et conquis dès ici-bas sa liberté divine. Alors seulement l'initié peut devenir initiateur, prophète et théurge, c'est- à-dire : voyant et créateur d'âmes. Car celui-là seul qui commande à lui-même peut commander aux autres ; celui-là seul qui est libre peut affranchir. »

Ainsi pensaient les initiés antiques. Les plus grands d'entre eux vivaient et agissaient en conséquence. La véritable initiation était donc bien autre chose qu'un songe creux et bien plus qu'un simple enseignement scientifique ; c'était la création d'une âme par elle-même, son éclosion sur un plan supérieur, son efflorescence dans le monde divin.

Plaçons-nous au temps des Ramsès, à l'époque de Moïse et d'Orphée, vers l'an 1300 avant notre ère - et tâchons de pénétrer au cœur de l'initiation égyptienne. Les monuments figurés, les livres d'Hermès, la tradition juive et grecque permettent d'en faire revivre les phases ascendantes et de nous former une idée de sa plus haute révélation.

III

ISIS. – L'INITIATION. – LES ÉPREUVES

Au temps des Ramsès, la civilisation égyptienne resplendissait à l'apogée de sa gloire. Les pharaons de la XXème dynastie, élèves et porte-glaives des sanctuaires, soutenaient en vrais héros la lutte contre Babylone. Les archers égyptiens harcelaient les Lybiens, les Bodohnes, les Numides jusqu'au centre de l'Afrique. Une flotte de quatre cents voiles poursuivait la ligue des schismatiques jusqu'aux bouches de l'Indus. Pour mieux résister au choc de l'Assyrie et de ses alliés, les Ramsès avaient tracé des routes stratégiques jusqu'en face du Liban et construit une chaîne de forts entre Mageddo et Karkemish. D'interminables caravanes affluaient par le désert, de Radasieh à Éléphantine. Les travaux d'architecture se poursuivaient sans relâche et occupaient les ouvriers de trois continents. La salle hypostyle de Karnak, dont chaque pilier atteint la hauteur de la colonne Vendôme, était réparée ; le temple d'Abydos s'enrichissait de merveilles sculpturales, et la vallée des rois, de monuments grandioses. On bâtissait à Bubaste, à Louksor, à Spéos Ibsamboul. A Thèbes, un pylône trophéal rappelait la prise de Kadesh. A Memphis, le

Ramesseum s'élevait entouré d'une forêt d'obélisques, de statues, de monolithes gigantesques.

Au milieu de cette activité fiévreuse, de cette vie éblouissante, plus d'un étranger aspirant aux Mystères, venu des plages lointaines de l'Asie Mineure ou des montagnes de la Thrace, abordait en Égypte, attiré par la réputation de ses temples ! Arrivé à Memphis, il restait frappé d'étonnement. Monuments, spectacles, fêtes publiques, tout lui donnait l'impression de l'opulence, de la grandeur. Après la cérémonie de la consécration royale, qui se faisait dans le secret du sanctuaire, il voyait le pharaon sortir du temple devant la foule, monter sur son pavois porté par douze officiers flabellifères de son état-major. Devant lui, douze jeunes lévites tenaient sur des coussins brodés d'or les insignes royaux : le sceptre des arbitres à tête de bélier, l'épée, l'arc et la masse d'armes. Derrière lui, venaient la maison du roi et les collèges sacerdotaux, suivis des initiés aux grands et aux petits mystères. Les pontifes portaient la tiare blanche et leur pectoral flamboyait du feu des pierres symboliques. Les dignitaires de la couronne portaient les décorations de l'Agneau, du Bélier, du Lion, du Lys, de l'Abeille, suspendues à des chaînes massives admirablement travaillées. Les corporations fermaient la marche avec leurs emblèmes et leurs bannières déployées[36]. – La nuit, des barques magnifiquement pavoisées, promenaient sur des lacs

---

[36] Voyez les peintures murales des temples de Thèbes reproduites dans Le livre de François Lenormant et le chapitre sur l'Égypte dans la Mission des Juifs de M. Saint Yves d'Alveydre.

artificiels les orchestres royaux, au milieu desquels se profilaient en poses hiératiques des danseuses et des joueuses de théorbe.

Mais cette pompe écrasante n'était pas ce qu'il cherchait. Le désir de pénétrer le secret des choses, la soif de savoir, voilà ce qui l'amenait de si loin. On lui avait dit que dans les sanctuaires d'Égypte vivaient des mages, des hiérophantes en possession de la science divine. Lui aussi voulait entrer dans le secret des dieux. Il avait entendu parler par un prêtre de son pays du *livre des morts*, de son rouleau mystérieux qu'on mettait sous la tête des momies comme un viatique et qui racontait sous une forme symbolique le voyage d'outre-tombe de l'âme selon les prêtres d'Ammon-Râ. Il avait suivi avec une avide curiosité et un certain tremblement intérieur mêlé de doute ce long voyage de l'âme après la vie ; son expiation dans une région brûlante ; la purification de son enveloppe sidérale ; sa rencontre du mauvais pilote assis dans une barque avec la tête retournée et du bon pilote qui regarde en face ; sa comparution devant les quarante-deux juges terrestres ; sa justification par Toth ; enfin son entrée et sa transfiguration dans la lumière d'Osiris. Nous pouvons juger du pouvoir de ce livre et de la révolution totale que l'initiation égyptienne opérait parfois dans les esprits, par ce passage du Livre des morts :

« Ce chapitre fut trouvé à Hermopolis, en écriture bleue sur une dalle d'albâtre, aux pieds du dieu Toth (Hermès) du temps du roi Menkara, par le prince Hastatef, lorsqu'il était en voyage pour inspecter les temples. Il porta la pierre dans le temple royal. O grand secret ! Il ne vit plus, il n'entendit plus, lorsqu'il lut ce chapitre pur et saint, il ne s'approcha plus d'aucune femme et ne mangea plus ni viande ni poisson »[37]. Mais qu'y avait-il de vrai dans ces récits troublants, dans ces images hiératiques derrière lesquels chatoyait le terrible mystère d'outre-tombe ? — Isis et Osiris le savent ! lui disait-on. Mais quels étaient ces dieux dont on ne parlait qu'avec un doigt sur la bouche ? C'est pour le savoir que l'étranger frappait à la porte du grand temple de Thèbes ou de Memphis.

Des serviteurs le conduisaient sous le portique d'une cour intérieure dont les piliers énormes semblaient des lotus gigantesques soutenant de leur force et de leur pureté l'Arche solaire, le temple d'Osiris. L'hiérophante s'approchait du nouveau venu. La majesté de ses traits, la tranquillité de son visage, le mystère de ses yeux noirs, impénétrables, mais remplis de lumière intérieure, avaient déjà de quoi inquiéter le postulant. Ce regard fouillait comme un poinçon. L'étranger se sentait en face d'un homme auquel il serait impossible de rien cacher. Le prêtre d'Osiris interrogeait le nouveau venu sur sa ville natale, sur sa famille et sur le temple qui l'avait instruit. Si dans ce court mais pénétrant examen, il était jugé indigne des mystères, un geste silencieux mais irrévocable lui montrait la porte. Mais si l'hiérophante trouvait dans l'aspirant le désir sincère de la vérité, il le priait de le suivre. On traversait des portiques, des cours intérieures, puis par une avenue taillée dans le roc à ciel ouvert et bordée de stèles et de sphinx, on arrivait à un petit temple qui servait d'entrée aux cryptes

_____

[37] Livre des morts, ch. LXIV.

souterraines. La porte en était masquée par une statue d'Isis en grandeur naturelle. La déesse assise tenait un livre fermé sur ses genoux, dans une attitude de méditation et de recueillement. Son visage était voilé ; on lisait sous la statue :

Aucun mortel n'a soulevé mon voile.

- C'est ici la porte du sanctuaire occulte, disait l'hiérophante. Regarde ces deux colonnes. La rouge représente l'ascension de l'esprit vers la Lumière d'Osiris ; la noire signifie sa captivité dans la matière, et cette chute peut aller jusqu'à l'anéantissement. Quiconque aborde notre science et notre doctrine y joue sa vie. La folie ou la mort, voilà ce qu'y trouve le faible ou le méchant ; les forts et les bons y trouvent seuls la vie et l'immortalité. Beaucoup d'imprudents sont entrés par cette porte et n'en sont pas ressortis vivants. C'est un gouffre qui ne rend au jour que les intrépides. Réfléchis donc bien à ce que tu vas faire, aux dangers que tu vas courir, et, si ton courage n'est pas à toute épreuve, renonce à l'entreprise. Car une fois que cette porte se sera refermée sur toi, tu ne pourras plus reculer.

Si l'étranger persistait dans sa volonté, l'hiérophante le ramenait dans la cour extérieure et le recommandait aux serviteurs du temple, avec lesquels il devait passer une semaine, obligé aux travaux les plus humbles, écoutant les hymnes et faisant les ablutions. Le silence le plus absolu lui était commandé.

Le soir des épreuves étant venu, deux néocores[38] ou assistants reconduisaient l'aspirant aux mystères à la porte du sanctuaire occulte. On entrait dans un vestibule noir, sans issue apparente. Des deux côtés de cette salle lugubre, à la lueur des flambeaux, l'étranger voyait une rangée de statues à corps d'hommes et à têtes d'animaux, de lions, de taureaux, d'oiseaux de proie, de serpents qui semblaient regarder son passage en ricanant. A la fin de cette sinistre avenue, qu'on traversait sans mot dire, il y avait une momie et un squelette humain, debout, se faisant vis-à-vis. Et, d'un geste muet, les deux néocores montraient au novice un trou dans le mur, en face de lui. C'était l'entrée d'un couloir si bas qu'on ne pouvait y pénétrer qu'en rampant.

- Tu peux encore revenir sur tes pas, disait l'un des assistants. La porte du sanctuaire n'est pas encore refermée. Sinon, tu dois continuer ta route par là et sans retour.

- Je reste, disait le novice, en rassemblant tout son courage...

On lui remettait alors une petite lampe allumée. Les néocores s'en retournaient et refermaient avec fracas la porte du sanctuaire. Il n'y avait plus à hésiter il fallait entrer dans le couloir. A peine s'y était-il glissé en rampant sur ses genoux, sa lampe à la main, qu'il entendait une voix dire, au fond du souterrain : « Ici périssent les fous qui ont convoité la science et le pouvoir. » Grâce à un merveilleux effet d'acoustique,

---

[38] Nous employons ici, comme plus intelligible, la traduction grecque des termes égyptiens.

cette parole était répétée sept fois par des échos distancés. Il fallait avancer, pourtant ; le couloir s'élargissait, mais descendait en pente de plus en plus rapide. Enfin, le voyageur hasardeux se trouvait en face d'un entonnoir aboutissant à un trou. Une échelle de fer s'y perdait ; le novice s'y risquait. Au dernier degré de l'échelle, son regard effaré plongeait dans un puits effrayant. Sa pauvre lampe de naphte, qu'il serrait convulsivement dans sa main tremblante, projetait sa vague lueur dans des ténèbres sans fond. Que faire ? Au-dessus de lui le retour impossible ; au-dessous, la chute dans le noir, la nuit affreuse. Dans cette détresse, il apercevait une crevasse à sa gauche. Cramponné d'une main à l'échelle, étendant sa lampe de l'autre, il y voyait des marches. Un escalier ! c'était le salut. Il s'y jetait ; il remontait, il échappait au gouffre ! L'escalier, perçant le roc comme une vrille, montait en spirale. Enfin, l'aspirant se trouvait devant une grille en bronze donnant dans une large galerie soutenue par de grandes cariatides. Dans les intervalles, sur le mur ; on voyait deux rangées de fresques symboliques. Il y en avait onze de chaque côté, doucement éclairées par des lampes de cristal que portaient dans leurs mains les belles cariatides.

Un mage appelé *pastophore* (gardien des symboles sacrés) ouvrait la grille au novice et l'accueillait d'un sourire bienveillant. Il le félicitait d'avoir heureusement traversé la première épreuve, puis, le conduisant à travers la galerie, il lui expliquait les peintures sacrées. Sous chacune de ces peintures, il y avait une lettre et un nombre. Les vingt-deux symboles représentaient les vingt-deux premiers arcanes et constituaient l'alphabet de la science occulte, c'est-à-dire les principes absolus, les clefs universelles qui, appliquées par la volonté, deviennent la source de toute sagesse et de toute puissance. Ces principes se fixaient dans la mémoire par leur correspondance avec les lettres de la langue sacrée et avec les nombres qui se lient à ces lettres. Chaque lettre et chaque nombre exprime, dans cette langue, une loi ternaire, ayant sa répercussion dans le *monde divin*, dans le *monde intellectuel* et dans le *monde physique*. De même que le doigt qui touche une corde de la lyre fait résonner une note de la gamme et vibrer toutes ses harmoniques, de même l'esprit qui contemple toutes les virtualités d'un nombre, la voix qui profère une lettre avec la conscience de sa portée, évoquent une puissance qui se répercute dans les trois mondes.

C'est ainsi que la lettre A, qui correspond au nombre 1, exprime *dans le monde divin* : l'Être absolu d'où émanent tous les êtres ; *dans le monde intellectuel* : l'unité, source et synthèse des nombres ; *dans le monde physique* : l'homme, sommet des êtres relatifs, qui, par l'expansion de ses facultés, s'élève dans les sphères concentriques de l'infini. - L'arcane 1 était figuré, chez les Égyptiens, par un mage en robe blanche, sceptre en main, le front ceint d'une couronne d'or. La robe blanche signifiait la pureté, le sceptre le commandement, la couronne d'or la lumière universelle.

Le novice était loin de comprendre tout ce qu'il entendait d'étrange et de nouveau ; mais des perspectives inconnues s'entr'ouvraient devant lui à la parole du pastophore, devant ces belles peintures qui le regardaient avec l'impassible gravité des dieux.

Derrière chacune d'elles, il entrevoyait par éclairs une enfilade de pensées et d'images subitement évoquées. Il soupçonnait pour la première fois *le dedans* du monde par la chaîne mystérieuse des causes. Ainsi, de lettre en lettre, de nombre en nombre, le maître expliquait à l'élève le sens des arcanes, et le conduisait par *Isis Uranie au char d'Osiris*, par *la tour foudroyée à l'étoile flamboyante*, et enfin à *la couronne des mages*. « Et sache – bien, disait le pastophore, ce que veut dire cette couronne : toute volonté qui s'unit à Dieu pour manifester la vérité et opérer la justice, entre dès cette vie en participation de la puissance divine sur les êtres et sur les choses, récompense éternelle des esprits affranchis. » En écoutant parler le maître, le néophyte éprouvait un mélange de surprise, de crainte et de ravissement. C'étaient les premières lueurs du sanctuaire, et la vérité entrevue lui semblait l'aurore d'un divin ressouvenir.

Mais les épreuves n'étaient pas terminées. En achevant de parler, le pastophore ouvrait une porte donnant accès sous une nouvelle voûte étroite et longue, à l'extrémité de laquelle crépitait une fournaise ardente. « - Mais c'est la mort ! » disait le novice ; et il regardait son guide en frémissant. – Mon fils, répondait le pastophore, la mort n'épouvante que les natures avortées. J'ai traversé autrefois cette flamme comme un champ de roses. » Et la grille de la galerie des arcanes se refermait derrière le postulant. En approchant de la barrière de feu, il s'apercevait que la fournaise se réduisait à une illusion d'optique créée par de légers entrelacements de bois résineux, disposés en quinconce sur des grillages. Un sentier dessiné au milieu lui permettait de passer rapidement. A *l'épreuve du feu* succédait *l'épreuve de l'eau*. L'aspirant était forcé de traverser une eau morte et noire, à la lueur d'un incendie de naphte qui s'allumait derrière lui, dans la chambre du feu. Après cela, deux assistants le conduisaient, tout frissonnant encore, dans une grotte obscure où l'on ne voyait qu'une couche moelleuse, mystérieusement éclairée par le demi-jour d'une lampe de bronze suspendue à la voûte. On le séchait, on arrosait son corps d'essences exquises, on le revêtait de fin lin et on le laissait seul, après lui avoir dit : « Repose-toi et attends l'hiérophante. »

Le novice étendait ses membres brisés de fatigue sur le tapis somptueux de son lit. Après ses émotions diverses, ce moment de calme lui semblait doux. Les peintures sacrées qu'il avait vues, toutes ces figures étranges, les sphinx, les cariatides repassaient devant son imagination. Pourquoi donc l'une de ces peintures lui revenait-elle comme une hallucination ? Il revoyait obstinément l'arcane X représenté par une roue suspendue sur son axe entre deux colonnes ; D'un côté monte Hermanubis, le génie du Bien, beau comme un jeune éphèbe ; de l'autre Typhon, le génie du Mal, la tête en bas se précipite dans l'abîme. Entre les deux, sur le sommet de la roue, est assis un sphinx tenant une épée dans sa griffe.

Le vague bourdonnement d'une musique lascive qui semblait partir du fond de la grotte faisait évanouir cette image. C'étaient des sons légers et indéfinissables, d'une langueur triste et incisive. Un tintement métallique venait chatouiller son oreille, mêlé à des frissons de harpe, d'où s'échappaient des sons de flûte, des soupirs haletants comme une haleine brûlante. Enveloppé d'un rêve de feu, l'étranger fermait les yeux.

En les rouvrant, il voyait à quelques pas de sa couche une apparition bouleversante de vie et d'infernale séduction. Une femme de Nubie, vêtue d'une gaze de pourpre transparente, un collier d'amulettes à son cou, pareille aux prêtresses des mystères de Mylitta, était là debout, le couvant du regard et tenant dans sa main gauche une coupe couronnée de roses. Elle avait ce type nubien, dont la sensualité intense et capiteuse concentre toutes les puissances de l'animal féminin : pommettes saillantes, narines dilatées, lèvres épaisses comme un fruit rouge et savoureux. Ses yeux noirs brillaient dans la pénombre. Le novice avait bondi sur ses pieds, et surpris, ne sachant s'il devait trembler ou se réjouir, croisait instinctivement ses mains sur sa poitrine. Mais l'esclave s'avançait à pas lents et, baissant les yeux, elle murmurait à voix basse : « As-tu peur de moi, bel étranger ? je t'apporte la récompense des vainqueurs, l'oubli des peines, la coupe du bonheur... » Le novice hésitait ; alors comme prise de lassitude, la Nubienne s'asseyait sur la couche et enveloppait l'étranger d'un regard suppliant comme d'une longue flamme humide. Malheur à lui s'il osait la braver, s'il se penchait sur cette bouche, s'il s'enivrait des parfums lourds qui montaient de ces épaules bronzées. Une fois qu'il avait touché cette main et trempé ses lèvres dans cette coupe, il était perdu... il roulait sur la couche enlacé dans une étreinte brûlante. Mais après l'assouvissement sauvage du désir ; le liquide qu'il avait bu le plongeait dans un sommeil pesant. A son réveil, il se trouvait seul, angoissé. La lampe jetait un jour funèbre sur sa couche en désordre. Un homme était debout devant lui ; c'était l'hiérophante. Il lut disait :

- Tu as été vainqueur dans les premières épreuves. Tu as triomphé de la mort, du feu et de l'eau ; mais tu n'as pas su te vaincre toi-même. Toi qui aspires aux hauteurs de l'esprit et de la connaissance, tu as succombé à la première tentation des sens et tu es tombé dans l'abîme de la matière. Qui vit esclave des sens, vit dans les ténèbres. Tu as préféré les ténèbres à la lumière ; reste donc dans les ténèbres. Je t'avais averti des dangers auxquels tu t'exposais. Tu as sauvé ta vie ; mais tu as perdu ta liberté. Tu resteras sous peine de mort esclave du temple.

Si au contraire l'aspirant avait renversé la coupe et repoussé la tentatrice, douze néocores armés de flambeaux venaient l'entourer pour le conduire triomphalement dans le sanctuaire d'Isis, où les mages rangés en hémicycle et vêtus de blanc l'attendaient en assemblée plénière. Au fond du temple splendidement illuminé, il apercevait la statue colossale d'Isis en métal fondu, une rose d'or à la poitrine et couronnée d'un diadème à sept rayons. Elle tenait son fils brus dans ses bras. Devant la déesse, l'hiérophante vêtu de pourpre recevait le nouveau venu et lui faisait prêter, sous les imprécations les plus redoutables, le serment du silence et de la soumission. Alors il le saluait au nom de toute l'assemblée comme un frère et comme un futur initié. Devant ces maîtres augustes, le disciple d'Isis se croyait en présence des dieux. Grandi au-dessus de lui-même, il entrait pour la première fois dans la sphère de la vérité.

IV

OSIRIS - LA MORT ET LA RÉSURRECTION

Et pourtant il n'était qu'admis à son seuil. Car maintenant commençaient les longues années d'étude et d'apprentissage. Avant de s'élever à Isis Uranie, il devait connaître l'Isis terrestre, s'instruire dans les sciences physiques et androgoniques. Son temps se partageait entre les méditations dans sa cellule, l'étude des hiéroglyphes dans les salles et les cours du temple aussi vaste qu'une cité, et les leçons des maîtres. Il apprenait la science des minéraux et des plantes, l'histoire de l'homme et des peuples, la médecine, l'architecture et la musique sacrée. Dans ce long apprentissage, il ne devait pas seulement *connaître*, mais *devenir* ! gagner la force par le renoncement. Les sages antiques croyaient que l'homme ne possède la vérité que si elle devient une partie de son être intime, un acte spontané de l'âme. Mais dans ce profond travail d'assimilation, on laissait l'élève à lui-même. Ses maîtres ne l'aidaient en rien, et souvent il s'étonnait de leur froideur, de leur indifférence. On le surveillait avec attention ; on l'astreignait à des règles inflexibles ; on exigeait de lui une obéissance absolue ; mais on ne lui révélait rien au delà de certaines limites. A ses inquiétudes, à ses questions, on répondait : « Attends et travaille ». Alors lui venaient des révoltes soudaines, des regrets amers, des soupçons affreux. Était-il devenu l'esclave d'imposteurs audacieux ou de magiciens noirs qui subjuguaient sa volonté dans un but infâme ? La vérité fuyait ; les dieux l'abandonnaient ; il était seul et prisonnier du temple. La vérité lui était apparue sous la figure d'un sphinx. Maintenant le sphinx lui disait : Je suis le Doute ! Et la bête ailée avec sa tête de femme impassible et ses griffes de lion l'emportait pour le déchirer dans le sable brûlant du désert.

Mais à ces cauchemars succédaient des heures d'accalmie et de pressentiment divin. Il comprenait alors le sens symbolique des épreuves qu'il avait traversées en entrant dans le temple. Car, hélas ! le puits sombre où il avait failli tomber était moins noir que le gouffre de l'insondable vérité ; le feu qu'il avait traversé était moins redoutable que les passions qui brûlaient encore sa chair ; l'eau glacée et ténébreuse où il avait dû se plonger était moins froide que le doute où son esprit s'enfonçait et se noyait aux heures mauvaises.

Dans une des salles du Temple s'allongeaient en deux files ces mêmes peintures sacrées qu'on lui avait expliquées dans la crypte pendant la nuit des épreuves et qui représentaient les vingt-deux arcanes. Ces arcanes qu'on laissait entrevoir au seuil de la science occulte étaient les colonnes mêmes de la théologie ; mais il fallait avoir traversé toute l'initiation pour les comprendre. Depuis, aucun des maîtres ne lui en avait reparlé. On lui permettait seulement de se promener dans cette salle, de méditer sur ces signes. Il y passait de longues heures solitaires. Par ces figures chastes comme la lumière, graves comme l'Éternité, l'invisible et impalpable vérité s'infiltrait lentement dans le cœur du néophyte. Dans la muette société de ces divinités silencieuses et sans nom dont chacune semblait présider à une sphère de la vie, il commençait éprouver quelque chose de nouveau : d'abord une descente au fond de son être, puis, une sorte de détachement du monde qui le faisait planer au-dessus des choses. Parfois il demandait à un des mages : « - Me sera-t-il permis un jour de respirer la rose d'Isis et de voir la lumière d'Osiris ? » On lui répondait : « - Cela ne dépend pas de nous. La vérité ne se donne pas. On la trouve en soi-même ou on ne la trouve pas. Nous ne pouvons pas faire de toi un adepte, il faut le devenir par toi-même. Le lotus pousse sous le fleuve longtemps avant de s'épanouir. Ne hâte pas l'éclosion de la fleur divine. Si elle doit venir, elle viendra en son jour. Travaille et prie. »

Et le disciple s'en retournait à ses études, à ses méditations, avec une joie triste. Il goûtait le charme austère et suave de cette solitude où passe comme un souffle de l'être des êtres. Ainsi s'écoulaient les mois les années. Il sentait s'opérer en lui-même une transformation lente, une métamorphose complète. Les passions qui avaient assiégé sa jeunesse s'éloignaient comme des ombres, et les pensées qui l'entouraient maintenant lui souriaient comme d'immortelles amies. Ce qu'il éprouvait par moments, c'était l'engloutissement de son moi terrestre et la naissance d'un autre moi plus pur et plus éthéré. Dans ce sentiment, il lui arrivait de se prosterner devant les marches du sanctuaire fermé. Alors il n'y avait plus en lui ni révolte, ni désir quelconque, ni regret. Il n'y avait qu'un abandon parfait de son âme aux Dieux, une oblation complète à la vérité. « O Isis, disait-il dans sa prière, puis que mou âme n'est qu'une larme de tes yeux, qu'elle tombe en rosée sur d'autres âmes et qu'en mourant je sente leur parfum monter vers toi. Me voilà prêt au sacrifice. »

Après une de ces prières muettes, le disciple en demi-extase voyait debout près de lui, comme une vision sortie du sol, l'hiérophante enveloppé des chaudes lueurs du couchant. Le maître semblait lire toutes les pensées du disciple, pénétrer tout le drame de sa vie intérieure.

- Mon fils, disait-il, l'heure approche où la vérité te sera révélée. Car tu l'as déjà pressentie en descendant au fond de toi-même et en y trouvant la vie divine. Tu vas entrer dans la grande, dans l'ineffable communion des Initiés. Car tu en es digne par la pureté du cœur, par l'amour de la vérité et la force du renoncement. Mais nul ne franchit le seuil d'Osiris, sans passer par la mort et par la résurrection. Nous allons t'accompagner dans la crypte. Sois sans crainte, car tu es déjà l'un de nos frères.

Au crépuscule, les prêtres d'Osiris tenant des flambeaux accompagnaient le nouvel adepte dans une crypte basse soutenue par quatre piliers posés sur des sphinx. Dans un coin se trouvait un sarcophage ouvert en marbre[39].

- Aucun homme, disait l'hiérophante, n'échappe à la mort et toute âme vivante est destinée à la résurrection. L'adepte passe vivant par le tombeau pour entrer dès cette vie dans la lumière d'Osiris. Couche- toi donc dans ce cercueil et attends la lumière. Cette nuit tu franchiras la porte de l'Épouvante et tu atteindras au seuil de la Maîtrise.

L'adepte se couchait dans le sarcophage ouvert, l'hiérophante étendait la main sur lui pour le bénir et le cortège des initiés s'éloignait en silence du caveau. Une petite lampe déposée à terre éclaire encore de sa lueur douteuse les quatre sphinx qui supportent les colonnes trapues de la crypte. Un chœur de voix profondes se

---

[39] Les archéologues ont vu pendant longtemps dans le sarcophage de la grande pyramide de Gizeh le tombeau du roi Sésostris, sur la foi d'Hérodote qui n'était pas initié et auquel les prêtres égyptiens n'ont guère confié que des amusettes et des contes populaires. Mais les rois d'Égypte avaient leurs sépultures ailleurs. La structure intérieure et bizarre de la pyramide prouve qu'elle devait servir aux cérémonies de l'initiation et aux pratiques secrètes des prêtres d'Osiris. On y retrouve *le Puits de la Vérité* que nous avons décrit, l'escalier montant, la salle des arcanes... *La chambre* dite *du roi*, qui renferme le sarcophage, était celle où l'on conduisait l'adepte la veille de sa grande initiation. Ces mêmes dispositions étaient reproduites dans les grands temples de la moyenne et de la haute Égypte.

fait en tendre, bas et voilé. D'où vient-il ? Le chant des funérailles !... Il expire, la lampe jette une dernière lueur, puis s'éteint tout à fait. L'adepte est seul dans les ténèbres, le froid du sépulcre tombe sur lui, glace tous ses membres. Il passe graduellement par les sensations douloureuses de la mort et tombe en léthargie. Sa vie défile devant lui en tableaux successifs comme quelque chose d'irréel et sa conscience terrestre devient de plus en plus vague et diffuse. Mais à mesure qu'il sent son corps se dissoudre, la partie éthérée, fluide de son être se dégage. Il entre en extase...

Quel est ce point brillant et lointain qui apparaît, imperceptible sur le fond noir des ténèbres ? Il se

rapproche, il grandit, il devient une étoile à cinq pointes dont les rayons ont toutes les couleurs de l'arc-en-ciel et qui lance dans les ténèbres des décharges de lumière magnétique. Maintenant c'est un soleil qui l'attire dans la blancheur de son centre incandescent. – Est-ce la magie des maîtres qui produit cette vision ? Est-ce l'invisible qui devient visible ? Est-ce le présage de la vérité céleste, l'étoile flamboyante de l'espérance et de l'immortalité ? – Elle disparaît ; et à sa place un bouton de fleur vient éclore dans la nuit, une fleur immatérielle, mais sensible et douée d'une âme. Car elle s'ouvre devant lui comme une rose blanche ; elle épanouit ses pétales ; il voit frissonner ses feuilles vivantes et rougir son calice en flammé. - Est-ce la fleur d'Isis, la Rose mystique de la sagesse qui renferme l'Amour dans son cœur ? - Mais voici qu'elle s'évapore comme un nuage de parfums. Alors l'extatique se sent inondé d'un souffle chaud et caressant. Après avoir pris des formes capricieuses le nuage se condense et devient une figure humaine. C'est celle d'une femme, l'Isis du sanctuaire occulte, mais plus jeune, souriante et lumineuse. Un voile transparent s'enroule en spirale autour d'elle et son corps brille à travers. Dans sa main elle tient un rouleau de papyrus. Elle s'approche doucement, se penche sur l'initié couché dans sa tombe et lui dit : « Je suis ta sœur invisible, je suis ton âme divine et ceci est le livre de ta vie. Il renferme les pages pleines de tes existences passées et les pages blanches de tes vies futures. Un jour, je les déroulerai toutes devant toi. Tu me connais maintenant. Appelle-moi et je viendrai » ! Et tandis qu'elle parle, un rayon de tendresse a jailli de ses yeux... ô présence d'un double angélique, promesse ineffable du divin, fusion merveilleuse dans l'impalpable au-delà !...

Mais tout se brise, la vision s'efface. Un déchirement affreux ; et l'adepte se sent précipité dans son corps comme dans un cadavre. Il revient à l'état de léthargie consciente ; des cercles de fer retiennent ses membres ; un poids terrible pèse sur son cerveau ; il se réveille... et debout devant lui se tient l'hiérophante accompagné des mages. On l'entoure, on lui fait boire un cordial, il se lève.

- Te voilà ressuscité, dit le prophète viens célébrer avec nous l'agape des initiés et raconte-nous ton voyage dans la lumière d'Osiris. Car tu es désormais l'un des nôtres.

Transportons-nous maintenant avec l'hiérophante et le nouvel initié sur l'observatoire du temple dans la tiède splendeur d'une nuit égyptienne. C'est là que le chef du temple donnait à l'adepte récent la grande révélation en lui racontant *la vision d'Hermès*. Cette vision n'était écrite sur aucun papyrus. Elle était marquée en signes symboliques sur les stèles de la crypte secrète connue du seul prophète. De pontife en pontife l'explication en était transmise oralement.

- Écoute bien, disait l'hiérophante, cette vision renferme l'histoire éternelle du monde et le cercle des choses.

V

LA VISION D'HERMÈS[40]

« Un jour Hermès s'endormit après avoir réfléchi à l'origine des choses. Une lourde torpeur s'empara de son corps ; mais à mesure que son corps s'engourdissait, son esprit montait dans les espaces. Alors il lui sembla qu'un être immense, sans forme déterminée, l'appelait par son nom. – Qui es- tu ? dit Hermès effrayé. – Je suis Osiris, l'Intelligence souveraine, et je puis dévoiler toute chose. – Que désires-tu ? – Contempler la source des êtres, ô divin Osiris, et connaître Dieu. – Tu seras satisfait.

Aussitôt Hermès se sentit inondé d'une lumière délicieuse. Dans ses ondes diaphanes passaient les formes ravissantes de tous les êtres. Mais tout à coup des ténèbres effrayantes et de forme sinueuse descendirent sur lui. Hermès fut plongé dans un chaos humide plein de fumée et d'un lugubre mugissement. Alors une voix s'éleva de l'abîme. C'était le cri de la

---

[40] La vision d'Hermès se trouve en tête des livres d'*Hermès Trismégiste* sous le nom de *Poimandrès*. L'antique tradition égyptienne ne nous est parvenue que sous une forme alexandrine légèrement altérée. J'ai tenté de reconstituer ce fragment capital de la doctrine hermétique dans le sens de la haute initiation et de la synthèse ésotérique qu'il représente.

lumière. Aussitôt un feu subtil s'élança des profondeurs humides et gagna les hauteurs éthérées. Hermès monta avec lui et se revit dans les espaces. Le chaos se débrouillait dans l'abîme ; des chœurs d'astres s'épandaient sur sa tête ; et *la voix de la lumière* emplissait l'infini.

- As-tu compris ce que tu as vu ? dit Osiris à Hermès enchaîné dans son rêve et suspendu entre terre et ciel. − Non, dit Hermès. − Eh bien, tu vas l'apprendre. Tu viens de voir ce qui est de toute éternité. La lumière que tu as vue d'abord, c'est l'intelligence divine qui contient toute chose en puissance et renferme les modèles de tous les êtres. Les ténèbres où tu as été plongé ensuite, c'est le monde matériel où vivent les hommes de la terre. Mais le feu que tu as vu jaillir des profondeurs, c'est le Verbe divin. Dieu est le Père, le Verbe est le Fils, leur union c'est la Vie. − Quel sens merveilleux s'est ouvert en moi ? dit Hermès. Je ne vois plus avec les yeux du corps, mais avec ceux de l'esprit. Comment cela se fait-il ? - Enfant de la poussière, répondit Osiris, c'est parce que le Verbe est en toi. Ce qui en toi entend, voit, agit, est le Verbe lui- même, le feu sacré, la parole créatrice !

- Puisqu'il en est ainsi, dit Hermès, fais-moi voir la vie des mondes, le chemin des âmes, d'où vient l'homme et où il retourne. − Qu'il soit fait selon ton désir.

Hermès redevint plus lourd qu'une pierre et tomba à travers les espaces comme un aérolithe. Enfin il se vit au sommet d'une montagne. Il faisait nuit ; la terre était sombre et nue ; ses membres lui semblaient pesants comme du fer. – Lève les yeux et regarde ! dit la voix d'Osiris.

Alors Hermès vit un spectacle merveilleux. L'espace infini, le ciel étoilé l'enveloppait de sept sphères lumineuses. D'un seul regard Hermès aperçut les sept cieux étagés sur sa tête comme sept globes transparents et concentriques, dont il occupait le centre sidéral. Le dernier avait pour ceinture la voie lactée. Dans chaque sphère roulait une planète accompagnée d'un génie de forme, de signe et de lumière différents. Tandis qu'Hermès ébloui contemplait leur floraison éparse et leurs mouvements majestueux, la voix lui dit :

- Regarde, écoute et comprends. Tu vois les sept sphères de toute vie. A travers elles s'accomplit la chute des âmes et leur ascension. Les sept Génies sont les sept rayons du Verbe-Lumière. Chacun d'eux commande à une sphère de l'Esprit, à une phase de la vie des âmes. Le plus rapproché de toi est le Génie de la Lune à l'inquiétant sourire et couronné d'une faucille d'argent. Il préside aux naissances et aux morts. Il dégage les âmes des corps et les attire dans son rayon. – Au-dessus de lui, le pâle Mercure montre le chemin aux âmes descendantes ou montantes avec sou caducée qui contient la Science. – Plus haut, la brillante Vénus tient le miroir de l'Amour, où les âmes tour à tour s'oublient et se reconnaissent. – Au-dessus d'elle le Génie du Soleil élève le flambeau triomphal de l'éternelle Beauté. – Plus haut encore, Mars brandit le glaive de la Justice. – Trônant sur la sphère azurée, Jupiter tient le sceptre de la puissance suprême qui est l'intelligence divine. – Aux limites du monde, sous les signes du zodiaque, Saturne porte le globe de la sagesse universelle[41].

- Je vois, dit Hermès, les sept régions qui comprennent le monde visible et invisible ; je vois les sept rayons du Verbe-Lumière, du Dieu unique qui le traverse et les gouverne par eux. Mais, ô mon maître, comment s'accomplit le voyage des hommes à travers tous ces mondes ?

- Vois-tu, dit Osiris, une semence lumineuse tomber des régions de la voie lactée dans la septième sphère ? Ce sont des germes d'âmes. Elles vivent comme des vapeurs légères dans la région de Saturne, heureuses, sans souci, et ne sachant pas leur bonheur. Mais en tombant de sphère en sphère, elles revêtent des enveloppes toujours plus lourdes. Dans chaque incarnation, elles acquièrent un nouveau sens corporel, conforme au milieu qu'elles habitent. Leur énergie vitale augmente ; mais à mesure qu'elles entrent en des corps plus épais, elles perdent le souvenir de leur origine céleste. Ainsi s'accomplit la chute des âmes qui viennent du divin Éther. De plus en plus, captivées par la matière, de plus en plus enivrées par la vie, elles se précipitent comme une pluie de feu, avec des frissons de volupté, à travers les régions de la Douleur, de

---

[41] Il va sans dire que ces Dieux portaient d'autres noms dans la langue égyptienne. Mais les sept Dieux cosmogoniques se correspondent dans toutes mythologies par leur sens et leurs attributions. Ils ont leur racine commune dans l'antique tradition ésotérique. La tradition occidentale ayant adopté les noms latins, nous les conservons pour plus de clarté.

l'Amour et de la Mort, jusque dans leur prison terrestre, où tu gémis toi-même retenu par le centre igné de la terre, et où la vie divine te paraît un vain rêve.

- Les âmes peuvent-elles mourir ? demanda Hermès.

- Oui, répondit la voix d'Osiris, beaucoup périssent dans la descente fatale. L'âme est fille du ciel et son voyage est une épreuve. Si dans son amour effréné de la matière, elle perd le souvenir de son origine, l'étincelle divine qui était en elle et qui aurait pu devenir plus brillante qu'une étoile, retourne à la région éthérée, atome sans vie − et l'âme se désagrège dans le tourbillon des éléments grossiers.

A ces mots d'Osiris, Hermès frissonna. Car une tempête rugissante l'enveloppa d'un nuage noir. Les sept sphères disparurent sous d'épaisses vapeurs. Il y vit des spectres humains poussant des cris étranges, emportés et déchirés par des fantômes de monstres et d'animaux, au milieu de gémissements et de blasphèmes sans nom.

- Tel est, dit Osiris, le destin des âmes irrémédiablement basses et méchantes. Leur torture ne finit qu'avec leur destruction qui est la perte de toute conscience. Mais vois, les vapeurs se dissipent, les sept sphères reparaissent sous le firmament. Regarde de ce côté. Vois-tu cet essaim d'âmes qui essaye de remonter vers la région lunaire ? Les unes sont rabattues vers la terre comme des tourbillons d'oiseaux sous les coups de la tempête. Les autres atteignent à grands coups d'ailes la sphère supérieure qui les entraîne dans sa rotation. Une fois parvenues là, elles recouvrent la vue des choses divines. Mais cette fois-ci, elles ne se contentent pas de les refléter dans le songe d'un bonheur impuissant. Elles s'en imprègnent avec la lucidité de la conscience éclairée par la douleur, avec l'énergie de la volonté acquise dans la lutte. Elles deviennent lumineuses, car elles possèdent le divin en elles-mêmes et le rayonnent dans leurs actes. Raffermis donc ton âme, ô Hermès, et rassérène ton esprit obscurci en contemplant ces vols lointains d'âmes qui remontent les sept sphères et s'y éparpillent comme des gerbes d'étincelles. Car toi aussi tu peux les suivre ; il suffit de vouloir pour s'élever. Vois comme elles essaiment et décrivent des chœurs divins. Chacune se range sous son génie préféré. Les plus belles vivent dans la région solaire, les plus puissantes s'élèvent jusqu'à Saturne. Quelques-unes remontent jusqu'au Père, parmi les puissances, puissances elles- mêmes. Car là où tout finit, tout commence éternellement ; et les sept sphères disent ensemble : « Sagesse ! Amour! Justice ! Beauté ! Splendeur ! Science ! Immortalité ! »

« Voilà, disait l'hiérophante, ce qu'a vu l'antique Hermès et ce que ses successeurs nous ont transmis. Les paroles du sage sont comme les sept notes de la lyre qui contiennent toute la musique avec les nombres et les lois de l'univers. La vision d'Hermès ressemble au ciel étoilé dont les profondeurs insondables sont parsemées de constellations. Pour l'enfant, ce n'est qu'une voûte aux clous d'or ; pour le sage c'est l'espace sans bornes où tournent les mondes avec leurs rythmes et leurs cadences merveilleuses. Cette vision renferme les nombres éternels, les signes évocateurs et les clefs magiques. Plus tu apprendras à la contempler et à la comprendre, et plus tu verras s'étendre ses limites. Car la même loi organique gouverne tous les mondes. » Et le prophète du temple commentait le texte sacré. Il expliquait que la doctrine du Verbe-Lumière représente la divinité *à l'état statique* dans son équilibre parfait. Il démontrait sa triple nature, qui est à la fois intelligence, force et matière ; esprit, âme et corps ; lumière, verbe et vie. L'essence, la manifestation et la substance sont trois termes qui se supposent réciproquement. Leur union constitue le principe divin et intellectuel par excellence, la loi de l'unité ternaire, qui du haut en bas domine la création.

Ayant ainsi conduit son disciple au centre idéal de l'univers, au principe générateur de l'Être, le maître l'épanouissait dans le temps et dans l'espace, le secouait en floraisons multiples. Car la seconde partie de la vision représente la divinité *à l'état dynamique*, c'est-à-dire en évolution active, en d'autres termes : l'univers visible et invisible, le ciel vivant.

Les sept sphères rattachées à sept planètes symbolisaient sept principes, sept états différents de la matière et de l'esprit, sept mondes divers que chaque homme et chaque humanité sont forcés de traverser dans leur évolution à travers un système solaire. Les sept Génies, ou les sept Dieux cosmogoniques signifiaient les esprits supérieurs et dirigeants de toutes les sphères, issus eux-mêmes de l'inéluctable évolution. Chaque grand Dieu était donc pour un initié antique le symbole et le patron de légions d'esprits qui reproduisaient son type sous mille variantes et qui, de leur sphère, pouvaient exercer une action sur l'homme et sur les choses terrestres. Les sept Génies de la vision d'Hermès sont les sept Dévas de l'Inde, les sept

Amshapands de la Perse, sept grands Anges de la Chaldée, les sept Sephiroth[42] de la Kabbale, les sept Archanges de l'Apocalypse chrétienne. Et le grand septénaire qui embrasse l'univers ne vibre pas seulement dans les sept couleurs de l'arc-en- ciel, dans les sept notes de la gamine ; il se manifeste encore dans la constitution de l'homme qui est triple par essence, mais septuple par son évolution[43].

« Ainsi, disait l'hiérophante en terminant, tu as pénétré jusqu'au seuil du grand arcane. La vie divine t'est apparue sous les fantômes de la réalité. Hermès t'a fait connaître le ciel invisible, la lumière d'Osiris, le Dieu caché de l'univers qui respire par des millions d'âmes, en anime les globes errants et les corps en travail. A toi maintenant de t'y diriger et de choisir ta route pour monter à l'Esprit pur. Car tu appartiens désormais aux ressuscités vivants. Souviens-toi qu'il y a deux clefs principales de la science. Voici la première : « Le dehors est comme le dedans des choses ; le petit

---

[42] Il y a dix Sephiroth dans la Kabbale. Les trois premiers représentent le ternaire divin, les sept autres l'évolution de l'univers.

[43] Nous donnerons ici les termes égyptiens de cette constitution septénaire de l'homme qui se retrouve dans la Kabbale : *Chat* corps matériel, *Anck* force vitale, *Ka*, double éthéré ou corps astral, *Hati* âme animale, *Bai* âme rationnelle, *Cheybi* âme spirituelle, *Kou* esprit divin.
- On trouvera le développement de ces idées fondamentales de la doctrine ésotérique au livre d'Orphée et surtout dans celui de Pythagore.

est comme le grand ; il n'y a qu'une seule loi et celui qui travaille est Un. Rien n'est petit, rien n'est grand dans l'économie divine ». Voici la seconde : « Les hommes sont des dieux mortels et les dieux sont des hommes immortels. » Heureux celui qui comprend ces paroles, car il possède la clef de toute chose. Souviens-toi que la loi du mystère recouvre la grande vérité. La totale connaissance ne peut être révélée qu'à nos frères qui ont traversé les mêmes épreuves que nous. Il faut mesurer la vérité selon les intelligences, la voiler aux faibles qu'elle rendrait fous, la cacher aux méchants qui ne peuvent en saisir que des fragments dont ils feraient des armes de destruction. Renferme-la dans ton cœur et qu'elle parle par ton oeuvre. La science sera ta force, la foi ton épée et le silence ton armure infrangible. »

Les révélations du prophète d'Ammon-Râ, qui ouvraient au nouvel initié de si vastes horizons sur lui-même et sur l'univers, produisaient sans doute une impression profonde, lorsqu'elles étaient dites sur l'observatoire d'un temple de Thèbes, dans le calme lucide d'une nuit égyptienne. Les pylônes, les toits et les terrasses blanches des temples dormaient à ses pieds, entre les massifs noirs des nopals et des, tamariniers. A distance, de grands monolithes, statues colossales des Dieux, étaient assis comme des juges incorruptibles sur leur lac silencieux. Trois pyramides, figures gt métriques du tétragramme et du septénaire sacré, se perdaient à l'horizon, espaçant leurs triangles dans le gris léger de l'air. L'insondable firmament fourmillait d'étoiles. De quels yeux nouveaux il regardait ses astres qu'on lui peignait comme des demeures futures ! Lorsque enfin l'esquif doré de la lune émergeait du miroir sombre du Nil, qui se perdait à l'horizon comme un long serpent bleuâtre, le néophyte croyait voir la barque d'Isis qui navigue sur le fleuve des âmes et les emporte vers le soleil d'Osiris. Il se souvenait du *Livre des morts* et le sens de tous ces symboles se dévoilait maintenant à son esprit. Après ce qu'il avait vu et appris, il pouvait se croire dans le royaume crépusculaire de l'Amenti, mystérieux interrègne entre la vie terrestre et la vie céleste, où les défunts d'abord sans yeux et sans parole retrouvent peu à peu le regard et la voix. Lui aussi allait entreprendre le grand voyage, le voyage de l'infini, à travers les mondes et les existences. Déjà Hermès l'avait absous et jugé digne. Il lui avait dit le mot de la grande énigme : « Une seule âme, la grande âme du Tout a enfanté, en se partageant, toutes les âmes qui se démènent dans l'univers. » Armé du grand secret, il montait dans la barque d'Isis. Elle partait. Soulevée dans les espaces éthérés, elle flottait dans les régions intersidérales. Déjà les larges rayons d'une immense aurore perçaient les voiles azurés des horizons célestes, déjà le chœur des esprits glorieux, des Akhimou-Sèkou qui sont parvenus à l'éternel repos, chantait : « Lève-toi, Ra Hermakouti ! Soleil des esprits ! Ceux qui sont dans ta barque sont en exaltation ! Ils poussent des exclamations dans *la barque des millions d'années*. Le grand cycle divin est comblé de joie en rendant gloire à la grande barque sacrée. Des réjouissances se font dans la chapelle mystérieuse. O lève-toi, Ammon-Râ Hermakouti ! Soleil qui se crée lui- même ! Et l'initié répondait par ces orgueilleuses paroles. « J'ai atteint le pays de la vérité et de la justification. Je ressuscite comme un Dieu vivant et je rayonne dans le chœur des Dieux qui habitent le ciel, car je suis de leur race. »

De si fières pensées, de si audacieuses espérances pouvaient hanter l'esprit de l'adepte, dans la nuit qui suivait la cérémonie mystique de la résurrection. Le lendemain, dans les avenues du temple, sous la lumière aveuglante, cette nuit ne lui semblait plus qu'un rêve, mais quel rêve inoubliable, que ce premier voyage dans l'impalpable et dans l'invisible ! De nouveau il lisait l'inscription de la statue d'Isis : « Aucun mortel n'a soulevé mon voile. » Un coin du voile s'était soulevé toutefois, mais pour retomber ensuite, et il s'était réveillé sur la terre des tombeaux. Ah ! qu'il était loin du terme rêvé ! Car il est long le voyage sur *la barque des millions d'années !* Du moins il avait entrevu le but final. Sa vision de l'autre monde ne fût- elle qu'un songe, une ébauche enfantine de son imagination encore épaissie par les fumées de la terre, pouvait-il douter de cette autre conscience qu'il avait senti éclore en lui, de ce *double* mystérieux, de ce moi céleste qui lui était apparu dans sa beauté astrale comme une forme vivante et qui lui avait parlé dans son sommeil ? Était-ce une âme-sœur, était-ce son génie ou n'était-ce qu'un reflet de son esprit intime, un pressentiment de son être futur ? Merveille et mystère. A coup sûr, c'était une réalité, et si cette âme n'était que la sienne, c'était la vraie. Pour la retrouver que ne ferait-il ? Il vivrait des millions d'années, qu'il n'oublierait pas cette heure divine où il avait vu son autre moi pur et rayonnant[44] !

L'initiation était terminée. L'adepte était consacré prêtre d'Osiris. Égyptien, il restait attaché au temple ; étranger, on lui permettait quelquefois de retourner dans son pays pour y fonder un culte ou y accomplir une mission. Mais avant de partir, il promettait solennellement par un serment redoutable de garder un silence absolu sur les secrets du temple. Jamais il ne devait trahir à personne ce qu'il avait vu ou entendu, ni révéler la doctrine d'Osiris que sous le triple voile des symboles mythologiques ou des mystères. S'il violait ce serment, une mort fatale l'atteignait tôt ou tard, si loin qu'il fût. Mais le silence était devenu le bouclier de sa force.

Revenu aux plages de l'Ionie, dans sa ville turbulente, sous le choc des passions furieuses, dans cette multitude des hommes qui vivent comme des insensés en s'ignorant eux-mêmes. – souvent il repensait à l'Égypte, aux pyramides, au temple d'Ammon-Râ. Alors, le rêve de la crypte lui revenait. Et comme, là- bas, le lotus se balance sur les flots du Nil, ainsi toujours cette vision blanche surnageait au-dessus du fleuve fangeux et troublant de cette vie. Aux

---

[44] Dans la doctrine égyptienne, l'homme n'était considéré comme n'ayant conscience dans cette vie que de l'âme animale et de l'âme rationnelle, appelées *Kati* et *Baï*. La partie supérieure de son être, l'âme spirituelle et l'esprit divin, *cheybi* et *kou*, existent en lui à l'état de germe inconscient, et se développent après cette vie, lorsqu'il devient lui-même un Osiris.

heures choisies, il entendait sa voix, et c'était la voix de la lumière. Réveillant dans son être une musique intime, elle lui disait : « L'âme est une lumière voilée. Quand on la néglige, elle s'obscurcit et s'éteint, mais quand on y verse l'huile sainte de l'amour, elle s'allume comme une lampe immortelle.»

LIVRE IV

MOISE LA MISSION D'ISRAËL

Il n'était rien qui fut voilé pour lui, on couvrait d'un voile l'essence de tout ce qu'il avait vu.

(Mots inscrits sous la statue de Phtahmer, grand prêtre de Memphis (Musée du Louvre).

Le plus difficile et le plus obscur des livres sacrés, la Genèse, contient autant de secrets que de mots, et chaque mot en cache plusieurs.

Saint Jérôme

Fils du passé et gros de l'avenir, ce livre (les dix premier, chapitres de la Genèse), héritier de toute la science des Égyptiens, porte encore les germes des sciences futures. Ce que la nature a de plus profond et de plus mystérieux, ce que l'esprit peut concevoir de merveilles, ce que l'intelligence a de plus sublime, il le possède.

Fabre D'Olivet. La Langue hébraïque restituée. (Discours préliminaire.)

I

LA TRADITION MONOTHÉISTE ET LES PATRIARCHES DU DÉSERT

La révélation est aussi vieille que l'humanité consciente. Effet de l'inspiration, elle remonte dans la nuit des temps. Il suffit d'avoir jeté un coup d'œil pénétrant dans les livres sacrés de l'Iran, de l'Inde et de l'Égypte, pour s'assurer que les idées mères de la doctrine ésotérique en constituent le fond caché, mais vivace. En elles se trouve l'âme invisible, le principe générateur de ces grandes religions. Tous les puissants initiateurs ont aperçu en un moment de leur vie le rayonnement de la vérité centrale ; mais la lumière qu'ils en ont tirée s'est brisée et colorée selon leur génie et leur mission, selon les temps et les lieux. Nous avons traversé l'initiation aryenne avec Rama, brahmanique avec Krishna, celle d'Isis et d'Osiris avec les prêtres de Thèbes. Nierons- nous après cela que le principe immatériel du Dieu suprême qui constitue le dogme essentiel du monothéisme et l'unité de la nature n'ait été connu des brahmanes et des prêtres d'Ammon-Râ ? Sans doute, ils ne faisaient pas naître le monde d'un acte instantané, d'un caprice de la divinité comme nos théologiens primaires. Mais savamment, graduellement, par voie d'émanation et d'évolution, ils tiraient le visible de l'invisible, l'univers des profondeurs insondables de Dieu. La dualité mâle et femelle sortait de l'unité primitive, la trinité vivante de l'homme et de l'univers de la duité créatrice et ainsi de suite. Les nombres sacrés constituaient le verbe éternel, le rythme et l'instrument de la divinité. Contemplés avec plus ou moins de lucidité et de force, ils évoquaient dans l'esprit de l'initié la structure interne du monde à travers la sienne propre. De même la note juste, tirée au moyen d'un archet d'un verre couvert de sable, y dessine en petit les formes harmonieuses des vibrations qui remplissent de leurs ondes sonores le vaste royaume de l'air.

Mais le monothéisme ésotérique de l'Égypte ne sortit jamais des sanctuaires. Sa science sacrée resta le privilège d'une petite minorité. Les ennemis du dehors commençaient à battre en brèche cet antique rempart de civilisation. À l'époque où nous sommes parvenus, au XIIème siècle avant J.-C., l'Asie s'enfonçait dans le culte de la matière. Déjà l'Inde marchait à grands pas vers sa décadence. Un puissant empire s'était élevé sur les bords de l'Euphrate et du Tigre. Babylone, cette ville colossale et monstrueuse, donnait le vertige aux peuples nomades qui rôdaient autour. Les rois d'Assyrie se proclamaient monarques des quatre, régions du monde et aspiraient à poser les bornes de leur empire là même où finit la terre. Ils écrasaient les peuples, les déportaient en masse, les embrigadaient et les lançaient les uns sur les autres. Ni droit des gens, ni respect humain, ni principe religieux, mais l'ambition personnelle sans frein, telle était la loi des successeurs de Ninus et de Sémiramis. La science des prêtres chaldéens était profonde, mais beaucoup moins pure, moins élevée et moins efficace que celle des prêtres égyptiens. En Égypte, l'autorité demeura à la science. Le sacerdoce y exerça toujours un pouvoir modérateur sur la royauté. Les pharaons restèrent ses élèves et ne devinrent jamais d'odieux despotes comme les rois de Babylone. A Babylone, au contraire, le sacerdoce écrasé ne fut dès le principe qu'un instrument de la tyrannie. Dans un bas-relief de Ninive, on voit Nemrod, géant trapu, étrangler de son bras musculeux un jeune lion qu'il tient serré contre sa poitrine. Symbole parlant : c'est ainsi que les monarques d'Assyrie étouffèrent le lion iranien, le peuple héroïque de Zoroastre, assassinant ses pontifes, égorgeant ses collèges de mages, rançonnant ses rois. Si les rishis de l'Inde et les prêtres de l'Égypte firent régner dans une certaine mesure la Providence sur la terre par leur sagesse, on peut dire que le règne de Babylone fut celui du Destin, c'est-à-dire de la force aveugle et brutale. Babylone devint ainsi le centre tyrannique de l'anarchie universelle, l'œil immobile de la tempête sociale qui enveloppait l'Asie de ses tourbillons ; œil formidable du Destin, toujours ouvert, guettant les nations pour les dévorer.

Que pouvait l'Égypte contre le torrent envahisseur ? Les Hycsos déjà avaient failli l'engloutir. Elle résistait vaillamment mais cela ne pouvait durer toujours. Encore six siècles et le cyclone persan succédant au cyclone babylonien allait balayer ses temples et ses pharaons. L'Égypte d'ailleurs qui posséda au plus haut degré le génie de l'initiation et de la conservation n'eut jamais celui de l'expansion et de la propagande. Les trésors accumulés de sa science devaient-ils périr ? La plus grande partie certes en fut ensevelie, et quand vinrent les Alexandrins, ils n'en purent déterrer que des fragments. Deux peuples d'un génie opposé allumèrent cependant leurs flambeaux dans ses sanctuaires, flambeaux aux rayons divers, dont l'un illumine les profondeurs du ciel et dont l'autre éclaire et transfigure la terre : Israël et la Grèce.

L'importance du peuple d'Israël pour l'histoire de l'humanité saute aux yeux de prime abord pour deux raisons. La première c'est qu'il y représente le monothéisme ; la seconde c'est qu'il a donné naissance au christianisme. Mais le but providentiel de la mission d'Israël n'apparaît qu'à celui qui, ouvrant les symboles de l'Ancien et du Nouveau Testament, s'aperçoit qu'ils renferment toute la tradition ésotérique du passé, quoique sous une forme souvent altérée – en ce qui concerne l'Ancien Testament surtout – par les nombreux rédacteurs et traducteurs, dont la plupart en ignoraient le sens primitif. Alors le rôle d'Israël devient clair. Car ce peuple forme ainsi le chaînon nécessaire entre l'ancien et le nouveau cycle, entre l'Orient et l'Occident. L'idée monothéiste a pour conséquence l'unification de l'humanité sous un même Dieu et sous une même loi. Mais tant que les théologiens se feront de Dieu une idée enfantine et que les hommes de science l'ignoreront ou le nieront purement et simplement, l'unité morale, sociale et religieuse de notre planète ne sera qu'un pieux désir ou un postulat de la religion et de la science impuissantes à la réaliser. Au contraire, cette unité organique apparaît comme possible lorsqu'on reconnaît ésotériquement et scientifiquement dans le principe divin la clef du monde et de la vie, de l'homme et de la société dans leur évolution. Enfin le christianisme c'est-à-dire la religion du Christ n'apparaît lui-même dans sa hauteur et son universalité qu'en nous dévoilant sa réserve ésotérique. Alors seulement il se montre comme la résultante de tout ce qui l'a précédé, comme renfermant en lui les principes, la fin et les moyens de la régénération totale de l'humanité. Ce n'est qu'en nous ouvrant ses mystères ultimes qu'il deviendra ce qu'il est véritablement : la religion de la promesse et de l'accomplissement, c'est-à-dire de l'initiation universelle.

Moïse, initié égyptien et prêtre d'Orisis, fut incontestablement l'organisateur du monothéisme. Par lui ce principe, jusque-là caché sous le triple voile des mystères, sortit du fond du temple pour entrer dans le *circulus* de l'histoire. Moïse eut l'audace de faire du plus haut principe de l'initiation le dogme unique d'une religion nationale et la prudence de n'en révéler les conséquences qu'à un petit nombre d'initiés en l'imposant à la masse par la crainte. En cela, le prophète du Sinaï eut évidemment des vues lointaines qui dépassaient de beaucoup les destinées de son peuple. La religion universelle de l'humanité, voilà la vraie mission d'Israël que peu de Juifs on comprise hormis ses plus grands prophètes. Cette mission ; pour s'accomplir, supposait l'engloutissement du peuple qui la représentait. La nation juive a été dispersée, anéantie. L'idée de Moïse et des Prophètes a vécu et grandi. Développée, transfigurée par le christianisme, reprise par l'Islam quoique sur un mode inférieur, elle devait s'imposer à l'occident barbare, réagir sur l'Asie elle- même. Désormais l'humanité aura beau faire, elle aura beau se révolter, se débattre contre elle- même en soubresauts convulsifs, elle tournera autour de cette idée centrale comme la nébuleuse autour du soleil qui l'organise. Voilà l'œuvre formidable de Moïse. Pour cette entreprise, la plus colossale depuis l'exode préhistorique des Aryas, Moïse trouva un instrument déjà préparé dans les tribus des Hébreux, dans celles en particulier qui, s'étant fixées en Égypte au val de Goshen, y vivaient en servitude sous le nom des Beni Jacob. Pour l'établissement d'une religion monothéiste, il avait eu aussi des précurseurs en la personne de ces rois nomades et pacifiques que la Bible nous présente sous la figure d'Abraham, d'Isaac et de Jacob.

Donnons un coup d'œil à ces Hébreux et à ces patriarches. Nous essaierons ensuite de dégager la figure de leur grand Prophète des mirages du désert et des sombres nuits du Sinaï où gronde la foudre du Jéhovah légendaire.

On les connaissait depuis des siècles, depuis des milliers d'années, ces Ibrim, ces nomades infatigables, ces éternels exilés[45]. Frères des Arabes, les Hébreux étaient, comme tous les Sémites, le résultat d'un antique mélange de la race blanche avec la race noire. On les avait vu passer et repasser dans le nord de l'Afrique sous le nom de Bodones (Bédouins), les hommes sans gîte et sans lit, puis poser leurs tentes mobiles dans les vastes déserts entre la mer Rouge et le golfe Persique, entre l'Euphrate et la Palestine. Ammonites, Élamites ou Édomites, ils se ressemblaient tous, ces voyageurs. Pour véhicule l'âne ou le chameau, pour maison la tente, pour seul bien, des troupeaux

---

[45] *Ibrim* veut dire « ceux de l'autre côté, ceux d'au delà, ceux qui ont passé le fleuve. » - Renan. Hist. du peuple d'Israël.

errants comme eux-mêmes et broutant toujours sur la terre étrangère. Comme leurs ancêtres les Ghiborim, comme les premiers Celtes, ces insoumis avaient la haine de la pierre taillée, de la ville fortifiée, de la corvée et du temple de pierre. Et cependant les cités monstres de Babylone et de Ninive avec leurs palais gigantesques, leurs mystères et leurs débauches exerçaient sur ces demi-sauvages une invincible fascination. Attirés dans ces prisons de pierre, capturés par les soldats des rois d'Assyrie, embrigadés dans leurs armées, ils se ruaient parfois aux orgies de Babylone. D'autres fois aussi les Israélites se laissaient séduire par les femmes de Moab, ces enjôleuses hardies, à la peau noire, aux yeux luisants. Elles les entraînaient à l'adoration des idoles de pierre et de bois et jusqu'à l'affreux culte de Moloch. Mais tout à coup, la soif du désert les reprenait ; ils s'enfuyaient. Revenus dans les âpres vallons où l'on n'entend que le rugissement des fauves, dans les plaines immenses où l'on ne se guide que par les lumières des constellations, sous le froid regard de ces astres qu'avaient adorés leurs aïeux, ils avaient honte d'eux-mêmes. Si alors un patriarche, un homme inspiré leur parlait du Dieu unique, d'Elelion,d'Aelohim, de Sébaoth, le Seigneur des armées qui voit tout et punit le coupable, ces grands enfants sauvages et sanguinaires courbaient la tête et, s'agenouillant pour la prière, se laissaient conduire comme des brebis.

Et peu à peu, cette idée du grand Aelohim, du Dieu unique, tout-puissant, emplissait leur âme, comme dans le Padan-Harran le crépuscule confond tous les accidents du terrain sous la ligne infinie de l'horizon, noyant les couleurs et les distances sous l'égalité splendide du firmament et changeant l'univers en une seule masse de ténèbres surmontée d'une sphère scintillante d'étoiles.

Qu'était-ce donc que les patriarches ? Abram, Abraham, ou le père Orham était un roi d'Our, ville de Chaldée proche de Babylone. Les Assyriens le figuraient, selon la tradition, assis dans un fauteuil, l'air bienveillant[46]. Ce personnage très ancien qui a passé dans l'histoire mythologique de tous les peuples, puisque Ovide le cite[47], est celui-là même que la Bible nous représente comme émigrant du pays d'Our dans le pays de Canaan, à. la voix de l'Éternel : « L'Éternel lui apparut et lui dit : Je suis le Dieu fort, tout-puissant, marche devant ma face et en intégrité... J'établirai mon alliance entre moi et toi et entre ta postérité pour être une alliance éternelle, afin que je sois ton Dieu et le Dieu de ta postérité après toi » (Gen. XVI, 17. XVII, 7.) Ce passage, traduit en langage de nos jours, signifie qu'un très ancien chef sémite du nom d'Abraham, qui avait reçu probablement l'initiation chaldéenne, se sentit poussé par la voix intérieure à conduire sa tribu vers l'Ouest et lui imposa le culte d'Aelohim.

Le nom d'Isaac, par le préfixe Is, semble indiquer une initiation égyptienne, tandis que celui de Jacob et de Joseph laisse entrevoir une origine phénicienne. Quoi qu'il en soit, il est probable que les trois

---

[46] Renan. Peuple d'Israël.

[47] Rexit Achaemenias pater Orchamus, isque Septimus a prisco numeratur origine Belo. Ovide, Métam. IV. 212.

patriarches furent trois chefs de peuplades diverses qui vécurent à des époques distantes. Longtemps après Moïse, la légende israélite les groupa en une seule famille. Isaac devint le fils d'Abraham, Jacob le fils d'Isaac. Cette manière de représenter la paternité intellectuelle par la paternité physique était fort en usage dans les anciens sacerdoces. De cette généalogie légendaire il ressort un fait capital : la filiation du culte monothéiste à travers les patriarches initiés du désert. Que ces hommes aient eu des avertissements intérieurs, des révélations spirituelles sous forme de songes ou même de visions à l'état de veille, cela n'a rien de contraire à la science ésotérique, ni à la loi psychique universelle qui régit les âmes et les mondes. Ces faits ont pris dans le récit biblique la forme naïve de visites d'anges qu'on héberge sous la tente.

Ces patriarches eurent-ils une vue profonde de la spiritualité de Dieu et des fins religieuses de l'humanité ? Sans aucun doute. Inférieurs en science positive aux mages de Chaldée comme aux prêtres égyptiens, ils les surpassèrent probablement par la hauteur morale et cette largeur d'âme qu'entraîne une vie errante et libre. Pour eux l'ordre sublime qu'Aelohim fait régner dans l'univers se traduit dans l'ordre social en culte familial, en respect pour leurs femmes, en amour passionné pour leurs fils, en protection pour toute la tribu, en hospitalité vis-à-vis de l'étranger. En un mot ces « hauts pères » sont des arbitres naturels entre les familles et les tribus. Leur bâton patriarcal est un sceptre d'équité. Ils exercent une autorité civilisatrice et respirent la mansuétude et la paix. Çà et là, sous la légende patriarcale, on voit percer la pensée ésotérique. Ainsi, lorsqu'à Béthel,

Jacob voit en songe une échelle avec Aelohim au sommet et les anges qui montent et descendent sur ses degrés, on reconnaît là une forme populaire, un abrégé judaïque de la vision d'Hermès et de la doctrine de l'évolution descendante et ascendante des âmes.

Un fait historique de la plus haute importance sur l'époque des patriarches nous apparaît enfin en deux versets révélateurs. Il s'agit d'une rencontre d'Abraham avec un confrère d'initiation. Après avoir fait la guerre aux rois de Sodome et de Gomorrhe, Abraham va rendre hommage à Melchisédech. Ce roi réside dans la forteresse qui sera plus tard Jérusalem. « Melchisédech, roi de Salem, fit apporter du pain et du vin. Car il était sacrificateur d'Aelohim, le Dieu souverain. Et il bénit Abram en disant : « Béni soit Abram par Aelohim, le Dieu souverain, possesseur des cieux et de la terre ». (Gen. XIV, 18 et 19.) Voici donc un roi de Salem qui est grand prêtre du même Dieu qu'Abraham. Celui-ci le traite en supérieur, en maître, et communie avec lui sous les espèces du pain et du vin, au nom d'Aelohim, ce qui dans l'ancienne Égypte était un signe de communion entre initiés. Il y avait donc un lien de fraternité, des signes de reconnaissance et un but commun entre tous les adorateurs d'Aelohim du fond de la Chaldée jusqu'en Palestine et peut-être jusque dans quelques sanctuaires d'Égypte.

Cette conjuration monothéiste n'attendait qu'un organisateur.

Ainsi, entre le Taureau ailé d'Assyrie et le Sphinx d'Égypte qui de loin observent le désert, entre la tyrannie écrasante et le mystère impénétrable de l'initiation, elles avancent les tribus élues des Abramites, des Jacobélites, des Beni Israël. Elles fuient les fêtes éhontées de Babylone, elles passent en se détournant devant les orgies de Moab, les horreurs de Sodome et de Gomorrhe et le culte monstrueux de Baal. Sous la garde des patriarches, la caravane suit sa route jalonnée d'oasis, marquée de rares fontaines et de grêles palmiers. Comme un long ruban elle se perd dans l'immensité du désert, sous la brûlure du jour, sous la pourpre du couchant et sous le manteau du crépuscule que domine Aelohim. Ni les troupeaux, ni les femmes, ni les vieillards ne connaissent le but de l'éternel voyage. Mais ils avancent du pas dolent et résigné des chameaux. Où vont-ils ainsi toujours ? Les patriarches le savent ; Moïse le leur dira.

II

INITIATION DE MOÏSE EN ÉGYPTE. – SA FUITE CHEZ JÉTRO

Ramsès II fut un des grands monarques d'Égypte. Son fils se nommait Méneptah. Selon la coutume égyptienne, il reçut son instruction des prêtres, dans le temple d'Ammon-Râ à Memphis, l'art royal étant alors considéré comme une branche de l'art sacerdotal. Méneptah était un jeune homme timide, curieux et d'intelligence médiocre. Il avait une passion peu éclairée pour les sciences occultes qui le rendit plus tard la proie des magiciens et des astrologues de bas étage. Il eut pour compagnon d'étude un jeune homme d'un génie âpre, d'un caractère étrange et renfermé.

Hosarsiph[48] était le cousin de Méneptah, le fils de la princesse royale, sœur de Ramsès II. Fils adoptif ou

---

[48] Premier nom égyptien de Moïse (Manéthon cité par Philon.)

naturel ? On ne l'a jamais su[49]. Hosarsiph était avant tout le fils du temple, car il avait grandi entre ses colonnes. Voué à Isis et à Osiris par sa mère on l'avait vu dès son adolescence en lévite, au couronnement du pharaon, dans les processions sacerdotales des grandes

---

[49] Le récit biblique (Exode II, 1 - 10) fait de Moïse un Juif de la tribu de Lévi recueilli par la fille de Pharaon dans les roseaux du Nil, où la ruse maternelle l'avait déposé pour toucher la princesse et sauver l'enfant d'une persécution identique à celle d'Hérode. – Par contre, Manéthon, le prêtre égyptien auquel nous devons les renseignements les plus exacts sur les dynasties des Pharaons, renseignements aujourd'hui confirmés par les inscriptions des monuments ; Manéthon affirme que Moïse fut un prêtre d'Osiris. Strabon qui tenait ses renseignements de la même source, c. a. d. des prêtres égyptiens, l'atteste également. – La source égyptienne a ici plus de valeur que la source juive. Car les prêtres d'Égypte n'avaient aucun intérêt à faire croire à des Grecs ou à des Romains que Moïse était un des leurs, tandis que l'amour-propre national des Juifs leur commandait de faire du fondateur de leur nation un homme du même sang. Le récit biblique reconnaît d'ailleurs que Moïse fut élevé en Égypte et envoyé par son gouvernement comme inspecteur des Juifs de Gossen. C'est là le fait important, capital qui établit la filiation secrète entre la religion mosaïque et l'initiation égyptienne. Clément d'Alexandrie croyait que Moïse était profondément initié à la science de l'Égypte et de fait l'œuvre du créateur d'Israël serait incompréhensible sans cela.

fêtes, portant l'éphod, le calice ou les encensoirs ; puis, dans l'intérieur du temple, grave et attentif, prêtant l'oreille aux orchestres sacrés, aux hymnes et aux enseignements des prêtres.

Hosarsiph était de petite taille, il avait l'air humble et pensif, avec un front de bélier et des yeux noirs perçants, d'une fixité d'aigle et d'une profondeur inquiétante. On l'avait appelé « le silencieux », tant il était concentré, presque toujours muet. Souvent il bégayait en parlant, comme s'il cherchait les mots ou s'il craignait de dire sa pensée. Il paraissait timide. Puis soudain comme un coup de foudre sec, une idée terrible éclatait dans un mot et laissait derrière elle un sillon d'éclair. On comprenait alors que si jamais « le silencieux » se mettait à agir, il serait d'une hardiesse effrayante. Déjà se creusait entre ses sourcils le pli fatal des hommes prédestinés aux lourdes tâches ; et sur son front planait un nuage menaçant.

Les femmes craignaient l'œil de ce jeune lévi, œil insondable comme le tombeau, et sa face impassible comme la porte du temple d'Isis. On eût dit qu'elles pressentaient un ennemi du sexe féminin dans ce futur représentant du principe mâle en religion en ce qu'il a de plus absolu et de plus intraitable.

Cependant, sa mère, la princesse royale, rêvait pouf son fils le trône des Pharaons. Hosarsiph était plus intelligent que Méneptah ; il pouvait espérer une usurpation avec l'appui du sacerdoce. Les Pharaons, il est vrai, désignaient leurs successeurs parmi leurs fils. Mais quelquefois les prêtres cassaient l'arrêt du prince après sa mort, et cela dans l'intérêt de l'État. Plus d'une fois, ils écartèrent du trône les indignes et les faibles pour donner le sceptre à un royal initié. Déjà Méneptah était jaloux de son cousin ; Ramsès avait l'œil sur lui et se défiait du lévi silencieux.

Un jour la mère de Hosarsiph rencontra son fils dans le Serapeum de Memphis, place immense, semée d'obélisques, de mausolées, de temples petits et grands, de pylônes trophéals, sorte de musée à ciel ouvert des gloires nationales, où l'on arrivait par une avenue de six cents sphinx. Devant sa royale mère, le lévi s'inclina jusqu'à terre et attendit selon l'usage qu'elle lui adressât la parole.

- Tu vas pénétrer dans les mystères d'Isis et d'Osiris, lui dit-elle. Pendant longtemps je ne te verrai plus, ô mon fils. Mais n'oublie pas que tu es du sang des pharaons, et que je suis ta mère. Regarde autour de toi... si tu veux, un jour... tout ceci t'appartiendra !

Et d'un geste circulaire elle montrait les obélisques, les temples, Memphis et tout l'horizon.

Un sourire de dédain passa sur le visage de Hosarsiph, d'habitude lisse et immobile comme une face de bronze.

- Tu veux donc, dit-il, que je commande à ce peuple qui adore des Dieux à tête de chacal, d'ibis et d'hyène ? De toutes ces idoles, dans quelques siècles une restera-t-il ?

Hosarsiph se baissa, prit dans sa main une poignée de sable fin et la laissa glisser à terre entre ses doigts maigres, aux yeux de sa mère étonnée ; - Autant que cela, ajouta-t-il.

- Tu méprises donc la religion de nos pères et la science de nos prêtres ?

- Au contraire ! j'y aspire. Mais la pyramide est immobile. Il faut qu'elle se mette en marche. Je ne serai pas un Pharaon. Ma patrie est loin d'ici.., là bas... au désert !

- Hosarsiph ! dit la princesse avec reproche, pourquoi blasphèmes-tu ? Un vent de feu t'a apporté dans mon sein, et, je le vois bien, c'est la tempête qui t'emportera ! Je t'ai mis au monde et je ne te connais pas. Au nom d'Osiris, qui es-tu donc et que vas-tu faire ?

- Le sais-je moi-même ? Osiris seul le sait ; il me le dira peut-être. Mais donne-moi ta bénédiction, ô ma mère, afin qu'Isis me protège et que la terre d'Égypte me soit propice.

Hosarsiph s'agenouilla devant sa mère, croisa respectueusement les mains sur sa poitrine et courba la tête. Détachant de son front la fleur de lotus qu'elle y portait selon l'usage des femmes du temple, elle la lui donna à respirer, et voyant que la pensée de son fils resterait pour elle un éternel mystère, elle s'éloigna en murmurant une prière.

Hosarsiph traversa triomphalement l'initiation d'Isis. Âme d'acier, volonté de fer, il se joua des épreuves. Esprit mathématique et universel, il déploya une force de géant dans l'intelligence et le maniement des nombres sacrés dont le symbolisme fécond et les applications étaient alors presque infinies. Bon esprit dédaigneux des choses qui ne sont qu'apparence et des individus qui passent, ne respirait à l'aise que dans les principes immuables. De là-haut, tranquillement et sûrement, il pénétrait, il dominait tout, sans manifester ni désir, ni révolte, ni curiosité.

Pour ses maîtres comme pour sa mère, Hosarsiph était demeuré une énigme. Ce qui les effrayait le plus c'est qu'il était entier et inflexible comme un principe. On sentait qu'on ne pourrait ni le courber ni le dévier. Il marchait dans sa voie inconnue comme un corps céleste dans son orbite invisible. Le pontife Membra se demandait jusqu'où monterait cette ambition concentrée en elle- même, Il voulut le savoir. Un jour, Hosarsiph avait porté, avec trois autres prêtres d'Osiris, l'arche d'or qui précédait le pontife dans les grandes cérémonies. Cette arche renfermait les dix livres les plus secrets du temple qui traitaient de magie et de théurgie.

Revenu dans le sanctuaire avec Hosarsiph, Membra lui dit : - Tu es de sang royal. Ta force et ta science son au-dessus de ton âge. Que désires-tu ?

- Rien, hormis ceci. – Et Hosarsiph posa sa main sur l'arche sacrée que les éperviers en or fondu couvraient de leurs ailes étincelantes.

- C'est donc pontife d'Ammon-Râ et prophète d'Égypte que tu veux devenir ?

- Non : mais savoir ce qu'il y a dans ces livres. - Comment le saurais-tu, puisque personne hormis le pontife ne doit les connaître ?

- Osiris parle comme il veut, quand il veut, à qui il veut. Ce que renferme cette arche n'est que la lettre morte. Si l'Esprit vivant veut me parler, il me parlera.

- Pour cela que comptes-tu faire ?

- Attendre et obéir.

Ces réponses rapportées à Ramsès II augmentèrent sa défiance. Il craignit que Hosarsiph n'aspirât au pharaonnat aux dépens de son fils Méneptah. Le pharaon ordonna, en conséquence, que le fils de sa sœur fût nommé scribe sacré du temple d'Osiris. Cette fonction importante comprenait la symbolique sous toutes ses formes, la cosmographie et l'astronomie ; mais elle l'éloignait du trône. Le fils de la princesse royale se livra avec le même zèle et une soumission parfaite à ses devoirs d'hiérogrammate, auxquels se rattachait aussi la fonction d'inspecteur de différents nômes ou provinces de l'Égypte.

Hosarsiph avait-il l'orgueil qu'on lui prêtait ? Oui, si c'est par orgueil que le lion captif lève la tête et regarde l'horizon derrière les barreaux de sa cage sans même voir les passants qui le dévisagent. Oui, si c'est par orgueil que l'aigle retenu par une chaîne frémit par fois de tout son plumage et le cou tendu, l'aile ouverte, regarde le soleil. Comme tous les forts marqués pour une grande œuvre, Hosarsiph ne se croyait pas soumis au Destin aveugle ; il sentait qu'une Providence mystérieuse veillait sur lui et le conduirait à ses fins.

Pendant qu'il était scribe sacré, Hosarsiph fut envoyé en inspection dans le Delta. Les Hébreux tributaires de l'Égypte qui habitaient alors le val de Gossen étaient soumis à de rudes corvées. Ramsès II reliait Pelusium à Héliopolis par une chaîne de forts. Tous les nômes de l'Égypte devaient fournir leur contingent d'ouvriers à ces travaux gigantesques. On chargeait les Beni Israël des plus lourdes corvées. Ils étaient surtout tailleurs de pierre et briquetiers. Indépendants et fiers, ils ne se courbaient pas aussi facilement que les indigènes sous le bâton des gendarmes égyptiens, mais se redressaient en grommelant et quelquefois rendaient les coups. Le prêtre d'Osiris ne put se défendre d'une secrète sympathie pour ces intraitables « au col roide » dont les Anciens, fidèles à la tradition abramide, adoraient simplement le Dieu unique, qui vénéraient leurs chefs, leurs *hags* et leurs *zakens*, mais qui regimbaient sous le joug et protestaient contre l'injustice. Un jour, il vit un gendarme égyptien accabler de coups un Hébreu sans défense. Son cœur bondit ; il se jeta sur l'Égyptien, lui arracha son arme et le tua raide. Cet acte, commis dans un bouillonnement d'indignation généreuse, décida de sa vie. Les prêtres d'Osiris qui commettaient un meurtre étaient sévèrement jugés par le collège sacerdotal. Déjà le Pharaon soupçonnait un usurpateur dans le fils de sa sœur. La vie du scribe ne tenait plus qu'à un fil. Il préféra s'exiler et s'imposer lui-même son expiation. Tout le poussait dans la solitude du désert, dans le vaste inconnu, son désir, le pressentiment de sa mission, et par-dessus tout cette voix intérieure, mystérieuse, mais irrésistible, qui dit à certaines heures : « Va c'est ta destinée. »

Au delà de la mer Rouge et de la presqu'île sinaïtique, dans le pays de Madian, il y avait un temple qui ne dépendait pas du sacerdoce égyptien. Cette région s'étendait comme une bande verte entre le golfe élamitique et le désert d'Arabie. De loin, au delà du bras de mer, on apercevait les masses sombres du Sinaï et son sommet dénudé. Enclavé entre le désert et la mer Rouge, protégé par un massif volcanique, ce pays isolé était à l'abri des invasions. Ce temple était consacré à Osiris, mais on y adorait aussi le Dieu souverain sous le nom d'Aelohim. Car ce sanctuaire d'origine éthiopienne servait de centre religieux aux Arabes, aux Sémites et aux hommes de race noire qui cherchaient l'initiation. Depuis des siècles déjà le Sinaï et l'Horeb étaient ainsi le centre mystique d'un culte monothéiste. La grandeur nue et sauvage de la montagne se dressant toute seule entre l'Égypte et l'Arabie réveillait l'idée du Dieu unique. Beaucoup de Sémites venaient là en pèlerinage adorer Aelohim. Ils allaient séjourner quelques jours en jeûnant et en priant dans les cavernes et les galeries creusées aux flancs du Sinaï. Avant cela, ils allaient se purifier et se faire instruire au temple de Madian.

C'est vers ce lieu que se réfugia Hosarsiph.

Le grand prêtre de Madian ou le Raguei (surveillant de Dieu) s'appelait alors Jéthro[50]. C'était un homme de peau noire[51]. Il appartenait au plus pur type de l'antique race éthiopienne, qui quatre ou cinq mille ans avant Ramsès avait régné sur l'Égypte et qui n'avait pas perdu ses traditions remontant aux plus vieilles races du globe. Jéthro n'était ni un inspiré, ni un homme d'action, mais un grand sage. Il possédait des trésors de science entassés dans sa mémoire et dans les

---

[50] Exode, III, 1.

[51] Plus tard (Nombre : III. 1) après l'exode, Aaron et Marie, frère et sœur de Moïse, selon la Bible, lui reprochaient d'avoir épousé uns Éthiopienne. Jéthro, père de Séphora était donc de cette race.

bibliothèques de pierre de son temple. Et puis c'était le protecteur des hommes du désert, Lybiens, Arabes, Sémites nomades. Ces éternels errants, toujours les mêmes, avec leur vague aspiration au Dieu unique représentaient quelque chose d'immuable au milieu des cultes éphémères et des civilisations croulantes. On sentait en eux comme la présence de l'Éternel, le mémorial des âges lointains, la grande réserve d'Aelohim. Jéthro était le père spirituel de ces insoumis, de ces errants, de ces libres. Il connaissait leur âme, il pressentait leur destinée. Quand Hosarsiph vint lui demander asile au nom d'Osiris Aelohim, il le reçut à bras ouverts. Peut-être devina-t-il sur- le-champ dans ce fugitif l'homme prédestiné à devenir le prophète des bannis, le conducteur du peuple de Dieu.

Hosarsiph voulut se soumettre d'abord aux expiations que la loi des initiés imposait aux meurtriers. Lorsqu'un prêtre d'Osiris avait commis un meurtre même involontaire, il était censé perdre le bénéfice de sa résurrection anticipée « dans la lumière d'Orisis », privilège qu'il avait obtenu par les épreuves de l'initiation, et qui le mettait fort au-dessus du commun des hommes. Pour expier son crime, pour retrouver sa lumière intérieure, il devait se soumettre à des épreuves plus cruelles, s'exposer lui-même encore une fois à la mort. Après un long jeûne et au moyen de certains breuvages, on plongeait le patient dans un sommeil léthargique ; puis on le déposait dans un caveau du temple. Il restait là des jours, quelquefois des semaines[52]. Pendant ce temps il censé faire un voyage dans l'Au-delà, dans l'Érèbe ou dans la région de l'Amenti où flottent les âmes des morts qui ne sont pas encore détachées de l'atmosphère terrestre. Là, il devait chercher sa victime, subir ses angoisses, obtenir son pardon et lui aider à trouver le chemin de la lumière. Alors seulement il était considéré comme ayant expié sou meurtre, alors seulement son corps astral s'était lavé des taches noires dont le souillaient le souffle empoisonné et les imprécations de la victime. Mais de ce voyage réel ou imaginaire, le coupable pouvait fort bien ne pas revenir, et souvent, quand les prêtres allaient réveiller l'expiateur de son sommeil léthargique, ils ne trouvaient plus qu'un cadavre.

---

[52] Des voyageurs de notre siècle ont constaté que des fakirs hindous se sont fait enterrer après s'être plongés dans le sommeil cataleptique en indiquant le jour précis où on devait les déterrer. L'un d'eux, après trois semaines d'ensevelissement, fut retrouvé vivant, sain et sauf.

Hosarsiph n'hésita pas à subir cette épreuve et d'autres encore[53]. Sous l'impression du meurtre qu'il avait commis, il avait compris le caractère immuable de certaines lois de l'ordre moral et le trouble profond que leur infraction laisse au fond de la conscience. Ce fut avec une entière abnégation qu'il offrit son être en holocauste à Osiris en demandant la force, s'il revenait à la lumière terrestre, de manifester la loi de justice. Lorsque Hosarsiph sortit du sommeil redoutable dans le souterrain du temple de Madian, il se sentit un homme transformé. Son passé s'était comme détaché de lui, l'Égypte avait cessé d'être sa patrie, et devant lui l'immensité du désert avec ses nomades errants s'étendait comme un nouveau champ d'action. Il regarda la montagne d'Aelohim à l'horizon, et pour la première fois, comme une vision d'orage dans les nuées du Sinaï, l'idée de sa mission passa devant ses yeux : Pétrir avec ces tribus mouvantes un peuple de combat qui représenterait la loi du Dieu suprême au milieu de l'idolâtrie des cultes et de l'anarchie des nations. – un

---

[53] Les sept filles de Jéthro dont parle la Bible (Exode, II, 16-20) est évidemment un sens symbolique comme tout ce récit qui nous est parvenu sous une forme légendaire et tout à fait popularisée. Il est plus qu'invraisemblable que le prêtre d'un grand temple fasse paître ses troupeaux par ses filles et qu'il réduise un prêtre égyptien au rôle de berger. – Les sept filles de Jéthro symbolisent sept vertus que l'initié était forcé de conquérir pour ouvrir le puits de la vérité. Ce puits est appelé dans l'histoire d'Agar et d'Ismaël « le puits du Vivant qui me voit. »

peuple qui porterait aux siècles futurs la vérité scellée dans l'arche l'or de l'initiation.

En ce jour-là et pour marquer l'ère nouvelle qui commençait dans sa vie, Hosarsiph prit le nom de Moïse qui signifie : le Sauvé.

III

LE SÉPHER BÉRÉSHIT

Moïse épousa Séphora, la fille de Jéthro, et séjourna de longues années auprès du sage de Madian. Grâce aux traditions éthiopiennes et chaldéennes qu'il trouva dans son temple, il put compléter et contrôler ce qu'il avait appris dans les sanctuaires égyptiens, étendre son regard sur les plus anciens cycles de l'humanité, et le plonger par induction dans les horizons lointains de l'avenir. Ce fut chez Jéthro qu'il trouva deux livres de cosmogonie cités dans la Genèse : *les guerres de Jéhovah et les générations d'Adam.* Il s'abîma dans cette étude.

Pour l'œuvre qu'il méditait il fallait se ceindre les reins. Avant lui Rama, Krishna, Hermès, Zoroastre, Fo Hi avaient créé des religions pour les peuples ; Moïse voulut créer un peuple pour la religion éternelle. A ce projet si hardi, si nouveau, si colossal il fallait une base puissante. C'est pour cela que Moïse écrivit son *Sépher Béreshith* son *Livre des Principes*, synthèse concentrée de la science passée et cadre de la science future, clef des mystères, flambeau des initiés, point de ralliement de toute la nation.

Essayons de voir ce que fut la Genèse dans le cerveau de Moïse. Certes, là, elle irradiait une autre lumière, elle embrassait des mondes autrement vastes que le monde enfantin et la petite terre qui nous apparaissent dans la traduction grecque des Septante, ou dans la traduction latine de saint Jérôme !

L'exégèse biblique de ce siècle a mis à la mode cette idée que la Genèse n'est pas l'œuvre de Moïse, que même ce prophète pourrait bien n'avoir pas existé et n'être qu'un personnage purement légendaire, fabriqué quatre ou cinq siècles plus tard par le sacerdoce juif, pour se donner une origine divine. La critique moderne fonde cette opinion sur la circonstance que la Genèse se compose de fragments divers (élohiste et jéhoviste) cousus ensemble, et que sa rédaction actuelle est postérieure d'au moins quatre cents ans à l'époque où Israël sortit d'Égypte. – Les faits établis par la critique moderne, quant à l'époque de la rédaction des textes que nous possédons, sont exacts ; les conclusions qu'elle en tire sont arbitraires et illogiques. De ce que l'Élohiste et le Jéhoviste ont écrit quatre cents ans après l'Exode, il ne s'ensuit pas qu'ils aient été les inventeurs de la Genèse et qu'ils n'aient pas travaillé sur un document antérieur peut-être mal compris. De ce que le Pentateuque nous donne un récit légendaire de la vie de Moïse, il ne s'ensuit pas davantage qu'il ne contienne rien de vrai. Moïse devient vivant, toute sa prodigieuse carrière s'explique, lorsqu'on commence par le replacer dans son milieu natal : le temple solaire de Memphis. Enfin, les profondeurs même de la Genèse ne se dévoilent qu'à la lueur des flambeaux arrachés à l'initiation d'Isis et d'Osiris.

Une religion ne se constitue pas sans un initiateur. Les Juges, Les Prophètes, toute l'histoire d'Israël prouvent Moïse ; Jésus même ne se conçoit pas sans lui.

Or, la Genèse contient l'essence de la tradition moïsiaque.

Quelques transformations qu'elle ait subies, la vénérable momie doit contenir, sous la poussière des siècles et les bandelettes sacerdotales, l'idée mère, la pensée vivante, le testament du prophète d'Israël.

Israël gravite autour de Moïse aussi sûrement, aussi fatalement que la terre tourne autour du soleil. − Mais, cela posé, autre chose est de savoir quelles furent les idées mères de la Genèse, ce que Moïse a voulu léguer à la postérité dans ce testament secret du Sépher Béreshith. Le problème ne peut être résolu qu'au point de vue ésotérique, et se pose ainsi : En sa qualité d'initié égyptien, l'intellectualité de Moïse devait être à la hauteur de la science égyptienne, qui admettait, comme la nôtre, l'immutabilité des lois de l'univers, le développement des mondes par évolution graduelle, et qui avait en outre, sur l'âme et la nature invisible ; des notions étendues, précises, raisonnées. Si telle fut la science de Moïse − et comment le prêtre d'Osiris ne l'aurait-il pas eue ? - comment la concilier avec les idées enfantines de la Genèse sur la création du monde et sur l'origine de l'homme ? Cette histoire de la création, qui, prise à la lettre, fait sourire un écolier de nos jours, ne cacherait-elle pas un profond sens symbolique, et n y aurait-il pas une clef pour l'ouvrir ? Ce sens, quel est-il ? Cette clef, où la trouver ?

Cette clef se trouve : 1° dans la symbolique égyptienne ; 2° dans celle de toutes les religions de l'ancien cycle ; 3° dans la synthèse de la doctrine des initiés, telle qu elle résulte de la comparaison de l'enseignement ésotérique depuis l'Inde védique jusqu'aux initiés chrétiens des premiers siècles.

Les prêtres de l'Égypte, nous disent les auteurs grecs, avaient trois manières d'exprimer leur pensée. « La première était claire et simple, la seconde symbolique et figurée, la troisième sacrée et hiéroglyphique. Le même mot prenait, à leur gré, le sens propre, figuré ou transcendant. Tel était le génie de leur langue. Héraclite a parfaitement exprimé cette différence en la désignant par les épithètes de *parlant*, de *signifiant* et de *cachant*[54]. »

Dans les sciences théogoniques et cosmogoniques, les prêtres égyptiens employèrent toujours la troisième manière d'écrire. Leurs hiéroglyphes avaient alors trois sens correspondants et distincts. Les deux derniers ne se pouvaient comprendre sans clef. Cette manière d'écrire énigmatique et concentrée tenait elle-même à un dogme fondamental de la doctrine d'Hermès, selon lequel une même loi régit le monde naturel, le monde humain et le monde divin. Cette langue, d'une concision prodigieuse, inintelligible au vulgaire, avait une singulière éloquence pour l'adepte ; car, au moyen d'un seul signe, elle évoquait les principes, les causes et les effets qui de la divinité rayonnent dans la nature aveugle, dans la conscience humaine et dans le monde des purs esprits. Grâce à cette écriture, l'adepte embrassait les trois mondes d'un seul coup d'œil.

Nul doute, étant donné l'éducation de Moïse, qu'il écrivit la Genèse en hiéroglyphes égyptiens à trois sens. Il en confia les clefs et l'explication orale à ses

---

[54] Fabre d'Olivet, *Vers dorés de Pythagore.*

successeurs. Lorsque, au temps de Salomon, on traduisit la Genèse en caractères phéniciens ; lorsque, après la captivité de Babylone, Esdras la rédigea en caractères araméens chaldaïques, le sacerdoce juif ne maniait déjà plus ces clefs que très imparfaitement. Quand vinrent finalement les traducteurs grecs de la Bible, ceux-ci n'avaient plus qu'une faible idée du sens ésotérique des textes. Saint Jérôme, malgré ses sérieuses intentions et son grand esprit, lorsqu'il fit sa traduction latine d'après le texte hébreu, ne put pénétrer jusqu'au sens primitif ; et, l'eût-il fait, il aurait dû se taire. Donc, quand nous lisons la Genèse dans nos traductions, nous n'en avons que le sens primaire et inférieur. Bon gré malgré, les exégètes et les théologiens eux-mêmes, orthodoxes ou libres penseurs, ne voient le texte hébraïque qu'à travers la *Vulgate*. Le sens comparatif et superlatif, qui est le sens profond et véritable, leur échappe. Il n'en demeure pas moins mystérieusement enfoui dans le texte hébreu, qui plonge, par ses racines, jusqu'à la langue sacrée des temples, refondue par Moïse, langue où chaque voyelle, chaque consonne avait un sens universel en rapport avec la valeur acoustique de la lettre et l'état d'âme de l'homme qui la produit. Pour les intuitifs, ce sens profond jaillit quelquefois, comme une étincelle, du texte ; pour les voyants, il reluit dans la structure phonétique des mots adoptés ou créés par Moïse : syllabes magiques où l'initié d'Osiris coula sa pensée, comme un métal sonore dans un moule parfait. Par l'étude de ce phonétisme qui porte l'empreinte de la langue sacrée des temples antiques, par les clefs que nous fournit la Kabbale et dont quelques-unes remontent jusqu'à Moïse, enfin par l'ésotérisme comparé, il nous est permis aujourd'hui d'entrevoir et de reconstituer la Genèse véritable. Ainsi, la pensée de Moïse sortira brillante comme l'or de la fournaise des siècles, des scories d'une théologie primaire et des cendres de la critique négative.

Deux exemples vont mettre en pleine lumière ce qu'était la langue sacrée des temples antiques, et comment, les trois sens se correspondent dans les symboles de l'Égypte et dans ceux de la Genèse. Sur une foule de monuments égyptiens, on voit une femme couronnée, tenant d'une main la croix ansée, symbole de la vie éternelle, de l'autre un sceptre à fleur de lotus, symbole de l'initiation. C'est la déesse ISIS. Or, Isis a trois sens différents. Au propre, elle typifie la Femme, et, par suite, le genre féminin universel. Au comparatif, elle personnifie l'ensemble de la nature terrestre avec toutes ses puissances conceptives. Au superlatif, elle symbolise la nature céleste et invisible, l'élément propre des âmes et des esprits, la lumière spirituelle et intelligible par elle- même, qui seule confère l'initiation. - Le symbole qui correspond à Isis dans le texte de la Genèse et dans l'intellectualité judéo-chrétienne c'est ÉVÉ, Héva, la Femme éternelle. Cette Ève n'est pas seulement la femme d'Adam, elle est encore l'épouse de Dieu. Elle constitue les trois quarts de son essence. Car le nom de l'Éternel IÈVÉ dont nous avons fait improprement Jéhovah et Javèh, se compose de la préfixe Jod et du nom d'Èvè. Le grand prêtre de Jérusalem prononçait une fois par an le nom divin en l'énonçant lettre par lettre de la manière suivante: *Jod, hè, vau, hè.* La première exprimait la pensée divine[55], et les sciences théogoniques ; les trois lettres du nom d'Èvè exprimaient trois ordres de la nature[56], les trois mondes dans lesquels cette pensée se réalise et par suite les sciences cosmogoniques, psychiques et physiques qui y correspondent[57]. L'Ineffable renferme en son sein profond l'Éternel masculin et l'Éternel féminin. Leur union indissoluble fait sa puissance et son mystère. Voilà ce que Moïse, ennemi juré de toute image de la divinité, ne disait pas au peuple, mais ce qu'il a

---

[55] La *natura naturans* de Spinoza.

[56] La *natura naturata* du même.

[57] Voici comment Fabre d'Olivet explique le nom d'IÈVÈ : « Ce nom offre d'abord le signe indicateur de la vie, doublé et formant la racine essentiellement vivante EE (hh). Cette racine n'est jamais employée comme nom et c'est la seule qui jouisse de cette prérogative. Elle est, dès sa formation non seulement un verbe, mais uu verbe unique dont les autres ne sont que des dérivés : en un mot, le verbe hvh (ÈVÈ) être étant. Ici, comme on le voit, et, comme j'ai eu soin de l'expliquer dans ma grammaire, le signe intelligible lv (Vau), est au milieu de la racine de vie. Moise, prenant ce verbe par excellence pour en former le nom propre de l'Être des êtres, y ajoute le signe de la manifestation potentielle et de l'Eternité ly (I) il obtient hvhy (IÈVÈ) dans lequel le facultatif étant se trouve placé entre un passé sans origine et un futur sans terme. Ce nom admirable signifie donc exactement : l'Être qui est, qui fut et qui sera.

consigné figurativement dans la structure du nom divin en l'expliquant à ses adeptes. Ainsi la nature voilée dans le culte judaïque se cache dans le nom même de Dieu. L'épouse d'Adam, la femme curieuse, coupable et charmante, nous révèle ses affinités profondes avec l'Isis terrestre et divine, la mère des dieux qui montre dans son sein profond des tourbillons d'âmes et d'astres.

Autre exemple. Un personnage qui joue un grand rôle dans l'histoire d'Adam et d'Ève c'est le serpent. La Genèse l'appelle Nahash. Or, que signifiait le serpent pour les temples antiques ? Les mystères de l'Inde, de l'Égypte et de la Grèce répondent d'une seule voix : Le serpent disposé en cercle signifie: la vie universelle, dont l'agent magique est la lumière astrale. Dans un sens plus profond encore Nahash veut dire : la force qui met cette vie en mouvement, l'attraction de soi pour soi, en laquelle Geoffroy Saint Hilaire voyait la raison de la gravitation universelle. Les Grecs l'appèlaient Erôs, l'Amour ou le Désir. — Appliquez maintenant ces deux sens à l'histoire d'Adam, d'Ève et du serpent, et vous verrez que la chute du premier couple, le fameux péché originel devient tout à coup le vaste enroulement de la nature divine, universelle, avec ses règnes, ses genres, ses espèces dans le cercle formidable et inéluctable de la vie.

Ces deux exemples nous ont permis de jeter un premier coup d'œil dans les profondeurs de la Genèse moïsiaque. Déjà nous entrevoyons ce qu'était la cosmogonie pour un initié antique et ce qui la distinguait d'une cosmogonie dans le sens moderne.

Pour la science moderne, la cosmogonie se réduit à une cosmographie. On y trouvera la description d'une portion de l'univers visible avec une étude sur l'enchainemement des causes et des effets physiques dans une sphère donnée. Ce sera par exemple le système du monde de Laplace, où la formation de notre système solaire est devinée par son fonctionnement actuel et déduite de la seule matière en mouvement, ce qui est une pure hypothèse. Ce sera encore l'histoire de la terre, dont les couches superposées du sol sont les témoins irréfutables. La science antique n'ignorait pas ce développement de l'univers visible, et si elle avait sur lui des notions moins précises que la science moderne, elle en avait formulé intuitivement les lois générales.

Mais ce n'était là pour les sages de l'Inde et de l'Égypte que l'aspect extérieur du monde, son mouvement réflexe. Ils en cherchaient l'explication dans son aspect intérieur, dans son mouvement direct et originaire. Ils le trouvaient dans un autre ordre de lois qui se révèle à notre intelligence. Pour la science antique l'univers sans bornes n'était pas une matière morte régie par des lois mécaniques, mais un tout vivant doué d'une intelligence, d'une âme et d'une volonté. Ce grand animal sacré avait des organes sans nombre correspondant à ses facultés infinies. Comme dans le corps humain les mouvements résultent de l'âme qui pense, de la volonté qui agit — ainsi, aux yeux de la science antique *l'ordre visible de l'univers n'était que la répercussion d'un ordre invisible*, c'est-à-dire des forces cosmogoniques et des monades spirituelles, règnes, genres, espèces qui, par leur perpétuelle *involution* dans la matière, produisent l'*évolution* de la vie. Au lieu que la science moderne ne considère que le dehors, l'écorce de l'univers, la science des temples antiques avait pour but d'en révéler le dedans, d'en découvrir les rouages cachés. Elle ne tirait pas l'intelligence de la matière, mais la matière de l'intelligence. Elle ne faisait pas naître l'univers de la danse aveugle des atomes, mais elle générait les atomes par les vibrations de l'âme universelle. En un mot, elle procédait en cercles concentriques de l'universel au particulier, de l'Invisible au Visible, de l'Esprit pur à la Substance organisée, de Dieu à l'homme. Cet ordre descendant des Forces et des Âmes inversement proportionnel à l'ordre ascendant de la Vie et des Corps était l'ontologie ou la science des principes intelligibles et faisait le fondement de la cosmogonie.

Toutes les grandes initiations de l'Inde, de l'Égypte, de la Judée et de la Grèce, celles de Krishna, d'Hermès, de Moïse et d'Orphée ont connu sous des formes diverses cet ordre des principes, des puissances, des âmes, des générations qui descendent de la cause première, du Père ineffable.

L'ordre descendant des incarnations est simultané de l'ordre ascendant des vies et seul il le fait comprendre. L'involution produit l'évolution et l'explique.

En Grèce, les temples mâles et doriens, ceux de Jupiter et d'Apollon, surtout celui de Delphes furent les seuls qui possédèrent à fond l'ordre descendant. Les temples ioniens ou féminins ne le connurent qu'imparfaitement. Toute la civilisation grecque étant ionienne, la science et l'ordre dorien s'y voilèrent de plus en plus. Mais il n'en est pas moins incontestable que ses grands initiateurs, ses héros et ses philosophes, d'Orphée à Pythagore, de Pythagore à Platon et de celui- ci aux Alexandrins relèvent de cet ordre. Tous ils reconnurent Hermès pour maître.

Revenons à la Genèse. Dans la pensée de Moïse, cet autre fils d'Hermès, les dix premiers chapitres de la Genèse constituaient une véritable ontologie selon l'ordre et la filiation des principes. Tout ce qui commence doit finir. La Genèse raconte à. la fois l'évolution dans le temps et la création dans l'éternité, la seule digne de Dieu.

Je me réserve de donner dans *Le livre de Pythagore* un tableau vivant de la théogonie et de la cosmogonie ésotérique, dans un cadre moins abstrait que celui de Moïse et plus voisin de l'esprit moderne. Malgré la forme polythéiste, malgré l'extrême diversité des symboles, le sens de cette cosmogonie pythagoricienne selon l'initiation orphique et les sanctuaires d'Apollon sera identique pour le fond à celle du prophète d'Israël. Chez Pythagore, elle sera comme éclairée par son complément naturel : la doctrine de l'âme et de son évolution. On l'enseignait dans les sanctuaires grecs sous les symboles du mythe de Perséphone. On l'appelait aussi : *l'histoire terrestre et céleste de Psyché.* Cette histoire qui correspond à ce que le christianisme appelle la rédemption manque complètement dans l'Ancien Testament. Non que Moïse et les prophètes l'ignorassent, mais ils la jugeaient trop haute pour l'enseignement populaire et la réservaient à la tradition orale des initiés. La divine Psyché ne restera si longtemps cachée sous le symboles hermétiques d'Israël que pour se personnifier dans l'apparition éthérée et lumineuse du Christ.

Quant à la cosmogonie de Moïse, elle a l'âpre concision du génie sémitique et la précision mathématique du génie égyptien. Le style du récit rappelle les figures qui revêtent l'intérieur des tombeaux des rois ; droites, sèches et sévères elles renferment dans leur nudité dure un mystère impénétrable. L'ensemble fait penser à une construction cyclopéenne ; mais çà et là, comme un jet de lave entre les blocs géants, la pensée de Moïse jaillit avec l'impétuosité du feu initial entre les versets tremblants des traducteurs. Dans les premiers chapitres d'une incomparable grandeur on sent passer le souffle d'Ælohim qui tourne une à une les lourdes pages de l'univers.

Avant de les quitter, jetons encore un coup d'œil sur quelques-uns de ces puissants hiéroglyphes composés par le prophète du Sinaï. Comme la porte d'un temple souterrain, chacun d'eux s'ouvre sur une galerie de vérités occultes qui éclairent de leurs lampes immobiles la série des mondes et des temps. Essayons d'y pénétrer avec les clefs de l'initiation. Tâchons de voir ces symboles étranges, ces formules magiques dans leur puissance évocatrice, telles que les vit l'initié d'Osiris, alors qu'elles sortirent en lettres de feu de la fournaise de sa pensée.

Dans une crype du temple de Jétro, Moïse assis sur un sarcophage médite seul. Murs et pilastres ont couverts d'hiéroglyphes et de peintures qui représentent les noms et les figures des Dieux de tous les peuples de la terre. Ces symboles résument l'histoire des cycles évanouis et prédisent les cycles futurs. Une lampe de naphte posée à terre éclaire faiblement ces signes dont chacun lui parle sa langue. Mais déjà il ne voit plus rien du monde extérieur ; il cherche en lui-même le Verbe de son livre, la figure de son œuvre, la Parole qui sera l'Action : La lampe s'est éteinte; mais devant son œil intérieur, dans la nuit de la crypte, flamboie ce nom :

IÈVÈ

La première lettre I a la couleur blanche de la lumière, — les trois autres brillent comme un feu changeant où roulent toutes les couleurs de l'arc-en-ciel. Et quelle vie étrange dans ces caractères ! Dans la lettre initiale, Moïse perçoitie Principe masculin, Osiris, l'Esprit créateur par excellence, — dans Èvè la faculté conceptive, l'Isis céleste qui en fait partie. Ainsi les facultés divines, qui renferment en puissance tous les mondes, se déploient et s'ordonnent dans le sein de Dieu. Par leur union parfaite le Père et la Mère ineffable forment le Fils, le Verbe vivant qui crée l'univers. Voilà le mystère des mystères, fermé pour les sens, mais qui parle par le signe de l'Éternel comme l'Esprit parle à l'Esprit. Et le tétragramme sacré brille d'une lumière toujours plus intense. Moïse en voit jaillir par grandes effulgurations les trois mondes, tous les règnes de la nature et l'ordre sublime des sciences. Alors son œil ardent se concentre sur le signe masculin de l'Esprit créateur. C'est lui qu'il invoque pour descendre l'ordre des créations et puiser dans la volonté souveraine la force d'accomplir sa création à lui, après avoir contemplé l'œuvre de l'Éternel. Et voici que dans les ténèbres de la crypte reluit l'autre nom divin :

ÆLOHIM

Il signifie pour l'initié : *Lui, — les Dieux, le Dieu des Dieux*[58]. Ce n'est plus l'Etre replié en lui-même et dans l'Absolu, mais le Seigneur des mondes dont la pensée s'épanouit en millions d'étoiles, sphères mobiles de flottants univers. « En principe Dieu créa les cieux et la terre. » Mais ces cieux ne furent d'abord que la pensée du temps et de l'espace sans bornes, habités par le vide et le silence. « Et le souffle de Dieu se mouvait sur la

---

[58] Ælohim est le pluxiel d'Aelo nom donné à l'Être Suprême par les Hébreux et les Chaldéens et dérivant lui-même de la racine Æl qui peint l'élévation, la force et la puissance expansive et qui signifie dans un sens universel Dieu. — *Hoa* c'est-à-dire *Lui* est en hébreu, en chaldaïque, en syriaque, en éthiopien, en arabe, un des noms sacrés de la divinité. — Fabre d'Olivet. *La langue hébraïque restituée.*

face de l'abîme[59]. » Qu'est-ce qui va sortir d'abord de son sein ? Un soleil ? une terre ? Une nébuleuse ? Une substance quelconque de ce monde visible ? Non. Ce qui naquit d'abord de lui ce fut *Aour*, la Lumière. Mais cette lumière n'est pas la lumière physique, c'est la lumière intelligible, née du tressaillement de l'Isis céleste dans le sein de l'Infini ; âme universelle, lumière astrale, substance qui fait les âmes et où elles viennent éclore comme dans un fluide éthéré ; élément subtil par qui la pensée se transmet à d'infinies distances ; lumière divine, antérieure et postérieure à celle de tous les soleils. D'abord elle s'épand dans l'Infini, c'est le puissant *respir* de Dieu ; puis elle revient sur elle-même d'un mouvement d'amour, profond *aspir* de l'Éternel. Dans les ondes du divin éther, palpitent comme sous un voile translucide les formes astrales des mondes et des êtres. Et tout cela se résume pour le Mage-Voyant dans les paroles qu'il prononce et qui reluisent dans les ténèbres en caractères étincelants :

---

[59] *Rouah Ælohim*, le souffle de Dieu indique figurativement un mouvement vers l'expension, la dilatation. C'est, dans un sens hiéroglyphique, la force opposée à celle des ténèbres. Que si le mot obscurité caractérise une puissance compressive, le mot *rouah* caractérisera une puissance expansive : On trouvera dans l'un et dans l'autre ce système éternel de deux forces opposées que les sages et les savants de tous les siècles depuis Parménide et Pythagore jusqu'à Descartes et Newton, ont vues dans la nature et signalées par des noms différénts. » — Fabre d'Olivet. *Langue hébraïque.*

ROUA ÆLOHIM AOUR[60]

« Que la lumière soit et la lumière fut. » Le souffle d'Ælohim est la Lumière !

Du sein de cette lumière primitive, immatérielle, jaillissent les six premiers jours de la Création, c'est-à-dire les semences, les principes, les formes, les âmes de vie de toute chose. C'est l'univers en puissance, avant la lettre et selon l'Esprit. Et quel est le dernier mot de la Création, la formule qui résume l'Être en acte, le Verbe vivant en qui apparaît la pensée première et dernière de l'Être absolu. C'est :

ADAM ÈVE

L'Hommé-Femme. Ce symbole ne représente nullement, comme on l'enseigne dans nos églises et comme le croient nos exégètes, le premier couple humain de notre terre, mais Dieu en acte dans l'univers et le genre humain typifié ; l'Humanité universelle à travers tous les cieux. « Dieu créa l'homme à son

---

[60] Souffle, — Ælohim , — Lumière. Çes trois noms sont le résumé hiérèglyphique du second et du troisième verset ce la Genèse. Voici en lettres françaises le texte hébreu du 3ème verset *Wa, - iaômer Ælohim iehi-aoûr, wa îehî-aoûr.* Voici la traduction. littérale qu'en donne Fabre d'Olivet. « Et il dit Lui l'Être des êtres : sera faite lumière ; et fut faite lumière (élémentisation intelligible). » - Le mot *roua* qui signifie le souffle se trouve dans le second verset. On remarquera que le mot *aour* qui signifie lumière, est le mot *roua* renversé. Le souffle divin en revenant sur lui-même crée la lumière intelligible.

image; il le créa mâle et femelle. » Ce couple divin est le verbe universel par lequel Ièvè manifeste sa propre nature à travers les mondes. La sphère qu'il habite primitivement et que Moïse embrasse de sa pensée puissante n'est pas le jardin de l'Eden, le légendaire paradis terrestre, mais la sphère temporelle sans bornes de Zoroastre, la terre supérieure de Platon, le royaume céleste universel, Héden, Hadama, substance de toutes les terres. Mais quelle sera l'évolution de l'Humanité dans le temps et dans l'espace ? Moïse la contemple sous une forme concentrée dans l'histoire de la chute. Dans la Genèse Psyché, l'Âme humaine s'appelle Aïsha, autre nom d'Ève[61]. Sa patrie est *Shamaïm* le ciel. Elle y vit heureuse dans l'éther divin, mais sans connaissance d'elle- même. Elle jouit du ciel sans le comprendre. Car pour le comprendre, il faut l'avoir oublié et puis s'en ressouvenir ; pour l'aimer, il faut l'avoir perdu et le reconquérir. Elle ne saura que par la souffrance, elle ne comprendra que par la chute. Et quelle chute autrement profonde et tragique que celle de la Bible enfantine que nous lisons ! Attirée vers le gouffre ténébreux par le désir de la connaissance, Aïsha se laisse tomber... Elle cesse d'être l'âme pure, n'ayant qu'un corps sidéral et vivant du divin éther. Elle se revêt d'un corps matériel et entre dans le cercle des générations.

---

[61] Genèse, II, 23. *Aïsha*, l'Âme, assimilée ici à la Femme, est l'épouse d'Aïsh, l'Intellect, assimilé à l'Homme. Elle est prise de lui, elle constitue sa moitié inséparable ; sa faculté volitive. – Le même rapport existe entre Dionysos et Perséphône dans les Mystères orphiques.

Et ses incarnations ne sont pas une, mais cent, mais mille, en des corps de plus en plus grossiers selon les astres qu'elle habite. Elle descend de monde en monde... elle descend et elle oublie... Un voile noir couvre son œil intérieur : noyée la conscience divine, obscurci le souvenir du ciel ! dans l'épais tissu de la matière. Pâle comme une espérance perdue, un faible ressouvenir de son ancien bonheur luit en elle ! De cette étincelle elle devra renaître et se régénérer elle-même !

Oui, Aisha vit encore dans ce couple nu qui gît sans défense sur une terre sauvage, sous un ciel ennemi où gronde la foudre. Le paradis perdu ? – C'est l'immensité du ciel voilé, derrière et devant elle !

Moïse contemple ainsi les générations d'Adam dans l'univers[62]. Il considère ensuite les destinées de l'homme sur la terre. Il voit les cycles passés et le présent. Dans l'Aïsha terrestre, dans l'âme de l'humanité ; la conscience de Dieu avait relui jadis avec le feu d'Agni, au pays de Koush, sur kes versants de l'Himalaya.

Mais la voilà prête à s'éteindre dans l'idolâtrie, sous d'infernales passions, sous la tyrannie assyrienne, parmi les peuples dissociés et des dieux qui s'entre-dévorent. Moïse se jure à lui-même de la réveiller en établissant le culte d'Ælohim.

---

[62] Dans la version samaritaine de la Bible, au nom d'Adam, en jointe l'épithète d'*universel*, d'*infini*. C'est donc bien du genre humain qu'il s'agit, du règne hominal dans tous les cieux.

L'humanité collective comme l'homme individuel devraient être l'image de Ièvè. Mais où trouver le peuple qui l'incarnera et qui sera le Verbe vivant de l'humanité ?

Alors Moïse, ayant conçu son Livre et son Œuvre, ayant sondé les ténèbres de l'âme humaine, déclare la guerre à l'Ève terrestre, à la nature faible et corrompue. Pour la combattre et la redresser, il invoque l'Esprit, le Feu originaire et tout-puissant, Ièvè, à la source duquel il vient de remonter. Il sent que ses effluves l'embrasent et le trempent comme l'acier. Son nom est Volonté.

Et dans le silence noir de la crypte, Moïse entend une voix. Elle sort des profondeurs de sa conscience, elle vibre comme une lumière et dit : « Va à la montagne de Dieu, vers Horeb. »

IV

LA VISION DU SINAÏ

Une sombre masse de granit, si nue, si ravinée sous la splendeur du soleil qu'on la dirait sillonnée d'éclairs et sculptée par la foudre. C'est le sommet du Sinaï, le trône d'Ælohim, disent les enfants du désert. En face, une montagne plus basse, les rochers du Serbal, abrupte et sauvage aussi. Dans ses flancs, des mines de cuivre, des cavernes. Entre les deux montagnes, une vallée noire un chaos de pierres, que les Arabes appellent l'Horeb, l'Érèbe de la légende sémitique. Elle est lugubre cette vallée de désolation quand la nuit y tombe avec l'ombre du Sinaï, plus lugubre encore quand la montagne se coiffe d'un casque de nuages, d'où s'échappent des lueurs sinistres. Alors un vent terrible souffle dans l'étroit couloir. On dit que là Ælohim renverse ceux qui essayent de lutter avec lui et les lance dans les gouffres où s'effondrent les trombes de pluie. Là aussi, disent les Madianites, errent les ombres malfaisantes des géants, des *Refaïm* qui font crouler des rochers sur ceux qui tentent de gravir le lieu saint. La tradition populaire veut encore que le Dieu du Sinaï apparaisse quelquefois dans le feu fulgurant comme une tête de Méduse à pennes d'aigle. Malheur à ceux qui voient sa face. Le voir c'est mourir.

Voilà ce que racontaient les nomades, le soir, dans leurs récits sous la tente, quand dorment les chameaux et les femmes. La vérité est que seuls les plus hardis parmi les initiés de Jétro montaient à la caverne du Serbal et y passaient souvent plusieurs jours dans le jeûne et la prière. Des sages de l'Idumée y avaient trouvé l'inspiration. C'était un lieu consacré depuis un temps immémorial aux visions surnaturelles, aux Elohim ou esprits lumineux. Aucun prêtre, aucun chasseur n'eût consenti à y conduire le pèlerin.

Moïse était monté sans crainte par le ravin d'Horeb. Il avait traversé d'un cœur intrépide la vallée de la mort et son chaos de rochers. Comme tout effort humain, l'initiation a ses phases d'humilité et d'orgueil. En gravissant les marches de la montagne sainte, Moïse avait atteint le sommet de l'orgueil, car il touchait au sommet de la puissance humaine. Déjà il croyait se sentir un avec l'Être suprême. Le soleil d'un pourpre ardent s'inclinait sur le massif volcanique du Sinaï et les ombres violettes se couchaient dans les vallées, quand Moïse se trouva à l'entrée d'une caverne dont une maigre végétation de térébinthes protégeait l'entrée. Il s'apprêtait à y pénétrer, mais il fut comme aveuglé par une lumière subite qui l'enveloppa. Il lui sembla que le sol brûlait sous lui et que les montagnes de granit s'étaient changées en une mer de flammes. A rentrée de la grotte, une apparition aveuglante de lumière le regardait et du glaive lui barrait la route. Moïse tomba foudroyé, la face contre terre. Tout son orgueil s'était brisé. Le regard de l'Ange l'avait transpercé de sa lumière. Et puis, avec ce sens profond des choses qui s'éveille dans l'état visionnaire, il avait compris que cet être allait lui imposer des choses terribles. Il eût voulu échapper à sa mission et rentrer sous terre comme un reptile misérable.

Mais une voix dit : - Moïse ! Moïse ! Et il répondit :
- Me voici !

- Ne t'approche point d'ici. Déchausse les souliers
de tes pieds. Car le lieu où tu te tiens est une terre
sainte.

Moise cacha son visage dans ses mains. Il avait peur
de revoir l'Ange et de rencontrer son regard.

Et l'Ange lui dit : - Toi qui cherches Ælohim,
pourquoi trembles-tu devant moi ? - Qui es-tu ? - Un
rayon d' Ælohim, un Ange solaire, un messager de
Celui qui est et qui sera. - Qu'ordonnes-tu ?

- Tu diras aux enfants d'Israël : l'Éternel, le Dieu de
vos pères, le Dieu d'Abraham, le Dieu d'Isaac, le Dieu
de Jacob m'a envoyé vers vous, pour vous retirer du
pays de servitude.

- Qui suis-je, dit Moïse, que je retire les enfants
d'Israël de l'Egypte ?

- Va, dit l'Ange, car je serai avec toi. Je mettrai le
feu d' Ælohim dans ton cœur et son verbe sur tes
lèvres. Depuis quarante ans tu l'évoques. Ta voix a
retenti jusqu'à lui. Voici, je te saisis en son nom. Fils d'
Ælohim, tu m'appartiens à jamais.

Et Moïse enhardi s'écria : - Montre-moi Ælohim !
Que je voie son feu vivant !

Il releva la tête. Mais la mer de flammes s'était
évanouie et l'Ange avait fui comme l'éclair. Le soleil
était descendu sur les volcans éteints du Sinaï ; un
silence de mort planait sur le val d'Horeb ; et une voix
qui semblait rouler dans l'azur et se perdre dans l'infini
disait :

« Je suis Celui qui suis. »

Moïse sortit de cette vision comme anéanti. Il crut un instant que son corps avait été consumé par le feu de l'Éther. Mais son esprit était plus fort. Quand il redescendit vers le temple de Jétro, il se trouva prêt pour son œuvre. Son idée vivante marchait devant lui comme l'Ange armé du glaive de feu.

V

L'EXODE. – LE DÉSERT. – MAGIE
ET THÉURGIE.

Le plan de Moïse était un des plus extraordinaires, des plus audacieux qu'homme ait jamais conçu. Arracher un peuple au joug d'une nation aussi puissante que l'Égypte, le mener à la conquête d'un pays occupé par des populations ennemies et mieux armées, le pendant dix, vingt ou quarante ans dans le désert, le brûler par la soif, l'exténuer par la faim ; le harceler comme un cheval de sang sous les flèches des Hétites et des Amalécites prêts à le tailler en pièces ; l'isoler avec son tabernacle de l'Éternel au milieu de ces nations idolâtres, lui imposer le monothéisme avec une verge de feu et lui inspirer une telle crainte ; une telle vénération de ce Dieu unique qu'il s'incarnât dans sa chair, qu'il devint son symbole national, le but de toutes ses aspirations et sa raison d'être. Telle fut l'œuvre inouïe de Moïse.

L'Exode fut concerté et préparé de longue main par le prophète, les principaux chefs israélites et Jétro. Pour mettre son plan à exécution, Moïse profita d'un moment où Ménephtah, son ancien compagnon d'études devenu pharaon, dû repousser l'invasion redoutable du roi des Lybiens Mermaïou. L'armée égyptienne tout entière occupée du côté de l'Ouest ne put contenir les Hébreux et l'émigration en masse s'opéra paisiblement.

Voilà donc les Béni-Israël en marche. Cette longue file de caravanes, portant les tentes à dos de chameaux, suivie de grands troupeaux, s'apprête à contourner la mer Rouge. Ils ne sont encore que quelques milliers d'hommes. Plus tard l'émigration se grossira « de toutes sortes de gens » comme dit la Bible, Kananéens, Edomites, Arabes, Sémites de tout genre, attirés et fascinés par le prophète du désert, qui de tous les coins de l'horizon les évoque pour les pétrir à sa guise. Le noyau de ce peuple est formé par les Béni-Israël, hommes droits, mais durs, obstinés et rebelles. Leurs *hags* ou leurs chefs leur ont enseigné le culte du Dieu unique. Il constitue chez eux une haute tradition patriarcale. Mais dans ces natures primitives et violentes, le monothéisme n'est encore qu'une conscience meilleure et intermittente. Dès que leurs mauvaises passions se réveillent, l'instinct du polythéisme, si naturel à l'homme, reprend le dessus. Alors ils retombent dans les superstitions populaires, dans la sorcellerie et dans les pratiques idolâtres des populations voisines d'Égypte et de Phénicie, que Moïse va combattre par des lois draconiennes.

Autour du prophète qui commande à ce peuple, il y a un groupe de prêtres présidés par Aaron, son frère d'initiation, et par la prophétesse Marie qui représente déjà dans Israël l'initiation féminine. Ce groupe constitue le sacerdoce. Avec eux soixante-dix chefs élus ou initiés laïques se serrent autour du prophète de Iévé, qui leur confiera sa doctrine secrète et sa tradition orale, qui leur transmettra une partie de ses pouvoirs et les associera quelquefois à ses inspirations et à ses visions.

Au cœur de ce groupe on porte l'arche d'or, Moïse en a emprunté l'idée aux temples égyptiens où elle servait d'arcane pour les livres théurgiques ; mais il l'a fait refondre sur un modèle nouveau pour ses desseins personnels. L'arche d'Israël est flanquée de quatre chérubs en or semblables à des sphinx, et pareils aux quatre animaux symboliques de la vision d'EzéchieL L'un a une tête de lion, l'autre une tête de bœuf, le troisième une tête d'aigle et le dernier une tête d'homme. Ils personnifient les quatre éléments universels : la terre, l'eau, l'air et le feu ; ainsi que les quatre mondes représentés par les lettres du tétragramme divin. De leurs ailes les chérubs recouvrent le propitiatoire.

Cette arche sera l'instrument des phénomènes électriques et lumineux produits par la magie du prêtre d'Osiris, phénomènes qui, grossis par la légende, enfanteront les récits bibliques. L'arche d'or renferme en outre le Sépher Béréshit ou livre de Cosmogonie rédigé par Moïse en hiéroglyphes égyptiens, et la baguette magique du prophète, appelée verge par la Bible. Elle contiendra aussi le livre de l'alliance ou la loi du Sinaï. Moïse appellera l'arche le trône d'Ælohim; car en elle repose la tradition sacrée, la mission d'Israël, l'idée de Iévé.

Quelle constitution politique Moïse donna-t-il à son peuple ? A cet égard il faut citer l'un des passages les plus curieux de l'Exode. Ce passage a l'air d'autant plus ancien et plus authentique qu'il nous montre le côté faible de Moïse, sa tendance à l'orgueil sacerdotal et à la tyrannie théocratique, réprimée par son initiateur éthiopien.

Le lendemain comme Moïse siégeait pour juger le peuple, et que le peuple se tenait devant Moïse depuis le matin jusqu'au soir.

Le beau-père de Moïse ayant vu tout ce qu'il faisait au peuple, lui dit : Qu'est-ce que tu fais au peuple ? D'où vient que tu es seul assis et que le peuple se tient devant toi depuis le matin jusqu'au soir ?

Et Moïse répondit à son beau-père : C'est que le peuple vient à moi pour s'enquérir de Dieu.

Quand ils ont quelque cause, ils viennent à moi ; alors je juge entre l'un et l'autre, et je leur fais entendre les ordonnances de Dieu et ses lois.

Mais le beau-père de Moïse lui dit : Tu ne fais pas bien.

Certainement tu succomberas, et toi, et même ce peuple qui est avec toi car cela est trop pesant pour toi, et tu ne sauras faire cela à toi seul.

Écoute donc mon conseil ; je te conseillerai, et Dieu sera avec toi. Sois pour le peuple auprès de Dieu, et rapporte les causes à Dieu ;

Instruis-les des ordonnances et des lois, et fais-leur entendre la voix par laquelle ils doivent marcher, et ce qu'ils auront à faire.

Et choisis d'entre tout le peuple des hommes vertueux, craignant Dieu, des hommes véritables haïssant le gain déshonnête, et établis sur eux des chefs de milliers, des chefs de centaines, des chefs de cinquantaine, et des chefs de dizaines ;

Et qu'ils jugent le peuple en tout temps ; mais qu'ils te rapportent toutes les grandes affaires, et qu'ils jugent toutes les petites causes. Ainsi ils te soulageront et ils porteront une partie de la charge avec toi.

Si tu fais cela, et Dieu te le commande, tu subsister, et même tout le peuple arrivera heureusement en son lieu.

Moïse donc obéit à la parole de son beau-père ; et fit tout ce qu'il avait dit[63].

Il ressort de ce passage que dans la constitution d'Israël établie par Moïse, le pouvoir exécutif était considéré comme une émanation du pouvoir judiciaire et placé sous le contrôle de l'autorité sacerdotale. Tel fut le gouvernement légué par Moïse à ses successeurs, sur le sage conseil de Jétro. Il resta le même sous les Juges, de Josué à Samuel jusqu'à l'usurpation de Saül. Sous les Rois, le sacerdoce déprimé commença à perdre la véritable tradition de Moïse, qui ne survécut que dans les prophètes.

Nous l'avons dit, Moïse ne fut pas un patriote, mais un dompteur de peuples ayant en vue les destinées de l'humanité entière. Israël n'était pour lui qu'un moyen, la religion universelle était son but, et par-dessus la tête des nomades sa pensée allait aux temps futurs. Depuis la sortie d'Egypte jusqu'à la mort de Moïse, l'histoire

---

[63] Exode XVIII, 13-24. L'importance de ce passage au point de vue de la constitution sociale d'Israël a été justement relevé par M. Saint-Yves dans son beau livre ; *la Mission des Juifs*.

d'Israël ne fût qu'un long duel entre le prophète et son peuple.

Moïse conduisit d'abord les tribus d'Israël au Sinaï, dans le désert aride, devant la montagne consacrée à Ælohim par tous les Sémites, où lui-même avait eu sa révélation. Là où son Génie s'était emparé du prophète, le prophète voulut s'emparer de son peuple et lui imprimer au front le sceau d'Iévé : les dix commandements, puissant résumé de la loi morale et complément de la vérité transcendante renfermée dans le livre hermétique de l'arche.

Rien de plus tragique que ce premier dialogue entre le prophète et son peuple. Là se passèrent des scènes étranges, sanglantes, terribles, qui laissèrent comme l'empreinte d'un fer chaud dans la chair mortifiée d'Israël. Sous les amplifications de la légende biblique, on devine la réalité possible des faits.

L'élite des tribus est campée au plateau de Pharan, à l'entrée d'une gorge sauvage qui conduit aux rochers du Serbal. La tête menaçante du Sinaï domine ce terrain pierreux, volcanique, convulsé. Devant toute l'assemblée, Moïse annonce solennellement qu'il va se rendre à la montagne pour consulter Ælohim et qu'il en rapportera la loi écrite sur une table de pierre. Il commande au peuple de veiller et de jeûner, de l'attendre dans la chasteté et la prière. Il laisse l'arche portative que recouvre la tente du tabernacle, sous la garde des soixante-dix Anciens. Puis il disparaît dans la gorge, n'emmenant avec lui que son fidèle disciple Josué.

Des jours se passent ; Moïse ne revient pas. Le peuple s'inquiète d'abord, puis il murmure : « Pourquoi nous avoir emmenés dans cet affreux désert et nous avoir exposés aux traits des Amalécites ? Moïse nous a promis de nous conduire au pays de Kanaan où coule le lait et le miel, et voici que nous mourons au désert. Mieux valait la servitude en Egypte que cette vie misérable. Plût à Dieu que nous eussions encore les plats de viande que nous mangions là-bas ! Si le Dieu de Moïse est le vrai Dieu, qu'il le prouve, que tous ses ennemis soient dispersés et que nous entrions sur-le-champ au pays de promission. » Ces murmures grossissent ; on se mutine ; les chefs s'en mêlent.

Et voici venir un groupe de femmes qui chuchotent et murmurent entre elles. Ce sont des filles de Moab, à la peau noire, corps souples, aux formes opulentes, concubines ou servantes de quelques chefs Edomites associés à Israël. Elles se souviennent qu'elles ont été prêtresses d'Astaroth et qu'elles ont célébré les orgies de la déesse dans les bois sacrés du pays natal. Elles sentent que l'heure de reprendre leur empire est venue. Elles viennent parées d'or et d'étoffes voyantes, le sourire à la bouche, comme une troupe de beaux serpents qui sortent de terre et font chatoyer au soleil leurs formes onduleuses aux reflets métalliques. Elles se mêlent aux rebelles, les regardent de leurs yeux luisants, les enlacent de leurs bras où sonnent des anneaux de cuivre, et les enjôlent de leurs langues dorées :

« Qu'est-ce après tout que ce prêtre d'Égypte et son Dieu ? Il sera mort au Sinaï. Les Refaïm l'auront jeté dans un gouffre. Ce n'est pas lui qui mènera les tribus en Kanaan. Mais que les enfants d'Israël invoquent les dieux de Moab : Belphégor et Astaroth ! Ce sont des dieux qu'on peut voir, ceux-là, et qui font des miracles !

Ils les mèneront au pays de Kanaan ! » Les mutins écoutent les femmes moabites, ils s'excitent les uns les autres et ce cri part de la multitude : « Aaron, fais-nous des dieux qui marchent devant nous ; car pour ce qui est de Moïse qui nous a fait monter du pays

d'Égypte, nous ne savons ce qui lui est arrivé. » Aaron essaye en vain de calmer la foule. Les filles de Moab appellent des prêtres phéniciens venus avec une caravane. Ceux-ci apportent une statue en bois d'Astaroth et l'élèvent sur un autel de pierres. Les rebelles forcent Aaron sous menace de mort à fondre le veau d'or, une des formes de Belphégor. On sacrifie des taureaux et des boucs aux dieux étrangers, ou se met à boire et à manger et les danses luxurieuses, guidées par les filles de Moab, commencent autour des idoles, au son des nébels, des kinnors et des tambourins agités par les femmes.

Les soixante-dix Anciens élus par Moïse pour la garde de l'arche ont vainement essayé d'arrêter ce désordre par leurs objurgations. Maintenant ils s'asseoient par terre, la tête couverte d'un sac de cendre. Serrés autour du tabernacle de l'arche, ils entendent avec consternation les cris sauvages, les chants voluptueux, les invocations aux dieux maudits, démons de luxure et de cruauté. Ils voient avec horreur ce peuple en rut de joie et de révolte contre son Dieu. Que va devenir l'Arche, le Livre et Israël, si Moïse ne revient pas ?

Cependant Moïse revient. De son long recueillement, de sa solitude sur le mont d'Ælohim, il rapporte la Loi sur des tablettes de pierre[64]. Entré dans le camp, il voit les danses, la bacchanale de son peuple devant les idoles d'Astaroth et de Belphégor. A l'aspect du prêtre d'Osiris, du prophète d'Ælohim, les danses s'arrêtent, les prêtres étrangers s'enfuient, les rebelles hésitent. La colère bouillonne en Moïse comme un feu dévorant. Il brise les tables de pierre et l'on sent qu'il briserait ainsi tout ce peuple et que Dieu le possède.

Israël tremble, mais les rebelles ont des regards de haine dissimulés sous la peur. Un mot, un geste d'hésitation de la part du chef-prophète, et l'hydre de l'anarchie idolâtre va dresser contre lui ses mille têtes et balayer sous une grêle de pierres l'arche sainte, le prophète et son idée. Mais Moïse est là et derrière lui les puissances invisibles qui le protègent. Il comprend qu'il faut avant tout redresser l'âme des soixante-dix élus à sa propre hauteur et par eux tout le peuple. Il invoqué Ælohim-Ièvè, l'Esprit mâle, le Feu-Principe, du fond de lui-même et du fond du ciel.

- A moi le soixante-dix ! s'écrie Moïse. Qu'ils prennent l'arche et montent avec moi à la montagne de Dieu. Quant à ce peuple, qu'il attende et qu'il tremble. Je vais lui rapporter le jugement d'Ælohim.

Les lévites enlèvent de dessous la tente l'arche d'or enveloppée de ses voiles, et le cortège des soixante-dix disparaît avec le prophète dans les défilés du Sinaï. On

---

[64] Dans l'antiquité, les choses écrites sur la pierre passaient pour les plus sacrées. L'hiérophante d'Éleusis lisait aux initiés d'après des tablettes de pierre des choses qu'ils juraient de ne dire à personne et qui ne se trouvaient écrites nulle part ailleurs.

ne sait qui tremble le plus, ou les lévites de ce qu'ils vont voir, ou le peuple du châtiment que Moïse laisse suspendu sur sa tête comme une épée invisible.

Ah ! Si l'on pouvait échapper aux mains terribles de ce prêtre d'Osiris, de ce prophète de malheur ! Disent les rebelles. Et hâtivement la moitié du camp plie les tentes, selle les chameaux et se prépare à fuir. Mais voilà qu'un crépuscule étrange, un voile de poussière s'étend sur le ciel ; une bise aigre souffle de la mer Rouge, le désert prend une couleur fauve et blafarde, et derrière le Sinaï s'amoncellent de grosses nuées. Enfin le ciel devient noir. Des coups de vent amènent des flots de sable et des éclairs qui font crever en torrents de pluie les tourbillons de nuages qui enveloppent le Sinaï. Bientôt la foudre reluit et sa voix répercutée par toutes les gorges du massif éclate sur le camp en détonations successives avec un fracas épouvantable. Le peuple ne doute pas que ce ne soit la colère d'Ælohim évoqué par Moïse. Les filles de Moab ont disparu. On renverse les idoles, les chefs se prosternent, les enfants et les femmes se cachent sous le ventre des chameaux. Cela dure toute une nuit, tout un jour. La foudre est tombée sur les tentes, elle a tué des hommes et des bêtes et le tonnerre gronde toujours.

Vers le soir, la tempête s'apaise, les nuages fument toujours sur le Sinaï et le ciel reste noir. Mais voici, à l'entrée du camp, reparaissent les soixante-dix, Moïse à leur tête. Et dans la vague lueur du crépuscule, le visage du prophète et celui des élus rayonne d'une lumière surnaturelle, comme s'ils rapportaient sur leur face le reflet d'une vision éclatante et sublime. Sur l'arche d'or, sur le chérubs aux ailes de feu oscille une lueur électrique, comme une colonne phosphorescente. Devant ce spectacle extraordinaire les Anciens et le peuple, hommes et femmes, se prosternent à distance.

- Que ceux qui sont pour l'Éternel viennent à moi, dit Moïse.

Les trois quarts des chefs d'Israël se rangent autour de Moïse ; les rebelles restent cachés sous leurs tentes. Alors le prophète s'avance et ordonne à ses fidèles de passer au fil de l'épée les instigateurs de la révolte et les prêtresses d'Astaroth afin qu'Israël tremble à jamais devant Ælohim, qu'il se souvienne de la loi du Sinaï et de son premier commandement :

« Je suis l'Éternel ton Dieu qui t'ai tiré du pays d'Égypte, de la maison de servitude. Tu n'auras point d'autre Dieu devant ma face. Tu ne te feras point d'images taillées ni aucune ressemblance de choses qui sont là-haut dans les cieux, ni dans les eaux, ni sous la terre. »

C'est par ce mélange de terreur et de mystère que Moïse imposa sa loi et son culte à son peuple. Il fallait imprimer l'idée de Iévé en lettres de feu sur son âme, et sans ces mesures implacables, le monothéisme n'eût jamais triomphé du polythéisme envahissant de la Phénicie et de Babylone.

Mais les soixante-dix, qu'avaient-ils vu sur le Sinaï ? Le Deutéronome (XXXIII, 2) parle d'une vision colossale, de milliers de saints apparus au milieu de l'orage, sur le Sinaï, dans la lumière de Iévé. Les sages de l'ancien cycle, les antiques initiés des Aryas, de l'Inde, de la Perse et de l'Égypte, tous les nobles fils d'Asia, la terre de Dieu, vinrent-ils assister Moïse dans son œuvre et exercer une pression décisive sur la conscience de ses associés ? Les puissances spirituelles qui veillent sur l'humanité sont toujours là, mais le voile qui nous en sépare ne se déchire qu'aux grandes heures et pour de rares élus. Quoiqu'il en soit, Moïse fit passer dans les soixante-dix le feu divin et l'énergie de sa propre volonté. Ils furent le premier temple, avant celui de Salomon : le temple vivant, le temple en marche, le cœur d'Israël, lumière royale de Dieu.

Par les scènes du Sinaï, par l'exécution en masse des rebelles, Moïse acquit une autorité sur les Sémites nomades qu'il tenait sous sa main de fer. Mais des scènes analogues suivies de nouveaux coups de force durent se reproduire pendant les marches et les contre-marches vers le pays de Kanaan. Comme Mahomet, Moïse dut déployer à la fois le génie d'un prophète, d'un homme de guerre et d'un organisateur social. Il eut à lutter contre les lassitudes, les calomnies, les conspirations. Après la révolte populaire, il eut à terrasser l'orgueil des prêtres-lévites qui voulaient égaler leur rôle au sien, se donner comme lui pour les inspirés directs de Iévé, ou les conspirations plus dangereuses de quelques chefs ambitieux comme Coré, Datan et Abiram, fomentant l'insurrection populaire pour renverser le prophète et proclamer un roi, ainsi que le feront plus tard les Israélites avec Saül, malgré la résistance de Samuël. Dans cette lutte, Moïse a des alternatives d'indignation et de pitié, des tendresses de père et des rugissements de lion contre le peuple qui se débat sous l'étreinte de son esprit et qui malgré tout la subira. Nous en trouvons l'écho dans les dialogues que le récit biblique établit entre le prophète et son Dieu, dialogues qui semblent révéler ce qui se passait au fond de sa conscience.

Dans le Pentateuque, Moïse triomphe de tous les obstacles par des miracles plus qu'invraisemblables. Jéhovah, conçu comme un Dieu personnel, est toujours à sa disposition. Il apparaît sur le tabernacle comme une nuée brillante qui s'appelle la gloire du Seigneur. Moïse seul peut y entrer ; les profanes qui s'en approchent sont frappés de mort. Le tabernacle d'assignation, qui renferme l'arche, joue dans le récit biblique le rôle d'une gigantesque batterie électrique qui, une fois chargée du feu de Iéhovah, foudroie des masses humaines. Les fils d'Aaron, les deux cent cinquante adhérents de Coré et de Datan, enfin quatorze mille hommes du peuple (!) en sont tués du coup. De plus, Moïse provoque à heure fixe un tremblement de terre qui engloutit les trois chefs révoltés avec leurs tentes et leurs familles. Ce dernier récit est d'une poésie terrible et grandiose. Mais il est empreint d'une telle exagération, d'un caractère si visiblement légendaire qu'il serait puéril d'en discuter la réalité. Ce qui par-dessus tout donne un caractère exotique à ces récits, c'est le rôle de Dieu irascible et changeant qu'y joue Jéhovah. Il est toujours prêt à fulminer et à détruire, tandis que Moïse représente la miséricorde et la sagesse. Une conception aussi enfantine, aussi contradictoire de la divinité n'est pas moins étrangère à la conscience d'un initié d'Osiris qu'à celle d'un Jésus.

Et cependant ces colossales exagérations paraissent provenir de certains phénomènes dus aux pouvoirs magiques de Moïse et qui ne sont pas sans analogue dans la tradition des temples antiques. C'est ici le lieu de dire ce qu'on peut croire des soi-disant miracles de Moïse, au point de vue d'une théosophie rationnelle et des points élucidés de la science occulte. La production de phénomènes électriques sous diverses formes par la volonté de puissants initiés n'est pas seulement attribuée à Moïse par l'antiquité. La tradition chaldéenne l'attribuait aux mages, la tradition grecque et latine à certains prêtres de Jupiter et d'Apollon[65]. En pareil cas les phénomènes sont bien de l'ordre électrique.

Mais l'électricité de l'atmosphère terrestre y serait mise en mouvement par une force plus subtile et plus universelle partout répandue et que les grands adeptes s'entendraient à attirer, à concentrer et à projeter. Cette force est appelée *akasa* par les brahmanes, *feu principe* par les mages de la Chaldée, *grand agent magique*

---

[65] Deux fois un assaut du temple de Delphes fut repoussé dans les mêmes circonstances. En 480 avant Jésus-Christ, les troupes de Xersès l'attaquèrent et reculèrent épouvantées devant un orage, accompagné de flammes sortant du sol et de la chute de grands quartiers de roc (Hérodote). – En 279 avant Jésus-Christ, le temple fut attaqué de nouveau par une invasion de Galls et de Kimris. Delphes n'était défendu que par une petite troupe de Phocéens. Les barbares donnèrent l'assaut ; au moment où ils allaient pénétrer dans le temple, un orage éclatait et les Phocéens culbutèrent les Gaulois. (Voir le beau récit dans l'*Histoire des Gaulois* d'Amédée Thierry, livre II.)

par les Kabbalistes du moyen âge. Au point de vue de la science moderne on pourrait l'appeler *force éthérée*. On peut, soit l'attirer directement, soit l'évoquer par l'intermédiaire des agents invisibles, conscients ou semi-conscients dont regorge l'atmosphère terrestre et que la volonté des mages sait s'asservir. Cette théorie n'a rien de contraire à une conception rationnelle de l'univers, et même elle est indispensable pour expliquer une foule de phénomènes qui sans cela demeureraient incompréhensibles. Il faut ajouter seulement que ces phénomènes sont régis par des lois immuables et toujours proportionnés à la force intellectuelle, morale et magnétique de l'adepte.

Une chose anti-rationnelle et anti-philosophique serait la mise en mouvement de la cause première, de Dieu par un être quelconque, ou l'action immédiate de cette cause par lui, ce qui reviendrait à une identification de l'individu avec Dieu. L'homme ne s'élève que relativement à lui par la pensée ou par la prière, par l'action ou par l'extase. Dieu n'exerce son action dans l'univers qu'indirectement et hiérarchiquement par les lois universelles et immuables qui expriment sa pensée, comme à travers les membres de l'humanité terrestre et divine qui le représentent partiellement et proportionnellement dans l'infini de l'espace et du temps

Ces points posés, nous croyons parfaitement possible que Moïse, soutenu par les puissances spirituelles qui le protégeaient et maniant la force éthérée avec une science consommée, ait pu se servir de l'arche comme d'une sorte de réceptacle, de concentrateur attractif pour la production de phénomènes électriques d'un caractère foudroyant. Il s'isolait lui, ses prêtres et affidés par des vêtements de lin et des parfums qui le défendaient des décharges du feu éthéré ; Mais ces

phénomènes ne purent être que rares et limités. La légendé sacerdotale les exagéra. Il dût suffire à Moïse de frapper de mort quelques chefs rebelles ou quelques lévites désobéissants par une telle projection do fluide, pour terroriser et mâter tout le peuple.

VI

LA MORT DE MOÏSE

Quand Moïse eut conduit son peuple jusqu'à l'entrée de Kanaan, il sentit que son œuvre était accomplie. Qu'était-ce que Ièvè-Ælohim pour le Voyant du Sinaï ? L'ordre divin vu du haut en bas, à travers toutes les sphères de l'univers et réalisé sur la terre visible, à l'image des hiérarchies célestes et de l'éternelle vérité. Non, il n'avait pas contemplé en vain la face de l'Éternel, qui se réfléchit dans tous les mondes. Le Livre était dans l'Arche, et l'Arche gardée par un peuple fort, temple vivant du Seigneur. Le culte du Dieu unique était fondé sur la terre ; le nom de Iévé brillait en lettres flamboyantes dans la conscience d'Israël ; les siècles pourront rouler leurs flots dans l'âme changeante de l'humanité, ils n'en effaceront plus le nom de l'Éternel.

Moïse ayant compris ces choses, invoqua l'Ange de la Mort. Il imposa les mains à son successeur, Josué, devant le tabernacle d'assignation, afin que l'Esprit de Dieu passât en lui, puis il bénit toute l'humanité à travers les douze tribus d'Israël et gravit le mont Nébo, suivi seulement de Josué et de deux lévites. Déjà Aaron avait été « recueilli vers ses pères », la prophétesse Marie avait pris le même chemin. Le tour de Moïse était venu.

Quelles furent les pensées du prophète centenaire, lorsqu'il vil disparaître le camp d'Israël et qu'il monta dans la grande solitude d'Ælohim ? Qu'éprouva-t-il en promenant ses yeux sur la terre promise, de Galaad à Jéricho, la ville des palmes ? Un vrai poète[66],peignant en maître cette situation d'âme, lui fait pousser ce cri :

O Seigneur j'ai vécu puissant et solitaire

Lainez-moi m'endormir du sommeil de la terre.

Ces beaux vers en disent plus sur l'âme de Moïse que les commentaires d'une centaine de théologiens. Cette âme ressemble à la grande pyramide de Gizeh, massive, nue et close au dehors, mais qui renferme les grands mystères dans son intérieur et porte à son centre un sarcophage, appelé par les initiés le sarcophage de la résurrection. De là, par un couloir oblique on apercevait l'étoile polaire. Ainsi cet esprit impénétrable regardait de son centre le but final des choses.

Oui, tous les puissants ont connu la solitude que crée la grandeur ; mais Moïse fut plus seul que les autres parce que son principe fut plus absolu, plus transcendant. Son Dieu fut le principe mâle par excellence, l'Esprit pur. Pour l'inculquer aux hommes il dut déclarer la guerre au principe féminin, à la déesse Nature, à Hèvè, à la Femme éternelle qui vit dans l'âme de la Terre et dans le cœur de l'Homme. Il dut la combattre sans trêve et sans merci, non pour la détruire, mais pour la soumettre et la dompter. Quoi d'étonnant si la Nature et la Femme, entre lesquelles

---

[66] Alfred de Vigny.

règne un pacte mystérieux, tremblaient devant lui ? Quoi d'étonnant si elles se réjouissaient de son départ et attendaient pour relever la tête que l'ombre de Moïse eût cessé de jeter sur elles le pressentiment de la mort ? Telles furent sans doute les pensées du Voyant, tandis qu'il montait le stérile mont Nébo. Les hommes ne pouvaient l'aimer, car il n'avait aimé que Dieu. Son œuvre vivrait-elle du moins ? Son peuple resterait-il fidèle à sa mission ? Ah ! Fatale clairvoyance des mourants, don tragique des prophètes qui soulève tous les voiles à l'heure dernière ! A mesure que l'esprit de Moïse se détachait de la terre, il vit la terrible réalité de l'avenir ; il vit les trahisons d'Israël ; l'anarchie redressant la tête ; la royauté succédant aux Juges ; les crimes des rois souillant le temple du Seigneur ; son Livre mutilé, incompris ; sa pensée travestie, rabaissée par des prêtres ignorants ou hypocrites ; les apostasies des rois ; l'adultère de Juda avec les nations idolâtres ; la pure tradition, la doctrine sacrée étouffées et les prophètes, possesseurs du verbe vivant, persécutés jusqu'au fond du désert.

Assis dans une caverne du mont Nébo, Moïse vit tout cela en lui-même. Mais déjà la Mort étendait son aile sur son front et posait sa main froide sur sou cœur. Alors ce cœur de lion essaya de rugir encore une fois. Irrité contre son peuple, Moïse appela la vengeance d'Ælohim sur la race de Juda. Il leva son bras pesant. Josué et les lévites qui l'assistaient, entendirent avec épouvante ces paroles sortir de la bouche du prophète mourant « Israël a trahi son Dieu, qu'il soit dispersé aux quatre vents du ciel ! »

Cependant les lévites et Josué regardaient avec terreur leur maître qui ne donnait plus signe de vie. Sa dernière parole avait été une malédiction. Avait-il rendu le dernier soupir avec elle ? Mais Moïse ouvrit les yeux une dernière fois et dit : « Retournez vers Israël. Quand les temps seront venus, l'Éternel vous suscitera un prophète comme moi d'entre vos frères et il mettra son verbe dans sa bouche, et ce prophète vous dira tout ce que l'Éternel lui aura commandé.

« Et il arrivera que quiconque n'écoutera pas les paroles qu'il vous aura dites, l'Éternel lui en demandera compte. (Deutéronome, XVIII, 18, 19.)

Après ces paroles prophétiques, Moïse rendit l'esprit. L'Ange solaire au glaive de feu, qui d'abord lui était apparu au Sinaï, l'attendait. Il l'entraîna dans le sein profond de l'Isis céleste, dans les ondes de cette lumière qui est l'Épouse de Dieu. Loin des régions terrestres, ils traversèrent des cercles d'âmes d'une splendeur grandissante. Enfin l'Ange du Seigneur lui montra un esprit d'une beauté merveilleuse et d'une douceur céleste, mais d'une telle radiance et d'une clarté si fulgurante, que la sienne propre n'était qu'une ombre auprès. Il ne portait pas le glaive du châtiment, mais la palme du sacrifice et de la victoire. Moïse comprit que celui-là accomplirait son œuvre et ramènerait les hommes vers le Père, par la puissance de l'Éternel Féminin, par la Grâce divine et par l'Amour parfait.

Alors le Législateur se prosterna devant le Rédempteur, et Moïse adora Jésus-Christ.

LIVRE V

ORPHÉE

LES MYSTÈRES DE DIONYSOS

Comme elles s'agitent dans l'immense univers, comme elles tourbillonnent et se cherchent, ces âmes innombrables qui jaillissent de la grande Ame du Monde ! Elles tombent de planète en planète et pleurent dans l'abîrne la patrie oubliée... Ce sont tes larmes, Dionysos... Oh ! grand Esprit, ô divin Libérateur, reprend tes filles dans ton sein de lumière.

Fragment orphique.

Eurydice ! o Lumière divine ! dit Orphée en mourant — Eurydice ! gémirent en se brisant les sept cordes de sa Lyre. — Et sa tête qui roule, emportée à jamais sur le fleuve des temps, clame encore : - Eurydice ! Eurydice !

Légende d'Orphée.

I

LA GRÈCE PRÉHISTORIQUE –
LES BACCHANTES APPARITION
D'ORPHÉE

Dans les sanctuaires d'Apollon qui possédaient la tradition orphique, une fête mystérieuse se célébrait à l'équinoxe du printemps. C'était le moment où les narcisses refleurissaient près de la fontaine de Castalie. Les trépieds, les lyres du temple vibraient d'elles-mêmes et le Dieu invisible était sensé revenir du pays des Hyperboréens, sur un char traîné par des cygnes. Alors, la grande prêtresse vêtue en Muse, couronnée de lauriers, le front ceint des bandelettes sacrées, chantait devant les seuls initiés *la naissance d'Orphée*, fils d'Apollon et d'une prêtresse du Dieu. Elle invoquait l'âme d'Orphée, père des mystes, sauveur mélodieux des hommes; Orphée souverain, immortel et trois fois couronné, dans les enfers, sur la terre et dans le ciel ; marchant, une étoile au front, parmi les astres et les Dieux.

Le chant mystique de la prêtresse de Delphes faisait allusion à l'un des nombreux secrets gardés par les prêtres d'Apollon et ignorés de la foule. Orphée fut le génie animateur de la Grèce sacrée, l'éveilleur de son âme divine. Sa lyre aux sept cordes embrasse l'univers.

Chacune d'elles répond à un mode de l'âme humaine, contient la loi d'une science et d'un art. Nous avons perdu la clef de sa pleine harmonie, mais les modes divers n'ont pas cessé de vibrer à nos oreilles. L'impulsion théurgique et dionysiaque qu'Orphée sut communiquer à la Grèce, s'est transmise par elle à toute l'Europe. Notre temps ne croit plus à la beauté dans la vie. Si malgré tout il en garde un profond ressouvenir, une secrète et invincible espérance, il le doit à ce sublime Inspiré. Saluons en lui le grand initiateur de la Grèce, l'Ancêtre de la Poésie et de la Musique, conçues comme révélatrices de la vérité éternelle.

Mais avant de reconstituer l'histoire d'Orphée du fond même de la tradition des sanctuaires, disons ce qu'était la Grèce à son apparition.

C'était au temps de Moïse, cinq siècles avant Homère, treize siècles avant le Christ. L'Inde s'enfonçait dans son *Kali-Youg*, en son âge de ténèbres, et n'offrait plus que l'ombre de son ancienne splendeur. L'Assyrie, qui, par la tyrannie de Babylone, avait déchaîné sur le monde le fléau de l'anarchie, continuait à piétiner l'Asie. L'Égypte, très grande par la science de ses prêtres et par ses pharaons résistait de toutes ses forces à cette décomposition universelle ; mais son action s'arrêtait à l'Euphrate et à la Méditerratiée. Israël allait relever dans le désert le principe du Dieu mâle et de l'unité divine par la voix tonnante de Moïse ; mais la terre n'avait pas encore entendu ses échos.

La Grèce était profondément divisée par la religion et par la politique.

La péninsule montagneuse qui étale ses fines découpures dans la Méditerranée et qu'entourent des guirlandes d'îles, était peuplée depuis des milliers d'années par une poussée de la race blanche, voisine des Gètes, des Scythes et des Celtes primitifs. Cette race avait subi les mélanges, les impulsions de toutes les civilisations antérieures. Des colonies de l'Inde, de l'Égypte, de la Phénicie avaient essaimé sur ses rivages, peuplé ses promontoires et ses.vallées de races, de coutumes, de divinités multiples. Des flottes passaient, voiles déployées, sous les jambes du colosse de Rhodes, posé sur les deux môles de son port. La mer des Cyclades, où, par les jours clairs, le navigateur voit toujours quelque île ou quelque rive surgir à l'horizon, était sillonnée par les proues rouges des Phéniciens et les proues noires des pirates de Lydie. Ils emportaient dans leurs nefs creuses toutes les richesses de l'Asie et de l'Afrique : de l'ivoire, des poteries peintes, des étoffes de Syrie, des vases d'or, de la pourpre et des perles – souvent des femmes enlevées sur une côte sauvage.

Par ces croisements de races, s'était moulé un diome harmonieux et facile, mélange de celte primitif, de zend, de sanscrit et de phénicien. Cette langue, qui peignait la majesté de l'Océan dans le nom de *Poséidôn* et la sérénité du ciel dans celui d'*Ouranos*, imitait toutes les voix de la nature depuis le gazouillis des oiseaux jusqu'au choc des épées et au fracas de la tempête. Elle était multicolore comme sa mer d'un bleu intense, aux azurs changeants, multisonnante comme les vagues qui murmurent dans ses golfes ou mugissent sur ses récifs innombrables – *poluphlosboïo Thalassa*, comme dit Homère.

Avec ces marchands ou ces pirates, il y avait souvent des prêtres qui les dirigeaient et leur commandaient en maîtres. Ils cachaient précieusement dans leur barque, une image en bois d'une divinité quelconque. L'image était grossièrement sculptée sans doute, et les matelots d'alors avaient pour elle le même fétichisme que beaucoup de nos marins ont pour leur madone. Mais ces prêtres n'en étaient pas moins en possession de certaines sciences, et la divinité qu'ils emportaient de leur temple en pays étranger représentait pour eux une conception de la nature, un ensemble de lois, une organisation civile et religieuse. Car en ces temps, toute la vie intellectuelle descendait des sanctuaires. On adorait Junon à Argos ; Artémis en Arcadie ; à Paphos, à Corinthe, l'Astarté phénicienne était devenue l'Aphrodite née de l'écume des flots. Plusieurs initiateurs avaient paru en Attique. Une colonie égyptienne avait porté à Eleusis le culte d'Isis sous forme de Dèmètèr (Cérès), mère des Dieux. Erechtée avait établi entre le mont Hymette et le Pentélique le culte d'une déesse vierge, fille du ciel bleu, amie de l'olivier et de la sagesse. Pendant les invasions, au premier signal d'alarme, .la population se réfugiait sur l'Acropole et se serrait autour de la déesse comme autour d'une victoire vivante.

Au-dessus des divinités locales régnaient quelques dieux mâles et cosmogoniques. Mais, relégués sur les hautes montagnes, éclipsés par le cortège brillant des divinités féminines, ils avaient peu d'influence. Le Dieu solaire, l'Apollon delphien[67] existait déjà, mais ne jouait encore qu'un rôle effacé. Il y avait des prêtres de Zeus le Très-Haut, au pied des cimes neigeuses de l'Ida, sur les hauteurs de l'Arcadie et sous les chênes de Dodone. Mais le peuple préférait au Dieu mystérieux et universel, les déesses qui représentaient la nature en ses puissances ou séduisantes ou terribles. Les fleuves souterrains de l'Arcadie, les cavernes des montagnes qui descendent jusqu'aux entrailles de la terre, les éruptions volcaniques dans les îles de la mer Égée avaient porté de bonne heure les Grecs vers le culte des forces mystérieuses de la terre. Ainsi, dans ses hauteurs comme dans ses profondeurs, la nature était pressentie, redoutée et vénérée. Cependant, comme toutes ces divinités n'avaient ni centre social, ni synthèse religieuse, elles se faisaient entre elles une guerre

---

[67] Selon l'antique tradition des Thraces, la poésie avait été inventée par *Olen*. Or ce nom veut dire en phénicien l'*Être universel*. Apollon a la même racine. *Ap Olen* ou *Ap Wholon* signifie *Père universel*. Primitivement on adorait à Delphes l'Être universel sous le nom d'Olen. Le culte d'Apollon fut introduit par un prêtre novateur, sous l'impulsion de la doctrine du verbe solaire qui parcourait alors les sanctuaires de l'Inde et de l'Égypte. Ce réformateur identifia le Père universel avec sa double manifestation : la lumière hyperphysique et le soleil visible. Mais cette réforme ne sortit guère des profondeurs du sanctuaire. Ce fut Orphée qui donna une puissance nouvelle au verbe solaire d'Apollon, en le ranimant et en l'électrisant par les mystères de Dionysos. (Voir Fabre d'Olivet, *Les vers dorés de Pythagore*.)

acharnée. Les temples ennemis, les cités rivales, les peuples divisés par le rite, par l'ambition des prêtres et des rois, se haïssaient, se jalousaient et se combattaient en des luttes sanglantes.

Mais, derrière la Grèce, il y avait la Thrace sauvage et rude. Vers le Nord, des enfilades de montagnes couvertes de chênes géants et couronnées de rochers, se suivaient en croupes onduleuses, se déroulaient en cirque énormes ou s'enchevêtraient en massifs noueux. Les vents du septentrion labouraient leurs flancs chevelus et un ciel souvent tempétueux balayait leurs cimes. Pâtres des vallées et guerriers des plaines appartenaient à cette forte race blanche, à la grande réserve des Doriens de la Grèce. Race mâle par excellence, qui se marque dans la beauté par l'accentuation des traits, la décision du caractère, et dans la laideur par l'effrayant et le grandiose qu'on retrouve dans le masque des Méduses et des antiques Gorgones.

Comme tous les peuples antiques qui reçurent leur organisation des Mystères, comme l'Égypte, comme Israël, comme l'Étrurie, la Grèce eut •sa géographie sacrée, où chaque contrée devenait le symbole d'une région purement intellectuelle et supraterrestre de l'esprit. Pourquoi la Thrace[68] fut- elle toujours considérée par les Grecs comme le pays saint par excellence, le pays de la lumière et la véritable patrie des Muses ? C'est que ces hautes montagnes portaient les plus vieux sanctuaires de Kronos, de Zeus et d'Ouranos. De là étaient descendus en rythmes eumolpiques la Poésie, les Lois et les Arts sacrés. Les

---

[68] *Thrakia*, selon Fabre d'Olivet, dérive du phénicien *Rakhiwa :* l'espace éthéré ou le firmament. Ce qu'il y a de certain, c'est que, pour les poètes et les initiés de la Grèce, comme Pindare, Eschyle ou Platon, le nom de la Thrace avait un sens symbolique et signifiait : le pays de la pure doctrine et de la poésie sacrée qui en procède. Ce mot avait donc pour eux un sens philosophique et historique. − Philosophiquement, il désignait une région intellectuelle : l'ensemble des doctrines et des traditions qui font procéder le monde d'une intelligence divine. − Historiquement, ce nom rappelait le pays et la race où la doctrine et la poésie doriennes, ce vigoureux rejeton de l'antique esprit aryen, avaient poussé d'abord pour refleurir ensuite en Grèce par le sanctuaire d'Apollon. − L'usage de ce genre de symbotisme est prouvé par l'histoire postérieure. A Delphes, il y avait une classe de *prêtres Thracides*. C'étaient les gardiens de la haute doctrine. Le tribunal des Amphyctions était anciennement défendu par une *garde Thracide*, c'est-à-dire par une garde de guerriers initiés. La tyrannie de Sparte supprima cette phalange incorruptible et la remplaça par les mercenaires de la force brutale. Plus tard le verbe *thraciser* fut appliqué ironiquement aux dévots des anciennes doctrines.

poètes fabuleux de la Thrace en font foi. Les noms de Thamyris, de Linos et d'Amphion répondent peut-être à des per nages réels ; mais ils personnifient avant tout, selon le langage des temples, autant de genres de poésie. Chacun d'eux consacre la victoire d'une théologie sur une autre. Dans les temples d'alors, on n'écrivait l'histoire qu'allégoriquement. L'individu n'était rien, la doctrine et l'œuvre tout. Thamyris, qui chanta la guerre des Titans et fut aveuglé par les Muses, annonce la défaite de la poésie cosmogonique par des modes nouveaux. Linus, qui introduisit en Grèce les chants mélancoliques de l'Asie et fut tué par Hercule, trahit l'invasion en Thrace d'une poésie émotionnelle, éplorée et voluptueuse, que repoussa d'abord l'esprit viril des Doriens du nord. Il signifie en même temps la victoire d'un culte lunaire sur un culte solaire. Amphion par contre, qui selon la légende allégorique mettait les pierres en mouvement par ses chants et construisait des temples aux sons de sa lyre, représente la force plastique que la doctrine solaire et la poésie dorienne orthodoxe exercèrent sur les arts et sur toute la civilisation hellénique[69].

Bien autre est la lumière dont reluit Orphée ! Il brille à travers les âges avec le rayon personnel d'un génie créateur, dont l'âme vibra d'amour en ses mâles profondeurs pour l'Éternel-Féminin — et en ses dernières profondeurs lui répondit cet Éternel-Féminin qui vit et palpite sous une triple forme dans la Nature, dans l'Humanité et dans le Ciel. L'adoration des sanctuaires, la tradition des initiés, le cri des poètes, la voix des philosophes — et plus que tout le reste : son œuvre, la Grèce organique — témoignent de sa vivante réalité !

---

[69] Strabon assure positivement que la poésie ancienue n'était que la langue de l'allégorie. Denys d'Halicarnasse le confirme et avoue que les mystères de la nature et les plus sublimes conceptions de la morale ont été couverts d'un voile. Ce n'est donc point par métaphore que l'ancienne poésie s'appela *la langue des Dieux*. Ce sens secret et magique qui fait sa force et son charme est contenu dans son nom même. La plupart des linguistes ont dérivé le mot de poésie du verbe grec *poïën*, faire, créer, Étymologie simple et fort naturelle en apparence, mais peu conforme à la langue sacrée des temples, d'où sortit la poésie primitive. Il est plus Logique d'admettre avec Fabre d'Olivet que *poïèsie* vient du phénicien *phohe* (bouche, voix, langage, discours) et de *ish* (Être supérieur, être principe, au figuré : Dieu.) L'étrusque *Aes* ou *Aesar*, le gallique *Aes*, le scandinave *Ase*, le copte *Os* (Seigneur), l'égyptien *Osiris* ont la même racine.

En ces temps, la Thrace était en proie à une lutte profonde, acharnée. Les cultes solaires et les cultes lunaires se disputaient la suprématie. Cette guerre entre les adorateurs du soleil et de la lune, n'était pas, comme on pourrait le croire, la dispute futile de deux superstitions. Ces deux cultes représentaient deux théologies, deux cosmogonies, deux religions et deux organisations sociales absolument opposées. Les cultes ouraniens et solaires avaient leurs temples sur les hauteurs et les montagnes ; des prêtres mâles; des lois sévères. Les cultes lunaires régnaient dans les forêts ; dans les vallées profondes ; ils avaient des femmes pour prêtresses, des rites voluptueux, la pratique déréglée des arts occultes et le goût de l'excitation orgiastique. Il y avait guerre à mort entre les prêtres du soleil et les prêtresses de la lune. Lutte des sexes, lutte antique, inévitable, ouverte ou cachée, mais éternelle entre le principe masculin et le principe féminin, entre l'homme et la femme, qui remplit l'histoire de ses alternatives et où se joue le secret des mondes. De même que la fusion parfaite du masculin et du féminin constitue l'essence même et le mystère de la divinité, de même l'équilibre de ces deux principes peut seul produire les grandes civilisations.

Partout en Thrace comme en Grèce, les dieux mâles, cosmogoniques et solaires avaient été relégués sur les hautes montagnes, dans les pays déserts. Le peuple leur préférait le cortège inquiétant des divinités féminines qui évoquaient les passions dangereuses et les forces aveugles de la nature. Ces cultes donnaient à la divinité suprême le sexe féminin.

D'effroyables abus commençaient à en résulter : - Chez les Thraces, les prêtresses de la lune ou de la triple Hécate avaient fait acte de suprématie en s'appropriant le vieux culte de Bacchus et en lui donnant un caractère sanglant et redoutable. En signe de leur victoire, elles avaient pris le nom de Bacchantes, comme pour marquer leur maîtrise, le règne souverain de la femme, sa domination sur l'homme.

Tour à tour magiciennes, séductrices et sacrificatrices sanglantes de victimes humaines, elles avaient leurs sanctuaires en des vallées sauvages et reculées. Par quel charme sombre, par quelle ardente curiosité hommes et femmes étaient-ils attirés dans ces solitudes d'une végétation luxuriante et grandiose ? Des formes nues – des danses lascives au fond d'un bois.., puis des rires, un grand cri – et cent Bacchantes se jetaient sur l'étranger pour le terrasser. Il devait leur jurer soumission et se soumettre à leurs rites ou périr. Les Bacchantes apprivoisaient des panthères et des lions qu'elles faisaient paraître dans leurs fêtes. La nuit, les bras enroulés de serpents, elles se prosternaient devant la triple Hécate ; puis, en des rondes frénétiques, évoquaient Bacchus souterrain, au double sexe et à face de taureau[70]. Mais malheur à l'étranger, malheur au prêtre de Jupiler ou d'Apollon qui venait les épier. Il était mis en pièces.

Les Bacchantes primitives furent donc les druidesse de la Grèce. Beaucoup de chefs Thraces restèrent fidèles aux vieux cultes mâles. Mais les Bacchantes s'étaient insinuées chez quelques-uns de leurs rois qui unissaient des mœurs barbares au luxe et aux raffinements de l'Asie, Elles les avaient séduits par la volupté et domptés par la terreur. Ainsi les Dieux avaient divisé la Thrace en deux camps ennemis. Mais les prêtres de Jupiter et d'Apollon, sur leurs sommets déserts, hantés par la foudre, devenaient impuissants contre Hécate qui gagnait dans les vallées brûlantes et qui de ses profondeurs commençait à menacer les autels des fils de la lumière.

A cette époque, avait paru en Thrace un jeune homme de race royale et d'une séduction merveilleuse. On le disait fils d'une prêtresse d'Apollon. Sa voix

---

[70] Le Bacchus à face de taureau se retrouve dans le XXIXème hymne orphique. C'est un souvenir de l'ancien culte qui n'appartient nullement à la pure tradition d'Orphée. Car celui-ci épura complètement et transfigura le Bacchus populaire en Dionysos céleste, symbole, de l'esprit divin qui évolue à travers tous les règnes de la nature. – Chose curieuse, nous retrouvons le Bacchus infernal des Bacchantes dans le Satan à face de taureau qu'évoquaient et qu'adoraient les sorcières du moyen âge en leurs nocturnes sabbats. C'est le fameux Baphomet dont l'Église accusa les Templiers d'être les sectateurs pour les discréditer.

mélodieuse avait un charme étrange. Il parlait des Dieux sur un rythme nouveau et semblait inspiré. Sa chevelure blonde, orgueil des Doriens, tombait en ondes dorées sur ses épaules, et la musique qui coulait de ses lèvres prêtait un contour suave et triste aux coins de sa bouche. Ses yeux d'un bleu profond rayonnaient de force, de douceur et de magie. Les Thraces farouches fuyaient son regard ; mais les femmes versées dans l'art des charmes, disaient que ces yeux mêlaient dans leur philtre d'azur les flèches du soleil aux caresses de la lune. Les Bacchantes même, curieuses de sa beauté, rôdaient souvent autour de lui comme des panthères amoureuses, fières de leurs peaux tachetées et souriaient à ses paroles incompréhensibles.

Subitement ce jeune homme, qu'on appelait *le fils d'Apollon* avait disparu. On le disait mort, descendu aux enfers. Il s'était enfui secrètement en Samothrace, puis en Égypte, où il avait demandé asile aux prêtres de Memphis. Ayant traversé leurs Mystères, il était revenu au bout de vingt ans sous un nom d'initiation, qu'il avait conquis par ses épreuves et reçu de ses maîtres, comme un signe de sa mission. Il s'appelait maintenant *Orphée* ou *Arpha*[71], ce qui veut dire : *celui qui guérit par la lumière*.

Le plus vieux sanctuaire de Jupiter s'élevait alors sur le mont Kaoukaïôn. Jadis, ses hiérophantes avaient été grands pontifes. Du sommet de cette montagne, à l'abri des coups de main, ils avaient régné sur toute la Thrace. Mais depuis que les divinités d'en bas avaient

---

[71] Mot phénicien composé d'*aour*, lumière et de *rophae*, guérison.

pris le dessus, leurs adhérents étaient en petit nombre, leur temple presque abandonné. Les prêtres du mont Kaoukaïôn accueillirent l'initié d'Égypte comme un sauveur. Par sa science et par son enthousiasme, Orphée entraina la plus grande partie des Thraces transforma complètement le culte de Bacchus et dompta les Bacchantes. Bientôt son influence pénétra dans tous les sanctuaires de la Grèce. Ce fut lui qui consacra la royauté de Zeus en Thrace, celle d'Apollon à Delphes où il jeta les bases du tribunal des Amphyctions, qui devint l'unité sociale de la Grèce. Enfin par la création des Mystères, il forma l'âme religieuse de sa patrie. Car, au sommet de l'initiation, il fondit la religion de Zeus avec celle de Dionysos dans une pensée universelle. Les initiés recevaient par ses enseignements la pure lumière des vérités sublimes ; et cette même lumière parvenait au peuple plus tempérée, mais non moins bienfaisante sous le voile de la poésie et de fêtes enchanteresses.

C'est ainsi qu'Orphée était devenu pontife de Thrace, grand prêtre du Zeus Olympien, et, pour les initiés, le révélateur du Dionysos céleste.

II

LE TEMPLE DE JUPITER

Près des sources de l'Èbre, s'élève le mont Kaoukaïôn. D'épaisses forêts de chênes lui servent de ceinture. Un cercle de rochers et de pierres cyclopéennes le couronne. Depuis des milliers d'années, ce lieu est une montagne sainte. Les Pélasges, les Celtes,les Scythes et les Gêtes se chassant les uns les autres, sont venus tour à tour y adorer leurs Dieux divers. Mais n'est-ce pas toujours le même Dieu que cherche l'homme quand il monte si haut ? Sinon, pourquoi lui bâtirait-il si péniblement une demeure dans la région de la foudre et des vents ?

Un temple de Jupiter s'élève maintenant au centre de l'enceinte sacrée, massif, inabordable comme une forteresse. A l'entrée, un péristyle de quatre colonnes doriennes détache ses fûts énormes sur un portique sombre.

Au zénith, le ciel est serein ; mais l'orage gronde encore sur les montagnes de la Thrace, qui déroulent au loin leurs vallées et leurs cimes, noir océan convulsé par la tempête et sillonné de lumière.

C'est l'heure du sacrifice. Les prêtres de Kaoukaïôn n'en font pas d'autre que celui du feu. Ils descendent les marches du temple et allument l'offrande de bois aromatique avec une torche du sanctuaire. Enfin, le pontife sort du temple. Vêtu de lin blanc comme les autres, il est couronné de myrtes et de cyprès. Il porte un sceptre d'ébène à tête d'ivoire et une ceinture d'or, où des cristaux jettent des feux sombres, symboles d'une royauté mystérieuse. C'est Orphée.

Il conduit par la main un disciple, enfant de Delphes, qui pâle, tremblant et ravi, attend les paroles du grand Inspiré avec le frisson des mystères. Orphée le voit ; et pour rassurer le myste élu de son cœur, il entoure doucement ses épaules de son bras. Ses yeux sourient ; mais soudain ils flamboient. Et tandis qu'à leurs pieds, les prêtres tournent autour de l'autel et chantent l'hymne du feu, Orphée, solennellement, dit au myste bien-aimé des paroles d'initiation qui tombent dans le fond de son cœur comme une liqueur divine.

Or, voici les paroles ailées d'Orphée au jeune disciple :

« Replie-toi jusqu'au fond de toi-même pour t'élever au Principe des choses, à la grande Triade qui flamboie dans l'Ether immaculé. Consume ton corps par le feu de ta pensée ; détache-toi de la matière comme la flamme du bois qu'elle dévore. Alors ton esprit s'élancera dans le pur éther des Causes éternelles, comme l'aigle au trône de Jupiter.

« Je vais te révéler le secret des mondes, l'âme de la nature, l'essence de Dieu. Écoute d'abord le grand arcane. Un seul être règne dans le ciel profond et dans l'abîme de la terre, Zeus tonnant, Zeus éthéré. Il est le conseil profond, la haine puissante et l'amour délicieux. Il règne dans la profondeur de la terre et dans la hauteur du ciel étoilé : Souffle des choses, feu indompté, mâle et femelle, un Roi, un Pouvoir, un Dieu, un grand Maître.

« Jupiter est l'époux ct réponse divine, Homme et Femme, Père et Mère. De leur mariage sacré, de leurs noces éternelles sortent incessamment le Feu et l'Eau, la Terre et l'Éther, la Nuit et le Jour, les fiers Titans, les Dieux immuables et la semence flottante des hommes.

« Les amours du Ciel et de la Terre ne sont pas connus des profanes. Les mystères de l'Époux et de l'Épouse ne sont dévoilés qu'aux hommes divins. Mais je veux déclarer ce qui est vrai. Tout à l'heure le tonnerre ébranlait ces rochers ; la foudre y tombait comme un feu vivant, une flamme roulante ; et les échos des montagnes en mugissaient de joie. Mais toi, tu tremblais, ne sachant d'où vient ce feu ni où il frappe. C'est le feu mâle, semence de Zeus, le feu créateur. Il sort du cœur et du cerveau de Jupiter ; il s'agite dans tous les êtres. Quand tombe la foudre, il jaillit de sa droite. Mais nous ses prêtres, nous savons son essence ; nous évitons et quelquefois nous dirigeons ses traits.

« Et maintenant, regarde le firmament. Vois ce cercle brillant de constellations sur lequel est jeté l'écharpe légère de la voie lactée, poussière de soleils et de mondes. Vois flamboyer Orion, scintiller les Gémeaux et resplendir la Lyre. C'est le corps de l'Épouse divine qui tourne dans un vertige harmonieux sous les chants de l'Époux. Regarde avec les yeux de l'esprit ; et tu verras sa tête renversée, ses bras étendus et tu soulèveras son voile semé d'étoiles.

« Jupiter est l'Époux et l'Épouse divine. Voilà le premier mystère.

« Mais maintenant, enfant de Delphes, prépare-toi à la seconde initiation. Frissonne, pleure, jouis, adore ! Car ton esprit va plonger dans la zone brûlante où le grand Démiurge fait le mélange de l'âme et du monde dans la coupe de la vie. En s'abreuvant à cette coupe enivrante, tous les êtres oublient le divin séjour et descendent dans l'abîme douloureux des générations.

« Zeus est le grand Démiurge. Dionysos est son fils, son Verbe manifesté. Dionysos, esprit radieux, vivante intelligence, resplendissait aux demeures de son père, au palais de l'Éther immuable. Un jour que, penché, il contemplait les abîmes du ciel à travers les constellations, Il vit reflétée dans la bleue profondeur sa propre image qui lui tendait les bras. Épris de ce beau fantôme, amoureux de son double, il se précipita pour le saisir. Mais l'image fuyait, fuyait toujours et l'attirait au fond du gouffre. Enfin, il se trouva dans une vallée ombreuse et parfumée, jouissant des brises voluptueuses qui caressaient son corps. Dans une grotte il aperçut Perséphône. Maïa, la belle tisseuse, tissait un voile, où l'on voyait ondoyer les images de tous les êtres. Devant la vierge divine il s'arrêta muet de ravissement. A ce moment, les fiers Titans, les libres Titanides l'aperçurent. Les premiers, jaloux de sa beauté, les autres, éprises d'un fol amour, se jetèrent sur lui comme les éléments furieux et le mirent en pièces. Puis, s'étant distribué ses membres, ils les firent bouillir dans l'eau et enterrèrent son cœur. Jupiter foudroya les Titans et Minerve remporta dans l'Éther le cœur de Dionysos ; il y devint un soleil ardent. Mais de la fumée du corps de Dionysos sont sorties les âmes des hommes qui remontent vers le ciel. Quand les pâles ombres auront rejoint le cœur flamboyant de Dieu, elles s'allumeront comme des flammes, et Dionysos tout entier ressuscitera plus vivant que jamais dans les hauteurs de l'Empyrée.

« Voilà le mystère de la mort de Dionysos. Maintenant écoute celui de sa résurrection. Les hommes sont la chair et le sang de Dionysos ; les hommes malheureux sont ses membres épars qui se cherchent en se tordant dans le crime et la haine, dans la douleur et l'amour, à travers des milliers d'existences. La chaleur ignée de la terre, l'abîme des forces d'en bas, les attire toujours plus avant dans le gouffre, les déchire toujours davantage. Mais nous, les initiés, nous qui savons ce qui est en haut et ce qui est en bas, nous sommes les sauveurs des âmes, les Hermès des hommes. Comme des aimants nous les attirons à nous, attirés nous-mêmes par les Dieux. Ainsi, par de célestes incantations nous reconstituons le corps vivant de la divinité. Nous faisons pleurer le ciel et jubiler la terre ; et comme de précieux joyaux nous portons dans nos cœurs les larmes de tous les êtres pour les changer en sourires. Dieu meurt en nous ; en nous il renaît. »

Ainsi parla Orphée. Le disciple de Delphes s'agenouilla devant son maître, les bras levés, avec le geste des suppliants. Et le pontife de Jupiter étendit sa main sur sa tête en prononçant ces paroles de consécration :

« Que Zeus ineffable et Dionysos trois fois révélateur, dans les enfers, sur la terre et dans le ciel, soit propice à ta jeunesse et qu'il verse dans ton cœur la science des Dieux. »

Alors, l'Initié quittant le péristyle du temple alla jeter du styrax dans le feu de l'autel et invoqua trois fois

Zeus tonnant. Les prêtres tournèrent en cercle autour de lui en chantant un hymne. Le. pontife-roi était resté pensif sous le portique, le bras appuyé sur une stèle. Le disciple revint à lui.

« - Mélodieux Orphée, dit-il, fils aimé des Immortels et doux médecin des âmes, depuis le jour où je t'ai entendu chanter les hymnes des Dieux à la fête de l'Apollon delphien, tu as ravi mou cœur et je t'ai suivi partout. Tes chants sont comme un vin qui enivre, tes enseignements comme un breuvage amer qui soulage le corps accablé et répand dans ses membres une force nouvelle.

« Il est âpre le chemin qui mène dès ici-bas aux Dieux, dit Orphée, qui semblait répondre à des voix intérieures plutôt qu'à son disciple. – Un sentier fleuri, une pente escarpée, et puis des rochers hantés par la foudre avec l'espace immense autour – voilà le destin du Voyant et du Prophète sur la terre. Mon enfant, reste dans les sentiers fleuris de la plaine et ne cherche pas au delà.

« - Ma soif augmente à mesure que tu la désaltères, dit le jeune initié. Tu m'as instruit de l'essence des Dieux. Mais dis.moi, grand maître des mystères, inspiré du divin Érôs, pourrai-je *les voir* jamais ?

« - Avec les yeux de l'esprit, dit le pontife de Jupiter, mais non avec ceux du corps. Or, tu ne sais voir encore qu'avec ceux-ci. Il faut un long travail ou de grandes douleurs pour ouvrir les yeux du dedans.

« - Toi seul sais les ouvrir, Orphée ! Avec toi que puis-je craindre ?

« - Tu le veux ? Écoute donc ! En Thessalie, dans le val enchanté de Tempé s'élève un temple mystique, fermé aux profanes. C'est là que Dionysos se manifeste aux mystes et aux voyants. Dans un an je te convie à sa fête, et te plongeant dans un sommeil magique, j'ouvrirai tes yeux sur le monde divin. Que jusque-là ta vie soit chaste et blanche ton âme. Car sache que la lumière des Dieux épouvante les faibles et tue les profanateurs.

« Mais viens dans ma demeure. Je te donnerai le livre nécessaire à ta préparation. »

Le maître rentra avec le disciple delphien dans l'intérieur du temple et le conduisit dans la grande cella qui lui était réservée. Là, brûlait une lampe égyptienne toujours allumée, que tenait un génie ailé en métal forgé. Là étaient renfermés dans des coffres de cèdre odorant de nombreux rouleaux de papyrus couverts d'hieroglypnes égyptiens et de caractères phéniciens, ainsi que les livres écrits en langue grecque par Orphée et qui renfermaient sa science magique et sa doctrine secrète[72].

Le maître et le disciple s'entretinrent dans la cella pendant une partie de la nuit.

---

[72] Parmi les nombreux livres perdus que les écrivains orphiques de la Grèce attribuaient à Orphée, il y avait les *Argonautiques* qui traitaient du grand-œuvre hermétique ; une *Démétréide*, un poème sur la mère des Dieux auquel correspondait une *Cosmogonie ; les chants sacrés de Bacchus* ou l'Esprit pur, qui avaient pour complément une *Théogonie ;* sans parler d'autres ouvrages comme *le Voile ou le filet des âmes*, l'art des mystères et des rites ; *le livre des mutations* chimie et alchimie ; *les Corybantes* ou les mystères terrestres et les tremblements de terre ; *l'anémoscopie*, science de l'atmosphère ; une botanique naturelle et magique, etc...

III

FÊTE DIONYSIAQUE DANS LA
VALLÉE DE TEMPÉ[73].

C'était en Thessalie, dans la fraîche vallée de Tempé. La huit sainte, consacrée par Orphée aux mystères de Dionysos, était venue. Conduit par un des serviteurs du temple, le disciple de Delphes marchait dans une gorge étroite et profonde bordée par des

---

[73] Pausanias raconte que, tous les ans, une théorie se rendait de Delphes à la vallée de Tempé, pour y cueillir le laurier sacré. Cet usage significatif rappelait aux disciples d'Apollon qu'ils se rattachaient à l'initiation orphique et que l'inspiration première d'Orphée était le tronc antique et vigoureux dont le temple de Delphes cueillait les rameaux toujours jeunes et vivants. Cette fusion entre la tradition apollinienne et ta tradition orphique se marque encore d'une autre manière dans l'histoire des temples. En effet, la célèbre dispute entre Apollon et Bacchus pour le trépied du temple n'a pas d'autre sens. Bacchus, dit la légende; céda le trépied à son frère et se retira sur le Parnasse. Cela veut dire que Dionysos et l'initiation orphique restèrent le privilège des initiés, tandis qu'Apollon donnait ses oracles au dehors.

rochers à pic. On n'entendait dans la nuit sombre que le murmure du fleuve qui coulait entre ses rives de verdure. Enfin la pleine lune se montra derrière une montagne. Son disque jaune sortit de la chevelure noire des rochers. Sa lumière subtile et magnétique glissa dans les profondeurs : - et tout à coup, la vallée enchanteresse apparut dans une clarté élyséenne. Un instant, elle se dévoila tout entière avec ses fonds gazonnés, ses bosquets de frênes et de peupliers, ses sources cristallines, ses grottes voilées de lierres retombants, et son fleuve sinueux enlaçant des îles d'arbres ou roulant sous des berceaux entrelacés. Une blonde vapeur, un sommeil voluptueux enveloppaient les plantes. Des soupirs de nymphes semblaient faire palpiter le miroir des sources et de vagues sons de flûte s'échappaient des roseaux immobiles. Sur toute chose planait la silencieuse incantation de Diane.

Le disciple de Delphes cheminait comme dans un rêve. Il s'arrêtait quelquefois pour respirer une délicieuse odeur de chèvrefeuille et de laurier amer. Mais la clarté magique ne dura qu'un instant. La lune se couvrit d'un nuage. Tout redevint noir ; les rochers reprirent leurs formes menaçantes ; et des lumières errantes brillèrent de tous côtés sous l'épaisseur des arbres, au bord du fleuve et dans les profondeurs de la vallée.

- Ce sont les mystes, dit le guide âgé du temple, ils se mettent en marche. Chaque cortège a son guide porte-flambeau. Nous allons les suivre.

Les voyageurs rencontrèrent des chœurs sortant des bosquets et qui se mettaient en route. Ils virent passer d'abord *les mystes du jeune Bacchus*, adolescents vêtus de longues tuniques de lin fin et couronnés de lierre. Ils portaient des coupes de bois ciselé, symboles de la coupe de la vie. Puis vinrent des jeunes hommes fiers et vigoureux. Ils s'appelaient *les mystes d'Hercule lutteur* ; tuniques courtes, jambes nues, la peau de lion en travers des épaules et des reins, des couronnes d'olivier sur la tête. Puis vinrent les inspirés, *les mystes de Bacchus déchiré*, la peau zébrée de la panthère autour du corps, des bandelettes de pourpre dans les cheveux, le thyrse en main.

Passant près d'une caverne, ils virent prosternés à terre *les mystes d'Aïdonée et d'Érôs souterrain*. C'étaient des hommes pleurant des parents ou des amis morts. Ils chantaient à voix basse : « Aïdonée ! Aïdonée ! rends-nous ceux que tu nous as pris, ou fais-nous descendre dans ton royaume. » Le vent s'engouffrait dans la caverne et semblait se prolonger sous terre avec des rires et des hoquets funèbres. Soudain un myste se retourna vers le disciple de Delphes et lui dit : « Tu as franchi le seuil d'Aïdonée ; tu ne reverras pas la lumière des vivants. » Un autre le frôla en passant et lui jeta ces mots dans l'oreille : « Ombre, tu seras la proie de l'ombre ; toi qui viens de la Nuit, retourne dans l'Erèbe ! » Et il s'enfuit en courant. Le disciple de Delphes se sentit glacé d'effroi. Il chuchota à sou guide : « Qu'est-ce que cela veut dire ? » Le serviteur du temple parut n'avoir rien entendu. Il dit seulement : « Il faut passer le pont. Personne n'évite le but. »

Ils traversèrent un pont de bois jeté sur le Pénée.

- D'où viennent, dit le néophyte, ces voix plaintives et cette mélopée lamentable ? Qui sont ces ombres blanches qui marchent en longues files sous les peupliers ?

- Ce sont des femmes qui vont s'initier aux mystères de Dionysos.

- Sais-tu leurs noms ?

- Ici personne ne sait le nom de personne et chacun oublie le sien. Car, de même qu'à l'entrée du domaine consacré, les mystes laissent leurs vêtements souillés, pour se baigner dans le fleuve et revêtir de pures robes de lin, de même chacun quitte son nom pour en prendre un autre. Pour sept nuits et pour sept jours, on se transforme, on passe dans une autre vie. Regarde toutes ces théories de femmes. Elles ne sont pas groupées d'après leurs familles et leurs patries, mais d'après le Dieu qui les inspire.

Ils virent défiler des jeunes filles couronnées de narcisse, en péplos azurés, que le guide appelait *les nymphes compagnes de Perséphone*. Elles portaient chastement enlacés dans leurs bras des coffrets, des urnes, des vases votifs. Puis, venaient, en péplos rouges, *les amantes mystiques, les épouses ardentes et les chercheuses d'Aphrodite*. Elles s'enfoncèrent dans un bois noir. De là, on entendit sortir des appels violents mêlés à des sanglots alanguis. Ils s'apaisèrent peu à peu. Puis un chœur passionné s'éleva du sombre bosquet de myrtes et monta vers le ciel en palpitations lentes : « Érôs ! tu nous a blessées ! Aphrodite ! tu as brisé nos membres ! Nous avons couvert notre sein avec la peau du faon, mais nous portons dans nos poitrines la pourpre sanglante de nos blessures. Notre cœur est un brasier dévorant. D'autres meurent de pauvreté ; c'est l'amour qui nous consume. Dévore-nous, Erôs! Erôs! ou délivre-nous, Dionysos ! Dionysos ! »

Une autre théorie s'avança. Ces femmes étaient complètement vêtues de laine noire avec de longs voiles traînant derrière elles, et toutes étaient affligées de quelque grand deuil. Le guide les nomma : *les éplorées de Perséphône.* A cet endroit se trouvait un grand mausolée de marbre revêtu de lierre. Elles s'agenouillèrent autour, dénouèrent leurs cheveux et poussèrent de grands cris. A la strophe du désir, elles répondirent par l'antistrophe de la douleur. « Perséphône, disaient-elles, tu es morte, enlevée par Aïdonée ; tu es descendue dans l'empire des morts. Mais nous qui pleurons le bien- aimé, nous sommes des mortes-vivantes. Que le jour ne renaisse pas. Que la terre qui te recouvre, ô grande déesse ! nous donne le sommeil éternel, et que mon ombre erre enlacée à l'ombre chérie ! Exauce nous, Perséphône ! Perséphône ! »

Devant ces scènes étranges, sous le délire contagieux de ces douleurs profondes, le disciple de Delphes se sentit envahi par mille sensations contraires et torturantes. Il n'était plus lui-même ; les désirs, les pensées, les agonies de tous ces êtres étaient devenus ses désirs et ses agonies. Sou âme se morcelait pour passer dans mille corps. Une angoisse mortelle le pénétrait. Il ne savait plus s'il était homme ou ombre.

Alors un initié de haute taille qui passait par là, s'arrêta et dit : « Paix aux ombres affligées ! Femmes souffrantes, aspirez à la lumière de Dionysos. Orphée vous attend ! Toutes l'entourèrent en silence, en effeuillant devant lui leurs couronnes d'asphodèles – et, de son thyrse, il leur montra le chemin. Les femmes allèrent boire à une source, dans des coupes de bois. Les théories se reformèrent, et le cortège se remit en marche. Les jeunes filles avaient pris les devants. Elles chantaient un thrène avec ce refrain : « Agitez les pavots ! Buvez l'onde du Léthé ! Donne-nous la fleur désirée ; et que pour nos Sœurs le narcisse refleurisse ! Perséphône ! Perséphône ! »

Le disciple marcha longtemps encore avec son guide. Il traversa des prairies où poussait l'asphodèle ; il marcha sous l'ombre des peupliers au murmure triste. Il entendit des chants lugubres qui glissaient dans l'air et venaient il ne savait d'où. Il vit, suspendus à des arbres, des masques horribles et des figurines de cire comme des enfants emmaillotés. Çà et là, des barques traversaient le fleuve avec des gens silencieux comme des morts. Enfin la vallée s'élargit, le ciel devint clair sur les hautes montagnes, et l'aurore parut. Au loin, on apercevait les gorges sombres de l'Ossa, sillonnées d'abîmes, où s'entassent les roches écroulées. Plus près, au milieu d'un cirque de montagnes, brillait sur une colline boisée le temple de Dionysos.

Déjà le soleil dorait les hautes cimes. A mesure qu'ils se rapprochèrent du temple, ils virent arriver de toutes parts des cortèges de mystes, des théories de femmes, des groupes d'initiés. Cette foule grave en apparence, mais intérieurement agitée par une attente tumultueuse, se rencontra au pied de la colline et gravit les abords du sanctuaire. Tous se saluaient comme des amis, agitant les rameaux et les thyrses. Le guide avait disparu ; et le disciple de Delphes se trouva, il ne sut comment, dans un groupe d'initiés aux cheveux brillants, entrelacés de couronnes et de bandelettes de diverses couleurs. Il ne les avait jamais vus et cependant il croyait les reconnaître par un ressouvenir plein de félicité. Eux aussi semblaient l'attendre. Car ils le saluaient comme un frère et le félicitaient de son heureuse arrivée. Entraîné par son groupe et comme porté sur des ailes, il monta jusqu'aux plus hautes marches du temple, lorsqu'un trait de lumière aveuglante entra dans ses yeux. C'était le soleil levant qui lançait sa première flèche dans la vallée et inondait de ses rayons éclatants ce peuple de mystes et d'initiés groupés sur l'escalier du temple et sur toute la colline.

Aussitôt un chœur entonna le péan. Les portes de bronze du temple s'ouvrirent d'elles-mêmes, et, suivi de l'Hermès et du porte-flambeau, parut le prophète, l'hiérophante, Orphée. Le disciple de Delphes le reconnut avec un frémissement de joie. Vêtu de pourpre, sa lyre d'ivoire et d'or à la main, Orphée rayonnait d'une jeunesse éternelle. Il dit :

« Salut à vous tous qui êtes venus pour renaître après les douleurs de la terre et qui renaissez en ce moment. Venez boire la lumière du temple, vous qui sortez de la nuit, mystes, femmes, initiés. Venez vous réjouir, vous qui avez souffert ; venez vous reposer, vous qui avez lutté. Le soleil que j'évoque sur vos têtes et qui va briller dans vos âmes n'est pas le soleil des mortels ; c'est la pure lumière de Dionysos, le grand soleil des Initiés. Par vos souffrances passées, par l'effort qui vous amène, vous vaincrez, et si vous croyez aux paroles divines, vous avez déjà vaincu. Car après le long circuit des existences ténébreuses, vous sortirez enfin du cercle douloureux des générations, et tous vous vous retrouverez comme un seul corps, comme une seule âme dans la lumière de Dionysos !

« L'étincelle divine qui nous guide sur terre est en nous ; elle devient flambeau dans le temple, étoile dans le ciel. Ainsi grandit la lumière de la Vérité ! Ecoutez vibrer la Lyre aux sept cordes, la Lyre du Dieu... Elle fait mouvoir les mondes. Écoutez bien ! que le son vous traverse.., et s'ouvriront les profondeurs des cieux !

« Secours aux faibles, consolation aux souffrants, espérance à tous ! Mais malheur aux méchants, aux profanes ! Ils seront confondus. Car dans l'extase des Mystères, chacun voit jusqu'au fond l'âme de l'autre. Les méchants y sont frappés de terreur, les profanateurs de mort.

« Et maintenant que Dionysos a lui sur vous, j'invoque Erôs céleste et tout-puissant. Qu'il soit dans vos amours, dans vos pleurs, dans vos joies. Aimez ; car tout aime, les Démons de l'abîme et les Dieux de l'Éther. Aimez ; car tout aime. Mais aimez la lumière et non les ténèbres. Souvenez- vous du but pendant le voyage. Quand les âmes retournent dans la lumière, elles portent, comme des taches hideuses, sur,leur corps sidéral, toutes les fautes de leur vie... Et pour les effacer, il faut qu'elles expient et qu'elles reviennent sur la terre... Mais les purs, mais les forts s'en vont dans le soleil de Dionysos.

« Et maintenant, chantez l'Évohé !

Évohé ! crièrent les hérauts aux quatre coins du temple. Évohé ! et les cymbales retentirent. Évohé ! répondit l'assemblée enthousiaste groupée sur les marches du sanctuaire. Et le cri de Dionysos, l'appel sacré à la renaissance, à la vie, roula dans la vallée, répété par mille poitrines, renvoyé par tous les échos des montagnes. Et les pâtres des gorges sauvages de l'Ossa, suspendus avec leurs troupeaux le long des

forêts, près des nuages, répondirent : Evohé[74] !

---

[74] Le cri d'Évohé ! qui se prononçait en réalité : Hé, Vau, Hé, était le cri sacré de tous les initiés de l'Égypte, de la Judée, de la Phénicie, de l'Asie Mineure et de la Grèce. Les 4 lettres sacrées prononcées comme il suit ; Iod – Hé, Vau, Hé représentaient Dieu dans sa fusion éternelle avec la Nature ; elles embrassaient la totalité de l'Être, l'Univers vivant. *Iod* (Osiris) signifiait la divinité proprement dite, l'intellect créateur, *l'Éternel-Masculin* qui est en tout, partout et au-dessus de tout. *Hé-Vau-Hé* représentait l'*Éternel-Féminin* Ève, Isis, la Nature, sous toutes les formes visibles et invisibles, fécondée par lui. La plus haute initiation, celle des sciences théogoniques et des arts théurgiques correspondait à la lettre *Iod*. Un autre ordre de sciences correspondait à chacune des lettres d'*Èvé* – Comme Moïse, Orphée réserva les sciences qui correspondent à la lettre *Iod* (Jove, Zeus, Jupiter) et l'idée de l'unité de Dieu aux initiés du premier degré, cherchant même à y intéresser le peuple par la poésie, par les arts et leurs vivants symboles. C'est pour cela que le cri d'Évohé ! était ouvertement proclamé dans les fêtes de Dionysos, où l'on admettait, outre les initiés les simples aspirants aux mystères.

En cela parait toute la différence de l'œuvre de Moïse et de l'œuvre d'Orphée. Tous deux partent de l'initiation égyptienne et possèdent la même vérité, mais ils rappliquent en sens opposé. Moïse âprement, jalousement glorifie le Père, le Dieu mâle. Il confie sa garde à un sacerdoce fermé et soumet le peuple à. une

IV

ÉVOCATION

La fête avait fui comme un songe ; le soir était venu. Les danses, les chants et les prières s'étaient évanouis dans une brume rosée. Orphée et son disciple descendirent par une galerie souterraine dans la crypte sacrée qui se prolongeait au cœur de la montagne et dont l'hiérophante seul avait l'accès. C'est là que l'inspiré des Dieux se livrait à ses méditations solitaires ou poursuivait avec ses adeptes les hautes œuvres de la magie et de la théurgie.

Autour d'eux, s'étendait un espace vaste et caverneux. Deux torches plantées en terre n'en éclairaient que vaguement les murailles crevassées et les profondeurs ténébreuses. A quelques pas, une fente noire s'ouvrait béante dans le sol ; un vent chaud en sortait, et ce gouffre semblait descendre aux entrailles de la terre. Un petit autel, où brûlait un feu de laurier sec, et un sphinx de porphyre en gardaient les bords. Très loin, à une hauteur incommensurable, la caverne prenait jour sur le ciel étoilé par une fissure oblique. Ce pâle rayon de lumière bleuâtre semblait l'œil du firmament plongeant dans cet abîme.

« - Tu as bu aux sources de la lumière sainte, dit Orphée, tu es entré d'un cœur pur dans le sein des mystères. L'heure solennelle est venue, où je vais te faire pénétrer jusqu'aux sources de la vie et de la lumière.

Ceux qui n'ont pas soulevé le voile épais, qui recouvre aux yeux des hommes les merveilles invisibles, ne sont pas devenus fils des Dieux.

« Écoute donc les vérités qu'il faut taire à la foule et qui font la force des sanctuaires :

« Dieu est un et toujours semblable à lui-même. Il règne partout. Mais les *Dieux* sont innombrables et divers ; car la divinité est éternelle et infinie. Les plus grands sont les âmes des astres. Soleils, étoiles, terres et lunes, chaque astre a la sienne, et toutes sont issues du feu céleste de Zeus et de la lumière primitive. Semi-conscientes, inaccessibles, inchangeables, elles régissent le grand tout de leurs mouvements réguliers. Or, chaque astre roulant entraîne dans sa sphère éthérée des phalanges de demi-dieux ou d'âme rayonnante qui furent jadis des hommes, et qui, après avoir descendu l'échelle des règnes, ont glorieusement remonté les cycles pour sortir enfin du cercle des générations. C'est par ces divins esprits que Dieu respire, agit, apparaît ; que dis-je ? ils sont le souffle de son âme vivante, les rayons de sa conscience éternelle. Ils commandent aux armées des esprits inférieurs qui évertuent les éléments ; ils dirigent les mondes. De loin, de près, ils nous environnent, et quoique d'essence immortelle ils revêtent des formes toujours changeantes, selon les peuples, les temps et les régions. L'impie qui les nie, les redoute ; l'homme pieux les adore sans les connaître ; l'initié les connaît, les attire et les voit. Si j'ai lutté pour les trouver, si j'ai bravé la mort, si, comme l'on dit, je suis descendu aux enfers, ce fut pour dompter les démons de l'abîme pour appeler les Dieux d'en haut sur ma Grèce aimée, pour que le Ciel profond se marie à la terre et que la terre charmée écoute les voix divines. La beauté céleste s'incarnera dans la chair des femmes, le feu de Zeus circulera dans le sang des héros ; et bien avant que de remonter aux astres, les fils des Dieux resplendiront comme les Immortels.

« Sais-tu ce qu'est la Lyre d'Orphée ? Le son des temples inspirés. Ils ont des Dieux pour cordes. A leur musique, la Grèce s'accordera comme une lyre et le marbre lui-même chantera en cadences brillantes, en célestes harmonies.

« Et maintenant j'évoquerai mes Dieux, afin qu'ils t'apparaissent vivants et qu'ils te montrent, dans une vision prophétique, le mystique hyménée que je prépare au monde et que verront les initiés.

« Couche-toi à l'abri de cette roche. Ne crains rien. Un sommeil magique va fermer tes paupières, tu trembleras d'abord et tu verras des choses terribles ; mais ensuite, une lumière délicieuse, une félicité inconnue inondera tes sens et ton être. »

Déjà. le disciple s'était blotti dans la niche, creusée en forme de couche dans le roc. Orphée jeta quelques parfums sur le feu de l'autel. Puis, il saisit son sceptre d'ébène muni à son sommet d'un cristal flamboyant, se plaça près du sphinx, et appelant d'une voix profonde, il commença l'évocation :

« Cybèle ! Cybèle ! Grande mère, entends-moi ! Lumière originelle, flamme agile, éthérée et toujours bondissante à travers les espaces, qui renfermes les échos et les images de toutes choses ! J'appelle tes coursiers fulgurants de lumière. Oh ! âme universelle, couveuse des abîmes, semeuse de soleils, qui laisses traîner dans l'Éther ton manteau étoilé ; lumière subtile, cachée, invisible aux yeux de chair ; grande mère des Mondes et des Dieux, toi qui renfermes les types éternels ! antique Cybèle, à moi ! à moi ! Par mon sceptre magique, par mon pacte avec les Puissances, par l'âme d'Eurydice !... Je t'évoque, Épouse multiforme, docile et vibrante sous le feu du Mâle éternel. Du plus haut des espaces, du plus profond des gouffres, de toutes parts, arrive, afflue, remplis cette caverne de tes effluves. Environne le fils des Mystères d'un rempart de diamant et fais-lui voir dans ton sein profond les Esprits de l'Abîme, de la Terre et des Cieux. »

A ces mots, un tonnerre souterrain ébranla les profondeurs du gouffre et toute la montagne trembla. Une sueur froide glaça le corps du disciple. Il ne voyait plus Orphée qu'à travers une fumée grandissante. Un instant, il essaya de lutter contre une puissance formidable qui le terrassait. Mais son cerveau fut submergé, sa volonté anéantie. Il eut les affres d'un noyé qui engorge l'eau à pleine poitrine et dont l'horrible convulsion finit dans les ténèbres de l'inconscience.

Quand il reprit connaissance, la nuit régnait autour de lui ; une nuit traversée d'un demi-jour rampant, jaunâtre et boueux. Il regarda longtemps sans rien voir. De temps en temps il sentait sa peau effleurée comme par d'invisibles chauves-souris. Enfin, vaguement, il crut voir bouger dans ces ténèbres des formes monstrueuses de centaures, d'hydres, de gorgônes. Mais la première chose qu'il aperçut distinctement ce fut une grande figure de femme, assise sur un trône.

Elle était enveloppée, d'un long voile aux plis funèbres, semé d'étoiles pâlissantes, et portait une couronne de pavots. Ses yeux grands ouverts veillaient immobiles. Des masses d'ombres humaines se mouvaient autour d'elle comme des oiseaux fatigués et chuchotaient à mi-voix : « Reine des morts, âme de la terre, ô Perséphône ! nous sommes filles du ciel. Pourquoi sommes-nous en exil dans le sombre royaume ? O moissonneuse du ciel, pourquoi as-tu cueilli nos âmes qui volaient bienheureuses, jadis, dans la lumière, parmi leurs sœurs, dans les champs de l'éther ?

Perséphône répondit : « J'ai cueilli le narcisse, je suis entrée dans le lit nuptial. J'ai bu la mort avec la vie. Comme vous je gémis dans les ténèbres.

« - Quand serons-nous délivrées ? dirent en gémissant les âmes. « - Quand viendra mon époux céleste, le divin libérateur, répondit Perséphône.

Alors apparurent des femme terribles. Leurs yeux étaient injectés de sang, leurs têtes couronnées de plantes vénéneuses. Autour de leurs bras, de leurs flancs demi-nus, se tordaient des serpents qu'elles maniaient en guise de fouets : « Ames, spectres, larves ! disaient-elles de leurs voix sifflantes, n'en croyez-pas la reine insensée des morts. Nous sommes les prêtresses de la vie ténébreuse, servantes des éléments et des monstres d'en bas, Bacchantes sur terre, Furies au Tartare. C'est nous qui sommes vos reines éternelles, âmes infortunées. Vous ne sortirez pas du cercle maudit des générations, nous vous y ferons rentrer avec nos fouets. Tordez-vous à jamais entre les anneaux sifflants de nos serpents, dans les nœuds du désir, de la haine et du remords. » Et elles se précipitèrent, échevelées, sur le troupeau des âmes affolées qui se mirent à tournoyer dans les airs sous leurs coups de fouet comme un tourbillon de feuilles sèches, en poussant de longs gémissements.

A cette vue, Perséphône pâlit ; elle ne semblait plus qu'un fantôme lunaire. Elle murmura : Le ciel... la lumière... les Dieux... un rêve !... Sommeil, sommeil éternel. » Sa couronne de pavots se flétrit ; ses yeux se fermèrent d'angoisse. La reine des morts tomba en léthargie sur son trône – et puis tout disparut dans les ténèbres.

La vision changea. Le disciple de Delphes se vit dans une vallée splendide et verdoyante. Le mont Olympe au fond. Devant un antre noir, sommeillait sur un lit de fleurs la belle Perséphône. Une couronne de narcisses remplaçait dans ses cheveux la couronne des pavots funèbres et l'aurore d'une vie renaissante répandait sur ses joues une teinte ambrosienne. Ses tresses sombres tombaient sur ses épaules d'une blancheur éclatante, et les roses de son sein doucement soulevées semblaient appeler les baisers des vents. Des nymphes dansaient sur une prairie. De petits nuages blancs voyageaient dans l'azur. Une lyre résonnait dans un temple...

A sa voix d'or, à ses rythmes sacrés, le disciple entendit la musique intime des choses. Car des feuilles, des ondes, des cavernes sortait une mélodie incorporelle et tendre ; et les voix lointaines des femmes initiées qui menaient leurs chœurs dans les montagnes, parvenaient à son oreille en cadences brisées. Les unes, éperdues, appelaient le Dieu ; les autres croyaient l'apercevoir en tombant au bord des forêts, demi-mortes de fatigue.

Enfin l'azur s'ouvrit au zénith pour enfanter de son. sein une nuée éclatante. Comme un oiseau qui plane un instant et puis fond sur la terre, le Dieu qui tient le thyrse en descendit et vint se poser devant Perséphône. Il était radieux, les cheveux dénoués ; dans ses yeux roulait le délire sacré des mondes à naître. Longtemps il la couva du regard, puis il étendit son thyrse sur elle. Le thyrse effleura son sein ; elle se mit à sourire. Il toucha son front ; elle ouvrit les yeux, se redressa lentement et regarda son époux. Ses yeux encore pleins du sommeil de l'Érèbe se mirent à briller comme deux étoiles. « Me reconnais-tu ? dit le Dieu. – O Dionysos ! dit Perséphône, Esprit divin, Verbe de Jupiter, Lumière céleste qui resplendit sous la forme de l'homme ! chaque fois que tu me réveilles je crois vivre pour la première fois ; les mondes renaissent dans mon ressouvenir ; le passé, le futur redevient l'immortel présent ; et je sens dans mon cœur rayonner l'univers ! »

En même temps, par-dessus les montagnes, dans une lisière de nuages argentés apparurent les Dieux curieux et penchés vers la terre.

En bas, des groupes d'hommes, de femmes et d'enfants sortis des vallons, des cavernes, regardaient les Immortels dans un ravissement céleste. Des hymnes embrasés montaient des temples avec des flots d'encens. Entre la terre et le ciel, il se préparait un de ces mariages qui font concevoir aux mères, des héros et des Dieux. Déjà une teinte rose s'était répandue sur tout le paysage ; déjà la reine des morts, redevenue la divine moissonneuse, montait vers le ciel emportée dans les bras de son époux. Un nuage pourpré les environna, et les lèvres de Dionysos se posèrent sur la bouche de Perséphône... Alors un immense cri d'amour partit du ciel et de la terre, comme si le frisson sacré des Dieux en passant sur la grande lyre voulait en déchirer toutes les cordes, en égrener les sons à tous les vents. En même temps il jaillit du couple divin une fulguration, un ouragan de lumière aveuglante.... Et tout disparut.

Un instant, le disciple d'Orphée se sentit comme englouti à la source de toutes les vies, immergé dans le soleil de l'Être. Mais plongeant dans son brasier incandescent, il en rejaillit avec ses ailes célestes et comme un éclair il traversa les mondes pour atteindre à leurs limites le sommeil extatique de l'Infini.

Lorsqu'il reprit ses sens corporels, il était plongé dans la nuit noire. Une lyre lumineuse brillait seule dans ses ténèbres profondes. Elle fuyait, fuyait et devint une étoile. Alors seulement, le disciple s'aperçut qu'il était dans la crypte des évocations et que ce point lumineux était la fente lointaine de la caverne ouverte sur le firmament.

Une grande ombre se tenait debout près de lui. Il reconnut Orphée à ses longues boucles et au cristal flamboyant de son sceptre.

- Enfant de Delphes, d'où viens-tu ? dit l'hiérophante.

- O maître des initiés, céleste enchanteur, merveilleux Orphée, j'ai fait un songe divin. Serait-ce un charme de la magie, un don des Dieux ? Qu'est-il donc arrivé ? Le monde est-il changé ? Où suis-je maintenant ?

- Tu a conquis la couronne de l'initiation et tu as vécu mon rêve : la Grèce immortelle ! Mais sortons d'ici ; car pour qu'il s'accomplisse, il faut que moi je meure et que toi tu vives.

V

LA MORT D'ORPHÉE

Les forêts de chêne mugissaient fouettées par la tempête, aux flancs du mont Kaoukaïôn; la foudre grondait à coups redoublés sur les roches nues et faisait trembler jusque dans ses bases le temple de Jupiter. Les prêtres de Zeus étaient réunis dans une crypte voûtée du sanctuaire. Assis sur leurs sièges de bronze, ils formaient un demi-cercle. Orphée se tenait debout au milieu d'eux, comme un accusé. Il était plus pâle que de coutume ; mais une flamme profonde sortait de ses yeux calmes.

Le plus vieux des prêtres éleva sa voix grave comme celle d'un juge :

- Orphée, toi qu'on dit fils d'Apollon, nous t'avons nommé pontife et roi, nous t'avons donné le sceptre mystique des fils de Dieu ; tu règnes sur la Thrace par l'art sacerdotal et royal Tu as relevé dans cette contrée les temples de Jupiter et d'Apollon, et tu as fait reluire dans la nuit des mystères le soleil divin de Dionysos. Mais sais-tu bien ce qui nous menace ? Toi qui connais les secrets redoutables, toi qui plus d'une fois nous as prédit l'avenir et qui de loin as parlé à tes disciples en leur apparaissant en songe, tu ignores ce qui se passe autour de toi. En ton absence, les Bacchantes sauvages, les prêtresses maudites se sont réunies dans le vallon d'Hécate. Conduites par Aglaonice, la magicienne de

Thessalie, elles ont persuadé les chefs des bords de l'Èbre de rétablir le culte de la sombre Hécate et menacent de détruire les temples des Dieux mâles et tous les autels du Très Haut. Excités par leurs bouches ardentes, conduits par leurs torches incendiaires, mille guerriers Thraces campent au pied de cette montagne, et demain ils donneront l'assaut au temple, excités par le souffle de ces femmes vêtues de la peau des panthères, avides du sang des mâles. Aglaonice, la grande prêtresse de l'Hécate ténébreuse, les mène ; c'est la plus terrible des magiciennes, implacable et acharnée comme une Furie. Tu dois la connaître ! Qu'en dis-tu ?

- Je savais tout cela, dit Orphée, et tout cela devait venir.

- Alors pourquoi n'as-tu rien fait pour nous défendre ? Aglaonice a juré de nous égorger sur nos autels, en face du ciel vivant que nous adorons. Mais que vont devenir ce temple, ses trésors, ta science et Zeus lui-même, si tu l'abandonnes ?

- Ne suis-je pas avec vous ? reprit Orphée avec douceur.

- Tu es venu ; mais trop tard, dit le vieillard. Aglaonice mène les Bacchantes et les Bacchantes mènent les Thraces. Est-ce avec la foudre de Jupiter et avec les flèches d'Apollon que tu les repousseras ? Que n'appelais-tu dans cette enceinte les chefs Thraces fidèles à Zeus pour écraser la révolte ?

- Ce n'est pas par les armes, c'est par la parole qu'on défend les Dieux. Ce ne sont pas les chefs qu'il faut frapper, mais les Bacchantes. J'irai ; moi seul.

Soyez tranquilles. Aucun profane ne franchira cette enceinte. Demain finira le règne des prêtresses sanglantes. Et sachez-le bien, vous qui tremblez devant la horde d'Hécate, ils vaincront, les Dieux célestes et solaires. A toi vieillard qui doutais de moi, je laisse le sceptre du pontife et la couronne d'hiérophante.

- Que vas-tu faire ? dit le vieillard effrayé.

- Je vais rejoindre les Dieux... A vous tous, au revoir !

Orphée sortit, laissant les prêtres muets sur leurs sièges. Dans le temple, il trouva le disciple de Delphes et lui prenant la main avec force :

- Je vais au camp des Thraces, suis-moi.

Ils marchaient sous les chênes ; l'orage était loin ;. entre les branches épaisses brillaient les étoiles.

- L'heure suprême est venue pour moi, dit Orphée. D'autres m'ont compris, toi tu m'as aimé. Érôs est le plus ancien des Dieux, disent les initiés ; il tient la clef de tous les êtres. Aussi t'ai-je fait pénétrer dans le fond des Mystères ; les Dieux t'ont parlé, tu les a vus !... Maintenant, loin des hommes, seul à seul, à l'heure de sa mort, Orphée doit laisser à son disciple aimé le mot de sa destinée, l'immortel héritage, le pur flambeau de son âme.

- Maître ! j'écoute et j'obéis, dit le disciple de Delphes.

- Marchons toujours, dit Orphée, sur ce sentier qui descend. L'heure presse. Je veux surprendre mes ennemis. En me suivant, écoute ; et grave mes paroles dans ta mémoire, mais garde-les comme un secret.

- Elles s'impriment en lettres de feu sur mon cœur ; les siècles ne les effaceront pas.

- Tu sais, maintenant, que l'âme est fille du ciel. Tu as contemplé ton origine et ta fin, et tu commences à te ressouvenir. Lorsqu'elle descend dans la chair, elle continue, quoique faiblement, à recevoir l'influx d'en haut. Et c'est par nos mères que ce souffle puissant nous arrive d'abord. Le lait de leur sein nourrit notre corps ; mais c'est de leur âme que se nourrit notre être angoissé par l'étouffante prison du corps. Ma mère était prêtresse d'Apollon, mes premiers souvenirs sont ceux d'un bois sacré, d'un temple solennel, d'une femme me portant dans ses bras, m'enveloppant de sa douce chevelure comme d'un chaud vêtement. Les objets terrestres, les visages humains m'envahissaient d'une affreuse terreur. Mais aussitôt ma mère me serrait dans ses bras, je rencontrais son regard et il m'inondait d'un divin ressouvenir du ciel. Mais ce rayon mourut dans le gris sombre de la terre. Un jour ma mère disparut ; elle était morte. Privé de son regard, sevré de ses caresses, je fus épouvanté de ma solitude. Ayant vu couler le sang d'un sacrifice, je pris le temple en horreur et je descendis aux vallées ténébreuses.

« Les Bacchantes étonnèrent ma jeunesse. Dès lors, Aglaonice régnait sur ces femmes voluptueuses et farouches. Hommes et femmes, tout le monde la craignait. Elle respirait un sombre désir et frappait de terreur. Cette Thessalienne exerçait sur tous ceux qui l'approchaient une attraction fatale. Par les arts de l'infernale Hécate, elle attirait les jeunes filles dans sa vallée hantée et les instruisait dans son culte.

Cependant Aglaonice avait jeté les yeux sur Eurydice. Elle s'était éprise pour cette vierge d'une envie perverse, d'un amour effréné, maléfique. Elle voulait entraîner cette jeune fille au culte des Bacchantes, la dompter, la livrer aux génies infernaux après avoir flétri sa jeunesse. Déjà elle l'avait enveloppée de ses promesses séductrices, de ses incantations nocturnes.

« Attiré moi-même par je ne sais quel pressentiment dans le vallon d'Hécate, je cheminais un jour dans les hautes herbes d'une prairie pleine de plantes vénéneuses. Mais tout autour régnait l'horreur des bois sombres hantés par les Bacchantes. Des parfums y passaient par bouffées comme la chaude haleine du désir. J'aperçus Eurydice. Elle marchait lentement, sans me voir vers un antre, comme fascinée par un but invisible. Quelquefois un rire léger sortait du bois des Bacchantes, quelquefois un soupir étrange. Eurydice s'arrêtait frémissante, incertaine, et puis reprenait sa marche, comme attirée par un pouvoir magique. Ses boucles d'or flottaient sur ses épaules blanches, ses yeux de narcisse nageaient dans l'ivresse, tandis qu'elle marchait à la bouche de l'Enfer. Mais j'avais vu le ciel dormant dans son regard. – Eurydice ! m'écriai-je, en lui prenant la main, où vas-tu ? – Comme éveillée d'un rêve, elle poussa un cri d'horreur et de délivrance, puis tomba sur mon sein. Ce fut alors que le divin Érôs nous dompta ; et par un regard Eurydice-Orphée furent époux à jamais.

« Cependant Eurydice, qui me tenait enlacé dans son effroi, me montra la grotte avec un geste d'épouvante. Je m'en approchai et j'y vis une femme assise. C'était Aglaonice. Près d'elle, une petite statue d'Hécate en cire, peinte en rouge, en blanc et en noir qui tenait un fouet. Elle murmurait des paroles enchantées en faisant tourner le rouet magique, et ses yeux fixés dans le vide semblaient dévorer sa proie. Je brisai le rouet, je foulai l'Hécate à mes pieds, et perçant la magicienne du regard, je m'écriai : - Par Jupiter ! je te défends de penser à Eurydice – sous peine de mort ! Car, sache que les fils d'Apollon ne te craignent pas.

« Aglaonice interdite se tordit comme un serpent sous mon geste et disparut dans sa caverne en me lançant un regard de haine mortelle.

« J'emmenai Eurydice aux abords de mon temple. Les vierges de l'Èbre, couronnées d'hyacinthe, chantèrent : Hymen ! Hyménée ! autour de nous ; je connus le bonheur.

« La lune n'avait changé que trois fois, lorsqu'une Bacchante poussée par la Thessalienne présenta à Eurydice une coupe de vin, qui lui donnerait, disait-elle, la science des philtres et des herbes magiques. Eurydice curieuse la but et tomba foudroyée. la coupe renfermait un poison mortel.

« Quand je vis le bûcher consumer Eurydice ; quand je vis le tombeau engloutir ses cendres, quand le dernier souvenir de sa forme vivante eut disparu, je m'écriai : « Où est son âme ? » Je partis désespéré. J'errai par toute la Grèce. Je demandai son évocation aux prêtres de Samothrace ; je la cherchai aux entrailles de la terre, au cap Ténare ; mais en vain. Enfin j'arrivai à l'antre de Trophonius. Là, certains prêtres conduisent les visiteurs téméraires par une fente, jusqu'aux lacs de feu qui bouillonnent dans l'intérieur de la terre, et leur font voir ce qui s'y passe.

En route, tout en marchant, on entre en extase, et la seconde vue s'ouvre. On respire à peine ; la voix s'étrangle, on ne peut plus parler que par signes. Les uns reculent à mi-chemin, les autres persistent et meurent étouffés ; la plupart de ceux qui sortent vivants restent fous. Après avoir vu ce que nulle bouche ne doit répéter, je remontai dans la grotte et tombai dans une léthargie profonde. Pendant ce sommeil de mort m'apparut Eurydice. Elle flottait dans un nimbe, pâle comme un rayon lunaire, et me dit : « Pour moi, tu as bravé l'enfer, tu m'as cherchée chez les morts. Me.voici ; je viens à ta voix. Je n'habite pas le sein de la terre, mais la région de l'Erèbe, le cône d'ombre entre la terre et la lune. Je tourbillonne dans ce limbe en pleurant comme toi. Si tu veux me délivrer, sauve la Grèce en lui donnant la lumière. Alors moi-même, retrouvant mes ailes, je monterai vers les astres, et tu me retrouveras dans la lumière des Dieux. Jusque-là il me faut errer dans la sphère trouble et douloureuse... » Trois fois je voulus la saisir ; trois fois elle s'évanouit dans mes bras comme une ombre. J'entendis seulement comme un son de corde qui se déchire ; puis une voix faible comme un souffle, triste comme un baiser d'adieu, murmura : - Orphée !

« A cette voix je m'éveillai. Ce nom donné par une âme avait changé mon être. Je sentis passer en moi le frisson sacré d'un immense désir et le pouvoir d'un amour surhumain. Eurydice vivante m'eût donné l'ivresse du bonheur ; Eurydice morte me fit trouver la Vérité. C'est par amour que j'ai revêtu l'habit de lin, me vouant à. la grande initiation et à la vie ascétique ; c'est par amour que j'ai pénétré la magie et cherché la science divine ; c'est par amour que j'ai traversé les cavernes de Samothrace, les puits des Pyramides et les tombeaux de l'Égypte. J'ai fouillé la mort pour y chercher la vie, et par delà la vie j'ai vu les limbes, les âmes, les sphères transparentes, l'Éther des Dieux. La terre m'a ouvert ses abîmes, le ciel ses temples flamboyants. J'ai arraché la science cachée sous les momies. Les prêtres d'Isis et d'Osiris m'ont livré leurs secrets. Ils n'avaient que ces Dieux ; j'avais Érôs ! Par lui, j'ai parlé, j'ai chanté, j'ai vaincu. Par lui, j'ai épelé le verbe d'Hermès et le verbe de Zoroastre ; par lui j'ai prononcé celui de Jupiter et d'Apollon !

« Mais l'heure de confirmer ma mission par ma mort est venue. Encore une fois il me faut descendre aux enfers pour remonter au ciel. Ecoute, enfant chéri de ma parole : Tu porteras ma doctrine au temple de Delphes et ma loi au tribunal des Amphyctions. Dionysos est le soleil des initiés ; Apollon sera la lumière de la Grèce ; les Amphyctions les gardiens de sa justice. »

L'hiérophante et son disciple avaient atteint le fond de la vallée. Devant eux une clairière, de grands massifs de bois sombres, des tentes et des hommes couchés à terre. Au fond de la forêt, des feux mourants, des torches vacillantes. Orphée marchait tranquillement au milieu des Thraces endormis et fatigués d'une orgie nocturne. Une sentinelle qui veillait encore lui demanda son nom.

- Je suis un messager de Jupiter, appelle tes chefs, lui répondit Orphée.

« Un prêtre du temple !.. » Ce cri poussé par la sentinelle se répand comme un signal d'alarme dans tout le camp. On s'arme ; on s'appelle ; les épées brillent ; les chefs accourent étonnés et entourent le pontife.

- Qui es-tu ? que viens-tu faire ici ?

- Je suis un envoyé du temple. Vous tous, rois, chefs, guerriers de la Thrace, renoncez à lutter avec les fils de la lumière et reconnaissez la divinité de Jupiter et d'Apollon. Les Dieux d'en haut vous parlent par ma bouche. Je viens en ami, si vous m'écoutez ; en juge, si vous refusez de m'entendre.

- Parle, dirent les chefs.

Debout sous un grand orme, Orphée parla. Il parla des bienfaits des Dieux, du charme de la lumière céleste, de cette vie pure qu'il menait là-haut avec ses frères initiés sous l'œil du grand Ouranos et qu'il voulait communiquer à tous les hommes ; promettant d'apaiser les discordes, de guérir les malades, d'enseigner les semences qui produisent les plus beaux fruits de la terre, et celles plus précieuses encore qui produisent les fruits divins de la vie : la joie, l'amour, la beauté. Et tandis qu'il parlait, sa voix grave et douce vibrait comme les cordes d'une lyre et descendait toujours plus avant dans le cœur des Thraces ébranlés. Du fond des bois, les Bacchantes curieuses, leurs torches à la main, étaient venues aussi, attirées par la musique d'une voix humaine. A peine vêtues de la peau des panthères, elles vinrent montrer leurs seins bruns et leurs flancs superbes. A la lueur des nocturnes flambeaux, leurs yeux brillaient de luxure et de cruauté. Mais, calmées peu à peu par la voix d'Orphée, elles se groupèrent autour de lui ou s'assirent à ses pieds comme des bêtes fauves domptées. Les unes, saisies de remords, fixaient à terre un regard sombre ;

les autres écoutaient comme ravies. Et les Thraces émus murmuraient entre eux : « C'est un Dieu qui parle, c'est Apollon lui-même qui charme les Bacchantes ! »

Cependant, du fond des bois, Aglaonice épiait. La grande prêtresse d'Hécate, voyant les Thraces immobiles et les Bacchantes enchaînées par une magie plus forte que la sienne, sentit la victoire du ciel sur l'enfer, et son pouvoir maudit s'écrouler dans les ténèbres d'où il était sorti, sous la parole du divin séducteur. Elle rugit ; et se jetant devant Orphée d'un effort violent :

- Un Dieu, dites-vous ? Et moi je vous dis que c'est Orphée, un homme comme vous, un magicien qui vous trompe, un tyran qui s'arroge vos couronnes. Un Dieu, dites-vous ? le fils d'Apollon ? Lui ? le prêtre ? le pontife orgueilleux ? Qu'on se jette sur lui ! S'il est Dieu, qu'il se défende... et si je mens, qu'on me déchire !

Aglaonice était suivie de quelques chefs excités par ses maléfices et enflammés de sa haine. Ils se ruèrent sur l'hiérophante. Orphée poussa un grand cri et tomba percé de leurs glaives. Il tendit la main à son disciple et dit :

- Je meurs ; mais les Dieux sont vivants !

Puis, il expira. Penchée sur son cadavre, la magicienne de Thessalie, dont le visage ressemblait maintenant à celui de Tisiphône, épiait avec une joie sauvage le dernier souffle du prophète et s'apprêtait à tirer un oracle de sa victime. Mais quel fut l'effroi de la Thessalienne, en voyant cotte tête cadavéreuse se ranimer à la lueur flottante de la torche, une pâle rougeur se répandre sur le visage du mort, ses yeux se rouvrir tout grands et un regard profond, doux et terrible se fixer sur elle... tandis qu'une voix étrange – la voix d'Orphée – s'échappait une fois encore de ces lèvres frémissantes pour prononcer distinctement ces trois syllabes mélodieuses et vengeresses

- Eurydice !

Devant ce regard, à cette voix, la prêtresse épouvantée recula en s'écriant : - Il n'est pas mort ! Ils vont me poursuivre ! à jamais ! Orphée... Eurydice ! » En jetant ces mots, Aglaonice disparut comme fouettée par cent Furies. Les Bacchantes affolées et les Thraces saisis par l'horreur de leur crime, s'enfuirent dans la nuit en poussant des cris de détresse.

Le disciple resta seul près du corps de son maître. Lorsqu'un rayon sinistre d'Hécate vint éclairer le lin ensanglanté et la face pâle du grand initiateur, il lui sembla que la vallée, le fleuve, les montagnes et les forêts profondes gémissaient comme une grande lyre.

Le corps d'Orphée fut brûlé par ses prêtres et ses cendres portées dans un sanctuaire lointain d'Apollon, où elles furent vénérées à l'égal du Dieu. Aucun des révoltés n'osa monter au temple de Kaoukaïôn. La tradition d'Orphée, sa science et ses mystères s'y perpétuèrent et se répandirent dans tous les temples de Jupiter et d'Apollon. Les poètes grecs disaient qu'Apollon était devenu jaloux d'Orphée, parce qu'on l'invoquait plus souvent que lui. La vérité est que lorsque les poètes chantaient, Apollon, les grands initiés invoquaient l'âme d'Orphée, sauveur et divinateur.

Plus tard les Thraces convertis à la religion d'Orphée racontèrent qu'il était descendu aux enfers pour y chercher l'âme de son épouse, et que les Bacchantes jalouses de son amour éternel l'avaient mis en pièces ; mais que sa tête jetée dans l'Èbre et emportée par ses flots orageux, appelait encore : Eurydice ! Eurydice !

Ainsi les Thraces chantèrent comme un prophète celui qu'ils avaient tué comme un criminel et qui les avait convertis par sa mort. Ainsi le verbe orphique s'infiltra mystérieusement dans les veines de l'Hellénie par les voies secrètes des sanctuaires et de l'initiation. Les Dieux s'accordèrent à sa voix, comme dans le temple un chœur d'initiés aux sons d'une lyre invisible – et l'âme d'Orphée devint l'âme de la Grèce.

LIVRE VI

PYTHAGORE

(LES MYSTÈRES DE DELPHES)

Connais toi toi-même – et tu connaîtras l'Univers et les Dieux.

Inscription du temple de Delphes.

Le. Sommeil, le Rêve et l'Extase sont les trois portes ouvertes sur l'Au-delà, d'où nous vient la science de l'âme et l'art de la divination.

L'Évolution est la loi de la Vie. Le Nombre est la loi de l'Univers. L'Unité est la loi de Dieu.

I

LA GRÈCE AU SIXIÈME SIÈCLE

L'âme d'Orphée avait traversé comme un divin météore le ciel orageux de la Grèce naissante. Lui disparu, les ténèbres l'envahirent de nouveau. Après une série de révolutions, les tyrans de la Thrace brûlèrent ses livres, renversèrent ses temples, chassèrent ses disciples. Les rois grecs et beaucoup de villes, plus jalouses de leur licence effrénée que de la justice qui découle des pures doctrines, les imitèrent. On voulut effacer son souvenir détruire ses derniers vestiges, et l'on fit si bien, que quelques siècles après sa mort, une partie de la Grèce doutait de son existence. En vain les initiés conservèrent-ils sa tradition pendant plus de mille ans ; en vain Pythagore et Platon en parlaient-ils, comme d'un homme divin ; les sophistes et les rhéteurs ne voyaient plus en lui qu'une légende sur l'origine de la musique. De nos jours encore les savants nient carrément l'existence d'Orphée. Ils s'appuient principalement sur ce fait que ni Homère, ni Hésiode n'ont prononcé son nom. Mais le silence de ces poètes s'explique amplement par l'interdit que les gouvernements locaux avaient jeté sur le grand initiateur. Les disciples d'Orphée ne manquaient aucune occasion de rappeler tous les pouvoirs à l'autorité suprême du temple de Delphes et ne cessaient de répéter qu'il fallait soumettre les différends survenus entre les divers Etats de la Grèce au conseil des Amphyctions. Cela gênait les démagogues autant que les tyrans. Homère, qui reçut probablement son initiation au sanctuaire de Tyr et dont la mythologie est la traduction poétique de la théologie de Sankoniaton, Homère l'Ionien put fort bien ignorer le Dorien Orphée, dont on tenait la tradition d'autant plus secrète qu'elle était plus persécutée. Quant à Hésiode, né près du Parnasse, il dut connaître son nom et sa doctrine par le sanctuaire de Delphes ; mais ses initiateurs lui imposèrent le silence ; et pour cause.

Cependant Orphée vivait dans son œuvre ; il vivait dans ses disciples et dans ceux-là même qui le niaient. Cette œuvre, quelle est-elle ? Cette âme de vie, où faut-il la chercher ?' Est-ce dans l'oligarchie militaire et féroce de Sparte où la science est méprisée, l'ignorance érigée en système, la brutalité exigée comme un complément du courage ? Est-ce dans ces implacables guerres de Messénie, où l'on vit les Spartiates poursuivre un peuple voisin jusqu'à l'extermination, et ces Romains de la Grèce préluder à la roche Tarpéienne et aux lauriers sanglants du Capitole, en précipitant dans un gouffre l'héroïque Aristomène, défenseur de sa patrie ? Est-ce plutôt dans la démocratie turbulente d'Athènes, toujours prête à verser dans la tyrannie ? Est-ce dans la garde prétorienne de Pisistrate ou dans le poignard d'Harmodius et d'Aristogiton, caché sous une branche de myrte ? Est-ce dans les villes nombreuses de l'Hellade, de la Grande-Grèce et de l'Asie Mineure, dont Athènes et Sparte offrent les deux types opposés ? Est-ce dans toutes ces démocraties et ces tyrannies envieuses, jalouses et toujours prêtes à s'entre-déchirer ?

- Non ; l'âme de la Grèce n'est pas là. Elle est dans ses temples, dans ses Mystères et dans leurs initiés. Elle est au sanctuaire de Jupiter à Olympie, de Junon à Argos, de Cérès à Eleusis ; elle règne sur Athènes avec Minerve, elle rayonne à Delphes avec Apollon, qui domine et pénètre tous les temples de sa lumière. Voilà le centre de la vie hellénique, le cerveau et le cœur de la Grèce. C'est là que vont s'instruire les poètes qui traduisent à la foule les vérités sublimes en vivantes images, les sages qui les propagent en dialectique subtile. L'esprit d'Orphée circule partout où palpite la Grèce immortelle. Nous le retrouvons dans les luttes de poésie et de gymnastique, dans les jeux de Delphes et d'Olympie, institutions heureuses qu'imaginèrent les successeurs du maître pour rapprocher et fondre les douze tribus grecques. Nous la touchons du doigt dans le tribunal des Amphyctions, dans cette assemblée des grands initiés, cour suprême et arbitrale, qui se réunissait à Delphes, grand pouvoir de justice et de concorde, en qui seul la Grèce retrouva son unité aux heures d'héroïsme et d'abnégation[75].

Cependant cette Grèce d'Orphée ayant pour intellect une pure doctrine gardée dans les temples, pour âme une religion plastique et pour corps une haute cour de justice centralisée à Delphes, cette Grèce commençait à péricliter dès le septième siècle. Les ordres de Delphes n'étaient plus respectés ; on violait les territoires sacrés. C'est que la race des grands inspirés avait disparu. Le niveau intellectuel et moral des temples avait baissé. Les prêtres se vendaient aux pouvoirs politiques ; les Mystères eux-mêmes commencèrent dès lors à se corrompre. L'aspect général de la Grèce avait changé. A l'ancienne royauté sacerdotale et agricole succédait, ici la tyrannie pure et simple, là l'aristocratie militaire, là encore la démocratie anarchique. Les temples étaient devenus impuissants à prévenir la dissolution menaçante. Ils avaient besoin d'un aide nouveau. Une vulgarisation des doctrines ésotériques était devenue nécessaire. Pour

---

[75] Le serment amphyctionique des peuples associés donne l'idée de la grandeur et de la force sociale de cette institution : « Nous jurons de ne jamais renverser les villes amphyctioniques, de ne jamais détourner soit pendant la paix, soit pendant la guerre les sources nécessaires à leurs besoins. Si quelque puissance ose l'entreprendre, nous marcherons contre elle, et nous détruirons ces villes, Si des impies enlèvent les offrandes du temple d'Apollon nous jurons d'employer nos pieds, nos bras, notre voix, toutes nos forces contre eux et contre leurs complices. »

que la pensée d'Orphée put vivre et s'épanouir dans tout son éclat, il fallait que la science des temples passât dans les ordres laïques. Elle se glissa donc sous divers déguisements dans la tête des législateurs civils, dans les écoles des poètes, sous les portiques des philosophes. Ceux-ci sentirent, dans leur enseignement, la même nécessité qu'Orphée avait reconnue pour la religion, celle de deux doctrines : l'une publique, l'autre secrète, qui exposaient la même vérité, dans une mesure et sous des formes différentes, appropriées au développement de leurs élèves. Cette évolution donna à la .Grèce ses trois grands siècles de création artistique et de splendeur intellectuelle. Elle permit à la pensée orphique, qui est à la fois l'impulsion première et la synthèse idéale de la Grèce, de concentrer toute sa lumière et de l'irradier sur le monde entier, avant que son édifice politique, miné par les dissensions intestines, ne s'ébranlât sous les coups de la. Macédoine, pour s'écrouler enfin sous la main de fer de Rome.

L'évolution dont nous parlons eut bien des ouvriers. Elle suscita des physiciens comme Thalès, des législateurs comme Solon, des poètes comme Pindare, des héros comme Épaminondas ; mais elle eut un chef reconnu, un initié de premier ordre, une intelligence souveraine, créatrice et ordonnatrice. Pythagore est le maître de la Grèce laïque comme Orphée est le maître de la Grèce sacerdotale. Il traduit, il continue la pensée religieuse de son prédécesseur et l'applique aux temps nouveaux. Mais sa traduction est une création. Car il coordonne les inspirations orphiques en un système complet ; il en fournit la preuve scientifique dans son enseignement et la preuve morale dans son institut d'éducation, dans l'ordre pythagoricien qui lui survit.

Quoiqu'il apparaisse au plein jour de l'histoire, Pythagore est resté un personnage quasi-légendaire. La raison principale en est la persécution acharnée dont il fut victime en Sicile et qui coûta la vie à tant de Pythagoriciens. Les uns périrent écrasés sous les débris de leur école incendiée, les autres moururent de faim dans un temple. Le souvenir et la doctrine du maître ne se perpétuèrent que par les survivants qui purent fuir en Grèce. Platon, à grand peine et à grand prix, se procura par Archytas un manuscrit du maître, qui d'ailleurs n'écrivit jamais sa doctrine ésotérique qu'en signes secrets et sous forme symbolique. Son action véritable, comme celle de tous les réformateurs, s'exerçait par l'enseignement oral. Mais l'essence du système subsiste dans les *Vers dorés* de Lysis dans le commentaire d'Hiérocles, dans les fragments de Philolaüs et d'Archytas, ainsi que dans le *Timée* de Platon qui contient la cosmogonie de Pythagore. Enfin les écrivains de l'antiquité sont pleins du philosophe de Crotone. Ils ne tarissent pas d'anecdotes qui peignent sa sagesse, sa beauté et son pouvoir merveilleux sur les hommes. Les néo-platoniciens d'Alexandrie, les Gnostiques et jusqu'aux premiers Pères de l'Église le citent comme une autorité. Précieux témoignages, où vibre toujours l'onde puissante d'enthousiasme que la grande personnalité de Pythagore sut communiquer à la Grèce et dont les derniers remous sont encore sensibles huit siècles après sa mort.

Vue d'en haut, ouverte avec les clefs de l'ésotérisme comparé, sa doctrine présente un magnifique ensemble, un tout solidaire dont les parties sont reliées par une conception fondamentale. Nous y trouvons une reproduction raisonnée de la doctrine ésotérique de l'Inde et de l'Égypte, à laquelle il donna la clarté et la simplicité hellénique, en y joignant un sentiment plus énergique, une idée plus nette de la liberté humaine.

A la même époque et sur divers points du globe, de grands réformateurs vulgarisaient des doctrines analogues. Lao-tseu sortait en Chine de l'ésotérisme de Fo-Hi ; le dernier Bouddha, Çakia-Mouni prêchait sur les bords du Gange ; en Italie, le sacerdoce étrusque envoyait à Rome un initié muni des livres sybillins, le roi Numa, qui tenta de réfréner par de sages institutions l'ambition menaçante du Sénat romain. Et ce n'est point par hasard que ces réformateurs apparaissent en même temps chez des peuples si divers. Leurs missions différentes concourent à un but commun. Elles prouvent qu'à certaines époques un même courant spirituel traverse mystérieusement toute l'humanité. D'où vient-il ? De ce monde divin qui est hors de notre vue, mais dont les génies et les prophètes sont les envoyés et les témoins.

Pythagore traversa tout le monde antique avant de dire son mot à la Grèce. Il vit l'Afrique et l'Asie, Memphis et Babylone, leur politique et leur initiation. Sa vie orageuse ressemble à un vaisseau lancé en pleine tempête ; voiles déployées, il poursuit son but sans dévier de sa route, image du calme et de la force au milieu des éléments déchaînés. Sa doctrine donne la sensation d'une nuit fraîche succédant aux feux aigus d'une journée sanglante. Elle fait penser à la beauté du firmament qui déroule peu à peu ses archipels scintillants et ses harmonies éthérées sur la tête du voyant.

Essayons de dégager l'une et l'autre des obscurité de la légende comme des préjugés de l'école.

II

LES ANNÉES DE VOYAGE

Samos était au commencement du sixième siècle avant notre ère une des îles les plus florissantes de l'Ionie. La rade de son port s'ouvrait en face des montagnes violettes de la molle Asie Mineure, d'où venaient tous les luxes et toutes les séductions. Dans une large baie, la ville s'étalait sur la rive verdoyante et s'étageait en amphithéâtre sur la montagne, au pied d'un promontoire couronné par le temple de Neptune. Les colonnades d'un palais magnifique la dominaient. Là, régnait le tyran Polycrate. Après avoir privé Samos de ses libertés, il lui avait donné le lustre des arts et d'une splendeur asiatique. Des hétaïres de Lesbos, appelées par lui, s'étaient établies dans un palais voisin du sien et conviaient les jeunes gens de la ville à des fêtes, où elles leur enseignaient les voluptés les plus raffinées, assaisonnées de musique, de danses et de festins. Anacréon, appelé par Polycrate à Samos, y fut amené sur une trirème aux voiles de pourpre, aux mâts dorés et le poète, une coupe d'argent ciselé à la main, fit entendre devant cette haute cour du plaisir ses odes caressantes et parfumées comme une pluie de roses. La chance de Polycrate était devenue proverbiale dans toute la Grèce. Il avait pour ami le pharaon Amasis qui l'avertit plusieurs fois de se défier d'un bonheur aussi continu et surtout de ne pas s'en vanter. Polycrate répondit à l'avis du monarque égyptien en jetant son anneau à la mer. « Je fais ce sacrifice aux Dieux », dit-il. Le lendemain, un pêcheur rapporta au tyran l'anneau précieux qu'il avait trouvé dans le ventre d'un poisson. Quand le pharaon apprit cela il déclara qu'il rompait son amitié avec Polycrate, parce qu'un bonheur aussi insolent lui attirerait la vengeance des Dieux. – Quoi qu'il en soit de l'anecdote, la fin de Polycrate fut tragique. Un de ses satrapes l'attira dans une province voisine, le fit expirer dans les tourments et ordonna d'attacher son corps à une croix sur le mont Mycale. Ainsi les Samiens purent voir dans un sanglant coucher de soleil le cadavre de leur tyran crucifié sur un promontoire, en face de l'Île où il avait régné dans la gloire et les plaisirs.

Mais revenons au début du règne de Polycrate. Par une nuit claire, un jeune homme était assis dans une forêt d'agnus-castus aux feuilles luisantes, non loin du temple de Junon, dont la pleine lune baignait la façade dorienne et faisait ressortir la mystique majesté. Depuis longtemps un rouleau de papyrus contenant un chant d'Homère avait glissé à ses pieds. Sa méditation commencée au crépuscule durait encore et se prolongeait dan le silence de la nuit. Depuis longtemps le soleil s'était couché ; mais son disque flamboyant flottait encore devant le regard du jeune songeur dans une présence irréelle. Car sa pensée errait loin du monde visible.

Pythagore était le fils d'un riche marchand de bagues de Samos et d'une femme nommée Parthénis. La Pythie de Delphes, consultée dans un voyage par les jeunes mariés ; leur avait promis : « Un fils qui serait utile à tous les hommes, dans tous les temps », et l'oracle avait envoyé les époux à Sidon, en Phénicie, afin que le fils prédestiné fut conçu, moulé et mis au jour loin des influences troublantes de sa patrie. Avant sa naissance même, l'enfant merveilleux avait été voué avec ferveur par ses parents à la lumière d'Apollon, dans la lune de l'amour. L'enfant naquit ; lorsqu'il fut âgé d'un an, sa mère, sur un conseil donné d'avance par les prêtres de Delphes, le porta au temple d'Adonaï dans une vallée du Liban. Là, le grand prêtre l'avait béni. Puis, la famille s'en revint à Samos. L'enfant de Parthénis était très beau, doux, modéré, plein de justice. La seule passion intellectuelle brillait dans ses yeux et donnait à ses actes une énergie secrète. Loin de le contrarier, ses parents avaient encouragé son penchant précoce à l'étude de la sagesse. Il avait pu librement conférer avec les prêtres de Samos et avec les savants qui commençaient à fonder en Ionie des écoles où ils enseignaient les principes de la physique. A dix-huit ans, il avait suivi les leçons d'Hermodamas de Samos ; à vingt, celles de Phérécyde à Syros ; il avait même conféré avec Thalès et Anaximandre à Milet. Ces maîtres lui avaient ouvert de nouveaux horizons, mais aucun ne l'avait satisfait. Entre leurs enseignements contradictoires, il cherchait intérieurement le lien, la synthèse, l'unité du grand Tout. Maintenant le fils de Parthénis en était arrivé à une de ces crises, où l'esprit surexcité par la contradiction des choses concentre toutes ses facultés dans un effort suprême pour entrevoir le but, pour trouver le chemin qui mène au soleil de la vérité, au centre de la vie.

Dans cette nuit chaude et splendide, le fils de Parthénis regardait tour à tour la terre, le temple et le ciel étoilé. – Elle était là sous lui, autour de lui, Déméter, la terre-mère, la Nature qu'il voulait pénétrer.

Il respirait ses émanations puissantes, il sentait l'invincible attraction qui l'enchaînait sur son sein, lui l'atome pensant, comme une partie inséparable d'elle-même. Ces sages qu'il avait consultés, lui avaient dit :

« C'est d'elle que tout sort. Rien ne vient de rien. L'âme vient de l'eau ou du feu, ou des deux. Subtile émanation des éléments, elle ne s'en échappe que pour y rentrer. La Nature éternelle est aveugle et inflexible. Résigne-toi à sa loi fatale. Ton seul mérite sera de la connaître et de t'y soumettre. »

- Puis il regardait le firmament et les lettres de feu que forment les constellations dans la profondeur insondable de l'espace. Ces lettres devaient avoir un sens. Car, si l'infiniment petit, le mouvement des atomes a sa raison d'être, comment l'infiniment grand, la dispersion des astres, dont le groupement représente le corps de l'univers, ne l'aurait-il pas ? Ah ! oui chacun de ces mondes a sa loi propre, et tous ensemble se meuvent par un Nombre et dans une harmonie suprême. Mais qui déchiffrera jamais l'alphabet des étoiles ? Les prêtres de Junon lui avaient dit : « C'est le ciel des Dieux qui fut avant la terre. Ton âme en vient. Prie-les, afin qu'elle y remonte. »

Cette méditation fut interrompue par un chant voluptueux, qui sortait d'un jardin, sur les bords de l'Imbrasus. Les voix lascives des Lesbiennes se mariaient langoureusement aux sons de la cithare ; des jeûnes gens y répondirent par des airs bachiques. A ces voix se mêlèrent soudain d'autres cris perçants et lugubres partis du port. C'étaient des rebelles que Polycrate faisait charger dans une barque pour les vendre comme esclaves en Asie. On les frappait de lanières armées de clous, pour les entasser sous les pontons des rameurs. Leurs hurlements et leurs blasphèmes se perdirent dans la nuit; puis, tout rentra dans le silence.

Le jeune homme eut un frisson douloureux, mais il le réprima pour se ramasser en lui-même. Le problème était devant lui plus poignant, plus aigu. La Terre disait : *Fatalité !* le Ciel disait : *Providence !* et l'Humanité qui flotte entre les deux répondait : *Folie ! Douleur ! Esclavage !* Mais au fond de lui-même le futur adepte entendait une voix invincible qui répondait aux chaînes de la terre et aux flamboiements du ciel par ce cri : *Liberté !* Qui donc avait raison des sages, des prêtres, des fous, des malheureux ou de lui-même ? Ah ! c'est que toutes ces voix disaient vrai, chacune triomphait dans sa sphère, mais aucune ne lui livrait sa raison d'être. Les trois mondes existaient immuables comme le sein de Déméter, comme la lumière des astres et comme le cœur humain ; mais celui-là seul qui saurait trouver leur accord et la loi de leur équilibre serait un vrai sage, celui- là seul posséderait la science divine et pourrait aider les hommes. C'est dans la synthèse des trois mondes qu'était le secret du *Kosmos !*

En prononçant ce mot qu'il venait de trouver, Pythagore se leva. Son regard fasciné s'attacha à la façade dorienne du temple. Le sévère édifice paraissait transfiguré sous les chastes rayons de Diane. Il crut y apercevoir l'image idéale du monde et la solution du problème qu'il cherchait. Car la base, les colonnes, l'architrave et le fronton, triangulaire lui représentèrent soudain la triple nature de l'homme et de l'univers, du microcosme et du macrocosme couronné par l'unité divine, qui est elle-même une trinité. Le Kosmos, dominé et pénétré par Dieu, formait :

La Tétrade Sacrée, Immence et pur symbole,

Source de la Nature et modèle des Dieux[76].

Oui, elle était là, cachée dans ces lignes géométriques, la clef de l'univers, la science des nombres, la loi ternaire qui régit la constitution des êtres, celle du septénaire qui préside à leur évolution.Et dans une vision grandiose, Pythagore vit les mondes se mouvoir selon le rythme et l'harmonie des nombres sacrés. Il vit l'équilibre de la terre et du ciel dont la liberté humaine tient le balancier ; les trois mondes : naturel, humain et divin se soutenant, se déterminant l'un l'autre et jouant le drame universel par un double mouvement descendant et ascendant. Il devina les sphères du monde invisible enveloppant le visible et l'animant sans cesse ; il conçut enfin l'épuration et la libération de l'homme, dès cette terre, par la triple initiation. Il vit tout cela et sa vie et son œuvre, dans une illumination instantanée et claire, avec la certitude irréfragable de l'esprit qui se sent en face de la Vérité. Ce fut un éclair. – Maintenant il s'agissait de prouver par la Raison, ce que sa pure Intelligence avait saisi dans l'Absolu ; et pour cela il fallait une vie d'homme, un travail d'Hercule.

---

[76] Vers dorés de Pythagore. Traduits par Fabre d'Olivet.

Mais où trouver la science nécessaire pour mener à bonne fin un tel labeur ? Ni les chants d'Homère, ni les sages de l'Ionie, ni les temples de la Grèce ne pouvaient y suffire.

L'esprit de Pythagore, qui soudain avait trouvé des ailes, se mit à plonger dans son passé, dans sa naissance enveloppée de voiles et dans le mystérieux amour de sa mère. Un souvenir d'enfance lui revint, avec une précision, incisive. Il se rappela que sa mère l'avait porté à l'âge d'un an dans une vallée du Liban, au temple d'Adonaï. Il se revit petit enfant, enlacé au cou de Parthénis, au milieu de montagnes colossales, de forêts énormes, où un fleuve tombait en cataracte. Elle était debout, sur une terrasse ombragée de grands cèdres. Devant elle, un prêtre majestueux, à barbe blanche, souriait à la mère et à l'enfant, en disant des paroles graves qu'il ne comprenait pas. Sa mère lui avait rappelé souvent les mots étranges de l'hiérophante d'Adonaï : « O femme d'Ionie, ton fils sera grand par la sagesse, mais souviens-toi que si les Grecs possèdent encore la science *des Dieux*, la science *de Dieu* ne se trouve plus qu'en Égypte. » Ces paroles lui revenaient avec le sourire maternel, avec le beau visage du vieillard et le fracas lointain de la cataracte, dominé par la voix du prêtre, dans un paysage grandiose comme le rêve d'une autre vie. Pour la première fois, il devinait le sens de l'oracle. Il avait bien entendu parler du savoir prodigieux des prêtres égyptiens et de leurs mystères formidables ; mais il croyait pouvoir s'en passer. Maintenant il avait compris qu'il lui fallait cette « science de Dieu » pour pénétrer jusqu'au fond de la nature, et qu'il ne la trouverait que dans les temples de l'Égypte. Et c'était la douce Parthénis, qui, avec son instinct de mère, l'avait préparé pour cette œuvre, l'avait porté comme une offrande au Dieu souverain !

Dès lors sa résolution fut prise de se rendre en Égypte et de s'y faire initier.

Polycrate se vantait de protéger les philosophes autant que les poètes. Il s'empressa de donner à Pythagore une lettre de recommandation pour le pharaon Amasis, qui le présenta aux prêtres de Memphis. Ceux-ci ne le reçurent qu'en regimbant et après maintes difficultés. Les sages égyptiens se défiaient des Grecs qu'ils taxaient de légers et d'inconstants. Ils firent tout pour décourager le jeune Samien. Mais le novice se soumit avec une patience et un courage inébranlables aux lenteurs et aux épreuves qu'on lui imposa. Il savait d'avance qu'il n'arriverait à la connaissance que par l'entière domination de la volonté sur tout son être. Son initiation dura vingt-deux ans, sous le pontificat du grand prêtre Sonchis. Nous avons raconté, au livre d'Hermès, les épreuves, les tentations, les épouvantes et les extases de l'initié d'Isis, jusqu'à la mort apparente et cataleptique de l'adepte et à sa résurrection dans la lumière d'Osiris. Pythagore traversa toutes ces phases qui permettaient de réaliser, non pas comme une vaine théorie, mais comme une chose vécue, la doctrine du Verbe- Lumière ou de la Parole universelle et celle de l'évolution humaine à travers sept cycles planétaires. A chaque pas de cette vertigineuse ascension, les épreuves se renouvelaient plus redoutables. Cent fois on y risquait sa vie, surtout si l'on voulait arriver au maniement des forces occultes, à la dangereuse pratique de la magie et de la théurgie. Comme tous les grands hommes, Pythagore avait foi dans son étoile. Rien de ce qui pouvait conduire à la science ne le rebutait et la crainte de la mort ne l'arrêtait pas, parce qu'il voyait la vie au delà. Quand les prêtres égyptiens eurent reconnu en lui une force d'âme extraordinaire et cette passion impersonnelle de la sagesse qui est la chose du monde la plus rare, ils lui ouvrirent les trésors de leur expérience. C'est chez eux qu'il se forma et se trempa. C'est là qu'il put approfondir les mathématiques sacrées, la science des nombres ou des principes universels, dont il fit le centre de son système et qu'il formula d'une manière nouvelle. La sévérité de la discipline égyptienne dans les temples lui fit connaître, d'autre part, la puissance prodigieuse de la volonté humaine savamment exercée et entraînée, ses applications infinies tant au corps qu'à l'âme. « La science des nombres et l'art de la volonté sont les deux clefs de la magie, disaient les prêtres de Memphis ; elles ouvrent toutes les portes de l'univers. » C'est donc en Égypte que Pythagore acquit cette vue d'en haut, qui permet d'apercevoir les sphères de la Vie et les sciences dans un ordre concentrique, de comprendre *l'involution* de l'esprit dans la matière par la création universelle et son *évolution* ou sa remontée vers l'unité par cette création individuelle qui s'appelle le développement d'une conscience.

Pythagore était parvenu au sommet du sacerdoce égyptien et songeait peut-être à revenir en Grèce, lorsque la guerre vint fondre sur le bassin du Nil avec tous ses fléaux et entraîner l'initié d'Osiris dans un nouveau tourbillon. Depuis longtemps les despotes de l'Asie méditaient la perte de l'Égypte. Leurs assauts répétés pendant des siècles avaient échoué devant la sagesse des institutions égyptiennes, devant la force du sacerdoce et l'énergie des pharaons. Mais l'immémorial royaume, asile de la science d'Hermès, n devait pas durer éternellement. Le fils du vainqueur de Babylone, Cambyse, vint s'abattre sur l'Égypte avec ses armées innombrables et affamées comme des nuées de sauterelles, et mettre fin à l'institution du pharaonnat, dont l'origine se perdait dans la nuit des temps. Aux yeux des sages, c'était une catastrophe pour le monde entier. Jusque-là, l'Égypte avait couvert l'Europe contre l'Asie. Son influence protectrice s'étendait encore sur tout le bassin de la Méditerranée par les temples de la Phénicie, de la Grèce et de l'Étrurie, avec lesquels le haut sacerdoce égyptien était en relation constante. Ce boulevard une fois renversé, le Taureau allait fondre, tête baissée, sur les rivages de l'Hellénie. Pythagore vit donc Cambyse envahir l'Égypte. Il put voir le despote persan, digne héritier des scélérats couronnés de Ninive et de Babylone, saccager les temples de Memphis et de Thèbes et détruire celui d'Hammon. Il put voir le pharaon

Psammenit conduit devant Cambyse, chargé de fers, placé sur un tertre autour duquel on fit ranger les prêtres,les principales familles et la Cour du roi. Il put voir la fille du Pharaon, vêtue de haillons et suivie de toutes ses filles d'honneur pareillement travesties, le prince royal et deux mille jeunes gens amenés, le mors à la bouche et le licol au cou, avant d'être décapités ; le pharaon Psammenit refoulant ses sanglots devant cette scène affreuse; et l'infâme Cambyse, assis sur son trône, se repaissant de la douleur de son adversaire terrassé. Cruelle, mais instructive leçon de l'histoire, après les leçons de la science. Quelle image de la nature animale déchaînée dans l'homme, aboutissant à ce monstre du despotisme, qui foule tout à ses pieds et impose à l'humanité le règne du plus implacable destin par sa hideuse apothéose !

Cambyse fit transporter Pythagore à Babylone avec une partie du sacerdoce égyptien et l'y interna[77]. Cette ville colossale qu'Aristote compare à un pays environné de murs, offrait alors un immense champ d'observation. L'antique Babel, la grande prostituée des prophètes hébreux, était plus que jamais, après la conquête persane, un pandémonium de peuples, de langues, de cultes et de religions, au milieu desquels le despotisme asiatique dressait sa tour vertigineuse. Selon les traditions persanes, sa fondation remontait à la légendaire Sémiramis. C'est elle, disait-on, qui avait bâti son enceinte monstre de quatre-vingt-cinq kilomètres de tour : l'Imgoum-Bel, ses murs, où deux chars couraient de front, ses terrasses superposées, ses palais massifs au reliefs polychromes, ses temples supportés par des éléphants de pierre et surmontés de dragons multicolores. Là s'était succédé la série des despotes qui avaient asservi la Kaldée, l'Assyrie, la Perse, une partie de la Tatarie, la Judée, la Syrie et l'Asie Mineure. C'est là que Nebukadnetzar, l'assassin des mages, avait traîné en captivité le peuple juif, qui continuait à pratiquer son culte dans un coin de l'immense cité, où Londres aurait tenu quatre fois. Les Juifs avaient même fourni au grand roi un ministre puissant en la personne du prophète Daniel. Avec

---

[77] C'est Jamblique qui rapporte ce fait dans sa *Vie de Pythagore*.

Balthassar, fils de Nebukadnetzar, les murs de la vieille Babel s'étaient enfin écroulés, sous les coups vengeurs de Cyrus ; et Babylone passa pour plusieurs siècles sous la domination persane. Par cette série d'événements antérieurs, au moment où Pythagore y vint, trois religions différentes se côtoyaient dans le haut sacerdoce de Babylone : les antiques prêtres Kaldéens, les survivants du magisme persan et l'élite de la captivité juive. Ce qui prouve que ces divers sacerdoces s'accordaient entre eux par le côte ésotérique, c'est précisément le rôle de Daniel qui, tout en affirmant le Dieu de Moïse, resta premier ministre sous Nebukadnetzar, Balthassar et Cyrus.

Pythagore dut élargir son horizon déjà si vaste en étudiant ces doctrines, ces religions et ces cultes, dont quelques initiés conservaient encore la synthèse. Il put approfondir, à Babylone, les connaissances des mages, héritiers de Zoroastre. Si les prêtres égyptiens possédaient seuls les clefs universelles des sciences sacrées, les mages persans avaient la réputation d'avoir poussé plus loin la pratique de certains arts. Ils s'attribuaient le maniement de ces puissances occultes de la nature qui s'appellent le feu pantomorphe et la lumière astrale. Dans leurs temples, disait-on, les ténèbres se faisaient en plein jour, les lampes s'allumaient d'elles-mêmes, on voyait rayonner les Dieux et on entendait gronder la foudre.Les mages appelaient *Lion céleste* ce feu incorporel agent générateur de l'électricité, qu'ils savaient condenser ou dissiper à leur gré, et *serpents* les courants électriques de l'atmosphère, magnétiques de la terre, qu'ils prétendaient diriger comme des flèches sur les hommes. Ils avaient fait aussi une étude spéciale de la puissance suggestive, attractive et créatrice du verbe humain. Ils employaient, pour l'évocation des esprits, des formulaires gradués et empruntés aux plus vieilles langues de la terre. Voici la raison psychique qu'ils en donnaient eux-mêmes : « Ne change rien aux noms barbares de l'évocation ; car ils sont les noms panthéistiques de Dieu ; ils sont aimantés des adorations d'une multitude et leur puissance est ineffable[78] ». Ces évocations pratiquées au milieu des purifications et des prières étaient, à proprement parler, ce qu'on appela plus tard la magie blanche.

Pythagore pénétra donc à Babylone dans les arcanes de l'antique magie. En même temps, dans cet antre du despotisme il vit un grand spectacle : sur les débris des religions croulantes de l'Orient, au-dessus de leur sacerdoce décimé et dégénéré, un groupe d'initiés intrépides, serrés ensemble, défendaient leur science, leur foi, et, autant qu'ils le pouvaient, la justice. Debout en face des despotes, comme Daniel dans la fosse aux lions, toujours près d'être dévorés, ils fascinaient et domptaient la bête fauve du pouvoir absolu, par leur puissance intellectuelle, et lui disputaient le terrain pied à pied.

Après son initiation égyptienne et kaldéenne, l'enfant de Samos en savait bien plus long que ses maîtres de physique et qu'aucun Grec, prêtre ou laïque, de son temps. Il connaissait les principes éternels de l'univers et leurs applications. La nature lui avait ouvert ses abîmes ; les voiles grossiers de la

---

[78] *Oracles de Zoroastre* recueillis dans la théurgie de Proclus.

matière s'étaient déchirés à ses yeux pour lui montrer les sphères mer veilleuses de la nature et de l'humanité spiritualisée. Dans le temple de Neith-Isis à Memphis, dans celui de Bel à Babylone, il avait appris bien des secrets sur le passé des religions, sur l'histoire des continents et des races. Il avait pu comparer les avantages et les inconvénients du monothéisme juif, du polythéisme grec, du trinitarisme indou et du dualisme persan. Il savait que toutes ces religions étaient les rayons d'une même vérité, tamisés par divers degrés d'intelligence et pour divers états sociaux. Il tenait la clef, c'est-à-dire la synthèse de toutes ces doctrines dans la science ésotérique. Son regard embrassant le passé, plongeant dans l'avenir, devait juger le présent avec une singulière lucidité. Son expérience lui montrait l'humanité menacée des plus grands fléaux, par l'ignorance des prêtres, le matérialisme des savants et l'indiscipline des démocraties. Au milieu du relâchement universel, il voyait grandir le despotisme asiatique ; et de ce nuage noir un cyclone formidable allait fondre sur l'Europe sans défense.

Il était donc temps de revenir en Grèce, d'y accomplir sa mission, d'y commencer son œuvre.

Pythagore avait été interné à Babylone pendant douze ans. Pour en sortir il fallait un ordre du roi des Perses. Un compatriote, Démocède, le médecin du roi, intercéda en sa faveur et obtint la liberté du philosophe. Pythagore revint donc à Samos, après trente-quatre ans d'absence. Il trouva sa patrie écrasée sous un satrape du grand roi. Écoles et temples étaient fermés ; poètes et savants avaient fui, comme une nuée d'hirondelles, devant le césarisme persan. Du moins eut-il la consolation de recueillir le dernier soupir de son premier maître, Hermodamas, et de retrouver sa mère Parthénis, qui seule n'avait pas douté de son retour. Car tout le monde avait cru mort le fils aventureux du bijoutier de Samos. Mais jamais elle.n'avait douté de l'oracle d'Apollon. Elle comprenait que sous sa robe blanche de prêtre égyptien, son fils se préparait à une haute mission. Elle savait que du temple de Neith-Isis sortirait le maître bienfaisant, le prophète lumineux, dont elle avait rêvé dans le bois sacré de Delphes et que l'hiérophante d'Adonaï lui avait promis sous les cèdres du Liban.

Et maintenant une barque légère emportait, sur les flots azurés des Cyclades, cette mère et ce fils vers un nouvel exil. Ils fuyaient, avec tout leur avoir, Samos opprimée et perdue. Ils faisaient voile pour la Grèce. Ce n'étaient ni les couronnes olympiques, ni les lauriers du poète qui tentaient le fils de Parthénis. Son œuvre était plus mystérieuse et plus grande : réveiller l'âme endormie des Dieux dans les sanctuaires ; rendre sa force et son prestige au temple d'Apollon ; et puis, fonder quelque part une école de science et de vie, d'où sortiraient non pas des politiciens et des sophistes, mais des hommes et des femmes initiés, de vraies mères et de purs héros !

III

LE TEMPLE DE DELPHES LA SCIENCE APOLLINIENNE – THÉORIE DE LA DIVINATION LA PYTHONISSE THÉOCLÉA

De la plaine de Phocide, on remontait les prairies riantes qui bordent les rives du Plistios, et l'on s'en fonçait, entre de hautes montagnes, dans une vallée tortueuse. A chaque pas, elle devenait plus étroite, le pays plus grandiose et plus désolé. On atteignait enfin un cirque de montagnes abruptes couronnées de pics sauvages, véritable entonnoir d'électricité, surplombé de fréquents orages. Brusquement, au fond de la gorge sombre, la ville de Delphes apparaissait, comme un nid d'aigle, sur son rocher environné de précipices et dominé par les deux cimes du Parnasse. De loin, on voyait étinceler les Victoires de bronze, les chevaux d'airain, les innombrables statues d'or, échelonnées sur la voie sacrée et rangées comme une garde de héros et de Dieux autour du temple dorien de Phoïbos Apollôn.

C'était le lieu le plus saint de la Grèce. Là prophétisait la Pythie ; là se réunissaient les Amphyctions; là tous les peuples helléniques avaient élevé autour du sanctuaire des chapelles renfermant des trésors d'offrandes. Là, des théories d'hommes, de femmes et d'enfants venus de loin montaient la voie sacrée pour saluer le Dieu de la Lumière. La religion avait consacré Delphes depuis un temps immémorial à la vénération des peuples. Sa situation centrale dans l'Hellade, son rocher, à l'abri des coups de main et facile à défendre, y avait contribué. Le lieu était fait pour frapper l'imagination ; une singularité lui donna son prestige. Dans une caverne, derrière le temple s'ouvrait une fente, d'où sortaient des vapeurs froides qui provoquaient, disait-on, l'inspiration et l'extase. Plutarque raconte qu'en des temps fort reculés, un pâtre, s'étant assis au bord de cette fente, se mit à prophétiser. D'abord on. le crut fou ; mais ses prédictions s'étant réalisées on devint attentif au fait. Les prêtres s'en emparèrent et consacrèrent le lieu à la divinité. De là l'institution de la Pythie qu'on faisait asseoir au-dessus de la fente sur un trépied. Les vapeurs qui sortaient du gouffre lui donnaient des convulsions, des crises étranges et provoquaient en elle cette *seconde vue* que l'on constate chez les somnambules remarquables. Eschyle, dont les affirmations ont du poids, car il était fils d'un prêtre d'Éleusis et initié lui-même, Eschyle nous apprend dans les *Euménides* par la bouche de la Pythie que Delphes avait été consacré d'abord à la Terre, ensuite à Thémis (la Justice), puis à Phœbée (la lune médiatrice), enfin à Apollon, le Dieu solaire. Chacun de ces noms représente dans la symbolique des temples de longues périodes et embrasse des siècles. Mais la célébrité de Delphes date d'Apollon. Jupiter, disaient les poètes, ayant voulu connaître le centre de la terre, fit partir deux aigles du levant et du couchant ; ils se rencontrèrent à Delphes.

D'où vient ce prestige, cette autorité universelle et incontestée qui fit d'Apollon le Dieu grec par excellence et fait qu'il a gardé pour nous-mêmes un rayonnement inexplicable ?

L'histoire ne nous apprend rien sur ce point important. Interrogez les orateurs, les poètes, les philosophes, ils ne vous donneront que des explications superficielles. La vraie réponse à cette question demeura le secret du temple. Essayons de le pénétrer.

Dans la pensée orphique, Dionysos et Apollon étaient deux révélations diverses de la même divinité.

Dionysos représentait la vérité ésotérique, le fond et le dedans des choses, ouvert aux seuls initiés. Il contenait les mystères de la vie, les existences passées et futures, les rapports de l'âme et du corps, du ciel et de la terre. Apollon personnifiait la même vérité appliquée à la vie terrestre et à l'ordre social. Inspirateur de la poésie, de la médecine et des lois, il était la science par la divination, la beauté par l'art, la paix des peuples par la justice, et l'harmonie de l'âme et du corps par la purification. En un mot, pour l'initié, Dionysos ne signifiait rien moins que l'esprit divin en évolution dans l'univers, et Apollon sa manifestation à l'homme terrestre. Les prêtres avaient fait comprendre cela au peuple par une légende. Ils lui avaient dit qu'au temps d'Orphée, Bacchus et Apollon s'étaient disputés le trépied de Delphes. Bacchus l'avait cédé de bon gré à son frère et s'était retiré sur une des cimes du Parnasse, où les femmes Thébaines célébraient ses mystères. En réalité, les deux grands fils de Jupiter se partageaient l'empire du monde. L'un régnait sur le mystérieux au-delà ; l'autre sur les vivants.

Nous retrouvons donc dans Apollon le Verbe solaire, la Parole universelle, le grand Médiateur, le Vischnou des Indous, le Mithras des Persans, l'Horus des Égyptiens. Mais les vieilles idées de l'ésotérisme asiatique revêtirent dans la légende d'Apollon une beauté plastique, une splendeur incisive qui les fit pénétrer plus profondément dans la conscience humaine, comme les flèches du Dieu « serpents à l'aile blanche qui s'élancent de son arc d'or », dit Eschyle.

Apollon jaillit de la grande nuit à Délos ; toutes les déesses saluent sa naissance ; il marche, il saisit l'arc et la lyre ; ses boucles roulent dans l'air, son carquois résonne sur ses épaules ; et la mer en palpite et toute l'île en resplendit dans un bain de flamme et d'or. C'est l'épiphanie de la lumière divine, qui par son auguste présence, crée l'ordre, la splendeur et l'harmonie, dont la poésie est le merveilleux écho. – Le Dieu se rend à Delphes et perce de ses flèches un serpent monstrueux qui désolait la contrée, assainit le pays et fonde le temple ; image de la victoire de cette lumière divine sur les ténèbres et sur le mal. Dans les religions antiques, le serpent symbolisait à la fois le cercle fatal de la vie et le mal qui en résulte. Et cependant de cette vie comprise et terrassée ressort la Connaissance. Apollon tueur du serpent est le symbole de l'initié qui transperce la nature par la science, la dompte par sa volonté, et rompant le cercle fatidique de la chair, monte dans la splendeur de l'esprit, pendant que les tronçons brisés de l'animalité humaine se tordent dans le sable. Voilà pourquoi Apollon est le maître des expiations, des purifications de l'âme et du corps. Éclaboussé par le sang du monstre, il a expié, il s'est purifié lui-même dans un exil de huit ans, sous les lauriers amers et salubres de la vallée de Tempé. – Apollon, éducateur des hommes aime à séjourner au milieu d'eux ; il se plaît dans les villes, parmi la jeunesse mâle, dans les luttes de la poésie et de la palestre, il n'y demeure que temporairement. En automne, il retourne dans sa patries au pays des Hyperboréens. C'est le peuple mystérieux des âmes lumineuses et transparentes qui vivent dans l'éternelle aurore d'une félicité parfaite. Là sont ses vrais prêtres et ses prêtresses aimées. Il vit avec eux dans une communauté intime et profonde, et lorsqu'il veut faire aux hommes un don royal, il leur amène du pays des Hyperboréens une de ces grandes âmes lumineuses et la fait naître sur la terre pour enseigner et charmer les mortels. Lui-même revient Delphes, tous les printemps, lorsqu'on chante les péans et les hymnes. Il arrive, visible aux seuls initiés, dans sa blancheur hyperboréenne, sur un char traîné par des cygnes mélodieux. Il revient habiter le sanctuaire, où la Pythie transmet ses oracles, où l'écoutent les sages et les poètes. Alors les rossignols chantent, la fontaine de Castalie bouillonne à flots d'argent, les effluves d'une lumière éblouissante et d'une musique céleste pénètrent dans le cœur de l'homme et jusque dans les veines de la nature.

Dans cette légende des Hyperboréens, perce en rayons brillants le fond ésotérique du mythe d'Apollon. Le pays des Hyperboréens, c'est l'au delà, l'empyrée des âmes victorieuses dont les aurores astrales éclairent les zones multicolores. Apollon lui-même personnifie la lumière immatérielle et intelligible, dont le soleil n'est que l'image physique, et d'où coule toute vérité. Les cygnes merveilleux qui l'amènent sont les poètes, les divins génies, messagers de sa grande âme solaire, qui laissent derrière eux des frissons de lumière et de mélodie. Apollon hyperboréen personnifie donc la descente du ciel sur la terre, l'incarnation de la beauté spirituelle dans le sang et la chair, l'afflux de la vérité transcendante par l'inspiration et la divination.

Mais il est temps de soulever le voile doré des légendes et de pénétrer dans le temple même. Comment la divination s'y exerçait-elle ? Nous touchons ici aux arcanes de la science apollinienne et des mystères de Delphes.

Un lien profond unissait dans l'antiquité la divination aux cultes solaires, et ceci en est la clef d'or de tous les mystères dits magiques.

L'adoration de l'homme aryen se porta dès l'origine de la civilisation vers le soleil comme vers la source de la lumière, de la chaleur et de la vie. Mais lorsque la pensée des sages s'éleva du phénomène à la cause, ils conçurent derrière ce feu sensible et cette lumière visible, un feu immatériel et une lumière intelligible. Ils identifièrent le premier avec le principe mâle, avec l'esprit créateur ou l'essence intellectuelle de l'univers, et la seconde avec son principe féminin, son âme formatrice, sa substance plastique. Cette intuition remonte à un temps immémorial. La conception dont je parle se mêle aux plus vieilles mythologies. Elle circule dans les hymnes védiques sous la forme d'Agni, le feu universel qui pénètre toute chose. Elle s'épanouit dans la religion de Zoroastre, dont le culte de Mithras représente la partie ésotérique. Mithras est le feu mâle et Mitra la lumière femelle. Zoroastre dit formellement que l'Éternel créa par le moyen du Verbe-vivant la lumière céleste, semence d'Ormuzd, principe de la lumière matérielle et du feu matériel. Pour l'initié de Mithras, le soleil n'est qu'un reflet grossier de cette lumière. Dans sa grotte obscure, dont la voûte est peinte d'étoiles, il invoque le soleil de grâce, le feu d'amour, vainqueur du mal, réconciliateur d'Ormuzd et d'Ahriman, purificateur et médiateur, qui habite l'âme des saints prophètes. Dans les cryptes de l'Égypte, les initiés cherchent ce même soleil sous le nom d'Osiris. Lorsque Hermès demande à contempler l'origine des choses, il se sent d'abord plongé dans les ondes éthérées d'une lumière délicieuse, où se meuvent toutes les formes vivantes. Puis, plongé dans les ténèbres de la matière épaisse, il entend une voix, et il y reconnaît *la voix de la lumière*. En même temps un feu jaillit des profondeurs ; aussitôt le chaos s'ordonne et s'éclaircit. Dans le livre des morts des Égyptiens, les âmes voguent péniblement vers cette lumière dans la barque d'Isis. Moïse a pleinement adopté cette doctrine dans la Genèse. « Ælohim dit : Que la lumière soit et la lumière fut. » Or, la création de cette lumière précède celle du soleil et des étoiles. Cela veut dire que dans l'ordre des principes et de la cosmogonie, la lumière intelligible précède la lumière matérielle. Les Grecs qui coulèrent dans la forme humaine et dramatisèrent les idées les plus abstraites, exprimèrent la même doctrine dans le mythe d'Apollon hyperboréen.

L'esprit humain arriva donc par la contemplation interne de l'univers, du point de vue de l'âme et de l'intelligence, à concevoir une lumière intelligible, un élément impondérable servant d'intermédiaire entre la matière et l'esprit. Il serait facile de montrer que les physiciens modernes se rapprochèrent insensiblement de la même conclusion par un chemin opposé, c'est-à-dire en cherchant la constitution de la matière et en voyant l'impossibilité de l'expliquer par elle-même. Au seizième siècle déjà, Paracelse, en étudiant les combinaisons chimiques et les métamorphoses des corps, était arrivé à admettre un agent universel et occulte au moyen duquel elles s'opèrent. Les physiciens du dix-septième et du dix-huitième siècle, qui conçurent l'univers comme une machine morte, crurent an vide absolu des espaces célestes. Cependant lorsqu'on reconnut que la lumière n'est pas l'émission d'une matière radiante, mais la vibration d'un élément impondérable, on dut admettre que l'espace tout entier est rempli par un fluide infiniment subtil qui pénètre tous les corps et par lequel se transmettent les ondes de chaleur et de lumière. On revenait ainsi aux idées de la physique et de la théosophie grecques. Newton, qui avait passé sa vie entière à étudier les mouvements des corps célestes, alla plus loin. Il appela cet éther *sensorium Dei*, ou le cerveau de Dieu, c'est-à-dire l'organe par lequel la pensée divine agit dans l'infiniment grand comme dans l'infiniment petit. En émettant cette idée qui lui semblait nécessaire pour expliquer la simple rotation des astres, ce grand physicien nageait en pleine philosophie ésotérique. L'éther que la pensée de Newton trouvait dans les espaces, Paracelse l'avait trouvée au fond de ses alambics et l'avait nommée lumière astrale. - Or, ce fluide impondérable mais partout présent, qui pénètre tout, cet agent subtil mais indispensable, cette lumière invisible à nos yeux, mais qui est au fond de toutes les scintillations et de toutes les phosphorescences, un physicien allemand les constata dans une série d'expériences savamment ordonnées. Reichenbach avait remarqué que des sujets d'une fibre nerveuse très sensible, placés dans une chambre parfaitement obscure, en face d'un aimant, voyaient à ses deux bouts de forts rayons de lumière rouge, jaune et bleue. Ces rayons vibraient parfois avec un mouvement ondulatoire. Il continua ses expériences avec toutes sortes de corps, notamment avec des cristaux. Autour de tous ces corps, les sujets sensibles virent des émanations lumineuses. Autour de la tête des hommes placés dans la chambre obscure, ils virent des rayons blancs ; de leurs doigts sortaient de petites flammes. Dans la première phase de leur sommeil, les somnambules voient parfois leur magnétiseur avec ces mêmes signes. La pure lumière astrale n'apparaît que dans la haute extase, mais elle se polarise dans tous les corps, se combine avec tous les fluides terrestres et joue des rôles divers dans l'électricité, dans le magnétisme terrestre et dans le magnétisme animal[79]. L'intérêt des expériences de Reichenbach est d'avoir fait toucher du doigt les limites et la transition de la vision physique à la vision astrale, qui peut conduire à la vision spirituelle. Elles font entrevoir aussi les raffinements infinis de la matière impondérable. Sur cette voie, rien ne nous empêche de la concevoir tellement fluide, telle ment subtile et pénétrante, qu'elle devienne en quelque sorte homogène à l'esprit et lui serve de vêtement parfait.

---

[79] Reichenbach a appelé ce fluide *odyle*. – Son ouvrage a été traduit en anglais par Gregory: *Researches on magnetism, electricity, heat, light crystallization and chemical attraction.* – Londres, 1830

Nous venons de voir que la physique moderne a dû reconnaître un agent universel impondérable pour expliquer le monde, qu'elle en a même constaté la présence et qu'ainsi elle est rentrée sans le savoir dans les idées des théosophies antiques. Essayons maintenant de définir la nature et la fonction du fluide cosmique, selon la philosophie de l'occulte dans tous les temps. Car sur ce principe capital de la cosmogonie, Zoroastre s'accorde avec Héraclite, Pythagore avec saint Paul, les Kabbalistes avec Paracelse. Elle règne t partout, Cybèle-Maïa, la grande âme du monde, la substance vibrante et plastique que manie à son gré le souffle de l'Esprit créateur. Ses océans éthérés servent de ciment, entre tous les mondes. Elle est la grande médiatrice entre l'invisible et le visible, entre l'esprit et la matière, entre le dedans et le dehors de l'univers. Condensée en masses énormes dans l'atmosphère, sous l'action du soleil, elle y éclate en foudre. Bue par la terre, elle y circule en courants magnétiques. Subtilisée dans le système nerveux de l'animal, elle transmet sa volonté aux membres, ses sensations au cerveau. Bien plus, ce fluide subtil forme des organismes vivants semblables aux corps matériels. Car il sert de substance au corps astral de l'âme, vêtement lumineux que l'esprit se tisse sans cesse à lui-même Selon les âmes qu'il revêt, selon les mondes qu'il enveloppe, ce fluide se transforme, s'affine ou s'épaissit : Non seulement il corporise l'esprit et spiritualise la matière, mais il reflète, dans son sein animé, les choses, les volontés et les pensées humaines en un perpétuel mirage. La force et la durée de ces images est proportionnée à l'intensité de la volonté qui les produit. Et en vérité, il n'y a pas d'autre moyen d'expliquer la suggestion et la transmission de la pensée à distance, ce principe de la magie aujourd'hui constaté et reconnu par la science[80]. Ainsi le passé des mondes tremble dans la lumière astrale en images incertaines et l'avenir s'y promène avec les âmes vivantes que l'inéluctable destin force à descendre dans la chair. Voilà le sens du voile d'Isis et du manteau de Cybèle, dans lequel sont tissés tous les êtres.

On voit maintenant que la doctrine théosophique de la lumière astrale est identique à la doctrine secrète du verbe solaire dans les religions de l'Orient et de la Grèce. On voit aussi comment cette doctrine se lie à celle de la divination. La lumière astrale s'y révèle comme le médium universel, des phénomènes de vision et d'extase, et les explique. Elle est à la fois le véhicule qui transmet les mouvements de la pensée et le miroir vivant où l'âme contemple les images du monde matériel et spirituel. Une fois transporté dans cet élément, l'esprit du voyant sort des conditions corporelles. La mesure de l'espace et du temps change pour lui. Il participe en quelque sorte à l'ubiquité du fluide universel. La matière opaque devient transparente pour lui ; et l'âme se dégageant du corps, s'élevant dans sa propre lumière, arrive par l'extase à pénétrer dans le monde spirituel, à voir les âmes revêtues de leurs corps éthérés et à communiquer avec elles. Tous les anciens initiés avaient l'idée nette de cette *seconde vue* ou vue directe de l'esprit. Témoin Eschyle

---

[80] Voir le bulletin de la Société de psychologie physiologique présidée par M. Charcot, 1885. – Voir surtout le beau livre de M. Ochorowicz, *De la Suggestion mentale*, Paris 1887.

qui fait dire à l'ombre de Clytemnestre : « Regarde ces blessures, ton esprit peut les voir ; l'esprit quand on dort a des yeux plus perçants ; au grand jour les mortel n'embrassent pas un vaste champ avec leur vue. »

Ajoutons que cette théorie de la clairvoyance et de l'extase s'accorde merveilleusement avec les nombreuses expériences scientifiquement pratiquées par des savants et des médecins de ce siècle sur des somnambules lucides et des clairvoyants de toute sorte. C'est d'après ces faits contemporains que nous essayerons de caractériser brièvement la succession des états psychiques, depuis la clairvoyance simple jusqu'à l'extase cataleptique.

L'état de clairvoyance, cela ressort de milliers de faits bien constatés, est un état psychique qui diffère autant du sommeil que de la veille. Loin de diminuer, les facultés intellectuelles du clairvoyant augmentent d'une manière surprenante. Sa mémoire est plus juste, son imagination plus vive, son intelligence plus éveillée. Enfin, et c'est là le fait capital, un sens nouveau, qui n'est plus un sens corporel, mais un sens de l'âme, s'est développé. Non seulement les pensées du magnétiseur transmettent à lui comme dans le simple phénomène de la suggestion, lequel sort déjà du plan physique, mais le clairvoyant lit dans la pensée des assistants, voit à travers les murs, pénètre à des centaines de lieues dans des intérieurs où il n'a jamais été et dans la vie intime de gens qu'il ne connaissait pas. Ses yeux sont fermés et ils ne peuvent rien voir, mais son esprit voit plus loin et mieux que ses yeux ouverts, et semble voyager librement dans l'espace[81]. En un mot, si la clairvoyance est un état anormal au point de vue du corps, ç'est un état normal et supérieur au point de vue de l'esprit. Car sa conscience est devenue plus profonde, sa vision plus large. Le moi est resté le même, mais il a passé sur un plan supérieur, où son regard affranchi des organes grossiers du corps embrasse et

---

[81] Exemples nombreux dans Gregory. Lettres XVI XVII et XVIII.

pénètre un plus vaste horizon[82]. Il est à remarquer que

[82] Le philosophe allemand Schelling avait reconnu l'importance capitale du somnambulisme dans la question de l'immortalité de l'âme. Il observe que, dans le sommeil lucide, il se produit une élévation et une libération relative de l'âme par rapport au corps, telle qu'elle n'a jamais lieu dans l'état normal. Chez le somnambules, tout annonce la plus haute conscience, comme si tout leur être était rassemblé en un foyer lumineux qui réunit le passé, le présent et l'avenir. Loin qu'ils perdent le souvenir, le passé s'éclaire pour eux, l'avenir même se dévoile quelquefois dan un rayon considérable. Si cela est possible dans la vie terrestre − se demande Schelling − n'est-il pas certain que notre personnalité spirituelle, qui nous suit dans la mort, est déjà présente en nous actuellement, qu'elle ne naît pas alors, qu'elle est simplement délivrée et se montre dès qu'elle n'est plus liée au monde extérieur par les sens ? L'état après la mort est donc plus réel que l'état terrestre. Car, dans cette vie, l'accidentel, se mêlant à tout, paralyse en nous l'essentiel. Schelling appelle tout uniment l'état futur : clairvoyance. L'esprit, débarrassé de tout ce qu'il y a d'accidentel dans la vie terrestre, devient plus vivant et plus fort ; le méchant devient plus méchant, le bon meilleur.

Tout récemment, M. Charles Du Prel a soutenu la même thèse avec une grande richesse de faits et d'aperçus, dans un beau livre *Philosophie der Mystik* (1886). Il part de ce fait « La conscience du moi n'épuise pas son objet. L'âme et la conscience ne sont certaines somnambules, en subissant les passes du magnétiseur, se sentent inondées d'une lumière de plus en plus éclatante ; tandis que le réveil leur semble un retour pénible dans les ténèbres.

La suggestion, la lecture dans la pensée et la vue à distance sont des faits qui prouvent déjà l'existence indépendante de l'âme et nous transportent au-dessus du plan physique de l'univers, sans nous en faire sortir tout à fait. Mais la clairvoyance a des variétés infinies et une échelle d'états divers beaucoup plus étendue que celle de la veille. A mesure qu'on la monte, les phénomènes deviennent plus rares et plus extraordinaires. N'en citons que les étapes principales. La *rétrospection* est une vision des événements passés conservés dans la lumière astrale et ravivés par la sympathie du voyant. La *divination* proprement dite est une vision problématique des choses à venir, soit par une introspection de la pensée des vivants qui contient en germe les actions futures, soit par l'influence occulte d'esprits supérieurs qui déroulent l'avenir en images vivantes devant l'âme du clairvoyant. Dans les deux cas, ce sont des projections de pensées dans la lumière astrale. Enfin, *l'extase* se définit comme une vision du monde spirituel, où des esprits bons ou mauvais apparaissent au voyant sous forme humaine et communiquent avec lui ; L'âme semble réellement transportée hors du corps, que la vie a presque quitté et qui se roidit dans une catalepsie voisine de la mort. Rien ne peut rendre, d'après les récits des grands extatiques, la beauté et la splendeur de ces visions ni le sentiment d'ineffable fusion avec l'essence divine, qu'ils en rapportent comme une ivresse de lumière et de musique. On peut douter de la réalité de ces visions.

Mais il faut ajouter que si, dans l'état moyen de la clairvoyance, l'âme a une perception juste des lieux éloignés et des absents, il est logique d'admettre que, dans sa plus haute exaltation, elle puisse avoir la vision d'une réalité supérieure et immatérielle.

Ce sera, selon nous, la tâche de l'avenir de rendre aux facultés transcendantes de l'âme humaine leur dignité et leur fonction sociale, en les réorganisant sous le contrôle de la science et sur les bases d'une religion vraiment universelle, ouverte à toutes les vérités : Alors la science régénérée par la vraie foi et par l'esprit de charité, atteindra, les yeux ouverts, à ces sphères où la philosophie spéculative erre, les yeux bandés et en tâtonnant. Oui, la science deviendra voyante et rédemptrice, à mesure qu'augmentera en elle la conscience et l'amour de l'humanité. Et peut-être est-ce par « la porte du sommeil et des songes », comme disait le vieil Homère, que la divine Psyché, bannie de notre civilisation et qui pleure en silence sous son voile, rentrera en possession de ses autels.

Quoi qu'il en soit, les phénomènes de clairvoyance observés dans toutes leurs phases par des savants et des médecins du dix-neuvième siècle, jettent un jour très nouveau sur le rôle de la divination dans l'antiquité et sur une foule de phénomènes en apparence surnaturels, qui remplissent les annales de tous les peuples. Certes, il est indispensable de faire la part de la légende et de l'histoire, de l'hallucination et de la vision vraie. Mais la psychologie expérimentale de nos jours nous enseigne à ne pas rejeter en masse des faits, qui sont dans la possibilité de la nature humaine, et à les étudier au point de vue des lois constatées. Si la clairvoyance est une faculté de l'âme, il.n'est plus permis de rejeter purement et simplement les prophètes, les oracles et les sybilles dans le domaine de la superstition. La divination a pu être connue et pratiquée par les temples antiques avec des principes fixes, dans un but social et religieux. L'étude comparée des religions et des traditions ésotériques montre que ces principes furent les mêmes partout, quoique leur application ait varié infiniment. Ce qui a discrédité l'art de la divination c'est que sa corruption a donné lieu aux pires abus et que ses belles manifestations ne sont possibles qu'en des êtres d'une grandeur et d'une pureté exceptionnelles.

La divination, telle qu'elle s'exerçait à Delphes, était fondée sûr les principes que nous venons d'exposer, et l'organisation intérieure du temple y correspondait. Comme dans les grands temples de l'Égypte, elle se composait d'un art, et d'une science. L'art consistait.à pénétrer le lointain, le passé et l'avenir par la clairvoyance ou l'extase prophétique ; la science, à calculer l'avenir d'après les lois de l'évolution universelle. Art et science se contrôlaient réciproquement. Nous ne dirons rien de cette science, appelée généthlialogie par les anciens, et dont l'astrologie du moyen âge n'est qu'un fragment imparfaitement compris, si ce n'est qu'elle supposait l'encyclopédie ésotérique appliquée à l'avenir des peuples et des individus. Très utile comme orientation, elle demeura toujours très problématique dans l'application. Les esprits de premier ordre en ont seuls su faire usage. Pythagore l'avait approfondie eu Égypte. En Grèce, on l'exerçait avec des données moins complètes et moins précises. Par contre, la clairvoyance et la prophétie avaient été poussées assez loin.

On sait qu'elle s'exerçait à Delphes par l'intermédiaire de femmes jeunes et âgées nommées Pythies ou Pythonisses, qui jouaient le rôle passif des somnambules clairvoyantes. Les prêtres interprétaient, traduisaient, arrangeaient leurs oracles souvent confus d'après leurs propres lumières. Les historiens modernes n'ont guère vu dans l'institution de Delphes que l'exploitation de la superstition par un charlatanisme intelligent. Mais outre l'assentiment de toute l'antiquité philosophique à la science divinatoire de Delphes, plusieurs oracles rapportés par Hérodote, comme ceux sur Crésus et sur la bataille de Salamine, parlent en sa faveur. Sans doute cet art eut son commencement, sa floraison et sa décadence. Le charlatanisme et la corruption finirent par s'en mêler, témoin le roi Cléomène qui corrompit la supérieure des prêtresses de Delphes pour priver Démarate de la royauté. Plutarque a écrit un traité pour chercher la raisons de l'extinction des oracles, et cette dégénérescence fut ressentie comme un malheur par toute la société antique. A l'époque précédente la divination fut cultivée avec une sincérité religieuse et une profondeur scientifique qui l'éleva à la hauteur d'un véritable sacerdoce. On lisait, sur le fronton du temple, l'inscription suivante : « Connais- toi toi-même » et cette autre au-dessus de la porte d'entrée : « Que celui qui n'a point les mains pures n'approche point d'ici ». Ces paroles disaient à tout venant que les passions, les mensonges, les hypocrisies terrestres ne devaient pas passer le seuil du sanctuaire, et, qu'à l'intérieur, la vérité divine régnait avec un sérieux redoutable.

Pythagore ne vint à Delphes qu'après avoir fait sa tournée dans tous les temples de la Grèce. Il avait séjourné chez Épiménide dans le sanctuaire de Jupiter Idéen ; il avait assisté aux jeux olympiques ; il avait présidé aux mystères d'Éleusis où l'hiérophante lui avait cédé sa place. Partout on l'avait reçu comme un maître. On l'attendait à Delphes. L'art divinatoire y languissait et Pythagore voulait lui rendre sa profondeur, sa force et son prestige. Il venait donc moins pour consulter Apollon que pour éclairer ses interprètes, réchauffer leur enthousiasme et réveiller leur énergie. Agir sur eux, c'était agir sur l'âme de la Grèce et préparer son avenir.

Heureusement il trouva dans le temple un instrument merveilleux, qu'un dessein providentiel semblait lui avoir réservé.

La jeune Théocléa appartenait au collège des prêtresses d'Apollon. Elle sortait d'une de ces familles où la dignité de prêtre est héréditaire. Les grandes impressions du sanctuaire, les cérémonies du culte, les péans, les fêtes d'Apollon pythien et hyperboréen avaient nourri son enfance. On l'imagine comme une de ces jeunes filles qui ont une aversion innée et instinctive pour ce qui attire les autres. Elles n'aiment point Cérès et craignent Vénus. Car la lourde atmosphère terrestre les inquiète, et l'amour physique vaguement entrevu leur semble un viol de l'âme, un brisement de leur être intact et virginal. Par contre, elles sont étrangement sensibles à des courants mystérieux, à des influences astrales. Lorsque la lune donnait dans les sombres bosquets de la fontaine de Castalie, Théocléa y voyait glisser des formes blanches.

En plein jour, elle entendait des voix. Lorsqu'elle s'exposait aux rayons du soleil levant, leur vibration la plongeait dans une sorte d'extase, où elle entendait des chœurs invisibles. Cependant elle était très insensible aux superstitions et aux idolâtries populaires du culte. Les statues la laissaient indifférente, elle avait horreur des sacrifices d'animaux. Elle ne parlait à personne des apparitions qui troublaient son sommeil. Elle sentait avec l'instinct des clairvoyantes que les prêtres d'Apollon ne possédaient pas la suprême lumière dont elle avait besoin. Ceux-ci cependant avaient l'œil sur elle pour la décider à devenir Pythonisse. Elle se sentait comme attirée par un monde supérieur dont elle n'avait pas la clef. Qu'était-ce que ces dieux qui s'emparaient d'elle par des souffles et des frissons ? Elle voulait le savoir avant de s'y livrer. Car les grandes âmes ont besoin de voir clair, même en s'abandonnant aux puissances divines.

De quel profond frémissement, de quel pressentiment mystérieux dut être agitée l'âme de Théocléa lorsqu'elle aperçut pour la première fois Pythagore et lorsqu'elle entendit sa voix éloquente retentir entre les colonnes du sanctuaire apollinien ! Elle sentit la présence de l'initiateur qu'elle attendait, elle reconnut son maître. Elle voulait savoir ; elle saurait par lui, et ce monde intérieur, ce monde qu'elle portait en elle, il allait le faire parler ! – Lui, de son côté, dut reconnaître en elle, avec la sûreté et la pénétration de son coup d'oeil, l'âme vivante et vibrante qu'il cherchait pour devenir l'interprète de sa pensée dans le temple et y infuser un nouvel esprit. Dès le premier regard échangé, dès la première parole dite, une chaîne invisible relia le sage de Samos à la jeune prêtresse, qui l'écoutait sans rien dire, buvant ses paroles de ses grands yeux attentifs. Je ne sais qui a dit que le poète et la lyre se reconnaissent à une vibration profonde en s'approchant l'un de l'autre. Ainsi se reconnurent Pythagore et Théocléa.

Dès le lever du soleil, Pythagore avait de longs entretiens avec les prêtres d'Apollon appelés saints et prophètes. Il demanda que la jeune prêtresse y fut admise, afin de l'initier à son enseignement secret et de la préparer à son rôle. Elle put donc suivre les leçons que le maître donnait tous les jours dans le sanctuaire. Pythagore était alors dans la force de l'âge. Il portait sa robe blanche serrée à l'égyptienne, un bandeau de pourpre ceignait son vaste front. Lorsqu'il parlait, ses yeux graves et lents se posaient sur l'interlocuteur et l'enveloppaient d'une chaude lumière. L'air autour de lui semblait devenir plus léger et tout intellectuel.

Les entretiens du sage de Samos avec les plus hauts représentants de la religion grecque furent de la dernière importance. Il ne s'agissait pas seulement de divination et d'inspiration, mais de l'avenir de la Grèce et des destinées du monde entier. Les connaissances, les titres et les pouvoirs qu'il avait acquis dans les temples de Memphis et de Babylone lui donnaient la plus grande autorité. Il avait le droit de parler en supérieur et en guide aux inspirateurs de la Grèce. Il le fit avec l'éloquence de son génie, avec l'enthousiasme de sa mission. Pour éclairer leur intelligence, Il commença par leur raconter sa jeunesse, ses luttes, son initiation égyptienne. Il leur parla de cette Égypte, mère de la Grèce, vieille comme le monde, immuable comme une momie couverte d'hiéroglyphes, au fond de ses pyramides, mais possédant dans sa tombe le secret des peuples, des langues, des religions. Il déroula devant leurs yeux les mystères de la grande Isis, terrestre et céleste, mère des Dieux et des hommes, et leur faisant traverser ses épreuves, il les plongea avec lui dans la lumière d'Osiris. Puis ce fut le tour de Babylone, des mage kaldéens, de leurs sciences occultes, de ces temples profonds et massifs où ils 'évoquent le feu vivant dans lequel se meuvent les démons et les Dieux.

En écoutant Pythagore, Théocléa éprouvait des sensations surprenantes. Tout ce qu'il disait se gravait en traits de feu dans son esprit. Ces choses lui semblaient à la fois merveilleuses et connues. Eu apprenant, elle croyait se souvenir. Les paroles du maître la faisaient feuilleter dans les pages de l'univers comme dans un livre. Elle ne voyait plus les Dieux sous leurs effigies humaines, mais dans leurs essences qui forment les choses et les esprits. Elle fluait, montait, descendait avec eux dans les espaces. Parfois elle avais l'illusion de ne plus sentir les limites de son corps et de se dissiper dans l'infini. Ainsi son imagination entrait peu à peu dans le monde invisible, et les empreintes anciennes qu'elle entrouvrait dans sa propre âme, lui disaient que c'était la vraie, la seule réalité ; l'autre n'était qu'apparence. Elle sentait que bientôt ses yeux intérieurs allaient s'ouvrir pour y lire directement.

De ces hauteurs, le maître la ramena brusquement sur la terre en racontant les malheurs de l'Égypte. Après avoir développé la grandeur de la science égyptienne, il la montra succombant sous l'invasion persane. Il peignit les horreurs de Cambyse, les temples saccagés, les livres sacrés mis au bûcher, les prêtres d'Osiris tués ou dispersés, le monstre du despotisme persan rassemblant sous sa main de fer toute la vieille barbarie asiatique, les races errantes à demi-sauvages du centre de l'Asie et du fond de l'Inde n'attendant qu'une occasion pour fondre sur l'Europe. Oui, ce cyclone grossissant devait éclater sur la Grèce, aussi sûrement que la foudre doit sortir d'un nuage qui s'amoncelle dans l'air. La Grèce divisée était-elle préparée pour résister à ce choc terrible ? Elle ne s'en doutait même pas. Les peuples n'évitent pas leurs destinées, et s'ils ne veillent sans cesse, les Dieux les précipitent. La sage nation d'Hermès, l'Égypte ne s'était-elle pas effondrée après six mille ans de prospérité ? Hélas, la Grèce, la belle Ionie passera plus vite encore ! Un temps viendra où le Dieu solaire abandonnera ce temple, où les barbares renverseront ses pierres, et où les pâtres mèneront paître leurs troupeaux sur les ruines de Delphes.

A ces sinistres prophéties, le visage de Théocléa se transforma et prit une expression d'épouvante. Elle se laissa glisser à terre et nouant ses bras autour d'une colonne, les yeux fixes, abîmée dans ses pensées, elle ressemblait au génie de la Douleur pleurant sur le tombeau de la Grèce.

« Mais, continua Pythagore, ce sont là des secrets qu'il faut ensevelir dans le fond des temples. L'initié attire la mort ou la repousse à son gré. En formant la chaîne magique des volontés, les initiés prolongent aussi la vie des peuples. A vous de retarder l'heure fatale, à vous de faire briller la Grèce, à vous de faire rayonner en elle le verbe d'Apollon. Les peuples sont ce que les font leurs Dieux ; mais les Dieux ne se révèlent qu'à ceux qui les appellent. Qu'est-ce qu'Apollon ?

Le Verbe du Dieu unique qui se manifeste éternellement dans le monde. La vérité est l'âme de Dieu, sou corps est la lumière. Les sages, les voyants, les prophètes seuls la voient ; les hommes ne voient que son ombre. Les esprits glorifiés que nous appelons héros et demi-dieux habitent cette lumière, en légions, en sphères innombrables. Voilà le vrai corps d'Apollon, le soleil des initiés, et sans ses rayons rien de grand ne se fait sur la terre. Comme l'aimant attire le fer, ainsi par nos pensées, par nos prières, par nos actions, nous attirons l'inspiration divine. A vous de transmettre à la Grèce le verbe d'Apollon, et la Grèce resplendira d'une lumière immortelle ! »

C'est par de tels discours que Pythagore réussit à rendre aux prêtres de Delphes la conscience de leur mission. Théocléa les absorbait avec une passion silencieuse et concentrée. Elle se transformait à vue d'œil sous la pensée et sous la volonté du maître comme sous une lente incantation. Debout au milieu des vieillards étonnés, elle dénouait sa chevelure noire et l'écartait de sa tête, comme si elle y sentait courir du feu. Déjà ses yeux, grands ouverts et transfigurés, paraissaient contempler les génies solaires et planétaires, dans leurs orbes splendides et leur intense radiation.

Un jour, elle tomba d'elle-même dans un sommeil profond et lucide. Les cinq prophètes l'entourèrent, mais elle resta insensible à leur voix comme à leur toucher. Pythagore s'approcha d'elle et lui dit : « -

Lève-toi et vas où ma pensée t'envoie. Car maintenant tu es la Pythonisse ! »

A la voix du maître, un frisson parcourut tout son corps et la souleva dans une longue vibration. Ses yeux étaient fermés ; elle voyait par le dedans.

- Où es-tu ? demanda Pythagore. - Je monte... je monte toujours. - Et maintenant ?

- Je nage dans la lumière d'Orphée.

- Que vois-tu dans l'avenir ?

- De grandes guerres... des hommes d'airain... de blanches victoires... Apollon revient habiter son sanctuaire et je serai sa voix !... Mais toi, son messager, hélas ! hélas! tu vas me quitter... et tu porteras sa lumière en Italie.

La voyante aux yeux fermés parla longtemps, de sa voix musicale, haletante, rythmée ; puis, tout à coup, dans un sanglot, elle tomba comme morte.

Ainsi Pythagore versait les purs enseignements dans le sein de Théocléa et l'accordait comme une lyre pour le souffle des Dieux. Une fois exaltée à cette hauteur d'inspiration, elle devint pour lui un flambeau, grâce auquel il put sonder sa propre destinée, percer le possible avenir et se diriger dans les zones sans rive de l'invisible. Cette contre-épreuve palpitante des vérités qu'il enseignait, frappa les prêtres d'admiration, réveilla leur enthousiasme et ranima leur foi. Le temple avait maintenant une Pythonisse inspirée, des prêtres initiés dans les sciences et les arts divins ; Delphes pouvait redevenir un centre de vie et d'action.

Pythagore s'y arrêta une année entière. Ce n'est qu'après avoir instruit les prêtres de tous les secrets de sa doctrine, et avoir formé Théocléa pour son ministère, qu'il partit pour la Grande Grèce.

IV

L'ORDRE ET LA DOCTRINE.

La ville de Crotone occupait l'extrémité du golfe de Tarente, près du promontoire Lacinien, en face de la haute mer. C'était avec Sybaris la ville la plus florissante de l'Italie méridionale. On renommait sa constitution dorienne, ses athlètes vainqueurs aux jeux d'Olympie, ses médecins rivaux des Asclépiades. Les Sybarites durent leur immortalité à leur luxe et à leur mollesse. Les Crotoniates seraient peut-être oubliés malgré leurs vertus, s'ils n'avaient eu la gloire d'offrir un asile à la grande école de philosophie ésotérique connue sous le nom de secte pythagoricienne, qu'on peut considérer comme la mère de l'école platonicienne, et comme l'aïeule de toutes les écoles idéalistes. Si nobles que soient les descendantes, l'aïeule les surpasse de beaucoup. L'école platonicienne procède d'une initiation incomplète ; l'école stoïcienne a déjà perdu la vraie tradition. Les autres systèmes de philosophie antique et moderne sont des spéculations plus ou moins heureuses, tandis que la doctrine de Pythagore était basée sur une science expérimentale et accompagnée d'une organisation complète de la vie.

Comme les. ruines de la ville disparue, les secrets de l'ordre et la pensée du maître sont aujourd'hui profondément ensevelis sous terre. Essayons cependant de les faire revivre. Ce sera pour nous une occasion de pénétrer jusqu'au cœur de la doctrine théosophique, arcane des religions et des philosophies, et de soulever un coin du voile d'Isis, à la clarté du génie grec.

Plusieurs raisons déterminèrent Pythagore à choisir cette colonie dorienne pour centre d'action. Son but n'était pas seulement d'enseigner la doctrine ésotérique à un cercle de disciples choisis, mais encore d'en appliquer les principes à l'éducation de la jeunesse et à la vie de l'État. Ce plan comportait la fondation d'un institut pour l'initiation laïque, avec l'arrière-pensée de transformer peu à peu l'organisation politique des cités, à l'image de cet idéal philosophique et religieux. Il est certain qu'aucune des républiques de l'Hellade ou du Péloponnèse n'eût toléré cette innovation. On eût accusé le philosophe de conspirer contre l'État. Les villes grecques du golfe de Tarente, moins minées par la démagogie, étaient plus libérales. Pythagore ne se trompa point en espérant trouver un accueil favorable pour ses réformes auprès du sénat de Crotone. Ajoutons que ses visées s'étendaient au-delà de la Grèce. Devinant l'évolution des idées, il prévoyait la chute de l'hellénisme et songeait à déposer dans l'esprit humain les principes d'une religion scientifique. En fondant son école dans le golfe de Tarente, il répandait les idées ésotériques en Italie et conservait dans le vase précieux de sa doctrine l'essence purifiée de la sagesse orientale pour les peuples de l'Occident.

En arrivant à Crotone, qui penchait alors vers la vie voluptueuse de sa voisine Sybaris, Pythagore y produisit une véritable révolution. Porphyre et Jamblique nous peignent ses débuts comme ceux d'un magicien plutôt que comme ceux d'un philosophe. Il réunit les jeunes gens au temple d'Apollon, et réussit par son éloquence à les arracher à la débauche. Il rassembla les femmes au temple de Junon, et leur persuada de porter leurs robes d'or et leurs ornements à ce même temple comme des trophées à la défaite de la vanité et du luxe. Il enveloppait de grâce l'austérité de ses enseignements ; de sa sagesse s'échappait une flamme communicative. La beauté de son visage, la noblesse de sa personne, le charme de sa physionomie et de sa voix achevaient de séduire. Les femmes le comparaient à Jupiter, les jeunes gens à Apollon hyperboréen. Il captivait, il entraînait la foule très étonnée en l'écoutant de s'enamourer de la vertu et de la vérité.

Le sénat de Crotone ou *Conseil des mille* s'inquiéta de cet ascendant. Il somma Pythagore de rendre raison devant lui de sa conduite et des moyens qu'il employait pour maîtriser les esprits. Ce fut pour lui une occasion de développer ses idées sur l'éducation et de démontrer, que loin de menacer la constitution dorienne de Crotone, elles ne feraient que l'affermir. Quand il eût gagné à son projet les citoyens les plus riches et la majorité du sénat, il leur proposa la création d'un institut pour lui et pour ses disciples. Cette confrérie d'initiés laïques mènerait la vie commune, dans un édifice construit à dessein, mais sans se séparer de la vie civile. Ceux d'entre eux qui méritaient déjà le nom de maître pourraient enseigner les sciences physiques, psychiques et religieuses. Quant aux jeunes gens, ils seraient admis aux leçons des maîtres et aux divers grades de l'initiation, selon leur intelligence et leur bonne volonté, sous le contrôle du chef de l'ordre. Pour commencer, ils devraient se soumettre aux règles de la vie commune et passer toute la journée à l'institut, sous la surveillance des maîtres. Ceux qui voudraient entrer formellement dans l'ordre abandonneraient leur fortune à un curateur, avec liberté de la reprendre quand il leur plairait. Il y aurait dans. l'Institut une section pour les femmes, avec initiation parallèle, mais différenciée et adaptée aux devoirs de leur sexe.

Ce projet fut adopté avec enthousiasme par le Sénat de Crotone, et au bout de quelques années, on vit s'élever aux abords de la ville un édifice entouré de vastes portiques et de beaux jardins. Les Crotoniates l'appelèrent le temple des Muses ; et, en réalité, il y avait au centre de ces bâtiments, près de la modeste habitation du maître, un temple dédié à ces divinités.

Ainsi naquit l'institut pythagoricien qui devint à la fois un collège d'éducation, une académie des sciences et une petite cité modèle sous la direction d'un grand initié. C'est par la théorie et la pratique, par les sciences et les arts réunis, qu'on y parvenait lentement à cette science des sciences, à cette harmonie magique de l'âme et de l'intellect avec l'univers, que les pythagoriciens considéraient comme l'arcane de la philosophie et de la religion. L'école pythagoricienne a pour nous un intérêt suprême, parce qu'elle fut la plus remarquable tentative d'initiation laïque. Synthèse anticipée de l'hellénisme et du christianisme, elle greffa le fruit de la science sur l'arbre de la vie ; elle connut cette réalisation interne et vivante de la vérité qui seule peut donner la foi profonde. Réalisation éphémère, mais d'une importance capitale, qui eut la fécondité de l'exemple.

Pour nous en faire une idée, pénétrons dans l'institut pythagoricien avec le novice et suivons pas à pas son initiation.

L'ÉPREUVE

Elle brillait sur une colline, parmi les cyprès et les oliviers, la blanche demeure des frères initiés. D'en bas, en longeant la côte, on apercevait ses portiques, ses jardins, son gymnase. Le temple des Muses surpassait les deux ailes de l'édifice de sa colonnade circulaire, d'une aérienne élégance. De la terrasse des jardins extérieurs on dominait la ville avec son Prytanée, son port, sa place des assemblées. Au loin, le golfe s'étalait entre les côtes aiguës comme dans une coupe d'agate, et la mer ionienne fermait l'horizon de sa ligne d'azur. Quelquefois on voyait des femmes vêtues de diverses couleurs sortir de l'aile gauche et descendre en longues files vers la mer, par l'allée des cyprès. Elles allaient accomplir leurs rites au temple de Cérès. Souvent aussi, de l'aile droite, on voyait monter des hommes en robe blanche au temple d'Apollon. Et ce n'était pas le moindre attrait pour l'imagination chercheuse de la jeunesse, de penser que l'école des initiés était placée sous la protection de ces deux divinités, dont l'une, la Grande Déesse, contenait les mystères profonds de la Femme et de la Terre, dont l'autre, le Dieu solaire, révélait ceux de l'Homme et du Ciel.

Elle souriait donc en dehors et au-dessus de la ville populeuse, la petite cité des élus. Sa tranquille sérénité attirait les nobles instincts de la jeunesse, mais on ne voyait rien de ce qui se passait au dedans, et on savait qu'il n'était pas facile de s'y faire admettre. Une simple haie vive servait de défense aux jardins affectés à l'institut de Pythagore, et la porte d'entrée restait ouverte le jour. Mais il y avait là une statue d'Hermès et on lisait sur son socle : *Eskato Bébéloï*, arrière aux profanes ! Tout le monde respectait ce commandement des Mystères.

Pythagore était extrêmement difficile pour l'admission des novices disant « que tout bois n'était pas propre à faire un Mercure. » Les jeunes gens qui voulaient entrer dans l'association devaient subir un temps d'épreuve et d'essai. Présentés par leurs parents ou par l'un des maîtres, on leur permettait d'abord d'entrer au gymnase pythagoricien, où les novices se livraient aux jeux de leur âge. Le jeune homme remarquait au premier coup d'œil que ce gymnase ne ressemblait pas à celui de la ville. Pas de cris violents, pas de groupes tapageurs ; ni la forfanterie ridicule, ni le vain étalage de la force des athlètes en herbe, se défiant les uns les autres et se montrant leurs muscles ; mais des groupes de jeunes gens affables et distingués, se promenant deux par deux sous les portiques ou jouant dans l'arène. Ils l'invitaient avec grâce et simplicité à prendre part à leur conversation, comme s'il était un des leurs, sans le toiser d'un regard soupçonneux ou d'un malin sourire. Dans l'arène, on s'exerçait à la course, au jet du javelot et du disque. On exécutait aussi des combats simulés sous forme de danses doriennes, mais Pythagore avait sévèrement banni de son institut la lutte corps à corps, disant qu'il était superflu et même dangereux de développer l'orgueil et la haine avec la force et l'agilité ; que les hommes destinés à pratiquer les vertus de l'amitié ne devaient pas commencer par se terrasser les uns les autres et se rouler dans le sable comme des bêtes fauves ; qu'un vrai héros savait combattre avec courage, mais sans fureur ; que la haine nous rend inférieurs à un adversaire quelconque. Le nouveau venu entendait ces maximes du maître répétées par les novices, tout fiers de lui communiquer leur sagesse précoce. En même temps, ils l'engageaient à manifester ses opinions, à les contredire librement. Enhardi par ces avances, le prétendant ingénu montrait bientôt ouvertement sa vraie nature. Heureux d'être écouté et admiré, il pérorait et se dilatait à sou aise. Pendant ce temps, les maîtres l'observaient de près, sans jamais le réprimander. Pythagore venait à l'improviste étudier ses gestes et ses paroles. Il donnait une attention particulière à la démarche et au rire des jeunes gens. Le rire, disait-il, manifeste le caractère d'une manière indubitable et aucune dissimulation ne peut embellir le rire d'un méchant. Il avait fait aussi de la physionomie humaine une étude si profonde qu'il savait y lire le fond de l'âme[83].

Par ces observations minutieuses, le maître se faisait une idée précise de ses futurs disciples. Au bout de quelques mois, venaient les épreuves décisives. Elles étaient imitées de l'initiation égyptienne, mais très adoucies et adaptées à la nature grecque, dont l'impressionnabilité n'eût pas supporté les mortelles épouvantes des cryptes de Memphis et de Thèbes. On faisait passer la nuit à l'aspirant pythagoricien dans une caverne, aux environs de la ville, où l'on prétendait

---

[83] Origène prétend que Pythagore fut l'inventeur de la physiognomie.

qu'il y avait des monstres et des apparitions. Ceux qui n'avaient pas la force de supporter les impressions funèbres de la solitude et de la nuit, qui refusaient d'entrer ou s'enfuyaient avant le matin, étaient jugés trop faibles pour l'initiation et renvoyés.

L'épreuve morale était plus sérieuse. Brusquement, sans préparation, on enfermait un beau matin le disciple en espérance dans une cellule triste et nue. On lui laissait une ardoise et on lui ordonnait froidement de trouver le sens d'un des symboles pythagoriciens par exemple « Que signifie le triangle inscrit dans le cercle ? » ou bien : « Pourquoi le dodécaèdre compris dans la sphère est-il le chiffre de l'univers ? » Il passait douze heures dans sa cellule avec son ardoise et son problème, sans autre compagnie qu'un vase d'eau et du pain sec. Puis on l'amenait dans une salle, devant les novices réunis. En cette circonstance, ils avaient l'ordre de railler sans pitié le malheureux, qui maussade et affamé paraissait devant eux comme un coupable. « - Voilà, disaient-ils, le nouveau philosophe. Que sa mine est inspirée ! Il va nous raconter ses méditations. Ne nous cache pas ce que tu as découvert. Tu vas faire ainsi le tour de tous les symboles. Encore un mois de ce régime et tu seras devenu un grand sage ! »

C'est à ce moment que le maître observait l'attitude et la physionomie du jeune homme avec une attention profonde. Irrité par le jeûne, accablé de sarcasmes, humilié de n'avoir pu résoudre une énigme incompréhensible, il devait faire un grand effort pour se maîtriser. Quelques-uns pleuraient de rage ; d'autres répondaient par des paroles cyniques ; d'autres, hors d'eux, brisaient leur ardoise avec fureur, en accablant d'injures l'école, le maître et ses disciples. Pythagore paraissait alors et disait avec calme qu'ayant si mal supporté l'épreuve de l'amour-propre, on était prié de ne plus revenir à une école dont on avait une si mauvaise opinion, et où les vertus élémentaires devaient être l'amitié et le respect des maîtres. Le candidat évincé s'en allait honteux et devenait quelquefois pour l'ordre un ennemi redoutable, comme ce fameux Cylon qui plus tard ameuta le peuple contre les:Pythagoriciens et amena la catastrophe de l'ordre. Ceux au contraire qui supportaient les attaques avec fermeté, qui répondaient aux provocations par des réflexions justes et spirituelles, et déclaraient qu'ils seraient prêts à recommencer l'épreuve cent fois pour obtenir une seule parcelle de la sagesse, étaient solennellement admis au noviciat et recevaient les félicitations enthousiastes de leurs nouveaux condisciples.

1er DEGRÉ. – PRÉPARATION
Le noviciat et la vie pythagoricienne.

Alors seulement commençait le noviciat appelé préparation (paraskéiè), qui durait au moins deux ans et pouvait se prolonger jusqu'à cinq. Les novices ou *écoutants* (akoustikoï), étaient soumis pendant les leçons qu'ils recevaient à la règle absolue du silence.

Ils n'avaient le droit ni de faire une objection à leurs maîtres, ni de discuter leurs enseignements. Ils devaient les recevoir avec respect, et puis les méditer longuement en eux-mêmes. Pour imprimer cette règle dans l'esprit du nouvel *écoutant*, on lui montrait une statue de femme enveloppée d'un long voile, un doigt posé sur sa bouche, la *Muse du silence.*

Pythagore ne croyait pas que la jeunesse fût capable de comprendre l'origine et la fin des choses. il pensait que l'exercer à la dialectique et au raisonnement, avant de lui avoir donné le sens de la vérité, faisait des têtes creuses et des sophistes prétentieux. Il songeait à développer avant tout dans ses élèves la faculté primordiale et supérieure de l'homme : l'intuition. Et pour cela, il n'enseignait pas des choses mystérieuses ou difficiles. Il partait des sentiments naturels, des premiers devoirs de l'homme à son entrée dans la vie, et montrait leur rapport avec les lois universelles. Comme il inculquait tout d'abord aux jeunes gens l'amour pour leurs parents, il agrandissait ce sentiment en assimilant l'idée de père à celle de Dieu, le grand créateur de l'univers. « Il n'y a rien de plus vénérable, disait-il que la qualité de père. Homère a nommé Jupiter le roi des Dieux, mais pour montrer toute sa grandeur il l'a nommé le père des Dieux et des hommes. » Il comparait la mère à la nature généreuse et bienfaisante ; comme Cybèle céleste produit les astres, comme Déméter enfante les fruits et les fleurs de la terre, ainsi la mère nourrit l'enfant de toutes les joies. Le fils devait donc honorer dans son père et dans sa mère les représentants, les effigies terrestres de ces grandes divinités. Il montrait encore que l'amour qu'on a pour sa patrie vient de l'amour qu'on a ressenti dans son enfance pour sa mère. Les parents nous sont donnés, non par le hasard, comme le croit le vulgaire, mais par un ordre antécédent et supérieur appelé fortune ou nécessité. Il *faut* les honorer, mais on doit *choisir* son ami. On engageait les novices à se grouper deux par deux, selon leurs affinités. Le plus jeune devait chercher dans l'aîné les vertus qu'il poursuivait lui-même et les deux compagnons devaient s'exciter à la vie meilleure. « L'ami est un autre soi-même. Il faut l'honorer comme un Dieu », disait le maître. Si la règle pythagoricienne imposait au novice écoutant une soumission absolue vis-à-vis des maîtres, elle lui rendait sa pleine liberté dans le charme de l'amitié ; elle en faisait même le stimulant de toutes les vertus ; la poésie de la vie, le chemin de l'idéal.

Les énergies individuelles étaient ainsi réveillées, la morale devenait vivante et poétique, la règle acceptée avec amour cessait d'être une contrainte et devenait l'affirmation même d'une individualité. Pythagore voulait que l'obéissance fût un assentiment. De plus, l'enseignement moral préparait l'enseignement philosophique. Car les rapports qu'on établissait entre les devoirs sociaux et les harmonies du Kosmos faisaient pressentir la loi des analogies et des concordances universelles. Dans cette loi réside le principe des Mystères, de la doctrine occulte et de toute philosophie. L'esprit de l'élève s'habituait ainsi à trouver l'empreinte d'un ordre invisible sur la réalité visible. Des maximes générales, des prescriptions succinctes ouvraient des perspectives sur ce monde supérieur. Matin et soir les *vers d'or* sonnaient à l'oreille de l'élève avec les accents de la lyre:

Rends aux Dieux immortels le culte consacré,

Garde ensuite ta foi.

Commentant cette maxime, on montrait que les Dieux, divers en apparence, étaient les mêmes au fond chez tous les peuples, puisqu'ils correspondaient aux mêmes forces intellectuelles et animiques, actives dans tout l'univers. Le sage pouvait donc honorer les Dieux de sa patrie, tout en se faisant de leur essence une idée différente du vulgaire. Tolérance pour tous les cultes ; unité des peuples dans l'humanité ; unité des religions dans la science ésotérique : ces idées nouvelles se dessinaient vaguement dans l'esprit du novice, comme des divinités grandioses entrevues dans la splendeur du couchant. Et la lyre d'or continuait ses graves enseignements :

Révère la mémoire

Des héros bienfaiteurs, des esprits demi-dieux.

Derrière ces vers, le novice voyait reluire comme à travers un voile, la divine Psyché, l'âme humaine. La route céleste brillait comme une fusée de lumière. Car dans le culte des héros et des demi-dieux, l'initié contemplait la doctrine de la vie future et le mystère de l'évolution universelle. On ne révélait pas ce grand secret au novice mais on le préparait à le comprendre, en lui parlant d'une hiérarchie d'êtres supérieurs à l'humanité, appelés héros et demi-dieux, qui sont ses guides et ses protecteurs. On ajoutait qu'ils servaient d'intermédiaires entre l'homme et la divinité, que par eux il pouvait parvenir par degrés à s'en rapprocher, en pratiquant les vertus héroïques et divines.

« Mais comment communiquer avec ces génies invisibles ? D'où vient l'âme ? où va-t-elle ? et pourquoi ce sombre mystère de la mort ? » Le novice n'osait formuler ces questions, mais on les devinait à ses regards, et pour toute réponse, ses maîtres lui montraient des lutteurs sur la terre, des statues dans les temples, et des âmes glorifiées dans le ciel, « dans la citadelle ignée des Dieux », où Hercule était parvenu.

Dans le fond des mystères antiques, on ramenait tous les Dieux au Dieu unique et suprême. Cette révélation comprise avec toutes ses conséquences devenait la clef du Kosmos. C'est pour cela qu'on la réservait entièrement à l'initiation proprement dite. Le novice n'en savait rien. Seulement on lui laissait entrevoir cette vérité à travers ce qu'on lui disait des puissances de la Musique et du Nombre. Car les nombres, enseignait le maître, contiennent le secret des choses et Dieu est l'harmonie universelle. Les sept modes sacrés, construits sur les sept notes de l'heptacorde, correspondent aux sept couleurs de la lumière, aux sept planètes, aux sept modes d'existence qui se reproduisent dans toutes les sphères de la vie matérielle et spirituelle, depuis la plus petite jusqu'à la plus grande. Les mélodies de ces modes savamment infusées devaient accorder l'âme et la rendre suffisamment harmonieuse pour vibrer juste au souffle de la vérité.

A cette purification de l'âme correspondait nécessairement celle du corps, qui s'obtenait par l'hygiène et par la discipline sévère des mœurs. Vaincre ses passions était le premier devoir de l'initiation. Celui qui n'a pas fait de son propre être une harmonie ne peut pas réfléchir l'harmonie divine. Cependant l'idéal de la vie pythagoricienne n'avait rien de la vie ascétique, puisque le mariage y était considéré comme saint. Mais on recommandait la chasteté aux novices et la modération aux initiés comme une force et une perfection. « Ne cède à la volupté que lorsque tu consentiras à être inférieur à toi-même », disait le maître. Il ajoutait que la volupté n'existe pas par elle-même, et la comparait « au chant des Sirènes, qui lorsqu'on s'approche d'elles s'évanouissent et ne font trouver à leur place que des os brisés et des chairs sanglantes sur un écueil rongé par les flots, tandis que la vraie joie est semblable au concert des Muses qui laisse dans l'âme une céleste harmonie. » Pythagore croyait aux vertus de la femme initiée, mais il se défiait beaucoup de la femme naturelle. A un disciple qui lui demandait quand il lui serait permis de s'approcher d'une femme, il répondit ironiquement : « Quand tu seras las de ton repos. »

La journée pythagoricienne s'ordonnait de la manière suivante. Dès que le disque ardent du soleil sortait des flots bleus de la mer ionienne et dorait les colonnes du temple des Muses, au-dessus de la demeure des initiés, les jeunes Pythagoriciens chantaient un hymne à Apollon, en exécutant une danse dorienne d'un caractère mâle et sacré. Après les ablutions de rigueur, on faisait une promenade au temple en gardant le silence. Chaque réveil est une résurrection qu'a sa fleur d'innocence. L'âme devait se recueillir au commencement de la journée et rester vierge pour la leçon du matin. Dans le bois sacré, on se groupait autour du maître ou de ses interprètes, et la leçon se prolongeait sous la fraîcheur des grands arbres ou à l'ombre des portiques. A midi on faisait une prière aux héros, aux génies bienveillants. La tradition ésotérique supposait que les bons esprits préfèrent se rapprocher de la terre avec le rayonnement solaire, tandis que les mauvais esprits hantent l'ombre et se répandent dans l'atmosphère avec la nuit. Le repas frugal de midi se composait généralement de pain, de miel et d'olives. L'après-midi était consacré aux exercices gymnastiques, puis à l'étude, à la méditation et à un travail mental sur la leçon du matin. Après le coucher du soleil, on faisait une prière en commun, on chantait un hymne aux Dieux cosmogoniques, à Jupiter céleste, à Minerve Providence, à Diane protectrice des morts. Pendant ce temps, le styrax, la manne ou l'encens brûlaient sur l'autel en plein air, et l'hymne mêlé au parfum montait doucement dans le crépuscule, pendant que les premières étoiles perçaient le pâle azur. La journée se terminait par le repas du soir, après lequel le plus jeune faisait une lecture commentée par le plus âgé.

Ainsi s'écoulait la journée pythagoricienne, limpide comme une source, claire comme un matin sans nuages. L'année se rythmait d'après les grandes fêtes astronomiques. Ainsi le retour d'Apollon hyperboréen et la célébration des mystères de Cérès réunissaient les novices et les initiés de tous les degrés ; hommes et femmes. On y voyait des jeunes filles jouant des lyres d'ivoire, les femmes mariées en péplos de pourpre et de safran exécuter des chœurs alternatifs accompagnés de chants, avec les mouvements harmonieux de la strophe et de l'antistrophe qu'imita plus tard la tragédie. Au milieu de ces grandes fêtes, où la divinité semblait présente en la grâce des formes et des mouvements, en la mélodie incisive des chœurs, le novice avait comme un pressentiment des forces occultes, des lois toutes-puissantes de l'univers animé, du ciel profond et transparent. Les mariages, les rites funèbres avaient un caractère plus intime, mais non moins solennel. Une cérémonie originale était faite pour frapper l'imagination. Lorsqu'un novice sortait volontairement de l'institut pour reprendre la vie vulgaire, ou lorsqu'un disciple avait trahi un secret de la doctrine, ce qui n'arriva qu'une fois, les initiés lui élevaient un tombeau dans l'enceinte consacrée, comme s'il était mort. Le maître disait : « Il est plus mort que les morts, puisqu'il est retourné dans la vie mauvaise ; son corps se promène parmi les hommes, mais son âme est morte : pleurons-la. » - Et ce tombeau élevé à un vivant le persécutait comme son propre fantôme et comme un sinistre augure.

DEUXIÈME DEGRÉ – PURIFICATION[84]
Les Nombres. – La Théogonie.

C'était un jour heureux, « un jour d'or », comme disaient les anciens, que celui où Pythagore recevait le novice dans sa demeure et l'acceptait solennellement au rang de ses disciples. On entrait d'abord en rapports suivis et directs avec le maître ; on pénétrait dans la cour intérieure de son habitation, réservée à ses fidèles. De là le nom d'*ésotériques* (ceux du dedans) opposé à celui d'*exotériques* (ceux du dehors). La véritable initiation commençait.

Cette révélation consistait dans une exposition complète et raisonnée de la doctrine occulte, depuis ses principes contenus dans la science mystérieuse des nombres, jusqu'aux dernières conséquences de l'évolution universelle, aux destinées et aux fins suprêmes de la divine Psyché, de l'âme humaine. Cette

---

[84] *Katharsis* : en grec.

science des nombres était connue sous divers noms dans les temples d'Égypte et d'Asie. Comme elle donnait la clef de toute la doctrine, on la cachait soigneusement au vulgaire. Les chiffres, les lettres, les figures géométriques ou les représentations humaines qui servaient de signes à cette algèbre du monde occulte, n'étaient compris que de l'initié. Celui-ci n'en découvrait le sens aux adeptes qu'après en avoir reçu le serment du silence. Pythagore formula cette science dans un livre écrit de sa main appelé : *hiéros logos*, la parole sacrée. Ce livre ne nous est point parvenu ; mais les écrits postérieurs des Pythagoriciens Philolaüs, Archytas et Hiérocles, les dialogues de Platon, les traités d'Aristote, de Porphyre et de Jamblique en font connaître les principes. S'ils sont demeurés lettre close pour les philosophes modernes, c'est qu'on ne peut comprendre leur sens et leur portée que par la comparaison de toutes les doctrines ésotériques de l'Orient.

Pythagore appelait ses disciples des mathématiciens, parce que son enseignement supérieur commençait par la doctrine des nombres. Mais cette mathématique sacrée, ou science des principes, était à la fois plus transcendante et plus vivante que la mathématique profane, seule connue de nos savants et de nos philosophes. Le NOMBRE n'y était pas considéré comme une quantité abstraite, mais comme la vertu intrinsèque et active de l'UN suprême, de Dieu, source de l'harmonie universelle. La *science des nombres* était celle des forces vivantes, *des facultés divines* en action dans les mondes et dans l'homme, dans le macrocosme et le microcosme... En les pénétrant, en les distinguant et en expliquant leur jeu, Pythagore ne faisait donc rien moins qu'une théogonie ou. une théologie rationnelle.

Une théologie véritable devrait fournir les principes de toutes les sciences. Elle ne sera la science de Dieu que si elle montre l'unité et l'enchaînement des sciences de la nature. Elle ne mérite son nom qu'à condition de constituer l'organe et la synthèse de toutes les autres. Or voilà justement le rôle que jouait dans les temples égyptiens la science du verbe sacré, formulée et précisée par Pythagore sous le nom de science des nombres. Elle avait la prétention de fournir la clef de l'être, de la science et de la vie. L'adepte guidé par le maître devait commencer par en contempler les principes dans sa propre intelligence, avant d'en suivre les applications multiples dans l'immensité concentrique des sphères de l'évolution.

Un poète moderne a pressenti cette vérité lorsqu'il fait descendre Faust chez *les Mères* pour rendre la vie au fantôme d'Hélène. Faust saisit la clef magique, la terre se fond sous ses pieds, le vertige le prend, il plonge dans le vide des espaces. Enfin il arrive chez les Mères qui veillent sur les formes originaires du grand Tout et font jaillir les êtres du moule des archétypes. Ces Mères sont les Nombres de Pythagore, les forces divines du monde. Le poète nous a rendu le frisson de sa propre pensée devant ce plongeon dans les abîmes de l'insondable. Pour l'initié antique, en qui la vue directe de l'intelligence s'éveillait peu à peu comme un sens nouveau, cette révélation intérieure semblait plutôt une ascension dans le soleil incandescent de la Vérité, d'où il contemplait dans la plénitude de la Lumière les êtres et les formes, projetés dans le tourbillon des vies par une irradiation vertigineuse.

Il n'arrivait pas en un jour à cette possession interne de la vérité, où l'homme réalise la vie universelle par la concentration de ses facultés. Il y fallait des années d'exercice, l'accord si difficile de l'intelligence et de la volonté. Avant de manier la parole créatrice – et combien peu 'y parviennent ! – il faut épeler le verbe sacré lettre par lettre, syllabe par syllabe.

Pythagore avait l'habitude de donner cet enseignement dans le temple des Muses. Les magistrats de Crotone l'avaient fait construire, sur sa demande expresse et sur ses indications, tout près de sa demeure dans un jardin fermé. Les disciples du second degré y pénétraient seuls avec le maître. Dans l'intérieur de ce temple circulaire on voyait les neuf Muses en marbre. Debout au centre veillait Hestia enveloppée d'un voile, solennelle et mystérieuse. De sa main gauche elle protégeait la flamme d'un foyer, de sa main droite elle montrait le ciel. Chez les Grecs comme chez les Romains, Hestia ou Vesta est la gardienne du principe divin présent en toute chose. Conscience du feu sacré, elle a son autel au temple de Delphes, au Prytanée d'Athènes comme au moindre foyer. Dans le sanctuaire de Pythagore, elle symbolisait la Science divine et centrale ou la Théogonie. Autour d'elle, les Muses ésotériques portaient, outre leurs noms traditionnels et mythologiques, le nom des sciences occultes et des arts sacrés dont elles avaient la garde. *Uranie* avait l'astronomie et l'astrologie ; *Polhymnie* la science des âmes dans l'autre vie et l'art de la divination ; Melpomène, avec son masque tragique, la science de la vie et de la mort, des transformations et des renaissances. Ces trois Muses supérieures constituaient ensemble la cosmogonie ou physique céleste. *Calliope, Clio* et *Euterpe* présidaient à la science de l'homme ou psychologie avec ses arts correspondants: médecine, magie, morale. Le dernier groupe : *Terpsichore, Erato* et *Thalie*, embrassait la physique terrestre, la science des éléments, des pierres, des plantes et des animaux.

- Ainsi, du premier coup, l'organisme des sciences, calqué sur l'organisme de l'univers, apparaissait au disciple dans le cercle vivant des Muses éclairées par la flamme divine.

Après avoir conduit ses disciples dans ce petit sanctuaire, Pythagore ouvrait le livre du Verbe, et commençait son enseignement ésotérique.

« Ces Muses, disait-il, ne sont que les effigies terrestres des puissances divines dont vous allez contempler en vous-même l'immatérielle et sublime beauté. De même qu'elles regardent le Feu d'Hestia dont elles émanent, et qui leur donne le mouvement, le rythme et la mélodie – de même vous devez vous plonger dans le Feu central de l'univers, dans l'Esprit divin pour vous répandre avec lui dans ses manifestations visibles. « Alors, d'une main puissante et hardie, Pythagore enlevait ses disciples au monde des formes et des réalités ; il effaçait le temps et l'espace et les faisait descendre avec lui dans la *grande Monade*, dans l'essence de l'Être incréé.

Pythagore l'appelait l'Un premier composé d'harmonie, le Feu mâle qui traverse tout, l'Esprit qui se meut par lui-même, l'Indivisible et le grand Non-Manifesté, dont les mondes éphémères manifestent la pensée créatrice, l'Unique, l'Éternel, l'Inchangeable, caché sous les choses multiples qui passent et qui changent. « L'essence en soi se dérobe à l'homme, dit le pythagoricien Philolaüs. Il ne connaît que les choses de ce monde où le fini se combine avec l'infini. Et comment peut-il les connaître ? parce qu'il y a entre lui et les choses une harmonie, un rapport, un principe commun ; et ce principe leur est donné par l'Un qui leur donne avec leur essence la mesure et l'intelligibilité. Il est la mesure commune entre l'objet et le sujet, la raison des choses par laquelle l'âme participe à la raison dernière de l'Un[85]. » Mais comment s'approcher de Lui, de l'Être insaisissable ? Quelqu'un a-t-il jamais vu le maître du temps, l'âme des soleils, la source des intelligences ? Non ; et ce n'est qu'en se confondant avec lui qu'on pénètre son essence. Il est semblable à un feu invisible placé au centre de

───────────────

[85] Dans les mathématiques transcendantes, on démontre algébriquement que zéro multiplié par l'Infini est égal à Un. Zéro dans l'ordre des idées absolues signifie l'Être indéterminé. L'Infini, l'Éternel dans le langage des temples se marquait par un cercle ou par un serpent qui se mord la queue, qui signifiait l'infini se mouvant sur lui-même. Or, du moment que l'Infini se détermine, il produit tous les nombres qu'il contient dans sa grande unité et qu'il gouverne dans une harmonie parfaite.

Tel est le sens transcendant du premier problème de la théogonie pythagoricienne, la raison qui fait que la grande Monade contient toutes les petites et que tous les nombres jaillissent de la grande unité en mouvement.

l'univers, dont la flamme agile circule dans tous les mondes et meut la circonférence. Il ajoutait que l'œuvre de l'initiation était de se rapprocher du grand Être en lui ressemblant, en se rendant aussi parfait que possible, en dominant les choses par l'intelligence, en devenant ainsi *actif* comme lui et non *passif* comme elles. « Votre être à vous, votre âme n'est-elle pas un microcosme, un petit univers ? Mais elle est pleine de tempêtes et de discordes. Eh bien, il s'agit d'y réaliser l'unité dans l'harmonie. Alors – alors seulement, Dieu descendra dans votre conscience, alors vous participerez à son pouvoir et vous ferez de votre volonté la pierre du foyer, l'autel d'Hestia, le trône de Jupiter ! »

Dieu, la substance indivisible, a donc pour nombre l'unité qui contient l'Infini, pour nom celui de Père, de Créateur ou d'Éternel-Masculin pour signe le Feu vivant, symbole de l'Esprit, essence du Tout. Voilà le premier des principes.

Mais les facultés divines sont semblables au lotus mystique que l'initié égyptien, couché dans son sépulcre, voit surgir de la nuit noire. Ce n'est d'abord qu'un point brillant, puis il s'ouvre comme une fleur, et le centre incandescent s'épanouit comme une rose de lumière aux mille feuilles.

Pythagore disait que la grande Monade agit en *Dyade* créatrice. Du moment que Dieu se manifeste, i.l est double; essence indivisible et substance divisible ; principe masculin actif, animateur, et principe féminin passif ou matière plastique animée. La Dyade représentait donc l'union de l'Éternel-Masculin et de l'Éternel-Féminin en Dieu, les deux facultés divines essentielles et. correspondantes. Orphée avait poétiquement exprimé cette idée dans ce vers :

Jupiter est l'Époux et l'Épouse divine.

Tous les polythéismes ont intuitivement eu conscience de cette idée, en représentant la Divinité tantôt sous la forme masculine, tantôt sous la forme féminine.

Et cette Nature vivante, éternelle, cette grande Épouse de Dieu, ce n'est pas seulement la nature terrestre, mais la nature céleste invisible à nos yeux de chair, l'Ame du monde, la Lumière primordiale, tour à tour Maïa, Isis ou Cybèle, qui vibrant la première sous l'impulsion divine renferme les essences de toutes les âmes, les types spirituels de tous les êtres. C'est ensuite Déméter, la terre vivante et toutes les terres avec les corps qu'elles renferment, où ces âmes viennent s'incarner. C'est ensuite la Femme, compagne de l'Homme. Dans l'humanité la Femme représente la Nature ; et l'image parfaite de Dieu n'est pas l'Homme seul, mais l'Homme et la Femme. De là leur invincible, ensorcelante et fatale attraction ; de là l'ivresse de l'Amour, où se joue le rêve des créations infinies et l'obscur pressentiment que l'Éternel-Masculin et l'Éternel-Féminin jouissent d'une union parfaite dans le sein de Dieu. « Honneur donc à la Femme, sur la terre et dans le ciel, disait Pythagore avec tous les initiés antiques ; elle nous fait comprendre cette grande Femme, la Nature. Qu'elle en soit l'image sanctifiée et qu'elle nous aide à remonter par degrés jusqu'à la grande Ame du Monde, qui enfante, conserve et renouvelle, jusqu'à la divine Cybèle, qui traîne le peuple des âmes dans son manteau de lumière. »

La Monade représente l'essence de Dieu, la Dyade sa faculté génératrice et reproductive. Celle-ci génère le monde, épanouissement visible de Dieu dans l'espace et le temps. Or le monde réel est triple. Car de même que l'homme se compose de trois éléments distincts mais fondus l'un dans l'autre, le corps, l'âme et l'esprit ; de même l'univers est divisé en trois sphères concentriques : le monde naturel, le monde humain et le monde divin. *La Triade ou loi du ternaire* est donc la loi constitutive des choses et la véritable clef de la vie. Car elle se retrouve à tous les degrés de l'échelle de la vie, depuis la constitution de la cellule organique, à travers la constitution physiologique du corps animal, le fonctionnement du système sanguin et du système cérébro-spinal, jusqu'à la constitution hyperphysique de l'homme, à celle de l'univers et de Dieu. Ainsi elle ouvre comme par enchantement à l'esprit émerveillé la structure interne de l'univers ; elle montre les correspondances infinies du macrocosme et du microcosme. Elle agit comme une lumière qui passerait dans les choses pour les rendre transparentes, et fait reluire les mondes petits et grands comme autant de lanternes magiques.

Expliquons cette loi par la correspondance essentielle de l'homme et de l'univers.

Pythagore admettait que l'esprit de l'homme ou l'intellect tient de Dieu sa nature immortelle, invisible, absolument active. Car l'esprit est ce qui se meut soi-même. Il nommait le corps sa partie mortelle divisible et passive. Il pensait que ce que nous appelons *âme* est étroitement uni à l'esprit, mais formé d'un troisième élément intermédiaire qui provient du *fluide cosmique*.

L'âme ressemble donc à un corps éthéré que l'esprit se tisse et se construit à lui-même. Sans ce corps éthéré, le corps matériel ne pourrait pas être évertué et ne serait qu'une masse inerte et sans vie[86]. L'âme a une forme semblable à. celle du corps qu'elle vivifie, et lui survit après la dissolution ou la mort. Elle devient alors, selon l'expression de Pythagore reprise par Platon, le *char subtil* qui enlève l'esprit vers les sphères divines ou le laisse retomber dans les régions ténébreuses de la matière, selon qu'elle est plus ou moins bonne ou mauvaise. Or, la constitution et l'évolution de l'homme se répète en cercles grandissants sur toute l'échelle des êtres et dans toutes les sphères. De même que l'humaine Psyché lutte entre l'esprit qui l'attire et le corps qui la retient, de même l'humanité évolue entre le monde naturel et animal, où elle plonge par ses racines terrestres, et le monde divin des purs esprits, où est sa source céleste et vers lequel elle aspire à s'élever. Et ce qui se passe dans l'humanité se passe sur toutes les terres et dans tous les systèmes solaires en proportions toujours diverses, en modes toujours nouveaux. Etendez le cercle jusqu'à l'infini – et, si vous le pouvez, embrassez d'un seul concept les mondes sans limite. Qu'y trouverez-vous ? La pensée créatrice, le fluide astral et des mondes en évolution : l'esprit, l'âme et le corps de la divinité. – Soulevant voile après voile et sondant les facultés de cette divinité elle-même, vous y verrez la Triade et la Dyade s'enveloppant dans la sombre profondeur de la Monade comme une efflorescence d'étoiles dans les abîmes de l'immensité.

---

[86] Doctrine identique dans l'initié saint Paul, qui parle du *corps spirituel*.

D'après cet exposé rapide, on conçoit l'importance capitale que Pythagore attachait à la loi du ternaire. On peut dire qu'elle forme la pierre angulaire de la science ésotérique. Tous les grands initiateurs religieux en ont eu conscience, tous les théosophes l'ont pressentie. Un Oracle de Zoroastre dit :

Le nombre trois partout règne dans l'univers Et la Monade est son principe.

Le mérite incomparable de Pythagore est de l'avoir formulée avec la clarté du génie grec. Il en fit le centre de sa théogonie et le fondement des sciences. Déjà voilée dans les écrits exotériques de Platon, mais tout à fait incomprise des philosophes postérieurs, cette conception n'a été pénétrée, dans les temps modernes, que par quelques rares initiés des sciences occultes[87]. On voit dès à présent quelle base large et solide la loi du ternaire universel offrait à la classification des sciences, à l'édifice de la cosmogonie et de la psychologie.

De même que le ternaire universel se concentre dans l'unité de Dieu ou dans la Monade, de même le ternaire humain se concentre dans la conscience du moi et dans la volonté, qui ramasse toutes les facultés du corps, de l'âme et de l'esprit en sa vivante unité. Le ternaire humain et divin résumé dans la Monade

---

[87] Au premier rang desquels il faut placer Fabre d'Olivet (*Vers dorés de Pythagore*). Cette conception vivante des forces de l'univers ; le traversant du haut en bas, n'a rien à faire avec les spéculation vides des purs métaphysiciens comme par exemple la *thèse*, *l'antithèse* et la *synthèse* de Hegel, simples jeux d'esprit.

constitue la *Tétrade sacrée*. Mais l'homme ne réalise sa propre unité que d'une manière relative. Car sa volonté qui agit sur tout son être ne peut cependant agir simultanément et pleinement dans ses trois organes, c'est-à-dire dans l'instinct, dans l'âme et dans l'intellect. L'univers et Dieu lui-même ne lui apparaissent que tour à tour et successivement reflétés par ces trois miroirs. – 1. Vu à travers l'instinct et le kaléidoscope des sens, Dieu est multiple et infini comme ses manifestations. De là le polythéisme, où le nombre des dieux n'est pas limité. – 2. Vu à travers l'âme raisonnable, Dieu est double, c'est-à-dire esprit et matière. De là le dualisme de Zoroastre, des Manichéens et de plusieurs autres religions. – 3. Vu à travers l'intellect pur, il est triple, c'est-à-dire : esprit, âme et corps, dans toutes les manifestations de l'univers. De là les cultes trinitaires de l'Inde (Brahmâ, Vischnou, Siva) et la trinité elle-même du christianisme (Le Père, le Fils et le Saint-Esprit). – 4. Conçu par la volonté qui résume le tout, Dieu est unique et nous avons le monothéisme hermétique de Moïse dans toute sa rigueur. Ici, plus de personnification, plus d'incarnation ; nous sortons de l'univers visible et nous rentrons dans l'Absolu. L'Éternel règne seul sur le monde réduit en poussière. La diversité des religions provient donc de ce fait que l'homme ne réalise la divinité qu'à travers son propre être, qui est relatif et fini, tandis que Dieu réalise à tout instant l'unité des trois mondes dans l'harmonie de l'univers.

Cette dernière application démontrerait à elle seule la vertu en quelque sorte magique du *Tétragramme*, dans l'ordre des idées. Non seulement on y trouvait les principes des sciences, la loi des êtres et leur mode d'évolution, mais encore la raison des religions diverses et de leur unité supérieure. C'était véritablement la clef universelle. De là l'enthousiasme avec lequel Lysis en parle dans les *Vers dorés* et l'on comprend maintenant pourquoi les Pythagoriciens juraient par ce grand symbole :

J'en jure par celui qui grava dans nos cœurs La Tétrade sacrée, immense et pur symbole, Source de la Nature et modèle des Dieux.

Pythagore poursuivait beaucoup plus loin l'enseignement des nombres. En chacun d'eux il définissait un principe, une loi, une force active de l'univers. Mais il disait que les principes essentiels sont contenus dans les quatre premiers nombres, puisqu'en les additionnant ou en les multipliant on trouve tous les autres. De même l'infinie variété des êtres qui composent l'univers est produite par les combinaisons des trois forces primordiales : matière, âme, esprit, sous l'impulsion créatrice de l'unité divine qui les mêle et les différencie, les concentre et les évertue. Avec les principaux maîtres de la science ésotérique, Pythagore attachait une grande importance au *nombre sept* et au nombre dix. Sept étant le composé de trois et de quatre signifie l'union de l'homme et de la divinité. C'est le chiffre des adeptes, des grands initiés, et comme il exprime la réalisation complète en toute chose par sept degrés, il représente la loi de l'évolution. *Le nombre dix* formé par l'addition des quatre premiers et qui contient le précédent est le nombre parfait par excellence, puisqu'il représente tous les principes de la divinité évolués et réunis dans une nouvelle unité.

En terminant l'enseignement de sa théogonie, Pythagore montrait à ses disciples les neuf Muses, personnifiant les sciences groupées trois par trois, présidant au triple ternaire évolué eu neuf mondes, et formant, avec Hestia, la Science divine, gardienne du Feu primordial — *la Décade sacrée.*

TROISIÈME DEGRÉ – PERFECTION[88]
Cosmogonie et psychologie. — L'évolution de l'âme.

Le disciple avait reçu du maître les principes de la science. Cette première initiation avait fait tomber les écailles épaisses de la matière qui recouvraient les yeux de son esprit. Déchirant le voile brillant de la mythologie, elle l'avait arraché au monde visible pour le jeter éperdument dans les espaces sans bornes et le plonger dans le soleil de l'Intelligence, d'où la Vérité irradie sur les trois mondes. Mais la science des nombres n'était que le préambule de la grande initiation. Armé de ces

principes, il s'agissait maintenant de descendre des hauteurs de l'Absolu dans les profondeurs de la nature pour y saisir la pensée divine dans la formation des choses et dans l'évolution de l'âme à travers les mondes. La cosmogonie et la psychologie ésotériques touchaient aux plus grands mystères de la vie, à des secrets dangereux et jalousement gardés des sciences et des arts occultes. Aussi, Pythagore aimait-il à confier ces leçons loin du jour profane, la nuit, au bord de la

_____

[88] En grec: Téléôtès.

mer, sur les terrasses du temple de Cérès, au murmure léger de la vague ionienne, d'une si mélodieuse cadence, aux lointaines phosphorescences du Kosmos étoilé ; ou bien, dans les cryptes du sanctuaire, où des lampes égyptiennes de naphte répandaient une clarté égale et douce. Les femmes initiées assistaient à ces réunions nocturnes. Quelquefois, des prêtres ou des prêtresses, arrivés de Delphes ou d'Éleusis, venaient confirmer les enseignements du maître par le récit de leurs expériences ou par la parole lucide du sommeil clairvoyant.

L'évolution matérielle et l'évolution spirituelle du monde sont deux mouvements inverses, mais parallèles et concordants sur toute l'échelle de l'être. L'un ne s'explique que par l'autre, et vus ensemble, ils expliquent le monde. L'évolution matérielle représente la manifestation de Dieu dans la matière par l'âme du monde qui la travaille. L'évolution spirituelle représente l'élaboration de la conscience dans les monades individuelles et. leurs tentatives de rejoindre, à travers le cycle des vies, l'esprit divin dont elles émanent. Voir l'univers au point de vue physique ou au point de vue spirituel, ce n'est pas considérer un objet différent, c'est regarder le monde par les deux bouts opposés. Au point de vue terrestre, l'explication rationnelle du monde doit commencer par l'évolution matérielle, puisque c'est par ce côté qu'il nous apparaît ; mais en nous faisant voir le travail de l'Esprit universel dans la matière et poursuivre le développement des monades individuelles, elle conduit insensiblement au point de vue spirituel et nous fait passer du *dehors* au *dedans* des choses, de l'envers du monde à son endroit.

Ainsi, du moins, procédait Pythagore, qui considérait l'univers comme un être vivant, animé d'une grande âme et pénétré d'une grande intelligence. La seconde partie de son enseignement commençait donc par la cosmogonie.

Si l'on s'en tenait aux divisions du ciel, que nous trouvons dans les fragments exotériques des Pythagoriciens, cette astronomie serait semblable à l'astronomie de Ptolémée, la terre immobile et le soleil tournant autour, avec les planètes et le ciel tout entier. Mais le principe même de cette astronomie nous avertit qu'elle est purement symbolique. Au centre de son univers, Pythagore place le Feu (dont te soleil n'est qu'un reflet). Or, dans tout l'ésotérisme de l'Orient, le Feu est le signe représentatif de l'Esprit, de la Conscience divine, universelle. Ce que nos philosophes prennent généralement pour la physique de Pythagore et de Platon, n'est donc pas autre chose qu'une description imagée de leur philosophie secrète, lumineuse pour les initiés, mais d'autant plus impénétrable au vulgaire, qu'on la faisait passer pour une simple physique. Cherchons-y donc une sorte de cosmographie de la vie des âmes, et pas autre chose. La région sublunaire désigne la sphère où s'exerce l'attraction terrestre et est appelée le *cercle des générations*. Les initiés entendaient par là que la terre est pour nous la région de la vie corporelle. Là se font toutes les opérations qui accompagnent l'incarnation et la désincarnation des âmes. La sphère des six planètes et du soleil répond à des catégories ascendantes d'esprits. L'Olympe, conçu comme une sphère roulante, est appelé *le ciel des fixes*, parce qu'il est assimilé à la sphère des âmes parfaites. Cette astronomie enfantine recouvre donc une conception de l'Univers spirituel.

Mais tout nous porte à croire que les anciens initiés, et particulièrement Pythagore, avaient de l'univers physique des notions beaucoup plus justes. Aristote dit positivement que les Pythagoriciens croyaient au mouvement de la terre autour du soleil. Copernic affirme que l'idée de la rotation de la terre autour de son axe lui est venue en lisant, dans Cicéron, qu'un certain Nicétas, de Syracuse, avait parlé du mouvement diurne de la terre. A ses disciples du troisième degré, Pythagore enseignait le double mouvement de la terre. Sans avoir les mesures exactes de la science moderne, il savait, comme les prêtres de Memphis, que les planètes issues du soleil tournent autour de lui : que les étoiles sont autant de systèmes solaires gouvernés par les mêmes lois que le nôtre et dont chacun a son rang dans l'immense univers. Il savait aussi que chaque monde solaire forme un petit univers qui a sa correspondance dans le monde spirituel et son ciel propre. Les planètes servaient à en marquer l'échelle. Mais ces notions, qui auraient bouleversé la mythologie populaire et que la foule eût taxées de sacrilèges, n'étaient jamais confiées à l'écriture vulgaire. Ou ne les enseignait que sous le sceau du plus profond secret[89].

L'univers visible, disait Pythagore, le ciel avec toutes ses étoiles n'est qu'une forme passagère de l'âme du monde, de la grande Maïa, qui concentre la matière éparse dans les espaces infinis, puis, la dissout et la parsème en fluide cosmique impondérable. Chaque tourbillon solaire possède une parcelle de cette âme universelle, qui évolue dans son sein pendant des millions de siècles, avec une force d'impulsion et une mesure spéciale. Quant aux puissances, aux règnes, aux espèces et aux âmes vivantes qui apparaîtront

---

[89] Certaines définitions étranges, sous forme de métaphore, qui nous ont été transmises et qui proviennent de l'enseignement secret du maître, laissent deviner, dans leur sens occulte, la conception grandiose que Pythagore avait du Kosmos. – Parlant des constellations, il appelait que la grande et la petite Ourse : *les mains de Rhéa-Kybèlè*. Or, Rhéa Kybèlè signifie ésotériquement la lumière astrale roulante, la divine épouse du feu universel ou de l'Esprit créateur, qui, en se concentrant dans les systèmes solaires, attire les essences immatérielles des êtres, *les saisit* et les fait entrer dans le tourbillon des vies. – Il appelait aussi les planètes *les chiens de Proserpine*. Cette expression singulière n'a de sens qu'ésotériquement. Proserpine, la déesse des âmes, présidait à leur incarnation dans la matière. Pythagore appelait donc les planètes : chiens de Proserpine, parce qu'elles gardent et retiennent les âmes incarnées comme le Cerbère mythologique garde les âmes en enfer.

successivement dans les astres de ce petit monde, elles viennent de Dieu, elles descendent du Père ; c'est-à-dire qu'elles émanent d'un ordre spirituel immuable et supérieur, ainsi que d'une évolution matérielle antérieure, j'entends d'un système solaire éteint. De ces puissances invisibles, les unes, absolument immortelles dirigent la formation de ce monde, les autres attendent son éclosion dans le sommeil cosmique ou dans le rêve divin, pour rentrer dans les générations visibles, selon leur rang et selon la loi éternelle. Cependant, l'âme solaire et son feu central, que meut directement la grande Monade, travaille la matière en fusion. Les planètes sont filles du soleil. Chacune d'elles, élaborée par les forces d'attraction et de rotation inhérentes à la matière, est douée d'une âme semi-consciente issue de l'âme solaire et a son caractère distinct, son rôle particulier dans l'évolution. Comme chaque planète est une expression diverse de la pensée de Dieu, comme elle exerce une fonction spéciale dans la chaîne planétaire, les anciens sages ont identifié les noms des planètes avec ceux des grands dieux, qui représentent les facultés divines en action dans l'univers.

Les *quatre éléments*, dont sont formés les astres et tous les êtres, désignent quatre états gradués de la matière. Le premier, étant le plus dense et le plus grossier, est le plus réfractaire à l'esprit ; le dernier, étant le plus raffiné, montre pour lui une grande affinité. *La terre* représente l'état solide ; *l'eau*, l'état liquide ; *l'air*, l'état gazeux ; *le feu*, l'état impondérable. – Le cinquième élément, ou *éthérique* représente un état de la matière tellement subtil et vivace, qu'il n'est plus atomique et doué de pénétration universelle. C'est le fluide cosmique originaire, la lumière astrale ou l'âme du monde.

Pythagore parlait ensuite à ses disciples des révolutions de la terre, d'après les traditions de l'Égypte et de l'Asie. Il savait que la terre en fusion était primitivement entourée d'une atmosphère gazeuse, qui, liquéfiée par son refroidissement successif, avait formé les mers. Selon son habitude, il résumait métaphoriquement cette idée en disant que les mers étaient produites par les *larmes de Saturne* (le temps cosmique).

Mais voici les règnes qui apparaissent, et les germes invisibles, flottant dans l'*aura* éthérée de la terre, tourbillonnent dans sa robe gazeuse, puis sont attirés dans le sein profond des mers et sur les premiers continents émergés. Les mondes végétal et animal encore confondus apparaissent presque en même temps. La doctrine ésotérique admet la transformation des espèces animales non seulement d'après la loi secondaire de *la sélection*, mais encore d'après la loi primaire de *la percussion* de la terre par les puissances célestes, et de tous les êtres vivants par des principes intelligibles et des forces invisibles. Lorsqu'une espèce nouvelle apparaît sur le globe, c'est qu'une race d'âmes d'un type supérieur s'incarne à une époque donnée dans les descendants de l'espèce ancienne, pour la faire monter d'un échelon en la remoulant et la transformant à son image. C'est ainsi que la doctrine ésotérique explique l'apparition de l'homme sur la terre. Au point de vue de l'évolution terrestre, l'homme est le dernier rameau et le couronnement de toutes les espèces antérieures. Mais ce point de vue ne suffit pas plus pour expliquer son entrée en scène qu'il ne suffirait pour expliquer l'apparition de la première algue ou du premier crustacé dans le fond des mers. Toutes ces créations successives supposent, comme chaque naissance, la percussion de la terre par les puissances invisibles qui créent la vie. Celle de l'homme suppose le règne antérieur d'une humanité céleste qui préside à l'éclosion de l'humanité terrestre et lui envoie, comme les ondes d'une marée formidable, de nouveaux torrents d'âmes qui s'incarnent dans ses flancs et font luire les premiers rayons d'un jour divin dans cet être effaré, impulsif, audacieux, qui, à peine dégagé des ténèbres de l'animalité, est forcé pour vivre de lutter avec toutes les puissances de la nature.

Pythagore, instruit par les temples de l'Égypte, avait des notions précises sur les grandes révolutions du globe. La doctrine indienne et égyptienne connaissait l'existence de l'ancien continent austral qui avait produit, la race rouge et une puissante civilisation, appelée Atlantes par les Grecs. Elle attribuait l'émergence et l'immersion alternative des continents à l'oscillation des pôles et admettait que l'humanité avait traversé ainsi six déluges. Chaque cycle interdiluvien amène la prédominance d'une grande race humaine. Au milieu des éclipses partielles de la civilisation et des facultés humaines, il y a un mouvement général ascendant.

Voici donc l'humanité constituée et les races lancées dans leur carrière, à travers les cataclysmes du globe. Mais sur ce globe que nous prenons en naissant pour la base immuable du monde et qui flotte lui-même emporté dans l'espace, sur ces continents qui émergent des mers pour disparaître de nouveau, au milieu de ces peuples qui passent, de ces civilisations qui croulent, quel est le grand, le poignant, l'éternel mystère ? C'est le grand problème intérieur, celui de chacun et de tous, c'est le problème de l'âme, qui découvre en elle-même un abîme de ténèbres et de lumière, qui se regarde avec un mélange de ravissement et d'effroi et se dit : « Je ne suis pas de ce monde, car il ne suffit pas pour m'expliquer. Je ne viens pas de la terre et je vais ailleurs. Mais où ? » C'est le mystère de Psyché qui renferme tous les autres.

La cosmogonie du monde visible, disait Pythagore, nous a conduits à l'histoire de la terre, et celle- ci − au mystère de l'âme humaine. Avec lui nous touchons au sanctuaire des sanctuaires, à l'arcane des arcanes. Sa conscience une fois éveillée, l'âme devient pour elle-même le plus étonnant des spectacles. Mais cette conscience même n'est que la surface éclairée de son être, où elle soupçonne des abîmes obscurs et insondables. Dans sa profondeur inconnue, la divine Psyché contemple d'un regard fasciné toutes les vies et tous les mondes : le passé, le présent, le futur que joint l'Éternité. « Connais-toi toi-même et tu connaîtras l'univers des Dieux. » Voilà le secret des sages initiés. Mais pour pénétrer par cette porte étroite dans l'immensité de l'univers invisible, éveillons en nous la vue directe de l'âme purifiée et armons-nous du flambeau de l'Intelligence, de la science des principes et des Nombres sacrés.

Pythagore passait ainsi de la cosmogonie physique à la cosmogonie spirituelle. Après l'évolution de la terre, il racontait l'évolution de l'âme à travers les mondes. En dehors de l'initiation, cette doctrine est connue sous le nom de *transmigration des âmes*. Sur aucune partie de la doctrine occulte on n'a plus déraisonné que sur celle-là, si bien que la littérature antique et moderne ne la connaissent que par des travestissements puérils. Platon lui-même, celui de tous les philosophes qui a le plus contribué à la populariser, n'en a donné que des aperçus fantaisistes et parfois extravagants, soit que sa prudence, soit que ses serments l'aient empêché de dire tout ce qu'il savait. Peu de gens se doutent aujourd'hui qu'elle ait pu avoir pour les initiés un aspect scientifique, ouvrir des perspectives infinies et donner à l'âme des consolations divines. La doctrine de la vie ascensionnelle de l'âme à travers la série des existences est le trait commun des traditions ésotériques et le couronnement de la théosophie. J'ajoute qu'elle a pour nous une importance capitale. Car l'homme d'aujourd'hui rejette avec un égal mépris l'immortalité abstraite et vague de la philosophie et le ciel enfantin de la religion primaire. Et cependant la sécheresse et le néant du matérialisme lui font horreur. Il aspire inconsciemment à la conscience d'une *immortalité organique* qui réponde à la fois aux exigences de sa raison et aux besoins indestructibles de son âme. On comprend, du reste, pourquoi les initiés des religions antiques, tout en ayant connaissance de ces vérités, les ont tenues si secrètes. Elles sont de nature à donner le vertige aux esprits non cultivés. Elles se lient étroitement aux profonds mystères de la génération spirituelle, des sexes et de la génération dans la chair, d'où dépendent les destinées de l'humanité future.

On attendait donc avec une sorte de frémissement cette heure capitale de l'enseignement ésotérique. Par la parole de Pythagore, comme par une lente incantation, la lourde matière semblait perdre son poids, les choses de la terre devenaient transparentes, celles du ciel visibles à l'esprit. Des sphères d'or et d'azur sillonnées d'essences lumineuses déroulaient leurs orbes jusqu'à l'infini.

Alors les disciples, hommes et femmes, groupés autour du maître dans une partie souterraine du temple de Cérès appelée crypte de Proserpine, écoutaient avec une émotion palpitante : *l'histoire céleste de Psyché.*

Qu'est-ce que l'âme humaine ? Une parcelle de la grande âme du monde, une étincelle de l'esprit divin, une monade immortelle. Mais si son possible avenir s'ouvre dans les splendeurs insondables de la conscience divine, sa mystérieuse éclosion remonte aux origines de la matière organisée. Pour devenir ce qu'elle est dans l'humanité actuelle, il a fallu qu'elle traversât tous les règnes de la nature, toute l'échelle des êtres en se développant graduellement par une série d'innombrables existences. L'esprit qui travaille les mondes et condense la matière cosmique en masses énormes, se manifeste avec une intensité diverse et une concentration toujours plus grande dans les règnes successifs de la nature. Force aveugle et indistincte dans le minéral, individualisée dans la plante, polarisée dans la sensibilité et l'instinct des animaux, elle tend vers la monade consciente dans cette lente élaboration : et la monade élémentaire est visible dans l'animal le plus inférieur. L'élément animique et spirituel existe donc dans tous les règnes, quoique seulement à l'état de quantité infinitésimale dans les règnes inférieurs. Les âmes qui existent à l'état de germes dans les règnes inférieurs y séjournent sans en sortir pendant d'immenses périodes, et ce n'est qu'après de grandes révolutions cosmiques qu'elles passent à un règne supérieur en changeant de planète. Tout ce qu'elles peuvent faire pendant la période de vie d'une planète, c'est de remonter quelques espèces. Où commence la monade ? Autant vaudrait demander l'heure où s'est formée une nébuleuse, où un soleil a relui pour la première fois. Quoi qu'il en soit, ce qui constitue l'essence de n'importe quel homme a dû évoluer pendant des millions d'années à travers une chaîne de planètes et les règnes inférieurs, tout en conservant à travers toutes ces existences un principe individuel qui la suit partout. Cette individualité obscure, mais indestructible, constitue le sceau divin de la monade en qui Dieu veut se manifester par la conscience.

Plus on monte la série des organismes, plus la monade développe les principes latents qui sont en elle. La force polarisée devient sensible, la sensibilité instinct, l'instinct intelligence. Et à mesure que s'allume le flambeau vacillant de la conscience, cette âme devient plus indépendante du corps, plus capable de mener une existence libre. L'âme fluide et non polarisée des minéraux et des végétaux est liée aux éléments de la terre. Celle des animaux fortement attirée par le feu terrestre y séjourne un certain temps lorsqu'elle a quitté son cadavre, puis revient à la surface du globe pour se réincarner dans son espèce sans jamais pouvoir quitter les basses couches de l'air. Celles-ci sont peuplées d'élémentaux ou d'âmes animales qui ont leur rôle dans la vie atmosphérique et une grande influence occulte sur l'homme. L'âme humaine seule, vient du ciel et y retourne après la mort. Mais à quelle époque de sa longue existence cosmique, l'âme élémentaire est-elle devenue l'âme humaine ? Par quel creuset incandescent, par quelle flamme éthérée a-t-elle passé pour cela ? La transformation n'a été possible, dans une période interplanétaire, que par la rencontre d'âmes humaines déjà pleinement formées, qui ont développé dans l'âme élémentaire son principe spirituel et ont imprimé leur divin prototype comme un sceau de feu dans sa substance plastique.

Mais que de voyages, que d'incarnations, que de cycles planétaires encore à traverser, pour que l'âme humaine ainsi formée devienne l'homme que nous connaissons ! Selon les traditions ésotériques de l'Inde et de l'Égypte, les individus qui composent l'humanité actuelle auraient commencé leur existence humaine sur d'autres planètes, où la matière est beaucoup moins dense que sur la nôtre. Le corps de l'homme était alors presque vaporeux, ses incarnations légères et faciles. Ses facultés de perception spirituelle directe auraient été très puissantes et très subtiles dans cette première phase humaine ; la raison et l'intelligence par contre à l'état embryonnaire. Dans cet état semi-corporel, semi-spirituel, l'homme voyait les esprits, tout était splendeur et charme pour ses yeux, musique pour ses oreilles. Il entendait jusqu'à l'harmonie des sphères. Il ne pensait, ni ne réfléchissait, il voulait à peine. Il se laissait vivre en buvant les sons, les formes et la lumière, en flottant comme un rêve de la vie à la mort et de la mort à la vie. Voilà ce que les Orphiques appelaient *le ciel de Saturne*. Ce n'est qu'en s'incarnant sur des planètes de plus en plus denses, selon la doctrine d'Hermès, que l'homme s'est matérialisé. En s'incarnant dans une matière plus épaisse, l'humanité a perdu son sens spirituel, mais par sa lutte de plus eu plus forte avec le monde extérieur, elle a développé puissamment sa raison, son intelligence, sa volonté. La terre est le dernier échelon de cette descente dans la matière que Moïse appelle la sortie du paradis et Orphée la chute dans le cercle sublunaire. De là, l'homme peut remonter péniblement les cercles dans une série d'existences nouvelles et recouvrer ses sens spirituels, par le libre exercice de son intellect et de sa volonté. Alors seulement, disent les disciples d'Hermès et d'Orphée, l'homme acquiert par son *action* la conscience et la possession du divin ; alors seulement il devient *fils de Dieu*. Et ceux qui sur la terre ont porté ce nom, ont dû, avant de paraître parmi nous, des cendre et remonter l'effrayante spirale.

Qu'est-ce donc que l'humble Psyché à son origine ? Un souffle qui passe, un germe qui flotte, un oiseau battu des vents qui émigre de vie en vie. Et cependant – de naufrage en naufrage – à travers des millions d'années, elle est devenue la fille de Dieu et ne reconnaît plus d'autre patrie que le ciel ! Voilà pourquoi la poésie grecque, d'un symbolisme si profond et si lumineux, a comparé l'âme à l'insecte ailé, tantôt ver de terre, tantôt papillon céleste. Combien de fois a-t-elle été chrysalide et combien de fois papillon ? Elle ne le saura jamais, mais elle sent qu'elle a des ailes !

Tel est le vertigineux passé de l'âme humaine. Il nous explique sa condition présente et nous permet d'entrevoir son avenir.

Quelle est la situation de la divine Psyché dans la vie terrestre ? Pour peu qu'on réfléchisse, on ne saurait en imaginer de plus étrange et de plus tragique. Depuis qu'elle s'est péniblement éveillée dans l'air épais de la terre, l'âme est enlacée dans les replis du corps. Elle ne vit, ne respire, ne pense qu'à travers lui ; et cependant il n'est pas elle. A mesure qu'elle se développe, elle sent grandir en elle-même une lumière tremblotante, quelque chose d'invisible et d'immatériel qu'elle appelle *son* esprit, *sa* conscience. Oui, l'homme a le sentiment inné de sa triple nature, puisqu'il distingue dans son langage, même instinctif, son corps de son âme et son âme de son esprit. Mais l'âme captive et tourmentée se débat entre ses deux compagnons comme entre l'étreinte d'un serpent aux mille replis et un génie invisible qui l'appelle, mais dont la présence ne se fait sentir que par le battement de ses ailes et des lueurs fugitives. Tantôt ce corps l'absorbe à tel point qu'elle ne vit que par ses sensations et ses passions ; elle se roule avec lui dans les orgies sanglantes de la colère ou dans l'épaisse fumée des voluptés charnelles, jusqu'à ce qu'elle s'effraye d'elle-même par le silence profond du compagnon invisible. Tantôt attirée par celui-ci, elle se perd à une telle hauteur de pensée qu'elle oublie l'existence du corps, jusqu'à ce qu'il lui rappelle sa présence par un appel tyrannique. Et pourtant une voix intérieure le lui dit : Entre elle et l'hôte invisible, le lien est indissoluble, tandis que la mort rompra son attache avec le corps. Mais ballottée entre les deux dans sa lutte éternelle, l'âme cherche vainement le bonheur et la vérité. Vainement elle se cherche elle-même dans ses sensations qui passent, dans ses pensées qui la fuient, dans le monde qui change comme un mirage. Ne trouvant rien qui dure, tourmentée, chassée comme une feuille au vent, elle doute d'elle-même et d'un monde divin qui ne se révèle à elle que par sa douleur et son impuissance d'y atteindre. L'ignorance humaine est écrite dans les contradictions des prétendus sages, et la tristesse humaine dans la soif insondable du regard humain. Enfin, quelle que soit l'étendue de ses connaissances, la naissance et la mort enferment l'homme entre deux limites fatales. Ce sont deux portes de ténèbres au delà desquelles il ne voit rien. La flamme de sa vie s'allume en entrant par l'une et s'éteint en sortant par l'autre. En serait-il de même de l'âme ? Sinon, que devient-elle ?

La réponse que les philosophes ont donnée à ce problème poignant a été fort diverse. Celle des théosophes initiés de tous les temps est la même pour l'essentiel. Elle est d'accord avec le sentiment universel et avec l'esprit intime des religions. Celles-ci n'ont exprimé la vérité que sous des formes superstitieuses ou symboliques. La doctrine ésotérique ouvre des perspectives bien plus vastes et ses affirmations sont en rapport avec les lois de l'évolution universelle. Voilà ce que les initiés instruits par la tradition et par les nombreuses expériences de la vie psychique ont dit à l'homme : ce qui s'agite en toi, ce que tu appelles ton âme est double éthéré du corps qui renferme en lui-même un esprit immortel. L'esprit se construit et se tisse, par son activité propre, son corps spirituel. Pythagore l'appelle *le char subtil de l'âme*, parce qu'il est destiné à l'enlever de terre après la mort. *Ce corps spirituel est l'organe de l'esprit,* son enveloppe sensitive, son instrument volitif, et sert à l'animation du corps, qui sans cela demeurerait. inerte. Dans les apparitions des mourants ou des morts, ce *double* devient visible. Mais cela suppose toujours un état nerveux spécial chez le voyant. La subtilité, la puissance, la perfection du corps spirituel varient selon la qualité de l'esprit qu'il renferme, et il y a entre la substance des âmes tissées dans la lumière astrale, mais imprégnées des fluides impondérables de la terre et du ciel, des nuances plus nombreuses, des différences plus grandes qu'entre tous les corps terrestres et tous les états de la matière pondérable. Ce corps astral, quoique beaucoup plus subtil et plus par fait que le corps terrestre, n'est pas immortel comme la monade qu'il contient. Il change, il s'épure selon les milieux qu'il traverse. L'esprit le moule, le transforme perpétuellement à son image, mais ne le quitte jamais, et s'il s'en dévêtit peu à peu, c'est en revêtissant des substances plus éthérées. Voilà ce qu'enseignait Pythagore, qui ne concevait pas l'entité spirituelle abstraite, la monade sans forme. L'esprit en acte dans le fond des cieux comme sur la terre doit avoir un organe ; cet organe est l'âme vivante, bestiale ou sublime, obscure ou radieuse, mais ayant la forme humaine, cette image de Dieu.

Qu'arrive-t-il à la mort ? Aux approches de l'agonie, l'âme pressent généralement sa prochaine séparation du corps. Elle revoit toute son existence terrestre en tableaux raccourcis, d'une succession rapide, d'une netteté effrayante. Mais quand la vie épuisée s'arrête dans le cerveau, elle se trouble et perd totalement conscience. Si c'est une âme sainte et pure, ses sens spirituels se sont déjà réveillés par le détachement graduel de la matière. Elle a eu avant de mourir, d'une manière quelconque, ne fût-ce que par l'introspection de son propre état, le sentiment de la présence d'un autre monde. Aux sollicitations silencieuses, aux appels lointains, aux vagues rayons de l'Invisible, la terre a déjà perdu sa consistance, et lorsque l'âme s'échappe enfin du cadavre refroidi, heureuse de sa délivrance, elle se sent enlevée dans une grande lumière vers la famille spirituelle à laquelle elle appartient. Mais il n'en est pas ainsi de l'homme ordinaire, dont la vie a été partagée entre les instincts matériels et les aspirations supérieures. Il se réveille avec une demi-conscience comme dans la torpeur d'un cauchemar. Il n'a plus ni bras pour étreindre, ni voix pour crier, mais il se souvient, il souffre, il existe dans un limbe de ténèbres et d'épouvante. La seule chose qu'il y aperçoive est la présence de son cadavre dont il est détaché, mais pour lequel il éprouve encore une invincible attraction. Car c'est par lui qu'il vivait, et maintenant qu'est-il ? Il se cherche avec effroi dans les fibres glacées de son cerveau, dans le sang figé de ses veines, et ne se trouve plus. Est-il mort ? Est-il vivant? il voudrait voir, se cramponner à quelque chose ; mais il ne voit pas, il ne saisit rien. Les ténèbres l'enferment ; autour de lui, en lui tout est chaos. Il ne voit qu'une chose, et cette chose l'attire et lui fait horreur... la phosphorescence sinistre de sa propre dépouille ; et le cauchemar recommence.

Cet état peut se prolonger pendant des mois ou des années. Sa durée dépend de la force des instincts matériels de l'âme. Mais, bonne ou mauvaise, infernale ou céleste, cette âme prendra peu à peu conscience d'elle-même et de son nouvel état. Une fois libre de son corps, elle s'échappera dans les gouffres de l'atmosphère terrestre, dont les fleuves électriques l'emportent de ci et de là, et dont elle commence à percevoir les errants multiformes plus ou moins semblables à elle-même, comme des lueurs fugaces dans une brume épaisse. Alors commence une lutte vertigineuse, acharnée de l'âme encore alourdie pour monter dans les couches supérieures de l'air, se délivrer de l'attraction terrestre et gagner, dans le ciel de notre système planétaire, la région qui lui est propre et que des guides amis peuvent seuls lui montrer. Mais avant de les entendre et de les voir, il lui faut souvent un long temps. Cette phase de la vie de l'âme a porté des noms divers dans les religions et les mythologies. Moïse l'appelle Horeb ; Orphée l'Érèbe ; le christianisme le Purgatoire ou *la vallée de l'ombre de la mort*. Les initiés grecs l'identifiaient avec le cône d'ombre que la terre traîne toujours derrière elle, qui va jusqu'à la lune et l'appelaient pour cette raison *le gouffre d'Hécate*. Dans ce puits ténébreux tourbillonnent, selon les Orphiques et les Pythagoriciens, les âmes qui cherchent par des efforts désespérés à gagner le cercle de la lune, et que la violence des vents rabat par milliers sur la terre. Homère et Virgile les comparent à des tourbillons de feuilles, à des essaims d'oiseaux affolés par la tempête. La lune jouait un grand rôle dans l'ésotérisme antique. Sur sa face, tournée vers ciel, les âmes étaient censées purifier leur corps astral avant de continuer leur ascension céleste. On supposait aussi que les héros et les génies séjournaient un temps sur sa face tournée vers la terre pour revêtir un corps approprié à notre monde avant de s'y réincarner. On attribuait en quelque sorte à la lune le pouvoir de magnétiser l'âme pour l'incarnation terrestre et de la démagnétiser pour le ciel. D'une manière générale, ces assertions auxquelles les initiés attachaient un sens à la fois réel et symbolique, signifiaient que l'âme doit passer par un état intermédiaire de purification et se débarrasser des impuretés de la terre avant de poursuivre son voyage.

Mais comment peindre l'arrivée de l'âme pure dans son monde à elle ? La terre a disparu comme un songe. Un sommeil nouveau, un évanouissement délicieux l'enveloppe comme une caresse. Elle ne voit plus que son guide ailé qui l'emporte avec la rapidité de l'éclair dans les profondeurs de l'espace. Que dire de son réveil dans les vallons d'un astre éthéré, sans atmosphère élémentaire où tout, montagnes, fleurs, végétation, est fait d'une nature exquise, sensible et parlante ?

Que dire surtout de ces formes lumineuses, hommes et femmes, qui l'entourent comme une théorie sacrée pour l'initier au saint mystère de sa vie nouvelle ? Sont-ce des dieux ou des déesses ? Non, ce sont des âmes comme elle-même ; et la merveille est que leur pensée intime s'épanouit sur leur visage, que la tendresse, l'amour, le désir ou la crainte rayonnent à travers ces corps diaphanes dans une gamme de colorations lumineuses. Ici, corps et visages ne sont plus les masques de l'âme, mais l'âme transparente apparaît dans sa forme vraie et brille au grand jour de sa vérité pure. Psyché a retrouvé sa divine patrie. Car la lumière secrète où elle se baigne, qui émane d'elle-même et qui lui revient dans le sourire des bien-aimés et des bien-aimées, cette lumière de félicité.., c'est l'âme du monde... elle y sent la présence de Dieu !

Maintenant, plus d'obstacle ; elle aimera, elle saura, elle vivra sans autre limite que son propre essor. Oh bonheur étrange et merveilleux ! elle se sent unie à toutes ses compagnes par des affinités profondes. Car, dans la vie de l'au-delà, ceux qui ne s'aiment pas se fuient et ceux seuls qui se comprennent s'assemblent. Elle célébrera avec elles les divins mystères en des temples plus beaux, dans une communion plus par parfaite. Ce seront des poèmes vivants toujours nouveaux dont chaque âme sera une strophe et où chacune revivra sa vie dans celle des autres. Puis, frémissante, elle s'élancera dans la lumière d'en haut, à l'appel des Envoyés, des Génies ailés, de ceux qu'on nomme des Dieux, parce qu'ils ont échappé au cercle des générations. Conduite par ces intelligences sublimes, elle tâchera d'épeler le grand poème du Verbe occulte, de comprendre ce qu'elle pourra saisir de la symphonie de l'univers. Elle recevra les enseignements hiérarchiques des cercles de l'Amour divin ; elle essayera de voir les Essences que répandent dans les mondes les Génies animateurs ; elle contemplera les esprits glorifiés, rayons vivants du Dieu des Dieux, et elle ne pourra supporter leur splendeur aveuglante qui fait pâlir les soleils comme des lampes fumeuses ! Et lorsqu'elle reviendra épouvantée de ces voyages éblouissants, – car elle frissonne devant ces immensités – elle entendra de loin l'appel des voix aimée et retombera sur les plages dorées de son astre, sous le voile rose d'un sommeil ondoyant, plein de formes blanches, de parfums et de mélodie.

Telle la vie céleste de l'âme que conçoit à peine notre esprit épaissi par la terre, mais que devinent les initiés, que vivent les voyants et que démontre la loi des analogies et des concordances universelles. Nos images grossières, notre langage imparfait essayent en vain de la traduire, mais chaque âme vivante en sent le germe dans ses profondeurs occultes. Si, dans l'état présent il nous est impossible de la réaliser, la philosophie de l'occulte en formule les conditions psychiques. L'idée d'astres éthérés, invisibles pour nous, mais faisant partie de notre système solaire et servant de séjour aux âmes heureuses, se retrouve souvent dans les arcanes de la tradition ésotérique. Pythagore l'appelle une contrepartie de la terre : *l'antichtone* éclairé par le Feu central, c'est-à-dire par la lumière divine. A la fin du *Phédon*, Platon décrit longuement, quoique d'une manière déguisée, cette terre spirituelle. Il dit qu'elle est aussi légère que l'air et entourée d'une atmosphère éthérée. – Dans l'autre vie, l'âme conserve donc toute son individualité. De son existence terrestre, elle ne garde que les souvenirs nobles et laisse tomber les autres dans cet oubli que les poètes ont appelé les ondes du Léthé. Libérée de ses souillures, l'âme humaine sent sa conscience comme retournée. Du dehors de l'univers, elle est rentrée au-dedans ; Cybèle-Maïa, l'âme du monde, l'a reprise dans son sein d'une aspiration profonde. Là, Psyché accomplira son rêve, ce rêve brisé à toute heure et sans cesse recommencé sur la terre. Elle l'accomplira dans la mesure de son effort terrestre et de sa lumière acquise, mais elle l'élargira au centuple. Les espérances broyées refleuriront dans l'aurore de sa vie divine ; les sombres couchers de soleil de la terre s'embraseront en jours éclatants. Oui, l'homme n'eut-il vécu qu'une heure d'enthousiasme ou d'abnégation, cette seule note pure arrachée à la gamme dissonante de sa vie terrestre se répétera dans son au-delà en progressions merveilleuses, en harmonies éoliennes. Les bonheurs fugitifs que nous procurent les enchantements de la musique, les extases de l'amour ou les transports de la charité ne sont que les notes égrenées d'une symphonie que nous entendrons alors. Est-ce à dire que cette vie ne sera qu'un long rêve, qu'une grandiose hallucination ? Mais qu'y a-t-il de plus vrai que ce que l'âme sent en elle et ce qu'elle réalise par sa communion divine avec d'autres âmes ? Les initiés, étant les idéalistes conséquents et transcendants, ont toujours pensé que les seules choses réelles et durables de la terre sont les manifestations de la Beauté, de l'Amour et de la Vérité spirituelles. Comme l'au-delà ne peut avoir d'autre objet que cette Vérité, cette Beauté et cet Amour pour ceux qui en ont fait l'objet de leur vie, ils sont persuadés que le ciel sera plus vrai que la terre.

La vie céleste de l'âme peut durer des centaines ou des milliers d'années, selon son rang et sa force d'impulsion. Mais il n'appartient qu'aux plus parfaites, aux plus sublimes, à celles qui ont franchi le cercle des générations, de la prolonger indéfiniment. Celles-là n'ont pas seulement atteint le repos temporaire, mais l'action immortelle dans la vérité ; elles ont créé leurs ailes. Elles sont inviolables, car elles sont la lumière ; elles gouvernent les mondes, car elles voient à travers. Quant aux autres, elles sont amenées par une loi inflexible à se réincarner pour subir une nouvelle épreuve et s'élever à un échelon supérieur ou tomber plus bas si elles défaillent.

Comme la vie terrestre, la vie spirituelle a son commencement, son apogée et sa décadence. Lorsque cette vie est épuisée, l'âme se sent prise de lourdeur, de vertige et de mélancolie. Une force invincible l'attire de nouveau vers les luttes et vers les souffrances de la terre. Ce désir est mêlé d'appréhensions terribles et d'une immense douleur de quitter la vie divine. Mais le temps est venu ; la loi doit s'accomplir. La lourdeur augmente, un obscurcissement s'est fait en elle-même. Elle ne voit plus ses compagnons lumineux qu'à travers un voile, et ce voile toujours plus épais lui fait pressentir la séparation imminente. Elle entend leurs tristes adieux ; les larmes des bienheureux aimés la pénètrent comme une rosée céleste qui laissera dans son cœur la soif ardente d'un bonheur inconnu. Alors – avec des serments solennels – elle promet *de se souvenir*.., de se souvenir de la lumière dans le monde des ténèbres, de la vérité dans le monde du mensonge, de l'amour dans le monde de la haine. – Le revoir, la couronne immortelle ne sont qu'à ce prix !

– Elle se réveille dans une atmosphère épaisse. Astre éthéré, âmes diaphanes, océans de lumière, tout a disparu. La revoilà sur la terre, dans le gouffre de la naissance et de la mort. Cependant elle n'a pas encore perdu le souvenir céleste, et le guide ailé encore visible à ses yeux lui désigne la femme qui sera sa mère. Celle-ci porte en elle le germe d'un enfant. Mais ce germe ne vivra que si l'esprit vient l'animer. Alors s'accomplit pendant neuf mois le mystère le plus impénétrable de la vie terrestre, celui de l'incarnation et de la maternité.

La fusion mystérieuse s'opère lentement, savamment, organe par organe, fibre par fibre. A mesure que l'âme se plonge dans cet antre chaud qui bruit et qui fourmille, à mesure qu'elle se sent prise dans les méandres des viscères aux mille replis, la conscience de sa vie divine s'efface et s'éteint. Car entre elle et la lumière d'en-haut s'interposent les ondes du sang, les tissus de la chair qui l'étreignent et la remplissent de ténèbres. Déjà cette lumière lointaine n'est plus qu'une lueur mourante. Enfin, une douleur horrible la comprime, la serre dans un étau ; une convulsion sanglante l'arrache à l'âme maternelle et la cloue dans un corps palpitant. – L'enfant est né, misérable effigie terrestre, et il en crie d'épouvante. Mais le souvenir céleste est rentré dans les profondeurs occultes de l'inconscient. Il ne revivra que par la Science ou par la Douleur, par l'Amour ou par la Mort !

La loi de l'incarnation et de la désincarnation nous découvre donc le véritable sens de la vie et de la mort. Elle constitue le nœud capital dans l'évolution de l'âme, et nous permet de la suivre en arrière et en avant jusque dans les profondeurs de la nature et de la divinité. Car cette loi nous révèle le rythme et la mesure, la raison et le but de son immortalité. D'abstraite ou de fantastique, elle la rend vivante et logique, en montrant les correspondances de la vie et de la mort. La naissance terrestre est une mort au point de vue spirituel, et la mort une résurrection céleste. L'alternance des deux vies est nécessaire au développement de l'âme, et chacune des deux est à la fois la conséquence et l'explication de l'autre. Quiconque s'est pénétré de ce vérités, se trouve au cœur des mystères, au centre de l'initiation.

Mais, dira-t-on, qu'est-ce qui nous prouve la continuité de l'âme, de la monade, de l'entité spirituelle à travers toutes ces existences, puisqu'elle en perd successivement la mémoire ? – Et qu'est-ce qui vous prouve, répondrons-nous, l'identité de votre personne pendant la veille et pendant le sommeil ? Vous vous réveillez chaque matin d'un état aussi étrange, aussi inexplicable que la mort, vous ressuscitez de ce néant pour y retomber le soir. Etait-ce le néant ? Non ; car vous avez rêvé, et vos rêves ont été pour vous aussi réels que la réalité de la veille. Un changement des conditions physiologiques du cerveau a modifié les rapports de l'âme et du corps, et déplacé votre point de vue psychique. Vous étiez le même individu, mais vous vous trouviez dans un autre milieu et vous meniez une autre existence. Chez les magnétisés, les somnambules et les clairvoyants, le sommeil développe des facultés nouvelles qui nous semblent miraculeuses, mais qui sont les facultés naturelles de l'âme détachée du corps. Une fois réveillés, ces clairvoyants ne se souviennent plus de ce qu'ils ont vu, dit et fait pendant leur sommeil lucide ; mais ils se rappellent parfaitement, dans un de leurs sommeils, ce qui est arrivé dans le sommeil précédent, et prédisent parfois, avec une exactitude mathématique, ce qui arrivera dans le prochain. Ils ont donc comme deux consciences, deux vies alternées entièrement distinctes, mais dont chacune a sa continuité rationnelle, et qui s'enroulent autour d'une même individualité comme des cordons de couleur diverse autour d'un fil invisible.

C'est donc en un sens très profond que les anciens poètes initiés ont appelé le sommeil *le frère de la mort*. Car un voile d'oubli sépare le sommeil et la veille comme la naissance et la mort, et, de même que notre vie terrestre se divise en deux parts toujours alternées, de même l'âme alterne, dans l'immensité de son évolution cosmique, entre l'incarnation et la vie spirituelle, entre les terres et les cieux. Ce passage alternatif d'un plan de l'univers à l'autre, ce renversement des pôles de son être n'est pas moins nécessaire au développement de l'âme que l'alternative de la veille et du sommeil est nécessaire à la vie corporelle de l'homme. Nous avons besoin des ondes du Léthé en passant d'une existence à l'autre. Dans celle-ci, un voile salutaire nous cache le passé et l'avenir. Mais l'oubli n'est pas total et la lumière passe à travers le voile. Les idées innées prouvent, à elles seules, une existence antérieure. Mais il y a plus nous naissons avec un monde de souvenances vagues, d'impulsions mystérieuses, de pressentiments divins. Il y a, chez les enfants nés de parents doux et tranquilles, des irruptions de passions sauvages que l'atavisme ne suffit pas pour expliquer, et qui viennent d'une précédente existence. Il y a parfois, dans les vies les plus humbles, des fidélités inexpliquées et sublimes à un sentiment, à une idée. Ne viennent-elles pas ces promesses et des serments de la vie céleste ? Car le souvenir occulte que l'âme en a gardé est plus fort que toutes les raisons terrestres. Selon.qu'elle s'attache à ce souvenir on qu'elle l'abandonne, on la voit vaincre ou succomber. La vraie foi est cette muette fidélité de l'âme à elle-même. On conçoit, pour cette raison, que Pythagore, ainsi que tous les théosophes, ait considéré la vie corporelle comme une élaboration nécessaire de la volonté, et. la vie céleste comme une croissance spirituelle et un accomplissement.

Les vies se suivent et ne se ressemblent pas, mais elles s'enchaînent avec une logique impitoyable. Si chacune d'elles a sa loi propre et sa destinée spéciale, leur suite est régie par une loi générale qu'on pourrait appeler *la répercussion des vies*[90]. D'après cette loi, les actions d'une vie ont leur répercussion fatale dans la vie suivante. Non seulement l'homme renaîtra avec les instincts et les facultés qu'il a développés dans sa précédente incarnation, mais le genre même de son existence sera déterminé en grande partie par le bon ou le mauvais emploi qu'il aura fait de sa liberté dans sa vie précédente. Pas de parole, pas d'action qui n'ait son écho dans l'éternité, dit un proverbe. Selon la doctrine ésotérique, ce proverbe s'applique à la lettre d'une vie à l'autre. Pour Pythagore, les injustices apparentes de la destinée, les difformités, les misères, les coups du sort, les malheurs de tout genre trouvent leur explication dans ce fait que chaque existence est la récompense ou le châtiment de la précédente. Une vie criminelle engendre une vie d'expiation ; une vie imparfaite, une vie d'épreuves. Une vie bonne détermine une mission ; une vie supérieure, une mission créatrice. La sanction morale qui s'applique avec une imperfection apparente au point de vue d'une seule vie, s'applique donc avec une perfection admirable et une justice minutieuse dans la série des vies. Dans cette série, il peut y avoir progression vers la spiritualité et vers l'intelligence, comme il peut y avoir régression vers la bestialité et vers la matière. A mesure que l'âme monte en degrés, elle acquiert une part plus

---

[90] La loi appelée Karma par les brahmanes et les bouddhistes.

grande dans le choix de ses réincarnations. L'âme inférieure la subit ; l'âme moyenne choisit entre celles qui lui sont offertes ; l'âme supérieure qui s'impose une mission l'élit par dévouement. Plus l'âme est élevée, et plus aussi elle conserve, dans ses incarnations, la conscience claire, irréfragable de la vie spirituelle, qui règne au delà de notre horizon terrestre, qui l'enveloppe comme une sphère de lumière et envoie ses rayons dans nos ténèbres. La tradition veut même que les initiateurs du premier rang, les divins prophètes de l'humanité, se soient souvenus de leurs précédentes vies terrestres. Selon la légende, Gautama Bouddha, Cakia-Mouni avait retrouvé dans ses extases le fil de ses existences passées, et l'on rapporte de Pythagore qu'il disait devoir à une faveur spéciale des Dieux de se souvenir de quelques-unes de ses vies antérieures.

Nous avons dit que dans la série des vies, l'âme peut rétrograder ou avancer, selon qu'elle s'abandonne à sa nature inférieure ou divine. De là une conséquence importante dont la conscience humaine a toujours senti la vérité avec un tremblement étrange. Dans toutes les vies, il y a des luttes à soutenir, des choix à faire, des décisions à prendre dont les suites sont incalculables. Mais sur la route montante du bien qui traverse une série considérable d'incarnations, il doit y avoir une vie, une année, un jour, une heure peut-être où l'âme, parvenue à la pleine conscience du bien, et du mal, peut s'élever par un dernier et souverain effort à une hauteur d'où elle n'aura plus à redescendre et où commence le chemin des cimes. De même sur la route descendante du mal, il y a un point où l'âme perverse peut encore revenir sur ses pas. Mais ce point une fois franchi, l'endurcissement est définitif. D'existence en existence, elle roulera jusqu'au fond des ténèbres. Elle perdra son humanité. L'homme deviendra démon, le démon animal, et son indestructible monade sera forcée de recommencer la pénible, l'effrayante évolution par la série des règnes ascendants et des existences innombrables. Voilà l'enfer véritable selon la loi de l'évolution, et n'est-il pas aussi terrible et plus logique que celui des religions exotériques ?

L'âme peut donc ou monter ou descendre dans la série des vies. Quant à l'humanité terrestre, sa marche s'opère d'après la loi d'une progression ascendante qui fait partie de l'ordre divin. Cette vérité que nous croyons de découverte récente était connue et enseignée dans les Mystères antiques. « Les animaux sont parents de l'homme et l'homme est parent des Dieux », disait Pythagore. Il développait philosophiquement ce qu'enseignaient aussi les symboles d'Éleusis : le progrès des règnes ascendants, l'aspiration du monde végétal au monde animal, du monde animal au monde humain et la succession dans l'humanité de races de plus en plus parfaites. Ce progrès ne s'accomplit pas d'une manière uniforme, mais en cycles réguliers et grandissants, renfermés les uns dans les autres. Chaque peuple a sa jeunesse, sa maturité et son déclin. Il en est de.même des races entières : de la race rouge, de la race noire et de la race blanche qui ont régné tour à tour sur notre globe. La race blanche, encore en pleine jeunesse, n'a pas atteint sa maturité de nos jours. A son apogée, elle développera de son propre sein une race perfectionnée, par le rétablissement de l'initiation et par la sélection spirituelle des mariages. Ainsi se suivent les races, ainsi progresse l'humanité. Les initiés antiques allaient bien plus loin dans leurs prévisions que les modernes. Ils admettaient qu'un moment viendrait où la grande masse des individus qui composent l'humanité actuelle passerait sur une autre planète pour y commencer un nouveau cycle. Dans la série des cycles qui constituent la chaîne planétaire, l'humanité entière développera les principes intellectuels, spirituels et transcendants, que les grands initiés ont cultivés en eux-mêmes dès cette vie, et les amènera ainsi à une efflorescence plus générale. Il va sans dire qu'un tel développement n'embrasse pas seulement des milliers, mais des millions d'années, et qu'il amènera de tels changements dans la condition humaine que nous ne pouvons les imaginer. Pour les caractériser, Platon dit qu'en ce temps-là, les Dieux habiteront réellement les temples des hommes. Il est logique d'admettre que dans la chaîne planétaire, c'est-à-dire dans les évolutions successives de notre humanité sur d'autres planètes, ses incarnations deviennent d'une nature de plus en plus éthérée qui les rapprocheront insensiblement de l'état purement spirituel, de cette huitième sphère qui est hors du cercle des générations et par laquelle les anciens théosophes désignaient l'état divin. Il est naturel aussi que tous n'ayant pas la même impulsion, beaucoup restant en route ou retombant, le nombre des élus aille toujours en diminuant dans cette prodigieuse ascension. Elle a de quoi donner le vertige a nos intelligences bornées par la terre, mais les intelligences célestes la contemplent sans peur comme nous contemplons une seule vie. L'évolution des âmes ainsi comprise n'est-elle pas conforme à l'unité de l'Esprit, ce principe des principes ; à l'homogénéité de la Nature, cette loi des lois ; à la continuité du mouvement, cette force des forces ? Vu à travers le prisme de la vie spirituelle, un système solaire ne constitue pas seulement un mécanisme matériel, mais un organisme vivant, un royaume céleste, où les âmes voyagent de monde en monde comme le souffle même de Dieu qui l'anime.

Quel est donc le but final de l'homme et de l'humanité selon la doctrine ésotérique ? Après tant de vies, de morts, de renaissances, d'accalmies et de réveils poignants, est-il un terme aux labeurs de Psyché ? Oui, disent les initiés, lorsque l'âme aura définitivement vaincu la matière, lorsque développant toutes ses facultés spirituelles, elle aura trouvé en elle-même le principe et la fin de toute chose, alors l'incarnation n'étant plus nécessaire, elle entrera dans l'état divin par son union complète avec l'intelligence divine. Puisque nous pouvons à peine pressentir la vie spirituelle de l'âme après chaque vie terrestre, comment ferions-nous pour imaginer cette vie parfaite qui devra suivre toute la série de ses existences spirituelles ? Ce ciel des cieux sera à ses félicités précédentes ce que l'Océan est à des fleuves. Pour Pythagore, l'apothéose de l'homme n'était pas l'immersion dans l'inconscience, mais l'activité créatrice dans la conscience suprême. L'âme devenue pur esprit ne perd pas son individualité, elle l'achève puisqu'elle rejoint son archétype en Dieu. Elle se souvient de toutes ses existences antérieures, qui lui semblent autant d'échelons pour atteindre le degré d'où elle embrasse et pénètre l'univers. En cet état, l'homme n'est plus homme, comme disait Pythagore ; il est demi-dieu. Car il réfléchit dans tout son être la lumière ineffable dont Dieu remplit l'immensité. Pour lui, savoir c'est pouvoir ; aimer c'est créer ; être c'est rayonner la vérité et la beauté.

Ce terme est-il définitif ? L'Éternité spirituelle a d'autres mesures que le temps solaire, mais elle a aussi ses étapes, ses normes et ses cycles. Seulement ils dépassent entièrement les conceptions humaines. Mais la loi des analogies progressives dans les règnes ascendants de la nature nous permet d'affirmer que l'esprit parvenu à cet état sublime ne peut plus revenir en arrière, et que si les mondes visibles changent et passent, le monde invisible qui est sa raison d'être, sa source et son embouchure et dont fait partie la divine Psyché – est immortel.

C'est par ces perspectives lumineuses que Pythagore terminait l'histoire de la *divine Psyché*. La dernière parole avait expiré sur les lèvres du sage, mais le sens de l'incommunicable vérité restait suspendu dans l'air immobile de la crypte. Chacun croyait avoir achevé le rêve des vies et s'éveiller dans la grande paix, dans le doux océan de la vie une et sans bornes. Les lampes de naphte éclairaient tranquillement la statue de Perséphône, debout en moissonneuse céleste, et faisaient revivre son histoire symbolique dans les fresques sacrées du sanctuaire. Quelquefois une prêtresse entrée en extase sous la voix harmonieuse de Pythagore, semblait incarner dans son attitude et dans son visage rayonnant l'ineffable beauté de sa vision. Et les disciples –saisis d'un religieux frisson –regardaient en silence. Mais bientôt le maître, d'un geste lent et sûr, ramenait sur la terre la *prophantide* inspirée. Peu a peu, ses traits se détendaient, elle s'affaissait dans les bras de ses compagnes et tombait dans une léthargie profonde, d'où elle s'éveillait confuse, triste et comme épuisée de son essor.

Alors on remontait de la crypte dans les jardins de Cérès, à la fraîcheur de l'aube qui commençait à blanchir sur la mer, au bord du ciel étoilé.

QUATRIÈME DEGRÉ — ÉPIPHANIE
L'adepte. – La femme initiée. – L'amour et le mariage.

Nous venons d'atteindre avec Pythagore le sommet de l'initiation antique. Sur cette cime, la terre apparaît noyée d'ombre comme un astre mourant. De là s'ouvrent les sidérales perspectives – et se déroule, comme un ensemble merveilleux, là vue d'en haut, *l'épiphanie* de l'univers[91]. Mais le but de l'enseignement n'était pas d'absorber l'homme dans la contemplation ou dans l'extase. Le maître avait promené ses disciples dans les régions incommensurables du Kosmos, il les avait plongés dans les gouffres de l'invisible. De l'effrayant voyage, les vrais initiés devaient revenir sur la terre meilleurs plus forts et mieux trempés pour les épreuves de la vie.

A l'initiation de l'intelligence devait succéder celle de la volonté, la plus difficile de toutes. Car il s'agissait maintenant pour le disciple de faire descendre la vérité

---

[91] L'*épiphanie* ou vue d'en haut ; l'*autopsie* ou vue directe ; la *théophanie* ou manifestation de Dieu, autant d'idées corrélatives et d'expressions diverses pour marquer l'état de perfection dans lequel l'initié, ayant uni son âme à Dieu, contemple la vérité totale.

dans les profondeurs de son être, de la mettre en œuvre dans la pratique de la vie. Pour atteindre cet idéal, il fallait selon Pythagore réunir trois perfections : réaliser la vérité dans l'intelligence, la vertu dans l'âme, la pureté dans le corps. Une hygiène savante, une continence mesurée devait maintenir la pureté corporelle. Elle était requise non comme but mais comme moyen. Tout excès corporel laisse une trace et comme une souillure dans le corps astral, organisme vivant de l'âme et par suite dans l'esprit. Car le corps astral concourt à tous les actes du corps matériel ; c'est même lui qui les accomplit, le corps matériel n'étant sans lui qu'une masse inerte. Il faut donc que le corps soit pur pour que l'âme le soit aussi. Il faut ensuite que l'âme sans cesse éclairée par l'intelligence acquière le courage, l'abnégation, le dévouement et la foi, en un mot la vertu, et en fasse une seconde nature qui se substitue à la première. Il faut enfin que l'intellect atteigne la sagesse par la science, de telle sorte qu'il sache distinguer en tout le bien et le mal, et voir Dieu dans le plus petit des êtres comme dans l'ensemble des mondes. A cette hauteur, l'homme devient *adepte*, et, s'il possède une énergie suffisante, il entre en possession de facultés et de pouvoirs nouveaux. Les sens internes de l'âme s'ouvrent, la volonté rayonne dans les autres. Son magnétisme corporel pénétré des effluves de son âme astrale, électrisé par sa volonté, acquiert une puissance en apparence miraculeuse. Parfois il guérit les malades par l'imposition des mains ou par sa seule présence. Souvent il pénètre les pensées des hommes par le seul regard. Quelquefois, à l'état de veille, il voit des évènements qui se produisent au loin. Il agit à distance par la concentration de la pensée et de la volonté sur les personnes qui lui sont attachées par des liens de sympathie personnelle, et leur fait apparaître son image à distance, comme si son corps astral pouvait se transporter hors de son corps matériel. L'apparition des mourants ou des morts aux amis est exactement le même phénomène. Seulement, l'apparition que le mourant ou l'âme du mort produit généralement par un désir inconscient, dans l'agonie ou dans la seconde mort, l'adepte la produit en pleine santé et en pleine conscience. Toutefois il ne le peut que pendant son sommeil et presque toujours pendant un sommeil léthargique. Enfin, l'adepte se sent comme entouré et protégé par des êtres invisibles, supérieurs et lumineux, qui lui prêtent leur force et l'aident dans sa mission.

Rares sont les adeptes, plus rares encore ceux qui atteignent à cette puissance. La Grèce n'en connut que trois : Orphée à l'aurore de l'hellénisme ; Pythagore à son apogée ; Apollonius de Tyane à son dernier déclin. Orphée fut le grand inspiré et le grand initiateur de la religion grecque ; Pythagore, l'organisateur de la science ésotérique et de la philosophie des écoles ; Apollonius, le stoïcien moralisateur et le magicien populaire de la décadence. Mais en tous trois, malgré les degrés et à travers les nuances, brille le rayon divin : l'esprit passionné pour le salut des âmes, l'indomptable énergie revêtue de mansuétude et de sérénité. Mais n'approchez pas trop de ces grands fronts calmes ; ils brûlent en silence.On sent dessous, la fournaise d'une volonté ardente, mais toujours contenue.

Pythagore nous représente donc un adepte de premier ordre, et cela avec l'esprit scientifique et la formule philosophique qui se rapproche le plus de l'esprit moderne ; Mais lui-même ne pouvait ni ne prétendait faire des adeptes parfaits de ses disciples. Une grande époque a toujours un grand inspirateur à son origine. Ses disciples et les élèves de ses disciples forment la chaîne aimantée et répandent sa pensée, dans le monde. Au quatrième degré de l'initiation, Pythagore se contentait donc d'enseigner à ses fidèles les applications de sa doctrine à la vie. Car l'*Épiphanie,* la vue d'en haut, donnait un ensemble de vues profondes et régénératrices sur les choses terrestres.

L'origine du bien et du mal demeure un mystère incompréhensible pour qui ne s'est pas rendu compte de l'origine et de la fin des choses. Une morale qui n'envisage pas les suprêmes destinées de l'homme ne sera qu'utilitaire et très imparfaite. De plus, la liberté humaine n'existe pas de fait pour ceux qui se sentent toujours esclaves de leurs passions, et elle n'existe pas de droit pour ceux qui ne croient ni à l'âme ni à Dieu, et pour qui la vie est un éclair entre deux néants. Les premiers vivent dans la servitude de l'âme enchaînée aux passions ; les seconds dans la.servitude de l'intelligence bornée au monde physique. Il n'en est pas de même pour l'homme religieux, ni pour le vrai philosophe, à plus forte raison pour le théosophe initié qui réalise la vérité dans la trinité de son être et dans l'unité de sa volonté. – Pour comprendre l'origine du bien et du mal, l'initié regarde *les trois mondes* avec l'œil de l'esprit. Il voit le monde ténébreux de la matière et de l'animalité où domine l'inéluctable Destin.

– Il voit le monde lumineux de l'Esprit, qui pour nous est le monde invisible, l'immense hiérarchie des âmes affranchies où règne la loi divine et qui sont elles-mêmes la *Providence* en acte. – Entre les deux, il voit, dans un clair-obscur, l'humanité qui plonge par la base dans le monde naturel et touche par ses sommets au monde divin. Elle pour génie : *La Liberté*. Car au moment où l'homme perçoit la vérité et l'erreur, il est libre de choisir : de s'adjoindre à la Providence en accomplissant la vérité, ou de tomber sous la loi du destin en suivant l'erreur. L'acte de la volonté joint à l'acte intellectuel n'est qu'un point mathématique, mais de ce point jaillit l'univers spirituel. Tout esprit sent partiellement par l'instinct ce que le théosophe comprend totalement par l'intellect, à savoir que le Mal est ce qui fait descendre l'homme vers la fatalité de la matière, que le Bien est ce qui le fait monter vers la loi divine de l'Esprit. Sa vraie destinée est de monter toujours plus haut et de son propre effort. Mais pour cela, il faut qu'il soit libre aussi de redescendre au plus bas. Le cercle de la liberté s'élargit jusqu'à l'infiniment grand à mesure qu'on monte ; il se rapetisse jusqu'à l'infiniment petit à mesure qu'on descend. Plus on monte, et plus on devient libre ; car plus on entre dans la lumière, et plus on acquiert de force pour le bien. Plus on descend et plus on devient esclave. Car chaque chute dans le mal diminue l'intelligence du vrai et la capacité du bien. Le Destin règne donc sur le passé, la Liberté sur l'avenir et la Providence sur les deux, c'est-à-dire sur le présent toujours existant qu'on peut nommer l'Éternité[92]. De l'action combinée du Destin, de la Liberté et de la Providence ressortent les destinées innombrables, enfers et paradis des âmes. Le mal, étant le désaccord avec la loi divine, n'est pas l'œuvre de Dieu, mais celle de l'homme, et n'a qu'une existence relative, apparente et transitoire. Le bien étant l'accord avec la loi divine existe seul réellement et éternellement. Ni les prêtres de Delphes ou d'Éleusis, ni les philosophes initiés ne voulurent jamais révéler ces profondes idées au peuple qui aurait pu les comprendre de travers et en abuser. Dans les Mystères, on représentait symboliquement cette doctrine par le morcellement de Dionysos, mais en couvrant d'un voile impénétrable aux profanes ce qu'on appelait *les souffrances de Dieu*.

Les plus grandes discussions religieuses et philosophiques roulent sur la question de l'origine du bien et du mal. Nous venons de voir que la doctrine ésotérique en possède la clé dans ses arcanes. – Il est une autre question capitale d'où dépend le problème social et politique : celle de *l'inégalité des conditions humaines*. Le spectacle du mal et de la douleur a en lui-même quelque chose d'effrayant. Ou peut ajouter que leur distribution, en apparence arbitraire et injuste, est

---

[92] Cette idée ressort logiquement du ternaire humain et divin, de la trinité du microcosme et du macrocosme, que nous avons exposés au chapitres précédents. La corrélation métaphysique du Destin, de la Liberté et de la Providence a été admirablement déduite par Fabre d'Olivet, dans son commentaire des *Vers dorés de Pythagore*.

l'origine de toutes les haines, de toutes les révoltes, de toutes les négations. Ici encore, la doctrine profonde apporte dans nos ténèbres terrestres sa lumière souveraine de paix et d'espérance. La diversité des âmes, des conditions, des destinées, ne peut se justifier en effet que par la pluralité des existences et par la doctrine de la réincarnation. Si l'homme naît pour la première fois dans cette vie, comment expliquer les maux sans nombre qui paraissent tomber au hasard sur lui ? Comment admettre qu'il y a une éternelle justice, puisque les uns naissent dans une condition qui entraîne fatalement la misère et l'humiliation, taudis que d'autres naissent fortunés et vivent heureux ? Mais s'il est vrai que nous avons vécu d'autres vies, que nous en vivrons d'autres après la mort, qu'à travers toutes ces existences règne la loi de récurrence et de répercussion – alors les différences d'âme, de condition, de destinée, ne seront que les effets des vies antérieures et les applications multiples de cette loi. Les différences de condition proviennent d'un emploi inégal de la liberté dans les vies précédentes, et les .différences intellectuelles de ce que les hommes qui traversent la terre en un siècle appartiennent à des degrés d'évolution extrêmement divers, qui s'échelonnent depuis la demi-animalité des pauvres races en régression, jusqu'aux états angéliques des saints et jusqu'à la royauté divine du génie. En réalité, la terre ressemble à un navire, et nous tous, qui l'habitons, à des voyageurs qui viennent de pays lointains et se dispersent par étapes à tous les points de l'horizon. La doctrine de la réincarnation donne une raison d'être, selon la justice et la logique éternelle, aux maux les plus effroyables comme aux bonheurs les plus enviés.

L'idiot nous paraîtra compréhensible si nous songeons que son hébètement, dont il a une demi- conscience et dont il souffre, est la punition d'un emploi criminel de l'intelligence dans une autre vie. Toutes les nuances de souffrances physiques ou morales, de bonheur et de malheur, dans leurs variétés innombrables, nous apparaîtrons comme les efflorescences naturelles et savamment graduées des instincts et des actions, des fautes et des vertus d'un long passé, car l'âme conserve dans ses profondeurs occultes tout ce qu'elle accumule dans ses di verses existences. Selon l'heure et l'influence, les couches anciennes reparaissent et disparaissent ; et la destinée, c'est-à-dire les esprits qui la dirigent, proportionnent son genre de réincarnation à son rang comme à sa qualité. Lysis exprime cette vérité sous un voile, dans ses *Vers dorés :*

Tu verras que les maux qui dévorent les hommes Sont le fruit de leur choix ; et que ces malheureux Cherchent loin d'eux les biens dont ils portent la source.

Loin d'affaiblir le sentiment de la fraternité et de la solidarité humaine, cette doctrine ne peut que la fortifier. Nous devons à tous aide, sympathie et charité ; car nous sommes tous de même race, quoique parvenus des degrés divers. Toute souffrance est sacrée ; car la douleur est le creuset des âmes. Toute sympathie est divine ; car elle nous fait sentir par un effluve magnétique, la chaîne invisible qui relie tous les mondes. La vertu de la douleur est la raison du génie. Oui, sages et saints, prophètes et divins créateurs reluisent d'une plus émouvante beauté pour ceux qui savent qu'eux aussi sont sortis de l'évolution universelle. Cette force qui nous étonne, combien de vies, combien de victoires a-t-il fallu pour la conquérir ? Cette lumière innée du génie, de quels cieux déjà traversés lui vient-elle ? Nous ne le savons pas. Mais ces vies ont été, et ces cieux existent. Elle ne s'est donc pas trompée, la conscience des peuples ; ils n'ont pas menti, les prophètes, lorsqu'ils ont appelé ces hommes les fils de Dieu, les envoyés du ciel profond. Car leur mission est voulue par l'éternelle Vérité, des légions invisibles les protègent et le Verbe vivant parle en eux !

Il y a entre les hommes une diversité qui provient de l'essence primitive des individus ; il y en a une autre, nous venons de le dire, qui provient du degré d'évolution spirituelle qu'ils ont atteint. A ce dernier point de vue, on reconnaît que les hommes peuvent se ranger en quatre classes, qui comprennent toutes les subdivisions et toutes les nuances.

1° Chez la grande majorité des hommes, la volonté agit surtout dans le corps. On peut les nommer *les instinctifs*. Ils sont propres non seulement aux travaux corporels, mais encore à l'exercice et au développement de leur intelligence dans le monde physique, par conséquent au commerce et à l'industrie.

2° Au second degré du développement humain, la volonté et par suite la conscience réside dans l'âme, c'est-à-dire dans la sensibilité réactionnée par l'intelligence, qui constitue l'entendement. Ce sont *les animiques* ou *les passionnels*. Selon leur tempérament, ils sont propres à faire des hommes de guerre, des artistes ou des poètes. La grande majorité des hommes de lettres et des savants sont de cette espèce. Car ils vivent dans les idées relatives, modifiées par les passions ou bornées par un horizon limité, sans s'être élevés jus qu'à l'Idée pure et à l'Universalité.

3' Dans une troisième classe d'hommes beaucoup plus rares, la volonté a pris l'habitude d'agir principalement et souverainement dans l'intellect pur, de dégager l'intelligence dans sa fonction spéciale de la tyrannie des passions et des bornes de la matière, ce qui donne à toutes leurs conceptions un caractère d'universalité. Ce sont *les intellectuels*. Ces hommes font les héros martyrs de la patrie, les poètes de premier ordre, enfin et surtout les vrais philosophes et les sages, ceux qui, selon Pythagore et Platon, devraient gouverner l'humanité. En ces hommes, la passion n'est pas éteinte, car sans elle rien ne se fait; elle constitue le feu et l'électricité dans le monde moral. Seulement, chez eux, les passions sont devenues les servantes de l'intelligence, tandis que dans la catégorie précédente l'intelligence est le plus souvent la servante des passions.

4° Le plus haut idéal humain est réalisé par une quatrième classe d'hommes, qui à la royauté de l'intelligence sur l'âme et sur l'instinct ont ajouté celle de la volonté sur tout leur être. Par la domination et la possession de toutes leurs facultés, ils exercent la grande maîtrise. Ils ont réalisé l'unité dans la trinité humaine. Grâce à cette concentration merveilleuse, qui ramasse toutes les puissances de la vie, leur volonté, en se projetant dans les autres, acquiert une force presque illimitée, une magie rayonnante et créatrice. – Ces hommes ont porté divers noms dans l'histoire. Ce sont les hommes primordiaux, *les adeptes*, *les grands initiés*, génies sublimes qui métamorphosent l'humanité. Ils sont tellement rares, qu'on peut les compter dans l'histoire ; la Providence les sème dans le temps à de longs intervalles, comme les astres dans le ciel[93].

Il est évident que cette dernière catégorie échappe à toute règle, à toute classification. Mais une constitution de la société humaine, qui ne tient pas compte des trois premières catégories, qui ne fournit pas à chacune d'elles sa fonction normale et les moyens nécessaires de se développer, n'est qu'extérieure et non pas organique. Il est clair qu'à une époque primitive, qui remonte probablement aux temps védiques, les Brahmanes de l'Inde fondèrent la division de la société en castes sur le principe ternaire. Mais, avec le temps, cette division si juste et si féconde se changea en privilège sacerdotal et aristocratique. Le principe de la vocation et de l'initiation fit place à celui de l'hérédité. Les castes fermées finirent par se pétrifier, et la décadence irrémédiable de l'Inde s'en suivit. – L'Égypte, qui conserva, sous tous les Pharaons, la constitution ternaire avec les castes mobiles et ouvertes, le principe de l'initiation appliqué au sacerdoce, celui de l'examen à toutes les fonctions civiles et militaires, vécut cinq, à six mille ans sans changer de constitution.

– Quant à la Grèce son tempérament mobile la fit passer rapidement de l'aristocratie à la démocratie, et de celle-ci à la tyrannie. Elle tourna dans ce cercle

_____

[93] Ce classement des hommes correspond aux quatre degrés de l'initiation pythagoricienne – et fait le fond de toutes les initiations, jusqu'à celle des francs-maçons primitifs qui possédaient quelques bribes de la doctrine ésotérique. – Voir Fabre d'Olivet, *les Vers dorés de Pythagore*.

vicieux comme un malade qui va de la fièvre à la léthargie pour revenir à la fièvre. Peut-être avait-elle besoin de cette excitation pour produite sou œuvre sans pareille : la traduction de la sagesse profonde, mais obscure de l'Orient en un langage clair et universel ; la création du Beau par l'Art, et la fondation de la science ouverte et raisonnée succédant à l'initiation secrète et intuitive. Elle n'en dut pas moins au principe de l'initiation son organisation religieuse et ses plus hautes inspirations. Socialement et politiquement parlant, on peut dire qu'elle vécut toujours dans le provisoire et dans l'excessif. En sa qualité d'adepte, Pythagore avait compris, du sommet de l'initiation, les principes éternels qui régissent la société, et poursuivait le plan d'une grande réforme selon ces vérités. Nous verrons tout à l'heure comment lui et son école firent naufrage dans les tempêtes de la démocratie.

Des purs sommets de la doctrine, la vie des mondes se déroule selon le rythme de l'Éternité. Splendide épiphanie ! Mais aux rayons magiques du firmament dévoilé, la terre, l'humanité, la vie nous ouvrent aussi leurs profondeurs secrètes. Il faut retrouver l'infiniment grand dans l'infiniment petit, pour sentir la présence de Dieu. C'est ce qu'éprouvaient les disciples de Pythagore, quand le maître leur montrait, pour couronner son enseignement, comment l'éternelle Vérité se manifeste dans l'union de l'Homme et de la Femme, dans le mariage. La beauté des nombres sacrés qu'ils avaient entendus et contemplés dans l'Infini, ils allaient la retrouver au cœur même de la vie, et Dieu rejaillissait pour eux du grand mystère des Sexes et de l'Amour.

L'antiquité avait compris une vérité capitale que les âges suivants ont trop méconnue. La femme pour bien remplir ses fonctions d'épouse et de mère a besoin d'un enseignement, d'une initiation spéciale. De là l'initiation pur féminine, c'est-à-dire entièrement réservée aux femmes. Elle existait en Inde, dans les temps védiques, où la femme était prêtresse à l'autel domestique. En Égypte, elle remonte aux mystères d'Isis. Orphée l'organisa en Grèce. Jusqu'à l'extinction du paganisme nous la voyons fleurir dans les mystères dionysiaques, ainsi que dans les temples de Junon, de Diane, de Minerve et de Cérès. Elle consistait en rites symboliques, en cérémonies, en fêtes nocturnes, puis dans un enseignement spécial donné par des prêtresses âgées ou par le grand prêtre, et qui avait trait aux choses les plus intimes de la vie conjugale. On donnait des conseils et des règles concernant les rapports des sexes, les époques de l'année et du mois favorables aux conceptions heureuses. On donnait la plus grande importance à l'hygiène physique et morale de la femme pendant la grossesse, afin que l'œuvre sacrée, la création de l'enfant, s'accomplisse selon les lois divines. En un mot, on enseignait la science de la vie conjugale et l'art de la maternité. Ce dernier s'étendait bien au-delà de la naissance. Jusqu'à sept ans, les enfants restaient dans le gynécée, où le mari ne pénétrait pas, sous la direction exclusive de la mère. La sage antiquité pensait que l'enfant est une plante délicate, qui a besoin, pour ne pas s'atrophier, de la chaude atmosphère maternelle. Le père la déformerait ; il faut pour l'épanouir les baisers et les caresses de la mère ; il faut l'amour puissant, enveloppant de la femme pour défendre des atteintes du dehors, cette âme que la vie épouvante. C'est parce qu'elle accomplissait en pleine conscience ces hautes fonctions considérées comme divines par l'antiquité, que la femme était vraiment la prêtresse de la famille, la gardienne du feu sacré de la vie, la Vesta du foyer. L'initiation féminine peut donc être considérée comme la vraie raison de la beauté de la race, de la force des générations, de la durée des familles dans l'antiquité grecque et romaine[94].

En établissant une section pour les femmes dans son Institut, Pythagore ne fit donc qu'épurer et approfondir ce qui existait avant lui. Les femmes initiées par lui, recevaient avec les rites et les préceptes, les principes suprêmes de leur fonction. Il donnait ainsi à celles qui en étaient digues la conscience de leur rôle. Il leur révélait la transfiguration de l'amour dans le mariage parfait, qui est la pénétration de deux âmes, au centre même de la vie et de la vérité. L'homme dans sa force n'est-il pas le représentant du principe et de l'esprit créateur ? La femme dans toute sa puissance ne personnifie-t-elle pas la nature, dans sa force plastique, dans ses réalisations merveilleuses, terrestres et divines ? Eh bien, que ces deux êtres parviennent à se pénétrer complètement, corps, âme, esprit, ils formeront à eux deux un abrégé de l'univers. Mais pour croire à Dieu, la femme a besoin de le voir vivre dans l'homme ; et pour cela il faut que l'homme soit initié. Lui seul est capable par son intelligence profonde de la vie, par sa

---

[94] Montesquieu et Michelet sont à peu près les seuls auteurs qui aient remarqué la vertu des épouses grecques. Ni l'un, ni l'autre n'en ont dit la cause que j'indique ici.

volonté créatrice, de féconder l'âme féminine, de la transformer par l'idéal divin. Et cet idéal la femme aimée le lui renvoie multiplié dans ses pensées vibrantes, dans ses sensations subtiles, dans ses divinations profondes. Elle lui renvoie son image transfigurée par l'enthousiasme, elle *devient* son idéal. Car elle le *réalise* par la puissance de l'amour dans sa propre âme. Par elle, il devient vivant et visible, il se fait chair et sang. Car si l'homme crée par le désir et la volonté, la femme physiquement et spirituellement génère par l'amour. Dans son rôle d'amante, d'épouse, de mère ou d'inspirée, elle n'est pas moins grande et elle est plus divine encore que l'homme. Car aimer c'est s'oublier. La femme qui s'oublie et qui s'abîme dans son amour est toujours sublime. Elle trouve dans cet anéantissement sa renaissance céleste, sa couronne de lumière et le rayonnement immortel de son être.

L'amour règne en maître dans la littérature moderne depuis deux siècles. Ce n'est pas l'amour purement sensuel qui s'allume à la beauté du corps comme dans les poètes antiques ; ce n'est pas non plus le culte fade d'un idéal abstrait et conventionnel comme au moyen âge, non ; c'est l'amour à la fois sensuel et psychique qui, lâché en toute liberté et en pleine fantaisie individuelle se donne carrière. Le plus souvent les deux sexes se font la guerre dans l'amour même. Révoltes de la femme contre l'égoïsme et la brutalité de l'homme ; mépris de l'homme pour la fausseté et la vanité de la femme ; cris de la chair, colères impuissantes des victimes de la volupté, des esclaves de la débauche. Au milieu de cela, des passions profondes, des attractions terribles et d'autant plus puissantes qu'elles sont entravées par les conventions mondaines et les institutions sociales. De là ces amours pleins d'orages, d'effondrements moraux, de catastrophes tragiques sur lesquels roulent presque exclusivement le roman et le drame modernes. On dirait que l'homme fatigué, ne trouvant Dieu ni dans la science ni dans la religion, le cherche éperdument dans la femme. – Et il fait bien ; mais ce n'est qu'à travers l'initiation des grandes vérités qu'Il le trouvera en Elle et Elle en Lui. Entre ces âmes qui s'ignorent réciproquement et qui s'ignorent elles-mêmes, qui parfois se quittent en se maudissant, il y a comme une soif immense de se pénétrer et de trouver dans cette fusion le bonheur impossible. Malgré les aberrations et les débordements qui en résultent, cette recherche désespérée est nécessaire ; elle sort d'un divin inconscient. Elle sera un point vital pour la réédification de l'avenir. Car lorsque l'homme et la femme se seront trouvés eux-mêmes et l'un l'autre par l'amour profond et par l'initiation, leur fusion sera la force rayonnante et créatrice par excellence.

L'amour psychique, l'amour-passion d'âme n'est donc entré dans la littérature et par elle dans la conscience universelle que depuis peu. Mais il a sa source dans l'initiation antique. Si la littérature grecque le laisse à peine soupçonner, cela tient à ce qu'il était l'exception rarissime. Cela provient aussi du secret profond des mystères. Cependant la tradition religieuse et philosophique a conservé la trace de la femme initiée. Derrière la poésie et la philosophie officielles, quelques figures de femmes apparaissent à demi voilées mais lumineuses. Nous connaissons déjà la Pythonisse Théocléa qui inspira Pythagore ; plus tard viendra la prêtresse Corinne, rivale souvent heureuse de Pindare qui fut lui-même le plus initié des lyriques grecs ;.enfin la mystérieuse Diotime apparaît au banquet de Platon pour donner la révélation suprême sur l'Amour. A côté de ces rôles exceptionnels la femme grecque exerça son véritable sacerdoce au foyer et dans le gynécée. Sa création à elle, ce furent justement ces héros, ces artistes, ces poètes dont nous admirons les chants, les marbres et les actions sublimes. C'est elle qui les conçut dans le mystère de l'amour, qui les moula dans son sein avec le désir de la beauté, qui les fit éclore en les couvant sous ses ailes maternelles. Ajoutons que pour l'homme et la femme vraiment initiés, la création de l'enfant a un sens infiniment plus beau, une portée plus grande que pour nous. Le père et la mère sachant que l'âme de l'enfant préexiste à sa naissance terrestre, la conception devient un acte sacré, l'appel d'une âme à l'incarnation. Entre l'âme incarnée et la mère, il y a presque toujours un profond degré de similitude. Comme les femmes mauvaises et perverses attirent les esprits démoniaques, les mères tendres attirent les divins esprits. Cette âme invisible qu'on attend, qui va venir et qui vient – si mystérieusement et si sûrement – n'est-elle pas chose divine ? Sa naissance, son emprisonnement dans la chair sera chose douloureuse. Car, si entre elle et son ciel quitté, un voile grossier s'interpose, si elle cesse de se souvenir – ah ! elle n'en souffre pas moins ! Et sainte et divine est la tâche de la mère qui doit lui créer une demeure nouvelle, lui adoucir sa prison et lui faciliter l'épreuve.

Ainsi l'enseignement de Pythagore qui avait commencé dans les profondeurs de l'Absolu par la trinité divine finissait au centre de la vie par la trinité humaine. Dans le Père, dans la Mère et dans l'Enfant, l'initié savait reconnaître maintenant l'Esprit l'Ame et le Cœur de l'univers vivant. Cette dernière initiation constituait pour lui le fondement de l'œuvre sociale conçue à la hauteur et dans toute la beauté de l'idéal, édifice ou chaque;initié devait apporter sa pierre.

IV

LA FAMILLE DE PYTHAGORE. –
L'ÉCOLE ET SES DESTINÉES

Parmi les femmes qui suivaient l'enseignement du maître, se trouvait une jeune fille d'une grande beauté. Son père, un Crotoniate, se nommait Brontinos. Elle s'appelait Théano. Pythagore touchait alors à la soixantaine. Mais la grande maîtrise des passions et une vie pure consacrée tout entière à sa mission avait conservé intacte sa force virile. La jeunesse de l'âme, cette flamme immortelle, que le grand initié puise dans sa vie spirituelle et qu'il nourrit par les forces occultes de la nature, brillait en lui et subjuguait son entourage. Le mage grec n'était pas au déclin, mais à l'apogée de sa puissance. Théano fut attirée vers Pythagore par le rayonnement presque surnaturel qui émanait de sa personne. Grave, réservée, elle avait cherché auprès du maître l'explication des mystères qu'elle aimait sans les comprendre. Mais lorsque à la lumière de la vérité, à la douce chaleur qui l'enveloppait peu à peu, elle sentit son âme s'épanouir du fond d'elle-même comme la rose mystique aux mille feuilles, lorsqu'elle sentit que cette éclosion venait de lui et de sa parole, – elle s'éprit silencieusement pour le maître d'un enthousiasme sans bornes et d'un amour passionné.

Pythagore n'avait pas cherché à l'attirer. Son affection appartenait à tous ses disciples. Il ne songeait qu'à son école, à la Grèce, à l'avenir du monde. Comme beaucoup de grands adeptes, il avait renoncé à la femme pour se donner à son œuvre. La magie de sa volonté, la possession spirituelle de tant d'âmes qu'il avait formées et qui lui demeuraient attachées tomme à un père adoré, l'encens mystique de tous ces amours inexprimés qui montaient jusqu'à lui, et ce parfum exquis de sympathie humaine qui unissait les frères pythagoriciens – tout cela lui tenait lieu de volupté, de bonheur et d'amour. Mais un jour qu'il méditait seul sur l'avenir de son École dans la crypte de Proserpine, il vit venir à lui, grave et résolue, cette belle vierge à laquelle il n'avait jamais parlé en particulier. Elle s'agenouilla devant lui et sans relever sa tête baissée jusqu'à terre, elle supplia le maître, – lui qui pouvait tout ! – de la délivrer d'un amour impossible et malheureux qui consumait son corps et dévorait son âme. Pythagore voulu savoir le nom de celui qu'elle aimait. Après de longues hésitations, Théano avoua que c'était lui, mais que, prête à tout, elle se soumettrait à sa volonté. Pythagore ne répondit rien. Encouragée par ce silence, elle releva la tête et lui jeta un regard suppliant, d'où s'échappaient la sève d'une vie et le parfum d'une âme offerte en holocauste au maître.

Le sage fut ébranlé ; ses sens, il savait les vaincre ; sou imagination, il l'avait terrassée ; mais l'éclair de cette âme avait pénétré la sienne. Dans cette vierge mûrie par la passion, transfigurée par une pensée de dévouement absolu, il avait trouvé sa compagne et entrevu une réalisation plus complète de son œuvre. Pythagore releva la jeune fille d'un geste ému, et

Théano put lire dans les yeux du maître que leurs destinées étaient à jamais unies.

Par son mariage avec Théano, Pythagore apposa *le sceau de la réalisation* à son œuvre. L'association, la fusion des deux vies fut entière. Un jour qu'on demandait à l'épouse du maître combien de temps il faut à une femme pour être pure, après avoir eu commerce avec un homme, elle répondit :

« Si c'est avec son mari, elle l'est sur l'heure ; si c'est avec un autre, elle ne l'est jamais. » Beaucoup de femmes répondront en souriant que pour dire de ces mots-là, il faut être la femme de Pythagore et l'aimer comme l'aimait Théano.

Elles ont raison. Ce n'est pas le mariage qui sanctifie l'amour ; c'est l'amour qui justifie le mariage. Théano entra si complètement dans la pensée de son mari qu'après sa mort elle servit de centre à l'ordre pythagoricien, et qu'un auteur grec cite comme une autorité son opinion sur la doctrine des Nombres. Elle donna à Pythagore deux fils : Arimneste et Télaugès, et une fille : Damo. Télaugès devint plus tard le maître d'Empédocle et lui transmit les secrets de la doctrine.

La famille de Pythagore offrit à l'ordre un véritable modèle. On appela sa maison le temple de Cérès et sa cour le temple des Muses. Dans les fêtes domestiques et religieuses, la mère conduisait le chœur des femmes et Damo le chœur des jeunes filles. Damo fut en tout point digne de son père et de sa mère. Pythagore lui avait confié certains écrits, avec défense expresse de les communiquer à qui que ce soit en dehors de la famille. Après le dispersement des Pythagoriciens, Damo tomba dans une extrême pauvreté. On lui offrit une grosse somme pour le précieux manuscrit. Mais, fidèle à la volonté de son père, elle refusa toujours de le livrer.

Pythagore vécut trente ans à Crotone. En vingt ans cet homme extraordinaire avait acquis un pouvoir tel que ceux qui l'appelaient un demi-dieu n'avaient pas l'air d'exagérer. Ce pouvoir semblait tenir du prodige ; jamais aucun philosophe n'en exerça de pareil. Il s'étendait non seulement à l'école de Crotone et à ses ramifications dans les autres villes des côtes italiennes, mais encore à la politique de tous ces petite états. Pythagore était un réformateur dans toute la force du terme. Crotone, colonie achéenne, avait une constitution aristocratique. Le *conseil des mille*, composé des grandes familles, y exerçait le pouvoir législatif et surveillait le pouvoir exécutif. Les assemblées populaires existaient, mais avec des pouvoirs restreints. Pythagore qui voulait que l'État fut un ordre et une harmonie, n'aimait pas plus la compression oligarchique que le chaos de la démagogie. Acceptant telle quelle la constitution dorienne, il essaya simplement d'y introduire un nouveau rouage. L'idée était hardie : créer au-dessus du pouvoir politique un pouvoir scientifique, ayant voix délibérative et consultative dans les questions vitales, et devenant la clef de voûte, le régulateur suprême de l'État. Au-dessus du conseil des mille, il organisa le *conseil des trois cents*, choisis par le premier, mais recrutés parmi les seuls initiés. Leur nombre suffisait à la tâche. Porphyre raconte que deux mille citoyens de Crotone renoncèrent à leur vie habituelle et se réunirent pour vivre ensemble avec leurs femmes et leurs enfants, après avoir mis leurs biens en commun. Pythagore voulait donc à la tête de l'État un gouvernement scientifique moins mystérieux, mais aussi haut placé que le sacerdoce égyptien. Ce qu'il réalisa pour un moment, resta le rêve de tous les initiés qui s'occupèrent de politique : introduire le principe de l'initiation et de l'examen dans le gouvernement de l'État, et réconcilier en cette synthèse supérieure le principe électif ou démocratique avec un gouvernement constitué par la sélection de l'intelligence et de la vertu. Le conseil des trois cents forma donc une espèce d'ordre politique, scientifique et religieux dont Pythagore était le chef avoué. On s'engageait envers lui par un serment solennel et terrible, à un secret absolu, comme dans les Mystères. Ces sociétés ou hétairies se répandirent de Crotone, où se trouvait la société mère, dans presque toutes les villes de la Grande-Grèce, où elles exercèrent une puissante action politique. L'ordre pythagoricien tendait aussi à devenir la tête de l'État dans toute l'Italie méridionale. Il avait des ramifications à Tarente, Héraclée, Métaponte, Regium, Himère, Catane, Agrigente, Sybaris, selon Aristoxène jusque chez les Étrusques. Quant à l'influence de Pythagore sur le gouvernement de ces grandes et riches cités, on ne pourrait en imaginer de plus haute, de plus libérale, de plus pacifiante. Partout où il apparaissait, il rétablissait l'ordre, la justice, la concorde. Appelé auprès d'un tyran de Sicile, il le décida par sa seule éloquence à renoncer à des richesses mal acquises et à abdiquer un pouvoir usurpé. Quant aux villes, il les rendit indépendantes et libres, de sujettes qu'elles étaient les unes des autres. Si bienfaisante était son action, que lorsqu'il allait dans les villes on disait : « Ce n'est pas pour enseigner, mais pour guérir. »

L'influence souveraine d'un grand esprit et d'un grand caractère, cette magie de l'âme et de l'intelligence excite des jalousies d'autant plus terribles, des haines d'autant plus violentes, qu'elle est plus inattaquable. L'empire de Pythagore durait depuis un quart de siècle, l'adepte infatigable atteignait l'âge de quatre-vingt-dix ans, quand vint la réaction. L'étincelle partit de Sybaris, la rivale de Crotone. Il y eut là un soulèvement populaire et le parti aristocratique fut vaincu. Cinq cents exilés demandèrent asile aux Crotoniates, mais les Sybarites demandèrent leur extradition. Craignant la colère d'une ville ennemie, les magistrats de Crotone allaient faire droit à sa demande, quand Pythagore intervint. Sur ses instances, on refusa de livrer ces malheureux suppliants à des adversaires implacables. Sur ce refus, Sybaris déclara la guerre à Crotone. Mais l'armée des Crotoniates, commandée par un disciple de Pythagore, le célèbre athlète Milon, battit complètement les Sybarites. Le désastre de Sybaris s'en suivit. La ville fut prise, saccagée, de fond en comble et changée en désert. Il est impossible d'admettre que Pythagore ait approuvé de telles représailles. Elles rompaient avec ses principes et ceux de tous les initiés. Mais ni lui, ni Milon ne purent réfréner les passions lâchées d'une armée victorieuse, attisées par d'antiques jalousies et surexcitées par une attaque injuste.

Toute vengeance, soit des individus, soit des peuples, amène un choc en retour des passions déchaînées. La Némésis de celle-ci fut redoutable ; les conséquences en retombèrent sur Pythagore et sur tout son ordre. Après la prise de Sybaris, le peuple demanda le partage des terres. Non content de l'avoir obtenu, le parti démocratique proposa un changement de constitution qui enlevait ses privilèges au Conseil des mille et supprimait le Conseil des trois cents, n'admettant plus qu'une seule autorité : le suffrage universel. Naturellement les Pythagoriciens qui faisaient parti du Conseil des mille s'opposèrent à une réforme contraire à leurs principes et qui sapait par la base l'œuvre patiente du maître. Déjà les Pythagoriciens étaient l'objet de cette haine sourde que le mystère et la supériorité excitent toujours chez la foule. Leur attitude politique souleva contre eux les fureurs de la démagogie, et une haine personnelle contre le maître amena l'explosion.

Un certain Cylon s'était présenté jadis à l'École. Pythagore, très sévère dans l'admission des disciples, le repoussa à cause de son caractère violent et impérieux. Ce candidat évincé devint un haineux adversaire. Quand l'opinion publique commença à se tourner contre Pythagore, il organisa un club opposé à celui des Pythagoriciens, une grande société populaire. Il réussit à attirer à lui les principaux meneurs du peuple et prépara dans ces assemblées une révolution qui devait commencer par l'expulsion des Pythagoriciens. Devant une foule orageuse, Cylon monte à la tribune populaire et lit des extraits volés du livre secret de Pythagore intitulé : la Parole sacrée (hiéros logos). On les défigure, on les travestit. Quelques orateurs essayent de défendre les frères du silence qui respectent jusqu'aux animaux. On leur répond par des éclats de rire. Cylon monte et remonte à la tribune. Il démontre que le catéchisme religieux des Pythagoriciens attente à la liberté. « Et c'est peu dire, ajoute le tribun. Qu'est-ce que ce maître, ce prétendu demi-dieu, auquel on obéit aveuglément et qui n'a qu'un ordre à donner pour que tous ses frères s'écrient : le maître l'a dit ! – si ce n'est le tyran de Crotone et le pire des tyrans, un tyran occulte ? De quoi est faite cette amitié indissoluble qui unit tous les membres des hétairies pythagoriciennes, si ce n'est de dédain et de mépris pour le peuple ? Ils ont toujours à la bouche ce mot d'Homère que le prince doit être le berger de son peuple. C'est donc que pour eux le peuple n'est qu'un vil troupeau. Oui, l'existence même de l'ordre est une conspiration permanente contre les droits populaires. Tant qu'il ne sera pas détruit, il n'y aura pas de liberté dans Crotone ! » Un des membres de l'assemblée populaire, animé d'un sentiment de loyauté, s'écria : « Qu'on permette au moins à Pythagore et aux Pythagoriciens de venir se justifier à notre tribune, avant de les condamner. » Mais Cylon répondit avec hauteur : « Ces Pythagoriciens ne vous ont-ils pas enlevé le droit de juger et de décider des affaires publiques ? De quel droit demanderaient-ils aujourd'hui qu'on les écoute ? Ils ne vous ont pas consulté en vous dépouillant du droit d'exercer la justice ; eh bien ! à votre tour, frappez sans les entendre ! » Des tonnerres d'applaudissements répondaient à ces sorties véhémentes et les esprits se montaient de plus en plus.

Un soir que les quarante principaux membres de l'ordre étaient réunis chez Milon, le tribun ameuta ses bandes. On cerna la maison. Les Pythagoriciens, qui avaient le maître parmi eux, barricadèrent les portes. La foule furieuse y mit le feu qui enveloppa l'édifice. Trente-huit Pythagoriciens, les premiers disciples du maître, la fleur de l'ordre, et Pythagore lui-même périrent, les uns dans les flammes de l'incendie, les autres mis à mort par le peuple[95]. Archippe et Lysis échappèrent seuls au massacre.

Ainsi mourut ce grand sage, cet homme divin, qui avait tenté de faire entrer sa sagesse dans le gouvernement des hommes. Le meurtre des Pythagoriciens fut le signal d'une révolution démocratique à Crotone et dans le golfe de Tarente. Les villes d'Italie chassèrent les malheureux disciples du maître. L'ordre fut dispersé, mais ses débris se répandirent en Sicile et en Grèce, semant partout la parole du maître. Lysis devint le maître d'Epaminondas. Après de nouvelles révolutions, les

---

[95] C'est la version de Diogène et Laërce sur la mort de Pythagore. – Selon Dicéarque, cité par Porphyre, le maître aurait échappé au massacre avec Archippe et Lysis. Mais il aurait erré de ville en ville jusqu'à Métaponte, où il se serait laissé mourir de faim au temple des Muses. Les habitants de Métaponte prétendaient, par contre, que le sage accueilli par eux était mort paisiblement dans leur cité. Ils montrèrent à Cicéron sa maison, son siège et son tombeau. Il est à remarquer que longtemps après la mort du maître, les cités qui avaient le plus persécuté Pythagore lors du revirement démocratique, réclamèrent l'honneur de l'avoir hébergé et sauvé. Les villes du golfe de Tarente se disputaient les cendres du philosophe avec le même acharnement que les villes d'Ionie se disputaient l'honneur d'avoir donné naissance à Homère.
- Voir ces laits discutés dans le livre consciencieux de M. Chaiguet: Pythagore et la philosophie pythagoricienne.

Pythagoriciens purent rentrer en Italie à la condition de ne plus former un corps politique. Une touchante fraternité ne cessa de les unir; ils se considéraient comme une seule et même famille. L'un d'eux, tombé dans la misère et malade, fut recueilli par un aubergiste. Avant de mourir, il dessina sur la porte de la maison quelques signes mystérieux et dit à son hôte : « Soyez tranquille ; un de mes frères acquittera ma dette. » Un an après, un étranger passant par la même auberge, vit ces signes et dit à l'hôte :

« Je suis Pythagoricien ; un de mes frères est mort ici ; dites-moi ce que je vous dois pour lui. » L'ordre subsista pendant 250 ans ; quant aux idées, aux traditions du maître, elles vivent jusqu'à nos jours.

L'influence régénératrice de Pythagore sur la Grèce fut immense. Elle s'exerça mystérieusement mais sûrement par les temples où il avait passé. Nous l'avons vu à Delphes donner une force nouvelle à la science divinatoire, raffermir l'autorité des prêtres et former par son art une Pythonisse modèle. Grâce à cette réforme intérieure qui réveilla l'enthousiasme au cœur même de sanctuaires et dans l'âme des initiés, Delphes devint plus que jamais le centre moral de la Grèce. On le vit bien pendant les guerres médiques. Trente ans à peine s'étaient écoulés depuis la mort de Pythagore, quand le cyclone d'Asie, prédit par le sage de Samos, vint éclater sur les côtes de l'Hellade. Dans cette lutte épique de l'Europe contre l'Asie barbare, la Grèce qui représente la liberté et la civilisation, a derrière elle la science et le génie d'Apollon. C'est lui dont le souffle patriotique et religieux soulève et fait taire la rivalité naissante de Sparte et d'Athènes. C'est lui qui inspire les Miltiade et les Thémistocle. A Marathon, l'enthousiasme est tel que les Athéniens croient voir deux guerriers, blancs comme la lumière, combattre dans leurs rangs. Les uns y reconnaissent Thésée et Echétos, les autres Castor et Pollux. Quand l'invasion de Xerxès, dix fois plus formidable que celle de Darius,déborde par les Thermopyles et submerge l'Hellade, c'est la Pythie qui, du haut de son trépied, indique le salut aux envoyés d'Athènes et aide Thémistocle à vaincre sur les vaisseaux de Salamine. Les pages d'Hérodote frémissent de sa parole haletante : « Abandonnez les demeures et les hautes collines de la cité bâtie en cercle.., le feu et le redoutable Mars monté sur un char syrien ruinera vos tours... les temples chancellent, de leurs murs dégoutte une froide sueur, de leur faîte coule un sang noir... sortez de mon sanctuaire. Qu'un mur de bois vous soit un inexpugnable rempart. Fuyez ! tournez le dos aux fantassins et aux cavaliers innombrables ! O divine Salamine ! que tu seras funeste aux enfants de la femme[96] ! » Dans le récit d'Eschyle, la bataille commence par un cri qui ressemble au péan, à l'hymne d'Apollon : « Bientôt le jour aux blancs

---

[96] Dans le langage des temples le terme de *fils de la femme* désignait le degré inférieur de l'initiation, la femme signifiant ici la nature. Au- dessus il y avait les *fils de l'homme* ou initiés de l'Esprit et de l'Ame, les *fils des Dieux* ou initiés des sciences cosmogonique et les *fils de Dieu* ou initiés à la science suprême. La Pythie appelle les Perses : fils de la femme, en les désignant par le caractère de leur religion. Prises à la lettre ses paroles n'auraient pas de sens.

coursiers répandit sur le monde sa resplendissante lumière. A cet instant une clameur immense, modulée comme un cantique sacré, s'élève dans les rangs des Grecs ; et les échos de l'île y répondent en mille voix éclatantes. » Faut s'étonner qu'enivrés par le vin de la victoire, les hellènes, à la bataille de Mycale, en face de l'Asie vaincue, aient choisi pour cri de ralliement : Hébé, l'Éternelle Jeunesse ? Oui, le souffle d'Apollon traverse ces étonnantes guerres médiques. L'enthousiasme religieux, qui fait des miracles, emporte les vivants et les morts, éclaire les trophées et dore les tombeaux. Tous les temples ont été saccagés, mais celui de Delphes est resté debout. L'armée persane s'approchait pour spolier la ville sainte ; Tout le monde tremblait. Mais le Dieu solaire a dit par la voix du pontife :

« Je me défendrai moi-même ! » Par ordre du temple, la cité se vide ; les habitants se réfugient dans les grottes du Parnasse et les prêtres seuls restent au seuil du sanctuaire avec la garde sacrée. L'armée persane entre dans la ville muette comme un tombeau ; seules les statues la regardent passer. Une nuée noire s'amasse au fond de la gorge ; le tonnerre gronde et la foudre tombe sur les envahisseurs. Deux énormes rochers roulent de la cime du Parnasse et viennent écraser un grand nombre de Perses[97]. En même temps des clameurs sortent du temple de Minerve, et des flammes jaillissent du sol, sous les pas des assaillants. Devant ces prodiges, les barbares épouvantés reculent ; leur armée s'enfuit affolée. Le Dieu s'est défendu lui-même.

Ces merveilles seraient-elles arrivées, ces victoires que l'humanité compte comme siennes auraient- elles eu lieu, si trente ans plus tôt Pythagore n'avait point paru dans le sanctuaire delphique, pour y rallumer le feu sacré ? On peut en douter.

Un mot encore de l'influence du maître sur la philosophie. Avant lui, il y avait eu des physiciens d'une part, des moralistes de l'autre ; Pythagore fit entrer la morale, la science et la religion dans sa vaste synthèse. Cette synthèse n'est pas autre chose que la doctrine ésotérique dont nous avons essayé de retrouver la pleine lumière dans le fond même de l'initiation pythagoricienne. Le philosophe de Crotone ne fut pas

---

[97] « On le voit encore dans l'enclos de Minerve », dit Hérodote, VIII, 39. – L'invasion gauloise qui eût lieu 200 ans plus tard fut repoussée d'une manière analogue. Là encore un orage se forme, la foudre tombe à plusieurs reprises sur les Gaulois ; le sol tremble sous leurs pieds ; ils voient des apparitions surnaturelles ; et le temple d'Apollon est sauvé. Ces faits semblent prouver que les prêtres de Delphes possédaient la science du leu cosmique et savaient manier l'électricité par les puissances occultes comme les mages Chaldéens. – Voir Amédée Thierry – Histoire des Gaulois, I, 246

l'inventeur mais l'ordonnateur lumineux de ces vérités primordiales, dans l'ordre scientifique. Nous avons donc choisi son système comme le cadre le plus favorable à un exposé complet de la doctrine des Mystères et de la vraie théosophie.

Ceux qui ont suivi le maître avec nous auront compris qu'au fond de cette doctrine brille le soleil de la Vérité-Une. On en trouve les rayons épars dans les philosophies et les religions ; mais leur centre est là. Que faut-il pour y parvenir ? L'observation et le raisonnement n'y suffisent pas. Il y faut encore et par dessus tout l'*intuition*. Pythagore fut un adepte, un initié du premier ordre. Il posséda la vue directe de l'esprit, la clef des sciences occultes et du monde spirituel. Il puisait donc à la source première de la Vérité. Et comme à ces facultés transcendantes de l'âme intellectuelle et spiritualisée, il joignait l'observation minutieuse de la nature physique et la classification magistrale des idées par sa haute raison – nul n'était mieux fait que lui pour construire l'édifice de la science du Kosmos.

A vrai dire cet édifice ne fut jamais détruit. Platon qui prit à Pythagore toute sa métaphysique en eut l'idée complète, quoiqu'il l'ait rendue avec moins de rigueur et de netteté. L'école alexandrine

en occupa les étages supérieurs. La science moderne en a pris le rez-de-chaussée et consolidé les fondements. Nombre d'écoles philosophiques, de sectes mystiques ou religieuses en ont habité divers compartiments. Mais aucune philosophie n'en a jamais embrassé l'ensemble. C'est cet ensemble que nous avons tâché de retrouver ici dans son harmonie et son unité.

LIVRE VII

PLATON

(LES MYSTÈRES D'ÉLEUSIS)

Après avoir tenté de faire revivre en Pythagore le plus grand des initiés de la Grèce et à travers lui le fond primordial et universel de la vérité religieuse et philosophique, nous pourrions nous dispenser de parler de Platon qui n'a fait que donner à cette vérité une forme plus fantaisiste et plus populaire. Mais voici la raison qui nous arrêtera un moment devant la noble figure du philosophe athénien.

Oui, il y a une doctrine mère et synthèse des religions et des philosophies. Elle se développe et s'approfondit dans le cours des âges ; mais le fond et le centre en restent les mêmes. Nous en avons retrouvé les grandes lignes. Cela suffit-il ? Non ; il faut encore montrer la raison providentielle de ses formes diverses, selon les races et les âges. Il faut rétablir la chaîne des grands initiés qui furent les véritables initiateurs de l'humanité. Alors, la force de chacun d'eux se multipliera par celle de tous les autres et l'unité de la vérité apparaîtra dans la diversité même de son expression. Comme toute chose, la Grèce a eu son aurore, son plein soleil et son déclin. C'est la loi des jours, des hommes, des peuples, des terres et des cieux. Orphée est l'initié de l'aurore, Pythagore celui du grand jour, Platon celui du couchant de l'Hellénie, couchant de pourpre ardente qui devient le rose d'une aurore nouvelle, celle de l'humanité. Platon suit Pythagore, comme dans les mystères d'Éleusis le porte-flambeau suivait le grand hiérophante. Avec lui, nous allons pénétrer encore une fois et par un chemin nouveau à travers les avenues du sanctuaire jusqu'au cœur du temple, à la contemplation du grand arcane.

Mais avant d'aller à Éleusis, écoutons un instant notre guide, le divin Platon. Qu'il nous fasse voir lui-même son horizon natal ; qu'il nous raconte l'histoire de son âme et nous conduise auprès de son maître bien aimé.

I

LA JEUNESSE DE. PLATON ET LA MORT DE SOCRATE

Il naquit dans Athènes, dans la ville du Beau et de l'Humanité. Point de bornes à ses jeunes regards. L'Attique ouverte à tous les vents, s'avance comme la proue d'un navire dans la mer Égée et commande en reine au cycle des îles, blanches sirènes assises sur le bleu foncé des flots. Il grandit au pied de l'Acropole, sous la garde de Pallas Athénée, dans cette large plaine encadrée de montagnes violettes et enveloppée d'un azur lumineux, entre le Pentélique aux flancs de marbre, l'Hymette couronné de pins odorants où bourdonnent les abeilles, et la tranquille baie d'Éléusis.

D'autant plus sombre et plus troublé fut l'horizon politique, autour de l'enfance et de la jeunesse de Platon. Elles tombèrent dans cette implacable guerre du Péloponnèse, lutte fratricide de Sparte et d'Athènes, qui prépara la dissolution de la Grèce. Ils avaient fui, les grands jours des guerres médiques ; ils s'étaient couchés, les soleils de Marathon et de Salamine. L'année de la naissance de Platon (429 av. J.-C.) est celle de la mort de Périclès, le plus grand homme d'État de la Grèce, aussi intègre qu'Aristide, aussi habile que Thémistocle, le plus parfait représentant de la civilisation hellénique, le charmeur de cette démocratie turbulente, patriote ardent, mais qui sut conserver le calme d'un demi-dieu, au milieu des tempêtes populaires. La mère de Platon dut raconter à son fils une scène à laquelle elle avait certainement assisté, deux ans avant la naissance du futur philosophe. Les Spartiates avaient envahi L'Attique ; Athènes, déjà menacée dans son existence nationale, avait lutté pendant tout un hiver, et Périclès fut l'âme de la défense. Dans cette sombre année, une cérémonie imposante eut lieu au Céramique. Les cercueils des guerriers morts pour la patrie furent placés sur des chars funèbres, et le peuple fut convoqué devant le tombeau monumental destiné à les réunir. Ce mausolée semblait le symbole magnifique et sinistre de la tombe que la Grèce se creusait à elle-même par sa lutte criminelle. C'est alors que Périclès prononça le plus beau discours que nous ait conservé l'antiquité. Thucydide l'a transcrit sur ses tables d'airain, et cette parole y brille, comme un bouclier au fronton d'un temple : « La tombe des héros est l'univers entier et non sur des colonnes chargées de fastueuses inscriptions. » N'est-ce pas la conscience de la Grèce et de son immortalité qui respire dans ce mot ?

Mais Périclès mort, que restait-il de l'ancienne Grèce qui vivait dans ses hommes d'action ? A l'intérieur d'Athènes, les discordes d'une démagogie aux abois ; au dehors, l'invasion lacédémonienne toujours aux portes, la guerre sur terre et sur mer, et l'or du roi de Perse circulant comme un poison corrupteur dans les mains des tribuns et des magistrats. Alcibiade avait remplacé Périclès dans la faveur publique. Ce type de la jeunesse dorée d'Athènes était devenu l'homme du jour. Politique aventureux, intrigant plein de séduction, il mena en riant sa patrie à sa perte. Platon l'avait bien observé ; car il fit plus tard en maître la psychologie de ce caractère. Il compare le désir furieux du pouvoir qui occupe l'âme d'Alcibiade à un grand frelon ailé « autour de qui les passions couronnées de fleurs, parfumées d'essences, enivrées de vin et de tous le plaisirs effrénés qui marchent à leur suite, viennent bourdonner, le nourrissant, l'élevant, l'armant enfin de l'aiguillon de l'ambition. Alors, ce tyran de l'âme, escorté de la démence, s'agite avec fureur ; s'il trouve autour de lui des pensées et des sentiments honnêtes qui pourraient encore rougir, il les tue et les chasse, jusqu'à ce qu'il ait purgé l'âme de toute tempérance et l'ait remplie de la fureur qu'il amène.

Le ciel d'Athènes eut donc d'assez sombres couleurs pendant la jeunesse de Platon. A vingt-cinq ans, il assista à la prise d'Athènes par les Spartiates, après la désastreuse bataille navale d'Aigos Potamos. Puis il vit l'entrée de Lysandre dans sa ville natale ; elle signifiait la fin de l'indépendance athénienne. Il vit les longs murs construits par Thémistocle, démolis au sons d'une musique de fête, et l'ennemi triomphant danser littéralement sur les ruines de la patrie. Puis vinrent les trente tyrans et leurs proscriptions.

Ces spectacles attristèrent l'âme juvénile de Platon, mais il ne purent la troubler. Cette âme était aussi douce, aussi limpide, aussi ouverte que la voûte du ciel au-dessus de l'Acropole. Platon était un jeune homme de haute stature, aux large épaules, grave, recueilli, presque toujours silencieux ; mais lorsqu'il ouvrait la bouche, une sensibilité exquise, une douceur charmante émanait de ses paroles. En lui rien de saillant, d'excessif. Ses aptitudes variées se dissimulaient comme fondues dans l'harmonie supérieure de son être. Une grâce ailée, une modestie naturelle cachait le sérieux de son esprit ; une tendresse presque féminine servait de voile à la fermeté de son caractère. En lui la vertu se revêtait d'un sourire et le plaisir d'une chasteté ingénue. Mais ce qui faisait la marque dominante, extraordinaire, unique de cette âme, c'est qu'en naissant elle semblait avoir conclu un pacte mystérieux avec l'Éternité. Oui, les choses éternelles semblaient seules vivantes au fond de ses grands yeux; les autres y passaient comme de vaines apparences dans un miroir profond. Derrière les formes visibles, changeantes, imparfaites du monde et des êtres, lui apparaissaient les formes invisibles, parfaites, à jamais rayonnantes de ces mêmes êtres, que voit l'esprit et qui sont leurs modèles éternels. Et voilà pourquoi le jeune Platon, sans avoir formulé sa doctrine, ne sachant même pas qu'il serait philosophe un jour, avait déjà conscience de la réalité divine de l'Idéal et de son omniprésence. Voilà pourquoi en voyant ondoyer les femmes, les chars funèbres, les armées, les fêtes et les deuils, son regard semblait voir autre chose et dire : « Pourquoi pleurent-ils et pourquoi poussent-ils des cris de joie ? Ils croient être et ne sont pas. Pourquoi ne puis-je m'attacher à ce qui naît et à ce qui meurt ? Pourquoi ne puis-je aimer que l'Invisible qui ne naît et ne meurt jamais, mais qui est toujours ? »

L'Amour et l'harmonie, voilà le fond de l'âme de Platon, mais quelle Harmonie et quel Amour ? L'Amour de la Beauté éternelle et l'Harmonie qui embrasse l'univers. Plus une âme est grande et profonde, et plus elle met de temps à se connaître elle-même. Son premier enthousiasme se jeta sur les arts. Il était de belle naissance, puisque son père prétendait descendre du roi Codrus et sa mère de Solon. Sa jeunesse fut donc celle d'un Athénien riche, entourée de tous les luxes et de toutes les séductions d'une époque de décadence. Il s'y adonna sans excès comme sans pruderie, vivant de la vie de ses pareils, jouissant noblement d'un bel héritage, entouré et fêté par de nombreux amis. Il nous a trop bien décrit la passion d'amour en toutes ses phases, dans son *Phèdre*, pour ne pas en avoir éprouvé les transports et les cruelles désillusions. Un seul vers nous reste de lui, aussi passionné qu'un vers de Sapho, aussi fourmillant de lumière qu'une nuit étoilée sur la mer des Cyclades : « Je voudrais être le ciel, afin d'être tout yeux pour te regarder. » Cherchant le Beau suprême à travers tous les modes et toutes les formes de la beauté, il cultiva tour à tour la peinture, la musique et la poésie. Celle-ci semblait devoir répondre à tous ses besoins. Elle finit par fixer ses désirs. Platon avait une merveilleuse facilité pour tous les genres. Il sentait avec une égale intensité la poésie amoureuse et dithyrambique, l'épopée, la tragédie, la comédie même avec son sel attique le plus fin. Que lui manquait-il pour devenir un autre Sophocle et relever de sa décadence imminente le théâtre d'Athènes ? Cette ambition le tenta ; ses amis l'y encourageaient. A vingt-sept ans, il avait composé plusieurs tragédies et allait en présenter une au concours.

Ce fut à cette époque que Platon rencontra Socrate qui discutait avec des jeunes gens dans les jardins de l'Académie. Il parlait sur le Juste et sur l'Injuste, sur le

Beau, le Bon et le Vrai. Le poète s'approcha du philosophe, l'écouta, revint le lendemain et les jours suivants. Au bout de quelques semaines, une révolution complète s'était faite dans son esprit. L'heureux jeune homme, le poète plein d'illusions ne se reconnaissait plus. Le cours de ses pensées, le but de sa vie avait changé. Un autre Platon venait de naître en lui, sous la parole de celui qui s'appelait lui-même « un accoucheur d'âmes. » Que s'était-il donc passé ? Par quel sortilège ce raisonneur à face de satyre avait-il arraché au luxe, aux voluptés, à la poésie le beau, le génial Platon, pour le convertir au grand renoncement de la sagesse ?

Un homme bien simple mais un grand original que ce bon Socrate. Fils d'un statuaire, il sculpta les trois Grâces pendant son adolescence ; puis il jeta le ciseau, disant qu'il aimait mieux sculpter son âme que le marbre. A partir de ce moment, il consacra sa vie à la recherche de la sagesse. On le voyait dans les gymnases, sur la place publique, au théâtre, causer avec les jeunes gens, les artistes, les philosophes et demander à chacun la raison de ce qu'il affirmait. Depuis quelques années, les sophistes s'étaient abattus comme une nuée de sauterelles sur la ville d'Athènes. Le sophiste est la contrefaçon et la négation vivante du philosophe, comme le démagogue est la contrefaçon de l'homme d'État, l'hypocrite la contrefaçon du prêtre, le magicien noir la contrefaçon infernale de l'initié véritable. Le type grec du sophiste est plus subtil, plus raisonneur, plus corrosif que les autres ; niais le genre appartient à toutes tes civilisations décadentes. Les sophistes y pullulent, aussi fatalement que les vers dans un corps en décomposition. Qu'ils s'appellent athées, nihilistes ou pessimistes, les sophistes de tous les temps se ressemblent. Toujours ils nient Dieu et l'Ame, c'est à dire la Vérité et la Vie suprêmes. Ceux du temps de Socrate, les Gorgias, le Prodicus et les Protagoras disaient qu'il n'y a pas de différence entre la vérité et l'erreur. Ils se faisaient fort de prouver n'importe quelle idée et son contraire, affirmant qu'il n'y a d'autre justice que la force, d'autre vérité que l'opinion du sujet. Avec cela, contents d'eux-mêmes; viveurs, se faisant payer très cher leçons, ils poussaient les jeunes gens à la débauche, à l'intrigue et à la tyrannie.

Socrate s'approchait des sophistes avec sa douceur insinuante, sa fine bonhomie, comme un ignorant qui veut s'instruire. Son œil brillait d'esprit et de bienveillance. Puis, de question en question, il les forçait à dire le contraire de ce qu'ils avaient prétendu d'abord et à avouer implicitement qu'ils ne savaient même pas ce dont ils parlaient. Socrate démontrait ensuite que les sophistes ne connaissaient la cause et le principe de rien, eux qui prétendaient posséder la science universelle. Après les avoir ainsi réduits au silence, il ne triomphait pas de sa victoire, il remerciait ses adversaires en souriant de l'avoir instruit par leurs réponses, ajoutant que savoir qu'on ne sait rien est le commencement de la vraie sagesse. Que croyait, qu'affirmait Socrate lui-même ? Il ne niait pas les Dieux ; il leur rendait le même culte que ses concitoyens, mais il disait que leur nature était impénétrable et avouait ne rien comprendre à la physique et à la métaphysique qu'on professait dans les écoles. L'important, disait-il, c'est de croire au Juste et au Vrai et de l'appliquer dans sa vie. Ses arguments prenaient une grande force dans sa bouche, car lui-même en fournissait l'exemple : citoyen irréprochable, soldat intrépide, juge intègre, ami fidèle et désintéressé, maître absolu de toutes ses passions.

Ainsi la tactique de l'éducation morale change selon les temps et les milieux. Pythagore, devant ses disciples initiés, faisait tomber la morale des hauteurs de la cosmogonie. Dans Athènes, sur la place publique, entre les Cléon et les Gorgias, Socrate parlait du sentiment inné du Juste et du Vrai pour reconstruire le monde et l'état social ébranlé. Et tous deux, l'un dans l'ordre descendant des principes, l'autre dans l'ordre ascendant, affirmaient la même vérité. Pythagore représente les principes et la méthode de la plus haute initiation ; Socrate annonce l'ère de la science ouverte. Pour ne pas sortir de son rôle de vulgarisateur, il refusa de se faire initier aux mystères d'Éleusis. Mais il n'en avait pas moins le sens et la foi de la vérité totale et suprême qu'enseignaient les grands Mystères. Lorsqu'il en parlait, le bon, le spirituel Socrate changeait de face, comme un Faune inspiré dont s'empare un dieu. Son œil s'allumait, un rayon passait sur son crâne chauve, et de sa bouche tombait une de ces sentences simples et lumineuses qui éclairent le fond des choses.

Pourquoi Platon fut-il irrésistiblement charmé et subjugué par cet homme ? Il comprit en le voyant la supériorité du Bien sur le Beau. Car le Beau ne réalise le Vrai que dans le mirage de l'Art, tandis que le Bien l'accomplit au fond des âmes. Rare et puissante fascination, car les sens n'y sont pour rien. La vue d'un juste véritable fit pâlir dans l'âme de Platon les splendeurs éblouissantes de l'art visible, pour y substituer, un rêve plus divin.

Cet homme lui montra l'infériorité de la beauté et de la gloire, telles qu'il les avait conçues jusqu'alors, devant la beauté et la gloire de l'âme en action qui attire pour toujours d'autres âmes à sa vérité, tandis que les pompes de l'Art ne réussissent qu'à faire miroiter un instant une vérité trompeuse sous un voile décevant. Cette Beauté rayonnante, éternelle, qui est « la Splendeur du Vrai », tua la beauté changeante et trompeuse dans l'âme de Platon. Voilà pourquoi Platon, oubliant et quittant tout ce qu'il avait aimé jusqu'alors, se donna à Socrate, dans la fleur de sa jeunesse, avec toute la poésie de son âme. Grande victoire de la Vérité sur la Beauté, et qui eut d'incalculables conséquences pour l'histoire de l'esprit humain.

Cependant, les amis de Platon s'attendaient à le voir débuter en poésie sur la scène tragique. Il les invita dans sa maison à un grand festin, et tous s'étonnèrent de ce qu'il voulût donner cette fête à ce moment. Car il était d'usage de ne la donner qu'après avoir obtenu le prix et quand la tragédie couronnée avait été jouée. Mais personne ne refusait une invitation chez le riche fils de famille, où les Muses et les Grâces se rencontraient en compagnie d'Érôs. Sa maison servait depuis longtemps de rendez-vous à la jeunesse élégante d'Athènes. Platon dépensa une fortune pour ce festin. On dressa la table dans le jardin. Des jeunes gens armés de torches éclairaient les hôtes. Les trois plus belles hétaïres d'Athènes y assistèrent. Le festin dura toute la nuit. On chanta des hymnes à l'Amour et à

Bacchus. Les joueuses de flûte dansèrent leurs danses les plus voluptueuses. Enfin, on pria Platon de réciter lui-même un de ses dithyrambes. Il se leva en souriant et dit : « Ce festin est le dernier que je vous donne. A partir d'aujourd'hui, je renonce aux plaisirs de la vie pour me consacrer à la sagesse et suivre l'enseignement de Socrate. Sachez-le tous : je renonce même à la poésie ; car j'ai reconnu son impuissance à exprimer la vérité que je poursuis. Je ne ferai plus un vers, et je vais brûler en votre présence tous ceux que j'ai composés. » Un seul cri d'étonnement et de protestation s'éleva de tous les points de la table, autour de laquelle étaient couchés, sur des lits somptueux, les convives couronnés de roses. De ces visages empourprés par le vin, la gaîté et les joyeux propos de table, les uns exprimaient la surprise, les autres l'indignation. Il y eut, parmi les élégants et les sophistes, des rires d'incrédulité et de mépris. On taxa le projet de Platon de folie et de sacrilège ; on le somma de revenir sur ce qu'il avait dit. Mais Platon affirma sa résolution avec un calme et une assurance qui ne souffraient point de réplique. Il termina en disant : « Je remercie tous ceux qui ont voulu prendre part à cette fête d'adieu ; mais je ne retiendrai auprès de moi que ceux qui voudront partager ma vie nouvelle. Les amis de Socrate seront désormais mes seuls amis. » Cette parole passa comme une gelée sur un champ de fleurs. Elle donna subitement à ces visages épanouis l'air triste et embarrassé de gens qui assistent à un convoi funèbre. Les courtisanes se levèrent et se firent emporter sur leurs litières, en jetant un regard dépité au maître de la maison. Les élégants et les sophistes se dérobèrent avec des paroles ironiques et enjouées : « Adieu, Platon !

Sois heureux ! Tu nous reviendras ! Adieu ! adieu ! »
Deux jeunes gens sérieux restèrent seuls auprès de lui.
Il prit par la main ces amis fidèles, et, laissant là les
amphores de vin à demi vidées, les roses effeuillées, les
lyres et les flûtes renversées pêle-mêle sur des coupes
encore pleines, Platon les conduisit dans la cour
intérieure de la maison. Ils y virent, entassés sur un
petit autel, une pyramide de rouleaux de papyrus.
C'étaient toutes les œuvres poétiques de Platon. Le
poète, prenant une torche, y mit le feu, avec un sourire,
en prononçant ces paroles « Vulcain, viens ici; Platon a
besoin de toi[98]. »

Quand la flamme s'éteignit en voltigeant dans les
airs, les trois amis eurent les larmes aux yeux et dirent
silencieusement adieu à leur futur maître. Mais Platon,
resté seul, ne pleurait pas. Une paix, une sérénité
merveilleuse remplissaient tout son être. Il pensait à
Socrate qu'il allait voir. L'aube naissante effleurait les
terrasse des maisons, les colonnades, les frontons des
temples ; et bientôt le premier rayon du soleil fit
étinceler le casque de Minerve sur la pointe de
l'Acropole.

---

[98] Fragment de œuvres complètes de Platon, Conservé
sous ce titre : « Platon brûlant ses poésies ».

II

L'INITIATION DE PLATON ET LA PHILOSOPHIE PLATONICIENNE

Trois ans après que Platon fut devenu le disciple de Socrate, celui-ci fut condamné à mort par l'Aréopage et mourut, entouré de ses disciples, en buvant la ciguë.

Peu d'événements historiques sont aussi rebattus que celui-là. Il en est peu néanmoins dont on ait aussi mal compris les causes et la portée. Il est reçu aujourd'hui de dire que l'Aréopage eut raison, à son point de vue, de condamner Socrate comme ennemi de la religion d'État, parce que, en niant les Dieux, il ruinait les bases de la république athénienne. Nous montrerons tout à l'heure que cette assertion renferme deux erreurs profondes. Rappelons d'abord ce que Victor Cousin à osé écrire en tête de l'*Apologie de Socrate*, dans sa belle traduction des œuvres de Platon : « Anytus, il faut le dire, était un citoyen recommandable ; l'Aréopage, un tribunal équitable et modéré ; et, s'il fallait s'étonner de quelque chose, ce serait que Socrate ait été accusé si tard, et qu'il n'ai pas été condamné à une plus forte majorité. » Le philosophe, ministre de l'instruction publique n'a pas vu que, s'il avait raison, il faudrait condamner à la fois la philosophie et la religion, pour glorifier uniquement la politique du mensonge, de la violence et de l'arbitraire. Car, si la philosophie ruine forcément les bases de l'état social, elle n'est qu'une folie pompeuse ; et si la religion ne peut subsister qu'en supprimant la recherche de la vérité, elle n'est qu'une tyrannie funeste. Essayons d'être plus justes à la fois envers la religion et la philosophie grecque.

Il y a un fait capital et frappant qui a échappé à la plupart des historiens et des philosophes modernes. En Grèce, les persécutions, fort rares contre les philosophes, ne partirent jamais des temples, mais toujours des faiseurs de politique. La civilisation hellénique n'a pas connu la guerre entre les prêtres et les philosophes, qui joue un si grand rôle dans la nôtre, depuis la destruction de l'ésotérisme chrétien, au second siècle de notre ère. Thalès put professer tranquillement que le monde vient de l'eau ; Héraclite, qu'il sort du feu ; Anaxagore, dire que le soleil est une masse de feu incandescente ; Démocrite,prétendre que tout vient des atomes. Aucun temple ne s'en inquiéta. Dans les temples, on savait tout cela et bien plus encore. On savait aussi que les prétendus philosophes qui niaient les Dieux ne pouvaient les détruire dans la conscience nationale, et que les philosophes véritables y croyaient à la manière des initiés et voyaient en eux les symboles des grandes catégories de la hiérarchie spirituelle, du Divin qui pénètre la Nature, de l'Invisible qui gouverne le Visible. La doctrine ésotérique servait donc de lien entre la vraie philosophie et la vraie religion. Voilà le fait profond, primordial et final, qui explique leur entente secrète dans la civilisation hellénique.

Qui donc accusa Socrate ? Les prêtres d'Éleusis, qui avaient maudit les auteurs de la guerre du Péloponnèse, en secouant la poussière de leurs robes vers l'Occident, ne prononcèrent pas une parole contre lui. Quant au temple de Delphes, il lui donna le plus beau témoignage qu'on puisse rendre à un homme. La Pythie, consultée sur ce qu'Apollon pensait de Socrate, répondit : « Il n'y a aucun homme plus libre, plus juste, plus sensé[99]. » Les deux chefs d'accusation portés contre Socrate : de corrompre la jeunesse et de ne pas croire aux Dieux ne furent donc qu'un prétexte. Sur la seconde, l'accusé répondit victorieusement à ses juges : « Je crois à mon esprit familier, à plus forte raison dois-je croire aux Dieux qui sont les grands esprits de l'univers. » Alors pourquoi cette haine implacable contre le sage ? Il avait combattu l'injustice, démasqué l'hypocrisie, montré le faux de tant de vaines prétentions. Les hommes pardonnent tous les vices et tous les athéismes, mais ils ne pardonnent pas à ceux qui les démasquent. C'est pour cela que les athées véritables qui siégeaient à l'Aréopage firent mourir le juste et l'innocent, en l'accusant du crime qu'ils commettaient. Dans sa défense admirable reproduite par Platon, Socrate l'explique lui-même avec une parfaite simplicité : « Ce sont mes recherches infructueuses pour trouver des hommes sages parmi les Athéniens qui ont excité contre moi tant d'inimitiés dangereuses ; de là toutes les calomnies répandues sur mon compte ; car tous ceux qui m'entendent croient que je sais toutes les choses sur lesquelles je démasque l'ignorance des autres... Intrigants, actifs et nombreux,

---

[99] Xénophon, Apologie de Socrate.

parlant de moi d'après un plan concerté et avec une éloquence fort capable de séduire, ils vous ont, depuis longtemps, rempli les oreilles des bruits les plus perfides et poursuivent sans relâche leur système de calomnie. Aujourd'hui ils me détachent Mélitus, Auytus et Lycon. Mélitus représente les poètes : Anytus les politique et les artistes ; Lycon les orateurs. » Un poète tragique sans talent, un richard méchant et fanatique, un démagogue éhonté réussirent à faire condamner à mort le meilleur des hommes. Et cette mort l'a rendu immortel. Il put dire fièrement à ses juges : « Je crois plus aux Dieux qu'aucun de mes accusateurs. Il est temps que nous nous quittions, moi pour mourir et vous pour vivre. Qui de nous deux a le meilleur partage ? Personne ne le sait, excepté Dieu[100]. »

Loin d'ébranler la vraie religion et ses symboles nationaux, Socrate avait tout fait pour les raffermir. Il eût été le plus grand soutien de sa patrie, si sa patrie avait su le comprendre. Comme Jésus, il mourut en pardonnant à ses bourreaux et devint pour toute l'humanité le modèle des sages martyrs. Car il représente l'avènement de l'initiation individuelle et de la science ouverte.

La sereine image de Socrate mourant pour la vérité et passant sa dernière heure à s'entretenir de l'immortalité de l'âme avec ses disciples, s'imprima dans le cœur de Platon comme le plus beau des spectacles et le plus saint des mystères. Ce fut sa première, sa grande initiation. Plus tard il devait étudier la physique, la métaphysique et bien d'autres sciences ;

---

[100] Platon, Apologie de Socrate.

mais il resta toujours le disciple de Socrate. Il nous a légué sa vivante image en mettant dans la bouche de son maître les trésors de sa propre pensée. Cette fleur de modestie fait de lui l'idéal du disciple, comme le feu de l'enthousiasme en fait le poète de philosophes. Nous avons beau savoir qu'il ne fonda son école qu'à l'âge de quarante ans et mourut âgé de quatre-vingts, nous ne pouvons nous le figurer que jeune. Car l'éternelle jeunesse est le partage des âmes qui, à la profondeur des pensées, joignent une candeur divine.

Platon avait reçu de Socrate la grande impulsion, le principe actif et mâle de sa vie, sa foi en la justice et en la vérité. Il dut la science et la substance de ses idées à son initiation aux Mystères. Son génie consiste dans la forme nouvelle, à la fois poétique et dialectique, qu'il sut leur donner. Cette initiation, il ne la prit pas seulement à Éleusis. Il la chercha à toutes les sources accessibles du monde antique. Après la mort de Socrate, il se mit à voyager. Il suivit les leçons de plusieurs philosophes de l'Asie-Mineure. De là, il se rendit en Égypte, pour se mettre en rapport avec ses prêtres et traversa l'initiation d'Isis. Il n'atteignit pas comme Pythagore le degré supérieur où l'on devient adepte, où l'on acquiert la vue effective et directe de la vérité divine avec des pouvoirs surnaturels au point de vue terrestre. Il s'arrêta au troisième degré, qui confère la parfaite clarté intellectuelle avec la royauté de l'intelligence sur l'âme et sur le corps. Puis, il se rendit dans l'Italie

méridionale pour s'aboucher avec les Pythagoriciens, sachant fort bien que Pythagore avait été le plus grand des sages grecs. Il acheta à prix d'or un manuscrit du maître. Ayant puisé ainsi la tradition ésotérique de Pythagore à sa source même, il emprunta à ce philosophe les idées mères et l'ossature de son système[101].

Revenu à Athènes, Platon y fonda son école demeurée si célèbre sous le nom d'Académie. Pour continuer l'œuvre de Socrate, il fallait répandre la vérité. Mais Platon ne pouvait enseigner publiquement les choses que les Pythagoriciens recouvraient d'un triple voile. Les serments, la prudence, son but même le lui défendaient. C'est bien la doctrine ésotérique que nous retrouvons dans ses Dialogues, mais dissimulée, mitigée, chargée d'une dialectique raisonneuse comme d'un bagage étranger, travestie elle-même en légende, eu mythe, en parabole. Elle ne se présente plus ici avec l'ensemble imposant que lui donna Pythagore et que nous avons essayé de reconstituer, édifice fondé sur une base immuable et dont toutes les parties sont fortement cimentées, mais par fragments analytiques. Platon,

---

[101] « Ce qu'Orphée a promulgué par d'obscures allégories, dit Proclus, Pythagore l'enseigna après avoir été initié aux mystères orphiques, et Platon en eut pleine connaissance par les écrits orphiques et pythagoriciens. » - Cette opinion de l'école alexandrine sur la filiation, des idées platoniciennes est pleinement confirmée par l'étude comparée des traditions orphiques et pythagoriciennes avec les écrits de Platon. Cette filiation, tenue secrète pendant des siècles, ne fut révélée que par les philosophes alexandrins, parce qu'ils furent les premiers à publier le fond ésotérique des Mystères.

comme Socrate, se place sur le terrain même des jeunes gens d'Athènes, des mondains, des rhéteurs et des sophistes. Il les combat avec leurs propres armes. Mais son génie est toujours là ; à chaque instant, il rompt comme un aigle le réseau de la dialectique, pour s'élever d'un vol hardi aux vérités sublimes qui sont sa patrie et son air natal. Ces dialogues ont un charme piquant et unique :on y goûte, à côté de l'enthousiasme de Delphes et d'Éleusis, une clarté merveilleuse, le sel attique, la malice du bonhomme Socrate, l'ironie fine et ailée du sage.

Rien de plus facile que de retrouver les différentes parties de la doctrine ésotérique dans Platon et de découvrir en même temps les sources où il a puisé. La doctrine des idées types des choses exposée dans *Phèdre*, est un corollaire de la doctrine des Nombres sacrés de Pythagore[102]– Le *Timée* donne une exposition très confuse et très embrouillée de la cosmogonie ésotérique. – Quant à la doctrine de l'âme, de ses migrations et de son évolution, elle traverse toute l'œuvre de Platon, mais nulle part elle ne transparaît aussi clairement que dans le *Banquet*, dans *Phédon*, et dans la *légende d'Er* placée à la fin de ce dialogue. – Nous apercevons Psyché sous un voile, mais combien belle et touchante elle brille au travers, avec ses formes exquises et sa grâce divine !

Nous avons vu au livre précédent que la clef du Cosmos, le secret de sa constitution du haut en bas se trouve dans le principe des *trois mondes* reflétés par le microcosme et le macrocosme, dans le ternaire humain

---

[102] Voir cette doctrine exposée au livre précédent.

et divin. Pythagore avait magistralement formulé et résumé cette doctrine sous le symbole de la *Tétrade sacrée*. Cette doctrine du Verbe vivant, éternel, constituait le grand arcane, la source de la magie, le temple de diamant de l'initié, sa citadelle inexpugnable au-dessus de l'océan des choses. Platon ne pouvait, ni ne voulait révéler cet arcane dans son enseignement public. D'abord le serment des mystères lui fermait la bouche. Ensuite tous n'auraient pas compris, le vulgaire eût profané indignement ce mystère théogonique qui contient la génération des mondes. Pour combattre la corruption des mœurs et le déchaînement des passions politiques, il fallait autre chose. Avec la grande initiation, allait se fermer bientôt la porte de l'au-delà, cette porte qui d'ailleurs ne s'ouvre lumineusement qu'aux grands prophètes, aux rarissimes, aux véritables initiés.

Platon remplaça la doctrine des trois mondes par trois concepts, qui, en l'absence de l'initiation organisée, restèrent pour deux mille ans comme trois chemins ouverts sur le but suprême. Ces trois concepts se rapportent également au monde humain et au monde divin ; ils ont l'avantage de les joindre quoique d'une manière abstraite. Ici se montre le génie vulgarisateur et créateur de Platon. Il jeta des torrents de lumière sur le monde, en posant sur la même ligne les idées du Vrai, du Beau et du Bien. Les élucidant l'une par l'autre, il démontra qu'elles sont trois rayons partis du même foyer, qui en se joignant reconstituent ce foyer même, c'est-à-dire : Dieu.

En poursuivant le Bien, c'est-à-dire le Juste, l'âme se purifie ; elle se prépare à connaître la Vérité.

Première et indispensable condition de son progrès. – En poursuivant, en élargissant l'idée du Beau, elle atteint le Beau intellectuel, cette lumière intelligible, mère des choses, animatrice des formes, substance et organe de Dieu. En se plongeant dans l'âme du monde, l'âme humaine sent pousser ses ailes. – En poursuivant l'idée du Vrai, elle atteint la pure Essence, les principes contenus dans l'Esprit pur. Elle reconnaît son immortalité par l'identité de son principe avec le principe divin. Perfection ; épiphanie de l'âme.

En ouvrant ces grandes voies à l'esprit humain, Platon a défini et créé, en dehors des systèmes étroits et des religions particulières, *la catégorie de l'idéal* qui devait remplacer pour des siècles et remplace jusqu'à nos jours *l'initiation organique* et complète. Il fraya les trois voies sacrées qui conduisent à Dieu, comme la voie sacrée d'Athènes conduisait à Éleusis par la porte du Céramique. Ayant pénétré dans l'intérieur du temple avec Hermès, Orphée et Pythagore, nous jugeons d'autant mieux de la solidité et de la rectitude de ces larges routes construites par le divin ingénieur Platon. La connaissance de l'Initiation nous donne la justification et la raison d'être de l'Idéalisme.

L'*idéalisme* est l'affirmation hardie des vérités divines par l'âme qui s'interroge dans sa solitude et juge des réalités célestes par ses facultés intimes et ses voix intérieures. – L'*Initiation* est la pénétration de ces mêmes vérités par l'expérience de l'âme, par la vision directe de l'esprit, par la résurrection intérieure. Au suprême degré, c'est la mise en communication de l'âme avec le monde divin.

L'*Idéal* est une morale, une poésie, une philosophie ; l'*Initiation* est une action, une vision, une présence sublime de la Vérité. L'Idéal est le rêve et le regret de la patrie divine ; l'Initiation, ce temple des élus, en est le clair ressouvenir, la possession même.

En construisant la catégorie de l'Idéal, l'initié Platon créa donc un refuge, ouvrit le chemin du salut à des millions d'âmes qui ne peuvent parvenir en cette vie à l'initiation directe, mais aspirent douloureusement à la vérité. Platon fit ainsi de la philosophie le vestibule d'un sanctuaire futur, en y conviant tous les hommes de bonne volonté. L'idéalisme de ses nombreux fils payens ou chrétiens nous apparaît comme la salle d'attente de la grande initiation.

Ceci nous explique l'immense popularité et la force rayonnante des idées platoniciennes. Cette force réside dans leur fond ésotérique. Voilà pourquoi l'Académie d'Athènes fondée par Platon dura des siècles et se prolongea dans la grande école d'Alexandrie. Voilà pourquoi les premiers Pères de l'Église rendirent hommage à Platon ; voilà pourquoi saint Augustin y prit les deux tiers de sa théologie. Deux mille ans s'étaient écoulés depuis que le disciple de Socrate avait rendu le dernier soupir à l'ombre de l'Acropole. Le christianisme, les invasions des barbares, le Moyen-Âge avaient passé sur le monde. Mais l'antiquité renaissait de ses cendres. A Florence, les Médicis voulurent fonder une académie et appelèrent un savant grec, exilé de Constantinople, pour l'organiser. Quel nom lui donna Marsile Ficin ? Il l'appela l'académie platonicienne. Aujourd'hui même, après que tant de systèmes philosophiques échafaudés les uns sur les autres se sont écroulés en poussière ; aujourd'hui que la science a fouillé la matière dans ses dernières transformations et se retrouve en face de l'inexpliqué et de l'invisible, aujourd'hui encore Platon revient à nous. Toujours simple et modeste, mais rayonnant de jeunesse éternelle, il nous tend le rameau sacré des Mystères, la rameau de myrte et de cyprès, avec le narcisse : *la fleur d'âme* qui promet la divine renaissance dans une nouvelle Éleusis.

III

LES MYSTÈRES D'ÉLEUSIS.

Les mystères d'Éleusis furent dans l'antiquité grecque et latine l'objet d'une vénération spéciale. Les auteurs mêmes qui tournèrent en ridicule les fables mythologiques n'osèrent toucher au culte des « grandes déesses. » Leur règne, moins bruyant que celui des Olympiens, se montra plus sûr et plus efficace. En un temps immémorial, une colonie grecque venue d'Égypte avait apporté dans la tranquille baie d'Éleusis le culte de la grande Isis sous le nom de Déméter ou de la mère universelle. Depuis ce temps Éleusis était resté un centre d'initiation.

Déméter et sa fille Perséphone présidaient aux petits et aux grands mystères ; de là leur prestige.

Si le peuple révérait en Cérès la terre mère et la déesse de l'agriculture, les Initiés y voyaient la Lumière céleste mère des âmes, et. l'Intelligence divine, mère des dieux cosmogoniques. Son culte était desservi par des prêtres appartenant à la plus ancienne famille sacerdotale de l'Attique. Ils se disaient fils de la Lune, c'est-à-dire nés pour être médiateurs entre la Terre et le Ciel, issus de la sphère où se trouve le pont jeté entre les deux régions, par lequel les âmes descendent et remontent. Dès l'origine, leur fonction avait été « de chanter, dans cet abîme de misères, les délices du céleste séjour et d'enseigner les moyens d'en retrouver la route ». De là leur nom d'Eumolpides ou « chantres des mélodies bienfaisantes », douces régénératrices des hommes. Les prêtres d'Éleusis enseignèrent toujours la grande doctrine ésotérique qui leur venait d'Égypte. Mais dans le cours des âges ils la revêtirent de tout le charme d'une mythologie plastique et ravissante. Par un art subtil et profond, ces enchanteurs surent se servir des passions terrestres pour exprimer des idées célestes. Ils mirent à profit l'attrait des sens, la pompe des cérémonies, les séductions de l'art pour induire l'âme à une vie meilleure et l'esprit à l'intelligence des vérités divines. Nulle part les mystères n'apparaissent sous une forme aussi humaine, aussi vivante et colorée.

Le mythe de Cérès et de sa fille Proserpine forment le cœur du culte d'Éleusis [103]. Comme une théorie brillante, toute l'initiation éleusinienne tourne et se développe autour de ce cercle lumineux. Or, dans sou sens intime, ce mythe est la représentation symbolique de l'histoire de l'âme, de sa descente dans la matière, de ses souffrances dans les ténèbres de l'oubli, puis de sa réascension et de son retour à la vie divine. — En d'autres termes, c'est le drame de la chute et de la rédemption sous sa forme hellénique.

On peut donc affirmer d'autre part que pour l'Athénien cultivé et initié du temps de Platon, les mystères d'Éleusis offraient le complément explicatif, la contrepartie lumineuse des représentations tragiques d'Athènes. Là, dans le théâtre de Bacchus, devant le peuple houleux et grondant, les incantations terribles de Melpomène évoquaient l'homme terrestre aveuglé

---

[103] Voir l'hymne homérique à Déméter.

par ses passions, poursuivi par la Némésis de ses crimes, accablé par un Destin implacable et souvent incompréhensible. Là retentissaient les luttes prométhéennes, les imprécations des Érynnies; là rugissaient les désespoirs d'Œdipe et les fureurs d'Oreste. Là régnaient la sombre Terreur et la Pitié lamentable. – A Éleusis,

dans l'enceinte de Cérès tout s'éclaircissait. Le cercle des choses s'étendait pour les initiés devenus voyants. L'histoire de Psyché-Perséphone était pour chaque âme une révélation surprenante. La vie s'expliquait comme une expiation ou comme une épreuve. En deçà et au delà de son présent terrestre, l'homme découvrait les zones étoilées d'un passé, d'un avenir divin. Après les affres de la mort, les espérances, les libérations, lés joies élyséennes, et, à travers les portiques du temple grand ouvert, les chants des bienheureux, la lumière submergeante d'un merveilleux au-delà.

Voilà ce qu'étaient le Mystères en face de la Tragédie : le drame divin de l'âme complétant, expliquant le drame terrestre de l'homme.

Les *petits Mystères* se célébraient au mois de février, à Agraé, bourg voisin d'Athènes Les aspirants qui avaient subi un examen préalable et fourni des preuves de leur naissance, de leur éducation et de leur honorabilité, étaient reçus à rentrée de l'enceinte fermée par le prêtre d'Éleusis nommé *hiérocéryx* ou héraut sacré, assimilé à Hermès, coiffé comme lui du pétase et portant le caducée. C'était le guide, le médiateur, l'interprète des Mystères. Il conduisait les arrivants vers un petit temple à colonnes ioniennes, dédié à Korè, la grande Vierge Perséphone. Le gracieux sanctuaire de la déesse se cachait au fond d'un vallon tranquille, au milieu d'un bois sacré, entre des groupes d'ifs et de peupliers blancs. Alors les prêtresses de Proserpine, les hiérophantides, sortaient du temple en péplos immaculés, bras nus, couronnées de narcisses. Elles se rangeaient en ligne au haut de l'escalier et entonnaient une mélopée grave sur le mode dorien. Elles disaient en scandant leurs paroles avec de grands gestes :

« O aspirants des Mystères, vous voici au seuil de Proserpine. Tout ce que vous allez voir va vous surprendre. Vous apprendrez que votre vie présente n'est qu'un tissu de rêves mensongers et confus. Le sommeil qui vous entoure d'une zone de ténèbres emporte vos rêves et vos jours dans son flux, comme des débris flottants qui s'évanouissent à la vue. Mais par delà, s'étend une zone de lumière éternelle. Que Perséphone vous soit propice et vous enseigne elle-même à franchir le fleuve des ténèbres et à pénétrer jusqu'à Déméter céleste. »

Puis, la prophantide ou prophétesse qui conduisait le chœur, descendait trois marches de l'escalier et proférait cette malédiction d'une voix solennelle, d'un regard effrayant : « Mais malheur à ceux qui seraient venus pour profaner les Mystères ! Car la déesse poursuivra ces cœurs pervers pendant toute leur vie, et dans le royaume des ombres, elle ne lâchera pas sa proie ! »

Plusieurs jours se passaient ensuite en ablutions, en jeûnes, en prières et en instructions.

Le soir du dernier jour, les néophytes se réunissaient dans la partie la plus secrète du bois sacré pour y assister à l'*enlèvement de Perséphone*. La scène se jouait en plein air par les prêtresses du temple. L'usage remontait fort loin, et le fond de cette représentation, l'idée dominante resta toujours la même, quoique la forme variât beaucoup dans le cours des âges. Du temps de Platon, grâce au développement récent de la tragédie, l'ancienne sévérité hiératique avait fait place à un goût plus humain, plus raffiné et à une tendance passionnelle. Guidés par l'hiérophante, les poètes anonymes d'Éleusis avaient fait de cette scène un petit drame qui se déroulait à peu près ainsi :

(Les néophytes arrivent deux à deux, dans une clairière. Au fond, on voit des rochers avec une grotte, entourées d'un bois de myrte et de quelques peupliers. Sur le devant, une prairie où il y a des nymphes couchées autour d'une source. Au fond de la grotte, on aperçoit *Perséphone* assise sur un siège. Nue jusqu'à la ceinture comme une Psyché, son buste svelte émerge chastement d'une draperie enroulée comme une vapeur d'azur a ses flancs. Elle semble heureuse, inconsciente de sa beauté, et brode un long voile de fils multicolores. *Déméter*, sa mère, est debout, près d'elle, coiffée du kalathos, son sceptre à la main.)

HERMÈS (le héraut des Mystères, aux assistants). – Déméter nous fait deux présents excellents : les fruits, afin que nous ne vivions pas comme les bêtes, et l'initiation qui donne un espoir plus doux à ceux qui y participent – et pour la fin de cette vie et pour toute l'éternité. Prenez garde aux paroles que vous allez entendre, aux choses que vous allez voir.

DÉMÉTER (d'une voix grave). – Fille aimée des Dieux, demeure dans cette grotte jusqu'à mon retour et brode mon voile. Le ciel est ta patrie, l'univers est à toi. Tu vois les Dieux ; ils viennent à ton appel. Mais n'écoute point la voix d'Érôs le rusé, aux suaves regards, aux perfides conseils. Garde-toi de sortir de la grotte, et ne cueille jamais les fleurs séduisantes de la terre ; leur parfum troublant et funeste te ferait perdre la lumière du ciel et jusqu'au souvenir. Tisse mon voile et vis heureuse jusqu'à mon retour, avec les nymphes tes compagnes. Alors, sur mon char de feu, attelé de serpents, je te ramènerai dans les splendeurs de l'Éther au-dessus de la voie lactée.

PERSÉPHÔNE. – Oui, mère auguste et redoutable, par cette lumière qui t'environne et qui m'est chère, je le promets, et que les Dieux me châtient, si je ne tiens pas mon serment. (Déméter sort.)

LE CHŒUR DES NYMPHES. — O Perséphone ! O Vierge, ô chaste fiancée du Ciel, qui brodes la figure des Dieux sur ton voile, puisses-tu ne jamais connaître les vaines illusions et les maux sans nombre de la terre. L'éternelle Vérité te sourit. Ton époux céleste Dionysos t'attend dans l'Empyrée. Parfois il t'apparaît sous la forme d'un soleil lointain ; ses rayons te caressent ; il respire ton souffle et tu bois sa lumière... D'avance, vous vous possédez !... O Vierge, qui donc est plus heureuse que toi ?

PERSÉPHONE. – Sur ce voile d'azur aux plis interminables, je brode, de mon aiguille d'ivoire, Les figures innombrables des êtres et de toutes les choses. J'ai fini l'histoire des Dieux ; j'ai brodé le Chaos effrayant aux cent têtes, aux mille bras. De là doivent sortir les êtres mortels. Qui donc les a fait naître ? Le Père des Dieux me l'a dit, c'est Érôs. Mais je ne l'ai jamais vu, j'ignore sa forme. Qui donc me peindra son visage ?

LES NYMHES. – Ne songe pas à cela. Pourquoi cette vaine question ?

PERSÉPHONE (se lève et rejette le voile) — Érôs ! le plus ancien et pourtant le plus jeune des dieux, source intarissable des joies et des pleurs – car c'est ainsi qu'on m'a parlé de toi – Dieu terrible, seul inconnu, seul invisible des Immortels et seul désirable, mystérieux Érôs ! quel trouble, quel vertige me saisit à ton nom !

LE CHŒUR. – Ne cherche pas à en savoir davantage. Les questions dangereuses ont perdu des hommes et même des dieux.

PERSÉPHONE (fixe dans le vide ses yeux pleins d'épouvante). – Est-ce un souvenir ? Est-ce un pressentiment affreux ? Le Chaos... les hommes... l'abîme des générations, le cri des enfantements, les clameurs furieuses de la haine et de la guerre... le gouffre de la mort ! J'entends, je vois tout cela, et cet abîme m'attire, il me reprend, il faut que j'y descende. Érôs m'y plonge avec sa torche incendiaire. Ah ! je 'vais mourir ! Loin de moi ce rêve horrible ! (Elle se couvre le visage de ses mains et sanglote.)

LE CHŒUR – Oh ! vierge divine, ce n'est encore qu'un rêve, mais il prendrait corps, il deviendrait l'inéluctable réalité, et ton ciel disparaîtrait comme un vain songe, si tu cédais à ton désir coupable. Obéis à cet avertissement salutaire, reprends ton aiguille et tisse ton voile. Oublie l'astucieux, l'impudent le criminel Érôs !

PERSÉPHONE (ôte les mains de son visage, qui a changé d'expression. Elle sourit à travers ses larmes). — Folles que vous êtes ! Insensée que j'étais ! Je m'en souviens maintenant, je l'ai entendu, dire dans les mystères olympiens : Érôs est le plus beau des dieux ; sur un char ailé il préside aux évolutions des Immortels, au mélange des essences premières. C'est lui qui conduit les hommes hardis, les héros, du fond du Chaos aux sommets de l'Éther. Il sait tout ; comme le Feu-Principe, il traverse tous les mondes, il tient les clefs de la terre et du ciel ! Je veux le voir !

LE CHŒUR — Malheureuse ! arrête !

Érôs (sort du bois sous la forme d'un adolescent ailé). — Tu m'appelles, Perséphone ? Me voici.

PERSÉPHONE. (se rassied). — On te dit rusé, et ton visage est l'innocence même ; on te dit tout-puissant, et tu parais un frêle enfant ; on te dit traître, et plus je regarde tes yeux, plus mon cœur s'épanouit, plus je prends confiance en toi, bel enfant enjoué. On te dit savant et habile. Peux-tu m'aider à broder ce voile ?

Érôs. — Volontiers, me voici près de toi, à tes pieds. Quel voile merveilleux ! Il semble trempé dans l'azur de tes yeux. Quelles figures admirables ta main y a brodées, moins belles cependant que la divine brodeuse, qui ne s'est jamais vue elle-même dans un miroir. (Il sourit malicieusement.)

PERSÉPHONE. — Me voir moi-même ! serait-ce possible ? (Elle rougit.) Mais reconnais-tu ces figures ?

Érôs. — Si je les connais ! l'histoire des Dieux. Mais, pourquoi t'arrêter au Chaos ? C'est là que la lutte commence. Ne tisseras-tu pas la guerre des Titans, la naissance des hommes et leurs amours ?

PERSÉPHONE. – Ma science s'arrête ici et ma mémoire me fait défaut. Ne m'aideras-tu pas à. broder la suite ?

Érôs (lui jette un regard enflammé). –Oui, Perséphone, mais à une condition, c'est que, d'abord, tu viennes cueillir avec moi une fleur sur la prairie, la plus belle de toutes !

PERSÉPH0NE (sérieuse). — Ma mère auguste et sage me l'a défendu. « N'écoute pas la voix d'Érôs, m'a-t-elle dit, ne cueille pas les fleurs de la prairie. Sinon, tu seras la plus misérable des Immortelles ! »

Érôs. – Je comprends. Ta mère ne veut pas que tu connaisses les secrets de la terre et des enfers. Si tu respirais les fleurs de la prairie, ils te seraient révélés.

PERSÉPHONE. – Les connais-tu ?

Érôs. – Tous ; et tu le vois, je n'en suis que plus jeune et plus agile. O fille des dieux, l'abîme a des terreurs et des frissons que le ciel ignore ; mais il ne comprend pas le ciel, celui qui n'a pas traversé la terre et les enfers.

PERSÉPHONE. – Peux-tu me les faire comprendre ?

Erôs. – Oui, regarde ! (Il touche la terre de la pointe de son arc ; un grand narcisse en sort.)

PERSÉPHONE. – Oh, la fleur admirable ! Elle fait trembler et surgir dans mon cœur un divin ressouvenir. Quelquefois, endormie sur une cime de mon astre aimé, que dore un éternel couchant, à mon réveil, j'ai vu, sur la pourpre de l'horizon, flotter une étoile d'argent dans le sein nacré du ciel vert pâle. Il me semblait alors qu'elle était le flambeau de l'époux immortel, promesse des dieux, du divin Dionysos. Mais l'étoile descendait, descendait... et le flambeau mourait au loin.

– Cette fleur merveilleuse ressemble à cette étoile.

Érôs – Moi qui transforme et relie toute chose, moi qui fais du petit l'image du grand, de la profondeur le miroir du ciel, moi qui mélange le ciel et l'enfer sur la terre, qui élabore toutes les formes dans le profond océan, j'ai fait renaître ton étoile de l'abîme sous la forme d'une fleur, afin que tu puisses la toucher, la cueillir et la respirer.

LE CHŒUR. – Prends garde que cette magie ne soit un piège !

PERSÉPHONE. – Comment nommes-tu cette fleur ?

Érôs. – Les hommes l'appellent narcisse ; moi je l'appelle Désir. Vois, comme elle te regarde, comme elle se tourne vers toi. Ses blancs pétales frémissent comme vivants, de son cœur d'or s'échappe un parfum qui remplit toute l'atmosphère de volupté. Dès que tu porteras cette fleur magique à ton visage, tu verras, dans un tableau immense et merveilleux, les monstres de l'abîme, la terre profonde et le cœur des hommes. Rien ne te sera caché.

PERSÉPHONE. – O fleur merveilleuse, au parfum enivrant, mon cœur palpite, mes doigts brûlent en te saisissant. Je veux te respirer, te presser sur mes lèvres, te poser sur mou cœur, – dussé-je en mourir ?

(La terre s'entrouvre à côté d'elle. De la fonte béante et noire on voit surgir lentement, jusqu'à mi-hauteur, *Pluton*, sur un char attelé de deux chevaux noirs. Il saisit *Perséphone* au moment où elle cueille la fleur et l'attire violemment à lui. Celle-ci se tord inutilement dans ses bras et pousse un grand cri. Aussitôt le char s'enfonce et disparaît. Son roulement se perd au loin comme un tonnerre souterrain. Les nymphes s'éparpillent en gémissant dans le bois. Érôs s'enfuit avec un éclat de rire).

LA VOIX DE PERSÉPHONE (sous terre). – Ma mère ! Au secours ! Ma mère !

HERMÈS. O aspirants des mystères, dont la vie est encore obscurcie par les fumées de la vie mauvaise, ceci est votre histoire. Gardez et méditez ce mot d'Empédocle : la génération est une destruction terrible qui fait passer les vivants dans les morts. Jadis vous avez vécu de la vraie vie, et puis, attirés par un charme, vous êtes tombés dans l'abîme terrestre, subjugués par le corps. Votre présent n'est qu'un songe fatal. Le passé, l'avenir, seuls existent vraiment. Apprenez à vous souvenir, apprenez à prévoir.

Pendant cette scène, la nuit était tombée les torches funèbres s'allumaient entre les noirs cyprès, aux abords du petit temple, et les spectateurs s'éloignaient en silence, poursuivis par les chants éplorés des hiérophantides, appelant : Perséphone ! Perséphone ! Les petits mystères étaient terminés. Les néophytes étaient devenus *mystes*, c'est-à-dire *voilés*. Ils allaient retourner à leurs occupations habituelles, mais le grand *voile des mystères* s'était étendu sur leurs yeux. Entre eux et le monde extérieur, un nuage s'était interposé. En même temps, un œil intérieur s'était ouvert dans leur esprit, par lequel ils apercevaient vaguement un autre monde plein de formes attirantes, qui se mouvaient dans des gouffres tour à tour splendides et ténébreux.

Les grands mystères qui faisaient suite aux petits mystères, et qui s'appelaient aussi les *Orgies sacrées*, ne se célébraient que tous les cinq ans, au mois de septembre, à Eleusis.

Ces fêtes, toutes symboliques, duraient neuf jours ; le huitième on distribuait aux mystes les insignes de l'initiation : le thyrse et une corbeille appelée ciste, entourée de branches de lierre.

Celle-ci renfermait des objets mystérieux dont l'intelligence devait donner le secret de la vie. Mais la corbeille était soigneusement scellée. Il n'était permis de l'ouvrir qu'à la fin de l'initiation et devant l'hiérophante.

Puis on se livrait à une joie exultante, ou agitait des flambeaux, on se les passait l'un à l'autre, on poussait des cris d'allégresse. Ce jour-là, un cortège portait d'Athènes à Éleusis la statue de Dionysos, couronné de myrtes, qu'on nommait Iacchos. Sa venue à Éleusis annonçait la grande renaissance. Car il représentait l'esprit divin qui pénètre toute chose, le régénérateur des âmes, le médiateur entre la terre et le ciel.

Cette fois-ci, on entrait dans le temple par la porte mystique, pour y passer la nuit sainte, ou nuit de l'initiation.

On pénétrait d'abord sous un vaste portique compris dans l'enceinte extérieure. Là, le héraut, avec des menaces terribles et le cri : *Eskato Bébéloï !* hors d'ici les profanes ! écartait les intrus qui parvenaient quelquefois à se glisser dans l'enceinte avec les mystes. A ceux-ci, il faisait jurer, sous peine de mort, de ne rien révéler de ce qu'ils verraient. Il ajoutait : « Vous voici au seuil souterrain de Perséphône. Pour comprendre la vie future et votre condition présente, il faut avoir traversé l'empire de la mort ; c'est l'épreuve des initiés. Il faut savoir braver les ténèbres, pour jouir de la lumière. » Ensuite, on revêtait la peau de faon, image de la lacération et du déchirement de l'âme plongée dans la vie corporelle. Puis on éteignait les flambeaux et les lampes, et on entrait dans le labyrinthe souterrain.

Les mystes tâtonnaient d'abord dans les ténèbres. Bientôt on entendait des bruits, des gémissements et des voix redoutables. Des éclairs accompagnés de tonnerre sillonnaient les ténèbres. A leur lueur, on apercevait des visions effrayantes : tantôt un monstre, chimère ou dragon ; tantôt un homme lacéré, sous les pieds d'un sphinx : tantôt une larve humaine. Ces apparitions étaient si soudaines qu'on n'avait pas le temps de distinguer l'artifice qui les produisait, et l'obscurité complète qui leur succédait en redoublait l'horreur. Plutarque rapproche la terreur que donnaient ces visions de l'état d'un homme à son lit de mort.

La scène la plus étrange, et qui touchait à la magie véritable, se passait dans une crypte où un prêtre phrygien, vêtu d'une robe asiatique calamistrée, à raies verticales, rouges et noires, était debout devant un brasier de cuivre, qui éclairait vaguement la salle de sa lueur intermittente. D'un geste qui ne souffrait pas de réplique, il forçait les arrivants à s'asseoir à l'entrée et jetait dans le brasier de grosses poignées de parfum narcotiques. La salle s'emplissait aussitôt d'épais tourbillons de fumée, et bientôt on y distinguait un pêle-mêle de formes changeantes, animales et humaines. Quelquefois, c'étaient de longs serpents qui s'étiraient en sirènes et s'enchevêtraient dans un enroulement interminable ; quelquefois, des bustes de nymphes voluptueusement cambrés, aux bras étendus, se changeaient en chauves-souris ; des têtes charmantes d'adolescents, en mufles de chiens. Et tous ces monstres, tour à tour jolis et hideux, fluides, aérien, décevants, irréels, aussi vite évanouis qu'apparus, tournoyaient, chatoyaient, donnaient le vertige, enveloppaient les mystes fascinés comme pour leur barrer la route. Quelquefois, le prêtre de Cybèle étendait sa courte baguette au milieu des vapeurs, et l'effluve de sa volonté semblait imprimer à la ronde multiforme un mouvement tourbillonnant et une vitalité inquiétante. – Passez ! disait le Phrygien. Les mystes se levaient et entraient dans le cercle. Alors, la plupart se sentaient frôlés étrangement, d'autres rapidement touchés par des mains invisibles ou violemment jetés par terre. Quelques-uns reculaient d'effroi et s'en retournaient par où ils étaient venus. Les plus courageux seuls passaient en s'y prenant à plusieurs fois ; car une ferme résolution coupait court au sortilège[104].

Alors, on atteignait une grande salle circulaire, éclairée d'un jour funèbre par de rares lampadaires. Au centre, une colonne unique, un arbre en bronze, dont

---

[104] La science contemporaine ne verrait, dans ces faits, que de simples hallucinations ou suggestions. La science de l'ésotérisme antique attribuait à ce genre de phénomènes, qu'on produisait fréquemment dans les Mystères, une valeur à la fois subjective et objective. Elle croyait à l'existence d'esprits élémentaires, sans âme individualisée et sans raison, semi-conscients, qui remplissent l'atmosphère terrestre et sont, en quelque sorte, les âmes des éléments. La magie, qui est la volonté mise en acte dans le maniement des forces occultes, les rend visibles quelquefois. C'est d'eux que parle Héraclite, lorsqu'il dit : « La nature, en tous lieux, est pleine de démons. » Platon les appelle : démons des éléments ; Paracelse : élémentaux. Selon ce médecin théosophe du seizième siècle, ils sont attirés par l'atmosphère magnétique de l'homme, s'y électrisent et sont capables, alors, de revêtir toutes les formes imaginable Plus l'homme est livré à ses passions, plus il devient leur proie, sans s'en douter. Le mage seul les dompte et s'en sert. Mais ils constituent une sphère d'illusions décevantes et de folies qu'il doit maîtriser et franchir à son entrée dans le monde occulte. C'est eux que Bulwer appelle le *gardien du seuil*, dans son curieux roman de *Zanoni*.

le feuillage métallique s'étend sur tout le plafond[105]. Dans ce feuillage s'incrustent des chimères, des gorgones, des harpies, des hiboux, des sphinges et des stryges, images parlantes de tous les maux terrestres, de tous les démons qui s'acharnent sur l'homme. Ces monstres, reproduits en métaux reluisants, s'enroulent au branchage, et, d'en-haut, semblent guetter leur proie. Sous l'arbre siège, sur un trône magnifique, Pluton- Aïdonée, au manteau de pourpre. Sous lui, la nébride ; sa main tient le trident ; son front est soucieux. A côté du roi des Enfers, qui ne sourit jamais, son épouse : la grande, la svelte Perséphone. Les mystes la reconnaissent sous les traits de l'hiérophantide qui avait déjà représenté la déesse dans les petits mystères. Elle est toujours belle, plus belle peut être dans sa mélancolie, mais combien changée sous sa robe de deuil aux larmes d'argent et sous le diadème d'or ! Ce n'est plus la Vierge de la grotte ; maintenant, elle sait la vie d'en-bas et elle souffre. Elle règne sur des puissances inférieures, elle est souveraine parmi les morts, mais étrangère dans son empire. Un pâle sourire éclaire son visage assombri par l'ombre de l'Enfer. Ah ! dans ce sourire, il y a la science du Bien et du Mal, le charme inexprimable de la douleur vécue et muette. La souffrance enseigne la pitié. Elle accueille avec un regard de compassion les mystes qui s'agenouillent et déposent à ses pieds des couronnes de narcisse. Alors

---

[105] C'est l'arbre des songes mentionné par Virgile dans la descente d'Énée aux Enfers, au VIème livre de l'*Énéide*, qui reproduit les scènes principales des, mystères d'Éleusis, avec des amplifications poétiques.

reluit dans ses yeux une flamme mourante, espérance perdue, lointain ressouvenir du ciel !

Tout à coup, au bout d'une galerie montante, brillent des torches, et, comme un coup de trompette, une voix clame. « Arrivez, mystes Iacchos est revenu ! Déméter attend sa fille. Evohé ! » Les échos sonores du souterrain répètent ce cri. Perséphone se dresse sur son trône, comme réveillée en sursaut d'un long sommeil et traversée d'une pensée fulgurante : « La lumière ! Ma mère ! Iacchos ! » Elle veut s'élancer : mais Aïdonée la retient du geste, par le pan de sa robe ; et elle retombe sur son trône, comme morte. Alors, les lampadaires s'éteignent subitement, et une voix s'écrie : « Mourir, c'est renaître ! » Mais les mystes se pressent par la galerie des héros et des demi-dieux, vers l'ouverture du souterrain, où les attendent le Hermès et le porte-flambeau. On leur ôte la peau de faon, on les asperge d'eau lustrale, on les revêt de lin frais et on les amène dans le temple splendidement illuminé, où les reçoit l'hiérophante, le grand-prêtre, d'Éleusis, vieillard majestueux, vêtu de pourpre.

Et maintenant, laissons parler Porphyre. Voici comment il raconte l'initiation suprême d'Éleusis :

« Couronnés de myrte, nous entrons, avec les autres initiés, dans le vestibule du temple, – aveugles encore ; – mais l'hiérophante, qui est à l'intérieur, va bientôt nous ouvrir les yeux. Mais d'abord – car il ne faut rien faire avec précipitation – d'abord lavons- nous dans l'eau sacrée. Car c'est avec des mains pures et un cœur pur que nous sommes priés d'entrer dans l'enceinte sacrée. Conduits devant l'hiérophante, il nous lit, dans un livre de pierre, des choses que nous ne devons pas divulguer, sous peine de mort. Disons seulement qu'elles s'accordent avec le lieu et la circonstance. Vous en ririez peut-être, si vous les entendiez hors du Temple ; mais, ici, vous n'en avez nulle envie en écoutant les paroles du vieillard, car il est toujours vieux, et en regardant les symboles révélés[106]. Et vous êtes très loin de rire quand Déméter confirme, par sa langue particulière et ses signaux, par de vives scintillations de lumière, des nuages empilés sur des nuages, tout ce que nous avons vu et entendu de son prêtre sacré ; alors, finalement, la lumière d'une sereine merveille remplit le Temple ; nous voyons les purs champs d'Élysée ; nous entendons le chœur des bien heureux ; – alors, ce n'est pas seulement par une apparence extérieure ou par une interprétation philosophique, mais en fait et en réalité, que l'hiérophante devient le créateur et le révélateur de toutes choses ; le Soleil n'est que son porte-flambeau, la Lune son officiant près de l'autel, et Hermès son

---

[106] Les objets en or, renfermés dans le ciste, étaient : la pomme de pin (symbole de la fécondité, de la génération), le serpent en spirale (évolution universelle de l'âme : chute dans la matière et rédemption par l'esprit), l'œuf (rappelant la sphère ou perfection divine, but de l'homme).

hérault mystique. Mais le dernier mot a été prononcé : *Konx Om Pax*[107].

Le rite est consommé et nous sommes Voyants pour toujours. »

Que disait donc le grand hiérophante ? Quelles étaient ces paroles sacrées, cette révélation suprême ?

Les initiés apprenaient que la divine Perséphône, qu'ils avaient vue au milieu des terreurs et des supplices des enfers, était l'image de l'âme humaine enchaînée à la matière dans cette vie, ou livrée dans l'autre à des chimères et à des tourments plus grands encore, si elle a vécu esclave de ses passions. Sa vie terrestre est une expiation ou une épreuve d'existences précédentes. Mais l'âme peut se purifier par la discipline, elle peut se souvenir et pressentir par l'effort combiné de l'intuition, de la raison et de la volonté, et participer d'avance aux vastes vérités dont elle doit prendre possession pleine et entière dans l'immense au-delà. Alors seulement Perséphône redeviendra la pure, la lumineuse, la Vierge ineffable, dispensatrice de l'amour et de la joie. – Quant à sa mère Cérès, elle était, dans les mystères, le symbole de l'Intelligence divine et du

---

[107] Ces mots mystérieux n'ont pas de sens en grec. Cela prouve, en tout cas, qu'ils sont très anciens et viennent de l'Orient. Wilford leur donne une origine sanscrite. *Konx* viendrait de *Kansha*, signifiant l'objet du plus profond désir ; *Om* de *Oum*, âme de Brahmâ, et *Pax* de *Pasha*, tour, échange, cycle. La bénédiction suprême de l'hiérophante d'Éleusis signifiait donc Que tes désirs soient accomplis ; retourne à l'âme universelle !

principe intellectuel de l'homme, que l'âme doit rejoindre pour atteindre sa perfection.

S'il faut en croire Platon, Jamblique, Proclus, et tous les philosophes alexandrins, l'élite des initiés avait dans l'intérieur du temple des visions d'un caractère extatique et merveilleux. J'ai cité le témoignage de Porphyre. Voici celui de Proclus : « Dans toutes les initiations et mystères, les dieux (ce mot signifie ici tous les ordres d'esprits) montrent beaucoup de formes d'eux-mêmes et apparaissent sous une grande variété de figures ; quelquefois c'est une lumière sans forme, quelquefois cette lumière revêt la forme humaine ; quelquefois une forme différente[108]. Voici le passage d'Apulée : « Je m'approchai des confins de la mort et ayant atteint le seuil de Proserpine, j'en revins ayant été porté à travers tous les éléments (esprits élémentaux de la terre, de l'eau, de l'air et du feu). Dans les profondeurs de minuit, je vis le soleil reluisant d'une lumière splendide, en même temps les dieux infernaux et les dieux supérieurs et, m'approchant de ces divinités ; je leur payai le tribut d'une pieuse adoration. »

Si vagues que soient ces témoignages, ils semblent se rapporter à des phénomènes occultes ; Selon la doctrine des mystères, les visions extatiques du temple se seraient produites à travers le plus pur des éléments : la lumière spirituelle assimilée à l'Isis céleste. Les oracles de Zoroastre l'appellent : la Nature qui parle par elle-même, c'est-à-dire un élément par lequel le Mage donne une expression visible et instantanée à la

---

[108] Proclus. Commentaire de la République de Platon.

pensée, et qui sert également de corps et de vêtement aux âmes, qui sont les plus belles pensées de Dieu. C'est pourquoi l'hiérophante, s'il avait le pouvoir de produire ce phénomène, de mettre les initiés en rapport avec les âmes des héros et des dieux (anges et archanges) était assimilé à ce moment au Créateur, au Démiurge ; le Porte-flambeau, au Soleil, c'est-à-dire à la Lumière hyperphysique ; et le Hermès à la parole divine qui est son interprète. Quoiqu'il en soit de ces visions, il n'y a qu'une voix dans l'antiquité sur l'exaltation sereine que produisaient les dernières révélations d'Éleusis. Alors un bonheur inconnu, une paix surhumaine descendait dans le cœur des initiés. La vie semblait vaincue, l'âme délivrée, le cycle redoutable des existences accompli. Tous se retrouvaient avec une joie limpide, une certitude ineffable dans le pur éther de l'âme universelle.

Nous venons de revivre le drame d'Éleusis avec son sens intime et caché. J'ai indiqué le fil conducteur qui traverse ce labyrinthe, j'ai montré la grande unité qui domine sa richesse et sa complexité. Par une harmonie savante et souveraine, un lien étroit unissait les cérémonies variées au drame divin, qui formait le centre idéal, le foyer lumineux de ces fêtes religieuses. Ainsi les initiés s'identifiaient peu à peu avec l'action. De simples spectateurs ils devenaient acteurs et reconnaissaient, à la fin, que le drame de Perséphone se passais en eux-mêmes. Et quelle surprise, quelle joie dans cette découverte ! S'ils souffraient, s'ils luttaient avec elle diton la vie présente, ils avaient comme elle l'espoir de retrouver la félicité divine, la lumière de la grande Intelligence. Les paroles de l'hiérophante, les scènes et les révélations du temple leur en donnaient l'avant-goût.

Il va sans dire que chacun comprenait ces choses selon son degré de culture et sa capacité intellectuelle. Car, comme le dit Platon, et cela est vrai pour tous les temps, il y a beaucoup de gens qui portent le thyrse et la baguette et peu d'inspirés. Après l'époque d'Alexandre, les Éleusinies furent atteintes dans une certaine mesure par la décadence payenne, mais leur fond sublime subsista et les sauva de la déchéance qui frappa les autres temples. Par la profondeur de leur doctrine sacrée, par la splendeur de leur mise en scène, les Mystères se maintinrent pendant trois siècles, en face du christianisme grandissant. Ils ralliaient alors cette élite, qui, sans nier que Jésus fût une manifestation d'ordre héroïque et divin, ne voulaient pas oublier, comme le faisait déjà l'Église d'alors, la vieille science et la doctrine sacrée. Il fallut un édit de Théodose, ordonnant de raser le temple d'Éleusis, pour mettre fin à ce culte auguste, où la magie de l'art grec s'était plu à incorporer les plus hautes doctrines d'Orphée, de Pythagore et de Platon.

Aujourd'hui l'asile de l'antique Déméter a disparu sans trace dans la baie silencieuse d'Éleusis, et le papillon, l'insecte de Psyché qui traverse le golfe d'azur aux jours de printemps, rappelle seul qu'ici, jadis, la grande Exilée, l'Ame humaine, évoqua les Dieux et reconnut son éternelle patrie.

LIVRE VIII

JÉSUS

(LA MISSION DU CHRIST)

Je ne suis pas venu pour abolir la Loi et les Prophètes, mais pour les accomplir.

Matthieu. V, 7.

La Lumière était dans le monde et le monde a été fait par elle ; mais le monde ne l'a pas connue.

Jean. I, 10

L'avènement du Fils de l'Homme sera comme un éclair qui sort de l'Orient et va jusqu'en Occident.

Matthieu. XXIV, 27.

LA MISSION DU CHRIST[109]

---

[109] Le travail accompli depuis cent ans par la critique sur la vie de Jésus est certainement un des plus considérables de ce temps-ci. On en trouvera un aperçu complet dans le lumineux résumé qu'en a fait M. Sabatier (*Dictionnaire des Sciences religieuses*, par Lichtenberger, tome VII. Article Jésus.) Cette belle étude donne tout l'historique de la question et en marque avec précision l'état actuel. − Je rappellerai simplement ici les deux phrases principales qu'elle a traversées avec Strauss et Renan, pour mieux établir le point de vue nouveau auquel je me suis placé.

Sortant de l'école philosophique de Hegel et se rattachant à l'école critique et historique de Bauer, Strauss, sans nier l'existence de Jésus, essaya de prouver que sa vie, telle qu'elle est racontée dans les Évangiles, est un mythe, une légende créée par l'imagination populaire, pour les besoins du christianisme naissant et selon les prophéties de l'Ancien Testament. Sa thèse, purement négative, défendue avec une extrême ingéniosité et une profonde érudition, s'est trouvée vraie sur certains points de détail, mais absolument insoutenable dans l'ensemble et sur les points essentiels. Elle a en outre le grave défaut de n'expliquer ni le caractère de Jésus, ni l'origine du christianisme. La vie de Jésus de Strauss est un système planétaire sans soleil. Il faut lui accorder néanmoins un mérite considérable, celui d'avoir transféré le problème du domaine de la théologie dogmatique sur celui de la critique des textes et de l'histoire.

I

ÉTAT DU MONDE A LA
NAISSANCE DE JÉSUS

L'heure du monde se faisait solennelle ; le ciel de la planète était sombre et plein de présages sinistres.

Malgré l'effort des initiés le polythéisme n'avait abouti en Asie, en Afrique et en Europe qu'à une débâcle de la civilisation. Cela n'atteint pas la sublime cosmogonie d'Orphée si splendidement chantée, mais déjà diminuée par Homère. On ne peut en accuser que la difficulté pour la nature humaine de se maintenir à une certaine hauteur intellectuelle. Pour les grands esprits de l'antiquité, les Dieux ne furent jamais qu'une expression poétique des forces hiérarchisées de la nature, une image parlante de son organisme interne, et c'est aussi comme symboles des forces cosmiques et animiques que ces Dieux vivent indestructibles dans la conscience de l'humanité. Dans la pensée des initiés, cette diversité des dieux ou des forces était dominée et pénétrée par le Dieu suprême ou Esprit pur. Le but principal des sanctuaires de Memphis, de Delphes et d'Éleusis avait été précisément d'enseigner cette unité de Dieu avec les idées théosophiques et la discipline morale qui s'y rattachent. Mais les disciples d'Orphée, de Pythagore et de Platon échouèrent devant l'égoïsme des politiciens, devant la mesquinité des sophistes et les passions de la foule. La décomposition sociale et politique de la Grèce fut la conséquence de sa décomposition religieuse, morale et intellectuelle. Apollon, le verbe solaire, la manifestation du Dieu suprême et du monde supraterrestre par la beauté, la justice et la divination, se tait. Plus d'oracles, plus d'inspirés, plus de vrais poètes : Minerve-Sagesse et Providence, se voile devant son peuple changé en satyres, qui profane les Mystères, insulte les sages et les dieux, sur le théâtre de Bacchus, dans les farces aristophanesques. Les mystères eux-mêmes se corrompent ;.car on admet Les sycophantes et les courtisanes aux fêtes d'Éleusis. – Quand l'âme s'épaissit, la religion devient idolâtre ; quand la pensée se matérialise, la philosophie tombe dans .le scepticisme. Aussi voyons-nous Lucien, microbe naissant sur le cadavre du paganisme, railler le mythes, après que Carnéade en a méconnu l'origine scientifique.

Superstitieuse en religion, agnostique en philosophie, égoïste et dissolvante en politique, ivre d'anarchie et fatalement vouée à la tyrannie : voilà ce qu'était devenue cette Grèce divine, qui nous a transmis la science égyptienne et les mystères de l'Asie, sous les formes immortelles de la beauté.

Si quelqu'un comprit ce qui manquait au monde antique, si quelqu'un essaya de le relever par un effort d'héroïsme et de génie, ce fut Alexandre le Grand. Ce légendaire conquérant, initié comme son père Philippe aux mystères de Samothrace, se montra encore plus fils intellectuel d'Orphée que disciple d'Aristote. Sans doute l'Achille de la Macédoine, qui se jeta avec une poigné de Grecs à travers l'Asie jusqu'en Inde, rêva l'empire universel, mais non pas à la façon des Césars, par l'oppression des peuples, par l'écrasement de la religion et de la science libre. Sa grande idée fut la réconciliation de l'Asie et de l'Europe, par une synthèse des. religions, appuyée sur une autorité scientifique. Mu par cette pensée, il rendit hommage à la science d'Aristote, comme à la Minerve d'Athènes, au Jéhovah de Jérusalem, comme à l'Osiris égyptien et au Brahmâ des Indous, reconnaissant en véritable initié la même divinité et la même sagesse sous tous ces symboles. Large vue, superbe divination de ce nouveau Dionysos. L'épée d'Alexandre fut le dernier éclair de la Grèce d'Orphée. Il illumina l'Orient et l'Occident. Le fils de.Philippe mourut dans l'ivresse de sa victoire et de son rêve, laissant des lambeaux de son empire à des généraux rapaces. Mais sa pensée ne mourut pas avec lui. Il avait fondé Alexandrie, où la philosophie orientale, le judaïsme et l'hellénisme devaient se fondre, au creuset de l'ésotérisme égyptien, en attendant la parole de résurrection du Christ.

A mesure que les astres jumeaux de la Grèce, Apollon et Minerve, descendaient en pâlissant sur l'horizon, les peuples virent monter dans leur ciel orageux un signe menaçant : la louve romaine.

Quelle est l'origine de Rome ? La conjuration d'une oligarchie avide au nom de la force brutale ; l'oppression de l'intellect humain, de la Religion, de la Science et de l'Art par le pouvoir politique déifié : en d'autres termes, le contraire de la vérité, d'après laquelle un gouvernement ne tire son droit que des principes suprêmes de la Science et de l'Économie[110].

Toute l'histoire romaine n'est que la conséquence de ce pacte d'iniquité, par lequel les Pères Conscrits déclarèrent la guerre à l'Italie d'abord, ensuite au genre humain. Ils choisirent bien leur symbole ! La louve d'airain, qui dresse son poil fauve et avance sa tête d'hyène sur le Capitole, est l'image de ce gouvernement, le démon qui possédera jusqu'au bout l'âme romaine.

En Grèce, du moins, on respecta toujours les sanctuaires de Delphes et d'Éleusis. A Rome, on repoussa, dès l'origine, la Science et l'Art. La tentative du sage Numa, l'initié étrusque, échoua devant l'ambition soupçonneuse des Pères-conscrits. Il apporta avec lui les livres sybillins, qui contenaient une partie de la science d'Hermès. Il créa des juges arbitres élus par le peuple ; il lui distribua des terres ; il éleva un Temple à la Bonne-Foi et à Janus, hiérogramme qui signifie l'universalité de la Loi ; il soumit le droit de guerre aux Féciaux. Le roi Numa, que la mémoire du peuple ne cessa de chérir et qu'il considérait comme inspiré par un génie divin, semble donc une intervention historique de la science sacrée dans le gouvernement. Il

---

[110] Ce point de vue, diamétralement opposé à l'école empirique d'Aristote et de Montesquieu, fut bien celui des grands initiés, des prêtres égyptiens, comme de Moïse et Pythagore. Il a été signalé et mis en lumière avec beaucoup de force un ouvrage cité plus haut : *La Mission des Juifs*, de M. Saint-Yves. Voir son remarquable chapitre sur la fondation de Rome.

ne représente pas le génie romain, mais le génie de l'initiation étrusque, qui suivait les mêmes principes que l'école.de Memphis et de Delphes.

Après Numa, le sénat romain brûla les livres sybillins, ruina l'autorité des flamines, détruisit les institutions arbitrales et revint à son système, où la religion n'était qu'un instrument de domination politique. Rome devint l'hydre qui engloutit les peuples avec leurs Dieux. Les nations de la terre furent peu à peu soumises et spoliées. La prison mamertine se remplit des rois du nord et du midi. Rome, ne voulant d'autres prêtres que des esclaves et des charlatans, assassine en Gaule, en Égypte, en Judée et en Perse, les derniers détenteurs de la tradition ésotérique. Elle fait semblant d'adorer les Dieux, mais elle n'adore que sa Louve. Et maintenant, dans une aurore sanglante, apparaît aux peuples le dernier fils de cette louve, qui résume le génie de Rome : César ! Rome a absorbé tous les peuples ; César, son incarnation, dévore tous les pouvoirs. César n'aspire pas seulement à être imperator des nations ; joignant sur sa tête la tiare au diadème, il se fait nommer grand pontife. Après la bataille de Thapsus, on lui vote l'apothéose héroïque, après celle de Munda, l'apothéose divine ; puis, sa statue est mise dans le temple de Quirinus avec un collège de desservants portant son nom : les prêtres – Juliens. – Par une suprême ironie et une suprême logique des choses, ce même César, qui se fait Dieu, nie l'immortalité de l'âme en plein sénat. – Est-ce assez dire qu'il n'y a plus d'autre Dieu que César ?

Avec les Césars, Rome, héritière de Babylone, étend sa main sur le monde entier. – Or, qu'est devenu l'État romain ? L'État romain détruit au dehors toute vie collective. Dictature militaire en Italie ; exactions des gouverneurs et des publicains dans les provinces. – Rome conquérante est couchée comme un vampire sur le cadavre des sociétés antiques.

Et maintenant l'orgie romaine peut s'étaler au grand jour, avec sa bacchanale de vices et son défilé de crimes. Elle commence par la voluptueuse rencontre de Marc Antoine et de Cléopâtre ; elle finira par les débordements de Messaline et les fureurs de Néron. Elle débute par la parodie lascive et publique des mystères ; elle s'achèvera dans le cirque romain, où des bêtes fauves se rueront sur des vierges nues, martyres de leur foi, aux applaudissements de vingt mille spectateurs.

Cependant, parmi les peuples conquis par Rome, il y en avait un qui se nommait le peuple de Dieu, et dont le génie était l'opposé du génie romain. D'où vient qu'Israël, usé par ses luttes intestines, écrasé par trois cents ans de servitude, avait conservé sa foi indomptable ? Pourquoi ce peuple vaincu se dressait-il en face de la décadence grecque et de l'orgie romaine, comme un prophète, la tête couverte d'un sac de cendres, et les yeux flambants d'une colère terrible ? Pourquoi osait-il prédire la chute des maîtres qui avaient le pied sur sa gorge et parler de je ne sais quel triomphe final, alors que lui-même approchait de sa ruine irrémédiable ? C'est qu'une grande idée vivait en lui. Elle lui avait été inculquée par Moïse. Sous Josué, les douze tribus avaient dressé une pierre commémorative avec cette inscription : « C'est un témoignage entre nous que Iévé est le seul Dieu. »

Comment et pourquoi le législateur d'Israël avait fait du monothéisme la pierre angulaire de sa science, de sa loi sociale et d'une idée religieuse universelle, nous l'avons vu au livre de Moïse. Il avait eu le génie de comprendre que du triomphe de cette idée dépendait l'avenir de l'humanité. Pour la garder, il avait écrit un Livre hiéroglyphique, construit une Arche d'or, suscité un Peuple de la poussière nomade du désert. Sur ces témoins de l'idée spiritualiste, Moïse fait planer le feu du ciel et gronder la foudre. Contre eux se conjurèrent non seulement les Moabites, les Philistins, le Amalécites toutes les peuplades de la Palestine, mais encore les passions et les faiblesses du peuple juif lui-même. Le Livre cessa d'être compris par le Sacerdoce ; l'Arche fut prise par les ennemis ; et cent fois le peuple faillit oublier sa mission. Pourquoi donc lui demeura-t-il fidèle malgré tout ? Pourquoi l'idée de Moïse resta-t-elle gravée au front et au cœur d'Israël en lettres de feu ? A qui est due cette persévérance exclusive, cette fidélité grandiose à travers les vicissitudes d'une histoire agitée, pleine de catastrophes, fidélité qui donne à Israël sa physionomie unique parmi les nations ? On peut répondre hardiment : aux prophètes et à l'institution du prophétisme. Rigoureusement et par la tradition orale, elle remonte jusqu'à Moïse. Le peuple hébreu a eu des Nabi à toutes les époques de son histoire, jusqu'à sa dispersion. Mais l'institution du prophétisme nous apparaît, pour la première fois, sous une forme organique à l'époque de Samuel. Ce fut Samuel qui fonda ces confréries de *Nebïm*, ces écoles de prophètes en face de la royauté naissante et d'un sacerdoce déjà dégénéré. Il en fit les gardiennes austères de la tradition ésotérique et de la pensée religieuse universelle de Moïse, contre les rois, en qui devait prédominer l'idée politique et le but national. Dans ces confréries se conservèrent en effet les restes de la science de Moïse, la musique sacrée avec ses modes et ses pouvoirs, la thérapeutique occulte, enfin l'art de la divination que les grands prophètes déployèrent avec une puissance, une hauteur et une abnégation magistrales.

La divination a existé sous les formes et par les moyens les plus divers chez tous les peuples de l'ancien cycle. Mais le prophétisme en Israël a une envergure, une élévation, une autorité qui tient à la haute région intellectuelle et spirituelle, où le monothéisme maintient l'âme humaine. Le prophétisme présenté par les théologiens de la lettre comme la communication directe d'un Dieu personnel, nié par la philosophie naturaliste comme une pure superstition, n'est en réalité que la manifestation supérieure des lois universelles de l'Esprit. « Les vérités générales qui gouvernent le monde, dit Ewald dans son beau livre sur les prophètes, en d'autres termes *les pensées de Dieu* sont inchangeables et inattaquables, tout à fait indépendantes des fluctuations des choses, de la volonté et de l'action des hommes. L'homme est appelé originairement à y participer, à les comprendre et à les traduire librement en acte. C'est par là qu'il atteint sa propre, sa véritable destination. Mais pour que le Verbe de l'Esprit pénètre dans l'homme de chair, il faut que l'homme soit secoué jusqu'au fond par les grandes commotions de l'histoire. Alors la vérité éternelle en jaillit comme une traînée de lumière. C'est pourquoi il est dit si souvent, dans l'Ancien Testament, que *Iahvé est un Dieu vivant.* Quand l'homme écoute l'appel divin, une nouvelle vie s'édifie en lui, dans laquelle il ne se sent plus seul, mais en communion avec Dieu et avec toutes les vérités, et où il est prêt à marcher d'une vérité à l'autre, jusqu'à l'infini. Dans cette nouvelle vie, sa pensée s'identifie avec la volonté universelle. Il a la vue claire du temps présent et la foi entière dans le succès final de l'idée divine. L'homme qui éprouve cela est prophète, c'est-à-dire qu'il se sent irrésistiblement poussé à se manifester aux autres comme représentant de Dieu. *Sa pensée devient vision* et cette force supérieure qui fait jaillir la vérité de son âme, quelquefois en la brisant, constitue l'élément prophétique. *Les manifestations prophétiques ont été dans l'histoire les coups de foudre et les éclairs de la vérité*[111]. »

Voilà la source où ces géants qui se nomment Élie, Isaïe, Ezéchiel, Jérémie, puisèrent leur force. Au fond de leurs cavernes ou dans le palais des rois, ils furent vraiment les sentinelles de l'Éternel et, comme dit Élisée à son maître Élie, « les chariots et les cavaliers d'Israël. » Souvent ils prédisent avec une parfaite clairvoyance la mort des rois, la chute des royaumes, les châtiments d'Israël. Parfois aussi ils se trompent. Quoique allumé au soleil de la vérité divine, le flambeau prophétique vacille et s'obscurcit quelquefois dans leurs mains, au souffle des passions nationales. Mais jamais ils ne bronchent sur les vérités morales, sur la vraie mission d'Israël, sur le triomphe final de la. justice dans l'humanité. En vrais initiés ils prêchent le mépris du culte extérieur, l'abolition des sacrifices sanglants, la purification de l'âme et la charité. Où leur

---

[111] Ewald, *Die Propheten*. – Introduction.

vision est admirable, c'est en ce qui concerne la victoire finale du monothéisme, son rôle libérateur et pacificateur pour tous le peuples. Les plus affreux malheurs qui puissent frapper une nation, l'invasion étrangère, la déportation en masse en Babylonie ne peuvent ébranler cette foi. Ecoutez Isaïe pendant l'invasion de Sennachérib : « Moi qui fais enfanter les autres, ne ferai-je pas enfanter Sion ? a dit l'Éternel. Moi qui fais naître, l'empêcherai-je d'enfanter ? a dit ton Dieu. – Réjouissez-vous avec Jérusalem, et soyez dans l'allégresse à cause d'elle, vous tous qui l'aimez ; vous tous qui pleuriez sur elle, réjouissez-vous avec elle d'une grande joie. – Car ainsi a dit l'Éternel : Voici, je vais faire couler sur elle la paix comme un fleuve et la gloire des nations comme un torrent débordé ; et vous serez allaités, et vous serez portés sur le côté, et on vous caressera les genoux. – Je vous consolerai comme une mère console son fils, et vous serez consolés dans Jérusalem. – Voyant leurs œuvres et leurs pensées, je viens pour rassembler toutes les nations et toutes les langues ; elles viendront et verront ma gloire[112]. » Ce n'est guère qu'aujourd'hui et devant le tombeau du Christ que cette vision commence à se réaliser ; mais qui pourrait nier sa vérité prophétique, en songeant au rôle d'Israël dans l'histoire de l'humanité ?

Non moins inébranlable que cette foi en la gloire future de Jérusalem, en sa grandeur morale, en son universalité religieuse, et en la foi des prophètes en un Sauveur ou un Messie. Tous en parlent ; l'incomparable Isaïe est encore celui qui le voit le plus

_____

[112] Isaïe, LXVI, 10-18.

nettement, qui le dépeint avec le plus de force dans son hardi langage : « Il sortira un rejeton du tronc de Jessé, un surgeon croîtra de se racines, et l'Esprit de l'Éternel reposera sur lui, l'Esprit de Sagesse et d'Intelligence, l'Esprit de Conseil et de Force, l'Esprit de Science et de Crainte de l'Éternel. Il jugera avec justice les petit et il condamnera avec droiture pour maintenir les débonnaires de la terre ; et il frappera la terre de la verge et de sa bouche, et il fera mourir le méchant par l'esprit de ses lèvres[113] ». A cette vision, l'âme sombre du prophète se calme et s'éclaircit comme un ciel d'orage, au frémissement d'une harpe céleste, et toutes ses tempêtes s'enfuient. Car maintenant c'est vraiment l'image du Galiléen qui se dessine son œil intérieur : « Il est sorti comme une fleur de la terre sèche, il a grandi sans éclat. Il est méprisé et le dernier des hommes, un homme de douleurs. Il s'est chargé de nos douleurs et nous avons cru qu'il était frappé de Dieu. Mais il a été navré pour nos forfaits et frappé pour nos iniquités. Le châtiment qui nous apporte la paix est tombé sur lui et nous avons la guérison par sa meurtrissure... On le presse, on l'accable, il a été mené à la tuerie comme un agneau et il n'a pas ouvert la bouche[114]. »

Pendant huit siècles, au-dessus des dissensions et des infortunes nationales, le verbe tonnant de prophètes fit planer l'idée et l'image du Messie, tantôt comme un vengeur terrible, tantôt comme un ange de miséricorde. Couvée sous la tyrannie assyrienne, dans l'exil de Babylone, éclose sous la domination persane, l'idée

---

[113] Isaïe, XI, 1-5.

[114] Isaïe, LXXX, 2-8.

messianique ne fit que grandir sous le règne ses Séleucides et des Macchabées. Quand vinrent la domination romaine et le règne d'Hérode, le Messie vivait dans toutes les consciences. Si les grands prophètes l'avaient vu sous les traits d'un juste, d'un martyr, d'un véritable fils de Dieu – le peuple, fidèle à l'idée judaïque, se le figurait comme un David, comme un Salomon ou comme un nouveau Macchabée. Mais, quel q'il fût, ce restaurateur de la gloire d'Israël, tout le monde y croyait, l'attendait, l'appelait.

- Telle la force de l'action prophétique.

Ainsi, de même que l'histoire romaine aboutit fatalement à César par la voie instinctive et la logique infernale du Destin, de même l'histoire d'Israël conduit librement au Christ par la voie consciente et la logique divine de la Providence, manifestée en ses représentants visibles ; les prophètes. Le mal est fatalement condamné à se contredire et à détruire lui-même parce qu'il est le Faux ; mais le Bien, malgré tous les obstacles, engendre la lumière et l'harmonie dans la série des temps, parce qu'il est la fécondité du Vrai. – De son triomphe, Rome ne tira que le césarisme ; de son effondrement, Israël enfanta le Messie, donnant raison à cette belle parole d'un poète moderne : « De son propre naufrage, l'Espérance crée la chose contemplée ! »

Une vague attente était suspendue sur les peuples. Dans l'excès de ses maux, l'humanité entière pressentait un sauveur. Depuis des siècles, les mythologies rêvaient d'un enfant divin. Les temples en parlaient avec mystère ; les astrologues calculaient sa venue ; des sybilles en délire avaient vociféré la chute des dieux païens. Les initiés avaient annoncé qu'un jour le monde serait gouverné par un des leurs, par un fils de Dieu[115]. La terre attendait un roi spirituel qui serait compris des petits, des humbles et des pauvres.

Le grand Eschyle, fils d'un prêtre d'Éleusis, faillit se faire tuer par les Athéniens parce qu'il osa dire en plein théâtre, par la bouche de son Prométhée, que le règne de Jupiter-Destin finirait. – Quatre siècles plus tard, à l'ombre du trône d'Auguste, le doux Virgile annonce un âge nouveau et rêve d'un enfant merveilleux : « Il est venu ce dernier âge prédit par la Sibylle de Cumes, le grand ordre des siècles épuisés recommence ; déjà revient la Vierge et avec elle le règne de Saturne ; déjà du haut des cieux descend une race nouvelle. – Cet enfant dont la naissance doit bannir le siècle de fer et ramener l'âge d'or dans le monde entier, daigne, chaste Lucine, le protéger, déjà règne Apollon ton frère. – Vois sur son axe ébranlé se balancer le monde ; vois la terre, les mers dans leur

---

[115] Telle est le sens ésotérique de la belle légende des rois mages, venant du fond de l'Orient adorer l'enfant de Bethlehem.

523

immensité, le ciel et sa voûte profonde, la nature tout entière, tressaillir à l'espérance du siècle à venir[116] ! »

Cet enfant, où naîtra-t-il ? De quel monde divin viendra cette âme ? Par quel éclair d'amour descendra-t-elle sur cette terre ? Par quelle pureté merveilleuse, par quelle énergie surhumaine se souviendra-t-elle du ciel quitté ? Par quel effort plus gigantesque saura-t-elle y rebondir du fond de sa conscience terrestre, et y entraîner l'humanité à sa suite ?

Personne n'eût pu le dire, mais on l'attendait. – Hérode le Grand, l'usurpateur Iduméen, le protégé de César-Auguste, agonisait alors dans son château de Cypros, à'Jéricho, après un règne somptueux et sanglant qui avait couvert la Judée de palais splendides et d'hécatombes humaines. Il expirait d'une affreuse maladie, d'une décomposition du sang, haï de tous, rongé de fureur et de remords, hanté par les spectres de ses innombrables victimes, parmi lesquelles se dressaient sa femme innocente, la noble Marianne, du sang des Macchabées, et trois de ses propres fils. Les sept femmes de son harem avaient fui devant le

---

[116] Ultima Cumæi venit jam carminis aetas: Magnus ab integro sæclorum nascitur ordo. Jam redit et Virgo, redeunt Saturnia regna Jam nova progenies cœlo demittitur alto. Tu modo nascenti puero, quo ferrea primum Desinet, ac toto surget gens aurea mundo, Casta, fave, Lucina ; tuus jam regnat Apollo....Aspice convexo nutantem pondere mundum, Terrasque, tractusque maris, cœlumque profundum ; Aspice venturo laetantur ut omnia sæclo. (Virgile, Eglogue, IV)

fantôme royal qui, vivant encore, sentait déjà le sépulcre. Ses gardes même l'avaient abandonné. Impassible, à côté du moribond, veillait sa sœur Salomé, son mauvais génie, instigatrice de ses crimes les plus noirs. Le diadème au front, la poitrine étincelante de pierreries, dans une attitude altière, elle épiait le dernier soupir du roi, pour saisir le pouvoir à son tour.

Ainsi mourut le dernier roi des Juifs. A ce moment même, venait de naître le futur roi spirituel de l'humanité[117], et les rares initiés d'Israël préparaient en silence son règne, dans une humilité et une obscurité profondes.

---

[117] Hérode mourut l'an 4 avant notre ère. Les calculs de la critique s'accordent généralement aujourd'hui à faire remonter à cette date la naissance de Jésus. Voyez Keim, das Leben Jesu.

II

MARIE – PREMIER
DÉVELOPPEMENTS DE JÉSUS

Jéhoshoua, que nous appelons Jésus de son nom hellénisé, naquit probablement à Nazareth[118]. Ce fut certainement dans ce coin perdu de la Galilée que s'écoula son enfance et que s'accomplit le premier le premier, le plus grand des mystères chrétiens : l'éclosion de l'âme du Christ. Il était fils de Myriam que nous appelons Marie, femme du charpentier Joseph, une Galiléenne de noble souche, affiliée aux Esséniens.

La légende a enveloppé la naissance de Jésus d'un tissu de merveilles. Si la légende abrite bien des superstitions, parfois aussi elle recouvre des vérités psychiques peu connues, parce qu'elles sont au-dessus de la perception commune. Un fait semble ressortir de l'histoire légendaire de Marie, c'est que Jésus fut un enfant consacré à une mission prophétique par le désir de sa mère, avant sa naissance. On rapporte la même chose de plusieurs héros et prophètes de l'Ancien

---

[118] Il ne serait nullement impossible que Jésus fût né à Bethlehem par un circonstance fortuite. Mais cette tradition semble faire partie du cycle de légendes postérieures sur la Sainte famille et l'enfance du Christ.

Testament. Ces fils voués à Dieu par leur mère s'appelaient *Nazariens*. A cet égard, il est intéressant de relire l'histoire de Samson et celle de Samuel. Un ange annonce à la mère de Samson qu'elle va être enceinte, qu'elle enfantera un fils, que le rasoir ne passera pas sur sa tête « parce que l'enfant sera nazarien dès le sein de sa mère ; et ce sera lui qui commencera à délivrer Israël de la main des Philistins[119] ». La mère de Samuel demanda elle-même son enfant à Dieu. « Anna, femme d'Elkana était stérile. Elle fit un vœu et dit : Éternel des armées célestes ! si tu donnes un enfant mâle à ta servante, je le donnerai à l'Éternel pour tous les jours sa Vie, et aucun rasoir ne passera sur sa tête... *Alors Elkana connut sa femme...* Quelque temps après, Anna ayant conçu enfanta un fils et le nomma Samuel, *parce que, dit-elle, je l'ai demandé à l'Éternel*[120]. » Or SAM – U – EL signifie, d'après les racines sémitiques primitives : *Splendeur intérieure de Dieu*. La mère, se sentant comme illuminée par celui qu'elle incarnait, le considérait comme *l'essence éthérée du Seigneur*.

Ces passages sont extrêmement importants, parce qu'ils nous font pénétrer dans la tradition ésotérique constante et vivante en Israël, et par elle dans le sens véritable de la légende chrétienne. Elkana, le mari, est bien le père terrestre de Samuel selon la chair ; mais l'Éternel est son père céleste selon l'Esprit. Le langage figuratif du monothéisme judaïque recouvre ici la doctrine de la préexistence de l'âme. La femme initiée fait appel à une âme supérieure, pour la recevoir dans

---

[119] Juges, XIII, 3-5.

[120] Samuel liv. I, chap. I. 11-20.

son sein et mettre au monde un prophète. Cette doctrine, très voilée chez les Juifs, complètement absente de leur culte officiel, faisait partie de la tradition secrète des initiés. Elle perce chez les prophètes. Jérémie l'affirme en ces termes : « La parole de l'Éternel me fut donc adressée et il me dit : *Avant que je te formasse dans le sein de ta mère, je t'ai connu* ; avant que tu fusses sorti de son sein, je t'ai sanctifié et t'ai établi prophète pour les nations[121]. » Jésus dira de même aux Pharisiens scandalisés : « En vérité je vous dis : avant qu'Abraham fût, j'étais[122]. »

De tout cela que faut-il retenir pour Marie, mère de Jésus ? Il semble que, dans les premières communautés chrétiennes, Jésus ait été considéré comme un fils de Marie et de Joseph, puisque Matthieu nous donne l'arbre généalogique de Joseph, afin de prouver que Jésus descend de David. Là, sans doute, comme chez quelques sectes gnostiques, on voyait en Jésus un fils donné par l'Éternel dans le même sens que Samuel. Plus tard, la légende préoccupée de montrer l'origine surnaturelle du Christ fila son voile d'or et d'azur : l'histoire de Joseph et de Marie, l'Annonciation et jusqu'à l'enfance de Marie dans le temple[123].

Si nous essayons de dégager le sens ésotérique de la tradition juive et de la légende chrétienne, nous dirons :

---

[121] Jérémie, I. 4.

[122] Jean, Ev. VIII. 58.

[123] Évangile apocryphe de Marie et de l'enfance du Sauveur publié par Tischendorff.

l'action providentielle, ou pour parler plus clairement, l'influx du monde spirituel, qui concourt à la naissance de chaque homme quel qu'il soit, est plus puissant et plus visible à la naissance de tous les hommes de génie, dont l'apparition ne s'explique nullement par la seule loi de l'atavisme physique. Cet influx atteint sa plus grande intensité, lorsqu'il s'agit d'un de ces divins prophètes, destinés à changer la face du monde. L'âme élue pour une mission divine vient d'un monde divin ; elle vient librement, consciemment ; mais pour qu'elle entre en scène dans la vie terrestre, il faut un vase choisi, il faut l'appel d'une mère d'élite, qui, par l'attitude de son être moral, par le désir de son âme et la pureté de sa vie, pressente, attire, incarne dans son sang et dans sa chair l'âme du rédempteur, destiné à devenir aux yeux des hommes un fils de Dieu. – Telle est la vérité profonde que recouvre l'antique idée de la Vierge-Mère. Le génie indou l'avait déjà exprimée dans la légende de Krishna. Les Évangiles de Matthieu et de Luc l'ont rendu avec une simplicité, une poésie plus admirables encore.

« Pour l'âme qui vient du ciel, la naissance est une mort », avait dit Empédocle, cinq cents ans avant le Christ. Quelque sublime que soit un esprit, une fois englouti dans la chair, il perd temporairement le souvenir de tout son passé ; une fois saisi dans l'engrenage de la vie corporelle, le développement de sa conscience terrestre est soumis aux lois du monde où il s'incarne. Il tombe sous la force des éléments. Plus haute fut son origine, plus grand sera l'effort pour recouvrir ses puissances endormies, ses innéités célestes, et prendre conscience de sa mission.

Les âmes profondes et tendres ont besoin de silence et de paix pour éclore. Jésus grandit dans le calme de la Galilée. Ses premières impressions furent douces, austères et sereines. Le vallon natal ressemblait à un coin de ciel tombé dans un pli de montagne. Le bourg de Nazareth n'a guère changé dans le cours des siècles[124]. Ses maisons étagées sous le roc ressemblent, au dire des voyageurs, à des cubes blancs semés dans une forêt de grenadiers, de figuiers et de vignes, que traversent de grands vols de colombes. Autour de ce nid de fraîcheur et de verdure, circule l'air vif des montagnes ; sur les hauteurs, s'ouvre l'horizon libre et lumineux de la Galilée. Ajoutez à ce cadre grandiose l'intérieur grave d'une famille pieuse et patriarcale. La force de l'éducation juive résida de tout temps dans l'unité de la loi et de la foi, ainsi que dans la puissante organisation de la famille, dominée par l'idée nationale et religieuse. La maison paternelle était pour l'enfant une sorte de temple. Au lieu des fresques riantes, faunes et nymphes, qui ornaient l'atrium des maisons grecques, telles qu'on pouvait en voir à Séphoris et à Tibériade, on ne voyait dans les maisons juives que des passages de la loi et des prophètes, dont les bandes rigides s'étalaient au-dessus des portes et sur les murs en caractères chaldaïque Mais l'union du père et de la mère dans l'amour des enfants échauffait et illuminait la nudité de cet intérieur d'une vie toute spirituelle. C'est là que Jésus reçut son premier enseignement, c'est

---

[124]   Tout le monde se souvient des descriptions magistrales de la Galilée de M. Renan, dans sa *Vie de Jésus*, et de celles non moins remarquables de M. E. Melchior de Vogué, *Voyage en Syrie et en Palestine*.

là que, par la bouche du père et de la mère, il apprit d'abord à connaître les Écritures. Dès ses premières années, la longue, l'étrange destinée du peuple de Dieu se déroula devant ses yeux, avec les fêtes périodiques qu'on célébrait en famille par la lecture, le chant et la prière. A la fête des Tabernacles, une cabane de branches de myrte et d'olivier se dressait dans la cour ou sur le toit de la maison, en souvenir du temps immémorial des patriarches nomades. On allumait le chandelier à sept branches, puis on ouvrait les rouleaux de papyrus et on lisait les saintes histoires. Pour l'âme enfantine, l'Éternel était présent, non seulement dans le ciel étoilé, mais encore dans ce chandelier qui reflétait sa gloire, dans le verbe du père comme dans l'amour silencieux de la mère. Ainsi, les grands jours d'Israël bercèrent l'enfance de Jésus, jours de joie et de deuil, de triomphe et d'exil, d'afflictions sans nombre et d'espérance éternelle. Aux questions ardentes incisives de l'enfant, le père se taisait. Mais la mère, levant de dessous ses longs cils ses grands yeux de Syrienne rêveuse, et rencontrant le regard interrogateur de son fils, lui disait : « La parole de Dieu ne vit que dans ses prophètes. Un jour, les Sages Esséniens, les solitaires du mont Carmel et de la Mer Morte te répondront. »

On se figure aussi l'enfant Jésus mêlé à ses compagnons, exerçant sur eux le singulier prestige que donne l'intelligence précoce, unie au sentiment de la justice et à la sympathie active. On le suit à la Synagogue, où il entendait discuter les Scribes et les Pharisiens, où lui-même devait exercer sa puissance dialectique. On le voit rebuté de bonne heure par la sécheresse de ces docteur de la loi qui tourmentaient la lettre jusqu'à en expurger l'esprit. On le voit encore côtoyant la vie païenne, la devinant et l'embrassant du regard, en visitant l'opulente Séphoris, capitale de la Galilée, résidence d'Antipas, dominée par son acropole et gardée par des mercenaires d'Hérode, Gaulois, Thraces; barbares de tous pays. Peut-être même, dans un de ces voyages si fréquents chez les familles juives, vint-il jusqu'à une des villes phéniciennes, véritables fourmilières humaines grouillant au bord de la mer. Il aperçut de loin des temples bas aux colonnes trapues, entourés de bosquets noirs d'où s'échappait, au son des flûtes pleureuses, le chant des prêtresses d'Astarté. Leur cri de volupté, aigu comme la douleur, éveilla dans son cœur étonné un long frémissement d'angoisse et de pitié. Alors le fils de Marie regagnait ses chères montagnes avec un sentiment de, délivrance. Il montait sur le rochet de Nazareth et interrogeait le vaste horizon de la Galilée et de la Samarie. Il regardait le Carmel, Gelboé, le Thabor, les monts Sichem, vieux témoins des patriarches et des prophètes. « Les hauts lieux » se déployaient en cercle ; ils se dressaient dans l'immensité du ciel comme des autels hardis attendant le feu et l'encens. Attendaient-ils quelqu'un ?

Mais quelque puissantes que fussent les impressions du monde environnant sur l'âme de Jésus, elles pâlissaient toutes devant la vérité souveraine, inénarrable, de son monde intérieur. Cette vérité s'épanouissait au fond de lui-même comme une fleur lumineuse émergeant d'une eau sombre. Cela ressemblait à une clarté croissante qui se faisait en lui, lorsqu'il était seul et qu'il se recueillait. Alors les hommes et les choses, proches ou lointaines, lui apparaissaient comme transparentes dans leur essence intime. Il lisait les pensées, il voyait les âmes. Puis, il apercevait dans son souvenir, comme à travers un voile léger, des êtres divinement beaux et radieux penchés sur lui ou rassemblés dans l'adoration d'une lumière éblouissante. Des visions merveilleuses hantaient son sommeil ou s'interposaient entre lui et la réalité, par un véritable dédoublement de sa conscience. Au sommet de ces extases, qui l'entraînaient de zone en zone, comme vers d'autres cieux, il se sentait parfois attiré par une lumière fulgurante, puis immergé dans un soleil incandescent. Il gardait de ces ravissements une tendresse ineffable, une force singulière. Comme alors il se trouvait réconcilié avec tous les êtres, en harmonie avec l'univers ! Quelle était donc cette lumière mystérieuse, mais plus familière et plus vivante que l'autre, qui jaillissait du fond de lui-même pour l'emporter aux plus lointains espaces, dont les premiers effluves l'avaient inondé parles grands yeux de sa mère, et qui maintenant l'unissait h toutes les âmes par de secrètes vibrations ? N'était-ce pas la source des âmes et des mondes ?

— Il la nomma : le Père Céleste[125].

Ce sentiment originaire d'unité avec Dieu dans la lumière de l'Amour, voilà la primitive, la grande révélation de Jésus. Une voix intérieure lui disait de la renfermer au plus profond de lui-même ; mais elle devait éclairer toute sa vie. Elle lui donna une certitude invincible. Elle le rendit doux et indomptable. Elle fit de sa pensée un bouclier de diamant, de son verbe un glaive de lumière.

Cette vie mystique profondément cachée s'unissait, du reste, chez l'adolescent, à une complète lucidité dans les choses de la vie réelle. Luc nous le représente à l'âge

---

[125] Les annales mystiques de tous les temps démontrent que des vérités morales ou spirituelles d'un ordre supérieur ont été perçues par certaines âmes d'élite, sans raisonnement, par la contemplation interne et sous forme de vision. Phénomène psychique encore mal connu de la science moderne, mais fait incontestable. Catherine de Sienne, fille d'un pauvre teinturier, eut dès l'âge de quatre ans des visions extrêmement remarquables (Voir *Sa Vie*, par Madame Albana Mignaty, chez Fischbacher). Swedenborg, homme de science, d'esprit rassis, observateur et raisonneur, commença à l'age de quarante ans, et en parfaite santé, d'avoir des visions qui n'avaient aucun rapport avec sa vie précédente (*Vie de Swedenborg* par Matter, chez Perrin). Je ne prétends pas mettre ces phénomènes exactement sur la même ligne que ceux qui se passèrent dans la conscience de Jésus, mais simplement établir l'universalité d'une perception interne, indépendante des sens corporels.

de douze ans, « croissant en force, en grâce et en sagesse. » La conscience religieuse fut en Jésus la chose innée, absolument indépendante du monde extérieur. Sa conscience prophétique et messianique, ne put s'éveiller qu'au choc du dehors, au spectacle de son temps, enfin, par une initiation spéciale et une longue élaboration intérieure. Des traces s'en retrouvent dans les Évangiles et ailleurs.

La première grande commotion lui vint par ce premier voyage à Jérusalem avec ses parents, dont Luc a parlé. Cette ville, orgueil d'Israël, était devenue le centre des aspirations juives. Ses malheurs n'avaient fait qu'exalter les esprits. On eût dit que plus il s'y entassait de tombeaux et plus il s'en dégageait d'espérance. Sous les Séleucides, sous les Macchabées, par Pompée, enfin par Hérode, Jérusalem avait subi des sièges effroyables. Le sang avait coulé à torrents : les légions romaines avaient fait un carnage du peuple dans les rues ; des crucifixions en masse avaient souillé les collines de scènes infernales. Après tant d'horreurs, après l'humiliation de l'occupation romaine, après avoir décimé le sanhédrin et réduit le pontife à n'être qu'un esclave tremblant, Hérode, comme par ironie, avait rebâti le temple plus magnifiquement, que Salomon. Iéroushalaïm n'en restait pas moins la ville sainte. Isaïe, que Jésus lisait de préférence, ne l'avait-il pas nommée « la fiancée devant laquelle se prosterneront les peuples ? » Il avait dit : « On appellera tes murailles : Salut ! et tes portes : Louange ! et les nations marcheront à la splendeur qui se lèvera sur toi ! » Voir Jérusalem et le temple de Jéhovah était le rêve de tous les Juifs, surtout depuis que la Judée était devenue province romaine. Ils y venaient de la Pérée, de la Galilée, d'Alexandrie, et de Babylone. En route, dans le désert, sous les palmes, près des puit, on chantait des psaumes, on soupirait après les parvis de l'Éternel, on cherchait des yeux la colline de Sion.

Un étrange sentiment d'oppression dut envahir l'âme de Jésus, lorsqu'il aperçut, dans son premier pèlerinage, la cité avec ses murs formidables, assise sur la montagne comme une sombre forteresse ; lorsqu'il vit l'amphithéâtre romain d'Hérode à ses portes ; la tour Antonia dominant le temple ; des légionnaires romains, la lance au poing, le surveillant de haut. Il monta les marches du temple. Il admira la splendeur de ces portiques de marbre ; où les Pharisiens se promenaient en costumes somptueux. Il traversa la cour des gentils, la cour des femmes. Il s'approcha avec la foule des Israélites de la porte Nicanor et de la balustrade de trois coudées, derrière laquelle on voyait des prêtres en habits sacerdotaux, violets et pourpres, reluisants d'or et de pierreries, officier devant le sanctuaire, immoler des boucs et de taureaux, et asperger le peuple de leur sang en prononçant une bénédiction. Cela ne ressemblait pas au temple de ses rêves, ni au ciel de son cœur.

Puis il redescendit dans les quartiers populaires de la ville basse. Il vit des mendiants pâlis par la faim, des faces angoissées qui gardaient le reflet des dernières guerres civiles, des supplices, des crucifixions. Sortant par une des portes de la cité, il se mit à errer dans ces vallées pierreuses, dans ces ravins lugubres où sont les carrières, les piscines, les tombeaux des rois, et qui font à Jérusalem une ceinture sépulcrale. Là, il vit des fous sortir des cavernes et pousser des blasphèmes contre les vivants et les morts. Puis, descendant par un large escalier à. la fontaine de Siloé profonde comme une citerne, il vit au bord d'une eau jaunâtre se traîner des lépreux, des paralytiques, des malheureux couverts de toutes sortes d'ulcères. Un besoin irrésistible le forçait à regarder au fond de leurs yeux, à en boire toute la douleur. Les uns lui demandaient secours ; d'autres étaient ternes et sans espoir ; d'autres, hébétés, paraissaient ne plus souffrir. Mais combien de temps avait-il fallu pour qu'ils devinssent ainsi ?

Alors Jésus se dit : A quoi bon ce temple, ces prêtres, ces hymnes, ces sacrifices, puisqu'ils ne peuvent remédier à toutes ces douleurs ? Et soudain, comme un torrent grossi de larmes sans fin, il sentit affluer à son cœur les douleurs de ces âmes, de cette ville, de ce peuple, de toute l'humanité. Il comprit que c'en était fait d'un bonheur qu'il ne pouvait communiquer aux autres. Ces regards, ces regards désespérés ne devaient plus sortir de sa mémoire. Sombre fiancée, la Souffrance humaine marchait à ses côtés et lui disait : Je ne te quitterai plus !

Il s'en alla saisi de tristesse et d'angoisse, et tandis qu'il regagnait les cimes lumineuses de la Galilée, ce cri profond sortit de son cœur : – Père céleste !... Je veux savoir ! Je veux guérir ! Je veux sauver !

III

LES ESSÉNIENS – JEAN-
BAPTISTE – LA TENTATION

Ce qu'il voulait savoir, il ne pouvait l'apprendre que chez les Esséniens.

Les Évangiles ont gardé un silence absolu sur les faits et gestes de Jésus avant sa rencontre avec Jean-Baptiste, par lequel, selon eux, il prit en quelque sorte possession de son ministère. Immédiatement après, il apparaît en Galilée avec une doctrine arrêtée, avec l'assurance d'un prophète et la conscience du Messie. Mais il est évident que ce début hardi et prémédité fut précédé d'un long développement et d'une véritable initiation. Il n'est pas moins certain que cette initiation dut avoir lieu chez la seule association, qui conservât alors en Israël les véritables traditions avec le genre de vie des prophètes. Cela ne peut faire aucun doute pour ceux qui, s'élevant au-dessus de la superstition de la lettre et de la manie machinale du document écrit, osent découvrir l'enchaînement des choses par leur esprit. Cela ressort non seulement des rapports intimes entre la doctrine de Jésus et celle des Esséniens, mais encore du silence même gardé par le Christ et les siens sur cette secte. Pourquoi lui, qui attaque avec une liberté sans égale tous les partis religieux de son temps, ne nomme-t- il jamais les Esséniens ? Pourquoi les apôtres et les Évangélistes n'en parlent-ils pas davantage ? Évidemment parce qu'ils considèrent les Esséniens comme étant des leurs, qu'ils sont liés avec eux par le serment des Mystères, et que la secte s'est fondue avec celle des chrétiens.

L'ordre des Esséniens constituait, du temps de Jésus, le dernier reste de ces confréries de prophètes organisées par Samuel. Le despotisme des maîtres de la Palestine, la jalousie d'un sacerdoce ambitieux et servile les avait refoulés dans la retraite et le silence. Ils ne luttaient plus comme leurs prédécesseurs, ils se contentaient de conserver la tradition. Ils avaient deux centres principaux : l'un en Égypte, au bord du lac Maoris ; l'autre en Palestine, à Engadi, au bord de la mer Morte. Ce nom d'Esséniens qu'ils s'étaient donné, venait du mot syriaque : *Asaya*, médecins, en grec : thérapeutes, car leur seul ministère avoué vis-à-vis du public était celui de guérir les maladies physiques et morales. « Ils étudiaient avec un grand soin, dit Josèphe, certains écrits de médecine qui traitaient des vertus occultes des plantes et des minéraux[126]». Quelques-uns possédaient le don de prophétie, comme ce Ménahem qui avait prédit à Hérode qu'il règnerait. « Ils servent Dieu, dit Philon, avec une grande piété, non pas en lui offrant des victimes, mais en sanctifiant leur esprit. Ils fuient les villes et s'appliquent aux arts de la paix. Il n'existe pas un seul esclave chez eux ; ils sont

---

[126] Josèphe, Guerre des Juifs, II, etc. Antiquités, XIII 5-9 ; XVIII, 1-5. 2 P h i l o n , D e l a v i e contemplative.

tous libres et travaillent les uns pour les autres[127] ». Les règles de l'ordre étaient sévères. Pour y entrer, il fallait un noviciat d'un an. Si on avait donné des preuves suffisantes de tempérance, on était admis aux ablutions, sans cependant entrer en rapport avec les maîtres de l'ordre. Il fallait encore deux nouvelles années d'épreuves pour être reçu dans la confrérie. On jurait « par de terribles serments » d'observer les devoirs de l'ordre et de ne rien trahir de ses secrets. Alors seulement on prenait part aux repas communs, qui se célébraient avec une grande solennité et constituaient le culte intime des Esséniens. Ils considéraient comme sacré le vêtement qu'ils avaient porté dans ces repas et l'ôtaient avant de se remettre au travail Ces agapes fraternelles, forme primitive de la Cène instituée par Jésus, commençaient et se terminaient par la prière. Là se donnait la première interprétation des livres sacrés de Moïse et des prophètes. Mais dans l'explication des textes comme dans l'initiation, il y avait trois sens et trois degrés. Très peu arrivaient au degré supérieur. Tout cela ressemble

---

[127] Philon, De la vie contemplative.

étonnamment à l'organisation des Pythagoriciens[128], mais il est certain qu'elle existait à peu près la même chez les anciens prophètes, car elle se retrouve partout où l'initiation a existé. Ajoutons que les Esséniens professaient le dogme essentiel de la doctrine orphique et pythagoricienne, celui de la préexistence de l'âme, conséquence et raison de son immortalité. « L'âme, disaient-ils, descendue de l'éther le plus subtil, et attirée dans le corps par un certain charme naturel, y demeure comme dans une prison ; délivrée des liens du corps comme d'un long esclavage, elle s'envole avec joie. » (Josèphe, A. J. II, 8).

Chez les Esséniens, les frères proprement dits vivaient dans la communauté des biens et dans le célibat, en des endroits retirés, bêchant la terre, élevant quelquefois des enfants étrangers. Quant aux Esséniens mariés, ils constituaient une sorte de tiers-ordre affilié et soumis à l'autre. Silencieux, doux et graves, on les voyait çà et là cultiver les arts de la paix. Tisserands,

---

[128] *Points communs entre les Esséniens et tes Pythagoriciens :* La prière au lever du soleil ; le vêtements de lin ; les agapes fraternelles ; le noviciat d'un an ; les trois degrés d'initiation ; l'organisation de l'ordre et la communauté des biens gérée par des curateurs ; la loi du silence ; le serment des Mystères ; la division de l'enseignement en trois parties : 1) Science des principes universels ou théogonie, ce que Philon appelle *la logique* ; 2) *la physique* ou la cosmogonie ; 3) *la morale*, c'est-à-dire tout ce qui a trait à l'homme, science à laquelle se consacraient spécialement les thérapeutes.

charpentiers, vignerons ou jardiniers, jamais armuriers ni commerçants. Répandus par petits groupes dans toute la Palestine, en Égypte, et jusqu'au mont Horeb, ils se donnaient entre eux l'hospitalité la plus entière. Ainsi nous verrons Jésus et ses disciples voyager de ville en ville, de province en province, toujours sûrs de trouver un gîte. « Les Esséniens, dit Josèphe, étaient d'une moralité exemplaire ; ils s'efforçaient de réprimer toute passion et tout mouvement de colère ; toujours bienveillants dans leurs relations, paisibles, de la meilleure foi. Leur parole avait plus de force qu'un serment ; aussi considéraient-ils le serment dans la vie ordinaire comme chose superflue et comme un parjure. Ils supportaient avec une admirable force d'âme et le sourire aux lèvres les plus cruelles tortures plutôt que de violer le moindre précepte religieux. »

Indifférent à la pompe extérieure du culte de Jérusalem, repoussé par la dureté sadducéenne, par l'orgueil pharisien, par le pédantisme et la sécheresse de la synagogue, Jésus fut attiré vers les Esséniens par une affinité naturelle[129]. La mort prématurée dé Joseph rendit entièrement libre le fils de Marie devenu homme. Ses frères purent continuer le métier du père et soutenir la maison. Sa mère le laissa partir en secret

---

[129] *Points communs entre la doctrine des Esséniens et celle de Jésus :* L'amour du prochain mis en avant comme le premier devoir ; la défense de jurer pour attester la vérité ; la haine du mensonge ; l'humilité ; l'institution de la Cène empruntée aux agapes fraternelles des Esséniens, mais avec un sens nouveau, celui du sacrifice.

pour Engadi. Accueilli comme un frère, salué comme un élu, il dut acquérir rapidement sur ses maîtres eux-mêmes un invincible ascendant par ses facultés supérieures, son ardente charité et ce quelque chose de divin répandu sur tout son être. Mais il reçut d'eux ce que les Esséniens seuls pouvaient lui donner : la tradition ésotérique des prophètes, et, par elle, sa propre orientation historique et religieuse. – Il comprit l'abîme qui séparait la doctrine juive officielle de l'antique sagesse des initiés, véritable mère des religions, mais toujours persécutée par Satan, c'est-à-dire par l'esprit du Mal, esprit d'égoïsme, de haine et de négation, uni au pouvoir politique absolu et à l'imposture sacerdotale. – Il apprit que la Genèse renfermait, sous le sceau de son symbolisme, une théogonie et une cosmogonie aussi éloignées de son sens littéral que la science la plus profonde de la fable la plus enfantine. – Il contempla les jours d'Ælohim, ou la création éternelle par l'émanation des éléments et la formation des mondes ; l'origine des âmes flottantes, et leur retour à Dieu par les existences progressives ou les générations d'Adam. – Il fut frappé de la grandeur de la pensée de Moïse, qui avait voulu préparer l'unité religieuse des nations, en créant le culte du Dieu unique et en incarnant cette idée dans un peuple.

On lui communiqua ensuite la doctrine du Verbe divin, déjà enseignée par Krishna en Inde, par les prêtres d'Osiris en Égypte, par Orphée et Pythagore en Grèce, et connue chez les prophètes sous le nom de *Mystère du Fils de l'Homme et du Fils de Dieu*. D'après cette doctrine, la plus haute manifestation de Dieu c'est l'Homme, qui par sa constitution, sa forme, ses organes et son intelligence, est l'image de l'Être universel et en possède les facultés. Mais, dans l'évolution terrestre de l'humanité, Dieu est comme épars, fractionné et mutilé, dans la multiplicité des hommes et de l'imperfection humaine. Il souffre, il se cherche, il lutte en elle ; il est le Fils de l'Homme. L'Homme parfait, l'Homme-Type qui est la pensée la plus profonde de Dieu, demeure caché dans l'abîme infini de son désir et de sa puissance. Cependant, à certaines époques, quand il s'agit d'arracher l'humanité à un gouffre, de !a ramasser pour la jeter plus haut, un Élu s'identifie avec la divinité, l'attire à lui par la Force, la Sagesse et l'Amour, et la manifeste de nouveau aux hommes. Alors celle- ci, par la vertu et le souffle de l'Esprit, est complètement présente en lui ; *le Fils de l'Homme devient le Fils de Dieu* et son verbe vivant. En d'autres âges et chez d'autres peuples, il y avait déjà eu des fils de Dieu ; mais depuis Moïse, il ne s'en était point levé en Israël. Tous les prophètes attendaient ce Messie. Les Voyants disaient même qu'il s'appellerait cette fois-ci le *Fils de la Femme*, de l'Isis céleste, de la lumière divine qui est l'Épouse de Dieu, parce que la lumière de l'Amour brillerait en lui au-dessus de toutes les autres, d'un éclat fulgurant encore inconnu à la terre.

Ces choses cachées que le patriarche des Esséniens dévoilait au jeune Galiléen sur les plages désertes de la mer Morte, dans la solitude d'Engadi, lui semblaient à la fois merveilleuses et connues. Ce fut avec une émotion singulière qu'il entendit le chef de l'ordre lui montrer et lui commenter ces paroles qu'on lit encore aujourd'hui au livre d'Hénoch : « Depuis le commencement, le Fils de l'Homme était dans le mystère. Le Très-Haut le gardait auprès de sa puissance et le *manifestait à ses élus*... Mais les rois seront effrayés et prosterneront leur visage coutre terre et l'épouvante les saisira, quand ils verront *le fils de la femme* assis sur le trône de sa gloire... Alors l'Élu appellera toutes les forces du ciel, tous les saints d'en haut et la puissance de Dieu. Alors les Chérubim, les Séraphim, les Ophanim, tous les anges de la *force*, tous les anges du *Seigneur*, c'est-à-dire de l'Élu et de *l'autre force*, qui servent sur la terre et au-dessus des eaux, élèveront leurs voix[130]. »

A ces révélations, les paroles des prophètes cent fois relues et méditées flamboyèrent aux yeux du Nazaréen avec des lueurs nouvelles, profondes et terribles, comme des éclairs dans la nuit. Quel était donc cet Élu et quand viendrait-il en Israël ?

Jésus passa une série d'années chez les Esséniens. Il se soumit à leur discipline, il étudia avec eux les secrets de la nature et s'exerça à la thérapeutique occulte. Il dompta entièrement ses sens pour développer son esprit. Aucun jour ne se passait sans qu'il méditât sur les destinées de l'humanité et ne s'interrogeât lui-même. Ce fut une nuit mémorable pour l'ordre des Esséniens et pour son nouvel adepte que celle où il reçut, dans le plus profond secret, l'initiation supérieure du quatrième degré, celle qu'on n'accordait que dans le

---

[130] Livre d'Hénoch. – Chap. XLVIII et LXI. Ce passage démontre que la doctrine du Verbe et de la Trinité qui se trouve dans l'Évangile de Jean existait en Israël longtemps avant Jésus et sortait du fond du prophétisme ésotérique. Dans Le livre d'Hénoch *le Seigneur des esprits* représente le Père ; *l'Élu* la Fils; et *l'autre force* le Saint-Esprit.

cas spécial d'une mission prophétique, voulue par le frère et confirmée par les Anciens. On se réunissait dans une grotte, taillée dans l'intérieur de la montagne comme une vaste salle, ayant un autel et des sièges de pierre. Le chef de l'ordre était là avec quelques Anciens. Quelquefois, deux ou trois Esséniennes, prophétesses initiées, étaient admises également à la mystérieuse cérémonie. Portant des flambeaux et des palmes, elles saluaient le nouvel initié vêtu de lin blanc, comme « l'Époux et le Roi » qu'elles avaient pressenti et qu'elles voyaient peut-être pour la dernière fois ! Ensuite, le chef de l'ordre, ordinairement un vieillard centenaire (Josèphe dit que les Esséniens vivaient très longtemps) lui présentait *le calice d'or*, symbole de l'initiation suprême, qui renfermait *le vin de la vigne du Seigneur*, symbole de l'inspiration divine. Quelques-uns disaient que Moïse y avait bu avec les soixante-dix. D'autres le faisaient remonter jusqu'à Abraham, qui reçut de Melchisédech cette même initiation, sous les espèces du pain et du vin[131]. Jamais l'Ancien ne présentait la coupe qu'à un homme dans lequel il avait reconnu avec certitude les signes d'une mission prophétique. Mais cette mission, personne ne pouvait la lui définir ; il devait la trouver lui-même. Car telle est la loi des initiés : rien par le dehors, tout par le dedans. Désormais il était libre, maître de ses actions, affranchi de l'ordre, hiérophante lui-même, livré au vent de l'Esprit, qui pouvait le jeter au gouffre ou l'emporter aux cimes, par-dessus la zone des tourmentes et des vertiges.

---

[131] Genèse, XIV., 18.

Lorsqu'après les chants, les prières, les paroles sacramentelles de l'Ancien, le Nazaréen saisit la coupe, un rayon blafard de l'aube, glissant par une anfractuosité de la montagne, courut en frissonnant sur les flambeaux et les longs vêtements blancs des jeunes Esséniennes. Elles aussi frémirent lorsqu'il tomba sur le pâle Galiléen. Car une grande tristesse parut sur son beau visage. Son regard perdu allait-il aux malades de Siloé, et au fond de cette douleur toujours présente entrevoyait-il déjà sa voie ?

Or, en ce temps, Jean-Baptiste prêchait sur le Jourdain. Ce n'était pas un Essénien, mais un prophète populaire de la forte race de Juda. Poussé au désert par une piété farouche, il y avait mené la vie la plus dure, dans les prières, les jeûnes, les macérations. Sur sa peau nue, tannée par le soleil, il portait en guise de cilice un vêtement tressé en poil de chameau, comme signe de la pénitence qu'il voulait s'imposer à lui- même et à son peuple. Car il sentait profondément la détresse d'Israël et il attendait la délivrance. Il se figurait, selon l'idée judaïque, que le Messie viendrait bientôt comme un vengeur et un justicier, que, nouveau Macchabée, il soulèverait le peuple, chasserait le Romain, châtierait tous les coupables, puis entrerait triomphalement à Jérusalem, et rétablirait le royaume d'Israël au-dessus de tous les peuples, dans la paix et la justice. Il annonçait aux multitudes la venue prochaine de ce Messie ; il ajoutait qu'il fallait s'y préparer par la repentance du cœur. Empruntant aux Esséniens la coutume des ablutions, la transformant à sa manière, il avait imaginé le baptême du Jourdain comme un symbole visible, comme un accomplissement public de la purification intérieure qu'il exigeait. Cette cérémonie nouvelle, cette prédication véhémente devant des foules immenses, dans le cadre du désert, en face des eaux sacrées du Jourdain, entre les montagnes sévères de la Judée et de la Pérée, saisissait les imaginations, attirait les multitudes. Elle rappelait les jours glorieux des vieux prophètes ; elle donnait au peuple ce qu'il ne trouvait pas au temple : la secousse intérieure et, après les terreurs du repentir, une espérance vague et prodigieuse. On accourait de tous les points de la Palestine et même de plus loin, pour entendre le saint du désert qui annonçait le Messie. Les populations, attirées par sa voix, restaient là campées des semaines pour l'entendre chaque jour, ne voulaient plus s'en aller, attendant que le Messie parût. Beaucoup ne demandaient qu'à prendre les armes sous son commandement pour recommencer la guerre sainte. Hérode Antipas et les prêtres de Jérusalem commençaient à s'inquiéter de ce mouvement populaire. D'ailleurs les signes du temps étaient graves. Tibère, âgé de soixante quatorze ans, achevait sa vieillesse dans les débauches de Caprée ; Ponce Pilate redoublait de violences contre les Juifs ; en Égypte, des prêtres avaient annoncé que le phénix allait renaître de ses cendres[132].

Jésus qui sentait grandir intérieurement sa vocation prophétique, mais qui cherchait encore sa voie, vint lui aussi au désert du Jourdain, avec quelques frères Esséniens qui déjà le suivaient comme un maître. Il voulut voir le Baptiste, l'entendre et se soumettre au baptême public. Il désirait entrer en scène par un acté

---

[132] Tacite, Annales VI, 28, 21.

d'humilité et de respect vis-à-vis du prophète, qui osait élever sa voix contre les puissances du jour, et réveiller de son sommeil l'âme d'Israël.

Il vit le rude ascète, velu et chevelu, avec sa tête de lion visionnaire, debout dans une chaire de bois, sous un tabernacle rustique, couvert de branches et de peaux de chèvres. Autour de lui, parmi les maigres arbustes du désert, une foule immense, tout un campement : des péagers, des soldats d'Hérode, des Samaritains, des lévites de Jérusalem, des Iduméens avec leurs troupeaux de moutons, des Arabes même arrêtés là, avec leurs chameaux, leurs tentes et leurs caravanes, par « la voix qui retentit dans lé désert. » Et cette voix tonnante roulait sur ces multitudes. Elle disait :

« Amendez-vous, préparez les voies du Seigneur, dressez ses sentiers. » Il appelait les Pharisiens et les Sadducéens « une race de vipères. » Il ajoutait que « la cognée était déjà mise à la racine des arbres », et. il disait du Messie : « Moi je ne vous baptise que d'eau, mais lui vous baptisera de feu. » Ensuite, vers le coucher du soleil, Jésus vit ces masses populaires se presser vers une anse, au bord du .Jourdain, et des mercenaires d'Hérode, des brigands courber leurs rudes échines sous l'eau que versait le Baptiste. Il s'approcha lui-même. Jean ne connaissait pas Jésus, il ne savait rien de lui, mais il reconnut l'Essénien à sa robe de lin. Il le vit, perdu dans la foule, descendre dans l'eau jusqu'à la ceinture et se courber humblement pour recevoir l'aspersion. Quand le néophyte se releva, le regard redoutable du fauve prêcheur et le regard du Galiléen se rencontrèrent. L'homme du désert tressaillit sous ce rayon d'une douceur merveilleuse, et ces mots lui échappèrent involontairement : — Serais-tu le Messie[133] ? — Le mystérieux Essénien ne répondit rien, mais inclinant sa tête pensive et croisant ses mains sur sa poitrine, il demanda au Baptiste sa bénédiction. Jean savait que le silence était la loi des Esséniens novices. Il étendit solennellement ses deux mains ; puis, le Nazaréen disparut avec ses compagnons entre les roseaux du fleuve.

Le Baptiste le vit partir avec un mélange de doute, de joie secrète et de mélancolie profonde. Qu'était-ce que sa science à lui et son espérance prophétique, devant la lumière qu'il avait aperçue dans les yeux de l'Inconnu, lumière qui semblait éclairer tout sou être ? Ah ! si le jeune et beau Galiléen était le Messie, il avait vu la joie de ses jours ! Mais son rôle était fini, sa voix allait se taire. A partir de ce jour, il se mit à prêcher d'une voix plus profonde et plus émue sur ce thème mélancolique « Il faut qu'il croisse et que je diminue. »

---

[133] On sait que d'après les Évangiles, Jean reconnut sur-le-champ Jésus pour le Messie et le baptisa comme tel. Sur ce point leur récit cet contradictoire. Car plus tard Jean, prisonnier d'Antipas à Makérous, fait demander à Jésus : — Es-tu celui qui doit venir, ou devons-nous en attendre un autre ? (Matth. XI 3). Ce doute tardif prouve que, s'il avait soupçonné le Messie en Jésus, Jean n'en était pas convaincu. Mais les premiers rédacteurs des Évangile, étant des Juifs, tenaient à présenter Jésus comme ayant reçu sa mission et sa consécration de Jean-Baptiste, prophète Judaïque et populaire.

Il commençait à ressentir la lassitude et la tristesse des vieux lions, qui sont fatigués de rugir et se couchent en silence pour attendre la mort..

Serait-il le Messie ? – La question du Baptiste retentissait aussi dans l'âme de Jésus. Depuis l'éclosion de sa conscience, il avait trouvé Dieu en lui-même et la certitude du royaume du ciel dans la beauté radieuse de ses visions. Puis, la souffrance humaine avait jeté dans son cœur le cri terrible de son angoisse. Les sages Esséniens lui avaient enseigné le secret des religions, la science des mystères ; ils lui avaient montré la déchéance spirituelle de l'humanité, son attente d'un sauveur. Mais comment trouver la force de l'arracher à l'abîme ? Voici que l'appel direct de Jean-Baptiste tombait dans le silence de sa méditation comme la foudre du Sinaï. – Serait-il le Messie ?

Jésus ne pouvait répondre à cette question qu'en se recueillant au plus profond de son être. De là cette retraite, ce jeûne de quarante jours, que Matthieu résume sous la forme d'une légende symbolique. *La Tentation* représente en réalité dans la vie de Jésus cette grande crise et cette vision souveraine de la vérité, par laquelle doivent passer infailliblement tous les prophètes, tous les initiateurs religieux avant de commencer leur œuvre.

Au-dessus d'Engadi, où les Esséniens cultivaient : le sésame et la vigne, un sentier escarpé conduisait à une grotte s'ouvrant dans la muraille du mont. On y entrait par deux colonnes doriennes taillées dans le roc brut, pareilles à celles de la Retraite des Apôtres, dans la vallée de Josaphat. Là, on demeurait suspendu au-dessus de l'abîme à pic, comme dans un nid d'aigle. Au fond d'une gorge, on apercevait des vignobles, des habitations humaines ; plus loin, la mer Morte, immobile et grise, et les montagnes désolées de Moab. Les Esséniens avaient pratiqué cette retraite pour ceux des leurs qui voulaient se soumettre à l'épreuve de la solitude. On y trouvait plusieurs rouleaux des prophètes, des aromates fortifiants, des figues sèches et un filet l'eau, seule nourriture de l'ascète en méditation. Jésus s'y retira.

Il revit d'abord dans son esprit tout le passé de l'humanité. Il pesa la gravité de l'heure présente.

Rome l'emportait ; avec elle, ce que les mages persans avaient appelé le règne d'Ahriman et les prophètes le règne de Satan, le signe de la Bête, l'apothéose du Mal. Les ténèbres envahissaient l'humanité, cette âme de la terre. – Le peuple d'Israël avait reçu de Moïse la mission royale et sacerdotale de représenter la mâle religion du Père, de l'Esprit pur, de l'enseigner aux autres nations et de la faire triompher. Ses rois et ses prêtres avaient-ils rempli cette mission ? Les prophètes, qui seuls en avaient eu conscience, répondaient d'une voix unanime : Non ! Israël agonisait sous l'étreinte de Rome. Fallait-il risquer, pour la centième fois, un soulèvement comme le rêvaient encore les Pharisiens, une restauration de la royauté temporelle d'Israël par la force ? Fallait-il se déclarer fils de David et s'écrier avec Isaïe : « Je foulerai les peuples dans ma colère, et je les enivrerai dans mon indignation, et je renverserai leur force par terre ? » Fallait-il être un nouveau Macchabée et se faire nommer pontife-roi ? – Jésus pouvait le tenter. Il avait vu les foules prêtes à se soulever à la voix de Jean-

Baptiste, et la force qu'il sentait en lui-même était bien plus grande encore ! – Mais la violence aurait-elle raison de la violence ? L'épée mettrait-elle fin au règne de l'épée ? Ne serait-ce pas fournir de nouvelles recrues aux puissances des ténèbres qui guettaient leur proie dans l'ombre ?

Ne fallait-il pas plutôt rendre accessible à tous cette vérité qui jusqu'alors était restée le privilège de quelques sanctuaires et de rares initiés, lui ouvrir les cœurs en attendant qu'elle pénétrât dans les intelligences par la révélation intérieure et par la science ; c'est-à-dire prêcher le royaume des cieux aux simples, substituer le règne de la Grâce à celui de la Loi, transformer l'humanité par le fond et par la base, en régénérant les âmes ?

Mais à qui resterait la victoire ? A Satan ou à Dieu ? A l'esprit du mal qui règne avec les puissances formidables de la terre, ou à l'esprit divin qui règne dans les invisibles légions célestes et dort dans le cœur de l'homme comme l'étincelle dans le caillou ? Quel serait le sort du prophète qui oserait déchirer le voile du temple pour montrer le vide du sanctuaire, braver à la fois Hérode et César ?

Il le fallait pourtant ! La voix intérieure ne lui disait pas comme à Isaïe : « Prends-moi un grand volume et écris dessus avec une plume d'homme ! » La voix de l'Éternel lui criait : « Lève-toi et parle ! » Il s'agissait de trouver le verbe vivant, la foi qui transporte les montagnes, la force qui brise les forteresses.

Jésus se mit à prier avec ferveur. Alors, une inquiétude, un trouble croissant s'emparèrent de lui. Il eut le sentiment de perdre la félicité merveilleuse qu'il avait eue en partage et de s'enfoncer dan un abîme ténébreux. Un nuage noir l'enveloppa. Ce nuage était rempli d'ombres de toute sorte. Il y distinguait les figures de ses frères, de ses maîtres esséniens, de sa mère. Les ombres lui disaient, l'une après l'autre : – « Insensé qui veux l'impossible ! Tu ne sais pas ce qui t'attend ! Renonce ! » L'invincible voix intérieure répondait : « Il le faut ! » Il lutta ainsi pendant une série de jours et de nuits, tantôt debout, tantôt à genoux, tantôt prosterné. Et plus profond devenait l'abîme où il descendait, et plus épais le nuage autour de lui. Il avait la sensation d s'approcher de quelque chose d'effrayant et d'innommable.

Enfin, il entra dans cet état d'extase lucide qui lui était propre, où la partie profonde de la conscience s'éveille, entre en communication avec l'Esprit vivant des choses, et projette sur la toile diaphane du rêve les images du passé et. de l'avenir. Le monde extérieur disparaît ; les yeux se ferment. Le Voyant contemple la Vérité sous la lumière qui inonde son être et fait de son intelligence un .foyer incandescent.

Le tonnerre roula ; la montagne trembla jusqu'à sa base. Un tourbillon de vent, venu du fond des espaces, emporta le Voyant au sommet du temple de Jérusalem. Toits et minarets reluisaient dans les airs comme une forêt d'or et d'argent. Des hymnes sortaient du Saint des Saints. Des flots d'encens montaient de tous les autels et venaient tourbillonner aux pieds de Jésus. Le peuple eu robes de fête remplissait les portiques ; des femmes superbes chantaient pour lui des hymnes d'amour ardent. Des trompettes sonnaient et cent mille voix criaient : – Gloire au Messie ! au roi d'Israël ! – Tu seras ce roi, si tu veux m'adorer, dit une voit d'en- bas. – Qui es-tu ? dit Jésus.

De nouveau le vent l'emporta, à travers les espaces, au sommet d'une montagne. A ses pieds, les royaume de la terre s'étalaient dans une lueur dorée. – Je suis le roi des esprits et le prince de la terre, dit la voix d'en-bas. – Je sais qui tu es, dit Jésus; tes formes sont innombrables, ton nom est Satan. Apparais sous ta forme terrestre. – La figure d'un monarque couronné apparut trônant sur un nuage. Une auréole blafarde ceignait sa tête impériale. La figure sombre se détachait sur un nimbe sanglant, son visage était pâle et son regard comme la lueur d'une hache. II dit : – Je suis César. Courbe-toi seulement, et je te donnerai tous ces royaumes. Jésus lui dit : – Arrière, tentateur ! Il est écrit : « Tu n'adoreras que l'Éternel ton Dieu. » Aussitôt la vision s'évanouit.

Se retrouvant seul dans la caverne d'Engadi, Jésus dit : – Par quel signe vaincrai-je les puissances de la terre ? – Par le signe du Fils de l'Homme, dit une voix d'en-haut. – Montre-moi ce signe, dit Jésus.

Une constellation brillante apparut à l'horizon. Elle avait quatre étoiles en forme de croix. Le Galiléen reconnut le signe des anciennes initiations, familier à l'Égypte et conservé par les Esséniens. Dans la jeunesse du monde, les fils de Japhet l'avaient adoré comme le signe du feu terrestre et céleste, le signe de la Vie avec toutes ses joies, de l'Amour avec toutes ses merveilles. Plus tard, les initiés égyptiens y avaient vu le symbole du grand mystère, la Trinité dominée par l'Unité, l'image du sacrifice de l'Être ineffable qui se brise lui-même pour se manifester dans les mondes. Symbole à la fois de la vie, de la mort et de la résurrection, il couvrait des hypogées, des tombes, des temples innombrables. – La croix splendide grandis sait et se rapprochait, comme attirée par le cœur du Voyant. Les quatre étoiles vivantes flamboyaient en soleils de puissance et de gloire. – « Voilà le signe magique de la Vie et de l'Immortalité, dit la voix céleste. Les hommes l'ont possédé jadis ; ils l'ont perdu. Veux-tu le leur rendre ? – Je le veux, dit Jésus. – Alors, regarde ! voilà ton destin. »

Brusquement les quatre étoiles s'éteignirent. La nuit se fit. Un tonnerre souterrain ébranla les montagnes, et, du fond de la mer Morte, sortit une montagne sombre surmontée d'une croix noire. Un homme agonisant était cloué dessus. Un peuple démoniaque couvrait la montagne et hurlait avec un ricanement infernal : – Si tu es le Messie, sauve-toi ! Le Voyant ouvrit les yeux tout grands, puis il retomba en arrière, ruisselant d'une sueur froide ; car cet homme crucifié, c'était lui-même... Il avait compris. Pour vaincre, il fallait s'identifier avec ce double effrayant, évoqué par lui-même et placé devant lui comme une sinistre interrogation. Suspendu dans son incertitude comme dans le vide des espaces infinis, Jésus sentait à la fois les tortures du crucifié, les insultes des hommes et le silence profond du ciel. – Tu peux la prendre ou la repousser, dit la voix angélique. Déjà la vision tremblotait par places et la croix fantôme commençait à pâlir avec son supplicié, quand soudain Jésus revit près de lui les malades du puits de Siloé, et derrière eux venait tout un peuple d'âmes désespérées qui murmuraient, les mains jointes : « Sans toi, nous sommes perdues. Sauve-nous, toi qui sais aimer ! » Alors, le Galiléen se redressa lentement, et, ouvrant ses. bras pleins d'amour, il s'écria : « A moi la croix ! et que le monde soit sauvé ! » Aussitôt Jésus sentit un grand déchirement dans tous ses membres et poussa un cri terrible... En même temps, la montagne noire s'effondra, la croix s'engloutit ; une lumière suave, une félicité divine inondèrent le Voyant, et dans les hauteurs de l'azur, une voix triomphante traversa l'immensité, disant : − Satan n'est plus maître ! La Mort est terrassée : Gloire au Fils de l'Homme ! Gloire au Fils de Dieu ! »

Quand Jésus s'éveilla de cette vision, rien n'était changé autour de lui : le soleil levant dorait les parois de la grotte d'Engadi ; une rosée tiède comme des larmes d'amour angélique mouillait ses pieds endoloris, et des brumes flottantes s'élevaient de la mer Morte. Mais lui n'était plus le même. Un événement définitif s'était accompli dans l'abîme insondable de sa conscience. Il avait résolu l'énigme de sa vie, il avait conquis la paix, et la grande certitude était entrée en lui. Du brisement de son être terrestre, qu'il avait foulé aux pieds et jeté dans le gouffre, une conscience nouvelle avait surgi, radieuse : − Il savait qu'il était devenu le Messie par un acte irrévocable de sa volonté.

Bientôt après, il redescendit au village des Esséniens. Il apprit que Jean-Baptiste venait d'être saisi par Antipas et incarcéré dans la forteresse de Makérous. Loin de s'effrayer de ce présage, il y vit un signe que les temps étaient mûrs et qu'il fallait agir à son tour. Il annonça donc aux Esséniens qu'il allait prêcher en Galilée « l'Évangile du.royaume des cieux. » Cela voulait dire : mettre les grands Mystères à la portée des simples, leur traduire la doctrine des initiés.

Pareille audace ne s'était vue depuis les temps où Çakia Mouni, le dernier Bouddha, mû par une immense pitié, avait prêché sur les bords du Gange. La même compassion sublime pour l'humanité animait Jésus. Il y joignait une lumière intérieure, une puissance d'amour, une grandeur de foi et une énergie d'action qui n'appartiennent qu'à lui. Du fond de la mort qu'il avait sondée et goûtée d'avance, il apportait à ses frères l'espérance et la vie.

IV

LA VIE PUBLIQUE DE JÉSUS
ENSEIGNEMENT POPULAIRE ET
ENSEIGNEMENT ÉSOTÉRIQUE
LES MIRACLES – LES APÔTRES,
LES FEMMES

Jusqu'à présent j'ai tâché d'éclairer de sa lumière propre cette partie de la vie de Jésus que les Évangiles ont laissée dans l'ombre ou enveloppée du voile de la légende. J'ai dit par quelle initiation, par quel développement d'âme et de pensée le grand Nazaréen parvint à la conscience messianique. En un mot, j'ai tenté de refaire la genèse intérieure du Christ. Cette genèse une fois reconnue, plus facile sera le reste de ma tâche. La vie publique de Jésus a été racontée par les Évangiles. Il y a dans ces récits des divergences, des contradiction des soudures. La légende, recouvrant ou exagérant certains mystères, reparaît encore çà et là ; mais de l'ensemble il se dégage une telle unité de pensée et d'action, un caractère si puissant et si original, qu'invinciblement nous nous sentons en présence de la réalité, de la vie. On ne refait pas ces inimitables récits, qui, dans leur simplicité enfantine ou dans leur beauté symbolique, en disent plus que toutes les amplifications. Mais ce qu'il importe de faire aujourd'hui, c'est d'éclairer le rôle de Jésus par les traditions et les vérités ésotériques, c'est de montrer le sens et la portée transcendante de son double enseignement.

De quelle grande nouvelle était-il porteur, l'Essénien déjà célèbre, qui revenait des rives de la mer Morte dans sa patrie galiléenne, pour y prêcher l'Évangile du Royaume ? Par quoi allait-il changer la face du monde ? La pensée des prophètes venait de s'achever en lui. Fort du don entier de son être, il venait partager avec les hommes ce royaume du ciel qu'il avait conquis dans ses méditations et ses luttes, dans ses douleurs infinies et ses joies sans borne. Il venait déchirer le voile que l'ancienne religion de Moïse avait jeté sur l'au-delà. Il venait dire : « Croyez, aimez, agissez, et que l'espérance soit l'âme de vos actions. Il y a au-delà de cette terre un monde des âmes, une vie plus parfaite. Je le sais, j'en viens, et je vous y mènerai. Mais il ne suffit pas d'y aspirer. Pour y parvenir, il faut commencer par la réaliser ici-bas, en vous-mêmes d'abord, dans l'humanité ensuite. Par quoi ? Par l'Amour, par la Charité active. »

On vit donc arriver le jeune prophète en Galilée. Il ne disait pas qu'il était le Messie, mais il discutait sur la loi et les prophètes dans les synagogues. Il prêchait au bord du lac de Génésareth, dans les barques des pêcheurs, auprès des fontaines, dans les oasis de verdure qui abondaient alors entre Capharnaüm, Béthsaïda et Korazim. Il guérissait les malades, par imposition des mains, par un regard, par un commandement, souvent par sa seule présence. Des foules le suivaient ; déjà de nombreux disciples s'attachaient à lui. Il les recrutait parmi les gens du peuple, les pêcheurs, les péagers. Car il voulait des natures droites et vierges, ardentes et croyantes, et il s'en emparait irrésistiblement. Il était guidé dans ses choix par ce don de seconde vue qui, de tous temps, a été propre aux hommes d'action, mais surtout aux initiateurs religieux. Un regard lui suffisait pour sonder une âme. Il n'avait pas besoin d'autre épreuve, et quand il disait : Suis moi ! – on le suivait. D'un geste, il appelait à lui les timides, les hésitants, et leur disait : « Venez à moi, vous qui êtes chargés, je vous soulagerai. Mon joug est aisé et mon fardeau léger[134]. » Il devinait les plus secrètes pensées des hommes qui, troublés, confondus, reconnaissaient le maître. Quelquefois, dans l'incrédulité, il saluait la droiture. Nathaniel ayant dit : « Quelque chose de bon peut-il venir de Nazareth ? » Jésus reprit : « Voilà un véritable Israélite en qui il n'y a point d'artifice[135]. » De ses adeptes, il n'exigeait ni serment, ni profession de foi, mais seulement qu'on l'aimât, qu'on crût en lui. Il mit en pratique la communauté des biens, non comme une règle absolue, mais comme principe de fraternité entre les siens.

Jésus commençait ainsi à réaliser dans son petit groupe le royaume du ciel qu'il voulait fonder sur la terre. Le sermon de la montagne nous offre une image de ce royaume déjà formé en germe, avec un résumé

---

[134] Matth. XI 28.

[135] Jean, 1, 46

de l'enseignement populaire de Jésus. Au sommet de la colline est assis le maître ; les futurs initiés se groupent à ses pieds ; plus bas, le peuple pressé accueille avidement les paroles qui tombent de sa bouche. Qu'annonce le nouveau docteur ? Le jeûne ? La macération ? Les pénitences publiques ? Non ; il dit : « Heureux les pauvres en esprit, car le royaume des cieux leur appartient ; heureux ceux qui pleurent, car ils seront consolés. » Il déroule ensuite, dans un ordre ascendant, les quatre vertus douloureuses : le pouvoir merveilleux de l'humilité, de la tristesse pour les autres, de la bonté intime du cœur, de la faim et de la soif de justice. Puis viennent, radieuses, les vertus actives et triomphantes : la miséricorde, la pureté du cœur, la bonté militante, enfin le martyre pour la justice. « Heureux ceux qui ont le cœur pur; car ils verront Dieu ! » Comme le son d'une cloche d'or, cette parole entrouvre aux yeux des auditeurs le ciel qui s'étoile sur la tête du maître. Ils y voient les humbles vertus, non plus comme de pauvres femmes émaciées, en robes grises de pénitentes, mais transformées en béatitudes, en vierges de lumière, effaçant par leur éclat la splendeur des lys et la gloire de Salomon. Du vent de leurs palmes, elles répandent sur ces cœurs altérés les parfums du royaume céleste.

Le merveilleux est que ce royaume ne s'épanouit pas dans les lointains du ciel, mais dans l'intérieur des assistants. Ils échangent entre eux des regards étonnés ; ces pauvres en esprit sont devenus tout à coup si riches ! Plus puissant que Moïse, le magicien de l'âme a frappé leur cœur ; une source immortelle en jaillit. Son enseignement populaire est contenu dans ce mot : le royaume du ciel est au-dedans de vous ! Maintenant qu'il leur expose les moyens nécessaires pour atteindre ce bonheur inouï, ils ne s'étonnent plus des choses extraordinaires qu'il leur demande : de tuer jusqu'au désir du mal, de pardonner les offenses, d'aimer ses ennemis. Si puissant est le fleuve d'amour qui déborde de son cœur, qu'il les entraîne. En sa présence, tout leur semble facile. – Immense nouveauté, singulière hardiesse de cet enseignement : le prophète galiléen place la vie intérieure de l'âme au-dessus de toutes les pratiques extérieures, l'invisible au-dessus du visible, le royaume des cieux au-dessus des biens de la terre. Il ordonne de choisir entre Dieu et Mammon. Résumant enfin sa doctrine, il dit : « Aimez votre prochain comme vous-même, et soyez parfaits comme votre Père céleste est parfait. » Il laissait entrevoir ainsi sous une forme populaire toute la profondeur de la morale et de la science. Car le suprême commandement de l'initiation est de reproduire la perfection divine dans la perfection de l'âme, et le secret de la science réside dans la chaîne des similitudes et des correspondances qui unit en cercles grandissants le particulier à l'universel, le fini et l'infini.

Si tel fut l'enseignement public et purement moral de Jésus, il est évident qu'il donna à côté de cela un enseignement intime à ses disciples, enseignement parallèle, explicatif du premier, qui en montrait les dessous et pénétrait jusqu'au fond des vérités spirituelles qu'il tenait de la tradition ésotérique des Esséniens et de sa propre expérience. Cette tradition ayant été violemment étouffée par l'Église à partir du second siècle, la plupart des théologiens ne connaissent plus la véritable portée des paroles du Christ avec leur sens parfois double et triple, et n'en voient que le sens primaire ou littéral. Pour ceux qui ont approfondi la doctrine des Mystères en Inde, en Égypte et en Grèce, la pensée ésotérique du Christ anime non seulement ses moindres paroles, mais encore tous les actes de sa vie. Déjà visible dans les trois synoptiques, elle perce tout à fait dans l'Évangile de Jean. En voici un exemple qui touche à un point essentiel de la doctrine.

Jésus est de passage à Jérusalem. Il ne prêche pas encore au temple mais guérit des malades et enseigne chez des amis. L'œuvre d'amour doit préparer le terrain où tombera la bonne semence. Nicodème, Pharisien instruit, avait entendu parler du nouveau prophète. Plein de curiosité, mais ne voulant pas se compromettre vis-à-vis des siens, il demande un entretien secret au Galiléen. Jésus l'accorde. Nicodème arrive la nuit à sa demeure et lui dit : « – Maître ! nous savons que tu es un docteur venu de la part de Dieu ; car personne ne saurait faire ces miracles que tu fais, si Dieu n'est avec lui. – Jésus lui répond : – En vérité, en vérité, je te dis que, si un homme ne *naît de nouveau*, il ne peut voir le royaume de Dieu. – Nicodème demande s'il est possible qu'un homme rentre dans le sein de sa mère et naisse une seconde fois. Jésus répond : – En vérité, je te dis que, si un homme ne *naît d'eau et d'esprit*, il ne peut entrer dans le royaume de Dieu[136]. » Jésus résume sous cette forme évidemment symbolique l'antique doctrine de la régénération déjà connue dans les Mystères de l'Égypte. Renaître par l'eau et par l'esprit, être baptisé d'eau et de feu marque deux degrés de l'initiation, deux étapes du développement

---

[136] Jean, III 15.

interne et spirituel de l'homme. L'eau représente ici la vérité perçue intellectuellement, c'est-à-dire d'une manière abstraite et générale. Elle purifie l'âme et développe son germe spirituel.

La renaissance par l'esprit ou le baptême par le feu (céleste) signifie l'assimilation de cette vérité par la volonté, de telle sorte qu'elle devienne le sang et la vie, l'âme de toutes les actions. Il en résulte la complète victoire de l'esprit sur la matière, la maîtrise absolue de l'âme spiritualisée sur le corps transformé en instrument docile, maîtrise qui éveille ses facultés endormies, ouvre son sens intérieur, lui donne la vue intuitive de la vérité et l'action directe de l'âme sur l'âme. Cet état équivaut à l'état céleste, appelé royaume de Dieu par Jésus-Christ. Le baptême par l'eau ou initiation intellectuelle est donc un commencement de renaissance ; le baptême par l'esprit est une renaissance totale, une transformation de l'âme par le feu de l'intelligence et de la volonté, et par suite, dans une certaine mesure, des éléments du corps, en un mot une régénération radicale. De là les pouvoirs exceptionnels, qu'elle donne à l'homme.

Voilà le sens terrestre de l'entretien éminemment théosophique entre Nicodème et Jésus. Il a un second sens, qu'on pourrait appeler en deux mots la doctrine ésotérique sur la constitution de l'homme. Selon cette doctrine, l'homme est triple : corps, âme, esprit. Il a une partie immortelle et indivisible : l'esprit ; une partie périssable et divisible : le corps. L'âme qui les relie participe à la nature des deux. Organisme vivant, elle possède un corps éthéré et fluidique, semblable au corps matériel, qui, sans ce double invisible, n'aurait ni vie, ni mouvement, ni unité. Selon que l'homme obéit aux suggestions de l'esprit ou aux incitations du corps, selon qu'il s'attache de préférence à l'un ou à l'autre, le corps fluidique s'éthérise ou s'épaissit, s'unifie ou se désagrège. Il arrive donc qu'après la mort physique, la plupart des hommes ont à subir une seconde mort de l'âme, qui consiste à se débarrasser des éléments impurs de leur corps astral, quelquefois même, à subir sa lente décomposition ; tandis que l'homme complètement régénéré, ayant formé dès ici-bas son corps spirituel, possède son ciel en lui-même et s'élance dans la région où l'attire son affinité. – Or l'eau, dans l'ésotérisme antique, symbolise la matière fluidique infiniment transformable, comme le feu symbolise l'esprit un. En parlant de la renaissance par l'eau et par l'esprit, le Christ fait allusion à cette double transformation de son être spirituel et de son enveloppe fluidique, qui attend l'homme après sa mort, et sans laquelle il ne peut entrer dans le royaume des âmes glorieuses et des purs esprits. Car « ce qui est né de la chair est chair (c'est-à-dire enchaîné et périssable), et ce qui est né de l'esprit est esprit (c'est-à-dire libre et immortel). Le vent souffle où il veut et tu entends son bruit. Mais tu ne sais ni d'où il vient, ni où il va. Il en est de même de tout homme qui est né de l'esprit[137]. »

Ainsi parle Jésus devant Nicodème, dans le silence des nuits de Jérusalem. Une petite lampe placée entre eux éclaire à peine les vagues figures des deux interlocuteurs et la colonnade de la chambre haute. Mais les yeux du maître galiléen brillent d'un éclat

---

[137] Jean, III, 6 - 5.

mystérieux dans l'obscurité. Comment ne pas croire à l'âme, en regardant ces yeux tantôt doux, tantôt flamboyants ? Le docteur pharisien a vu s'écrouler sa science des textes, mais il entrevoit un monde nouveau. Il a vu le rayon dans l'œil du prophète, dont les longs cheveux roux tombent sur les épaules. Il a senti la chaleur puissante, qui émane de son être, l'attirer vers lui. Il a vu paraître et disparaître, comme une auréole magnétique, trois petites flammes blanches autour de ses tempes et de son front. Alors il a cru sentir le vent de l'Esprit passer sur son cœur. - Ému, silencieux, Nicodème regagne furtivement sa maison, dans la nuit profonde. Il continuera à vivre parmi les Pharisiens, mais dans le secret de son cœur il restera fidèle à Jésus.

Notons encore un point capital de cet enseignement. Dans la doctrine matérialiste, l'âme est une résultante éphémère et accidentelle des forces du corps ; dans la doctrine spiritualiste ordinaire, elle est une chose abstraite, sans lien concevable avec lui ; dans la doctrine ésotérique − seule rationnelle − le corps physique est un produit du travail incessant de l'âme, qui agit sur lui par l'organisme similaire du corps astral, de même que l'univers visible n'est qu'un dynamisme de l'Esprit infini. Voilà pourquoi Jésus donne cette doctrine à Nicodème comme l'explication des miracles qu'il opère. Elle peut servir en effet de clef à sa thérapeutique occulte, pratiquée par lui et par un petit nombre d'adeptes et de saints, avant comme après le Christ. La médecine ordinaire combat les maux du corps en agissant sur le corps. L'adepte ou le saint, étant un foyer de force spirituelle et fluidique, agit directement sur l'âme du malade, et, par son corps astral, sur son corps physique. Il en est de même dans toutes les guérisons magnétiques. Jésus opère par des forces qui existent dans tous les hommes, mais il opère à haute dose, par projections puissantes et concentrées. Il donne aux Scribes et aux Pharisiens son pouvoir de guérir les corps comme une preuve de son pouvoir de pardonner, ou de guérir l'âme, ce qui est son but supérieur. La guérison physique devient ainsi la contre épreuve d'une guérison morale, qui lui permet de dire à l'homme tout entier : Lève-toi et marche ! – La science d'aujourd'hui veut expliquer le phénomène, que les anciens et le moyen âge appelaient possession, comme un simple trouble nerveux. Explication insuffisante. Des psychologues, qui cherchent à pénétrer plus avant dans le mystère de l'âme, y voient un dédoublement de la conscience, une irruption de sa partie latente. Cette question touche à celle des divers plans de la conscience humaine qui agit tantôt sur l'un, tantôt sur l'autre, et dont le jeu mobile s'étudie dans les divers états somnambuliques. Elle touche également au monde suprasensible. Quoi qu'il en soit, il est certain que Jésus eut la faculté de rétablir l'équilibre dans les corps troublés et de rendre les âmes à leur conscience meilleure. « La magie véritable, a dit Plotin, c'est l'amour avec la haine son contraire. C'est par l'amour et la haine que les magiciens agissent au moyen de leurs philtres et de leurs enchantements. » L'amour à sa plus haute conscience et à sa puissance suprême, telle fut la magie du Christ.

De nombreux disciples prirent part à son enseignement intime. Mais pour faire durer la nouvelle religion, il fallait un groupe d'élus actifs qui devinssent les piliers du temple spirituel qu'il voulait édifier en face de l'autre. De là l'institution des apôtres. Il ne les choisit pas parmi les Esséniens, parce qu'il avait besoin de natures vigoureuses et vierges, et qu'il voulait. implanter sa religion au cœur du peuple. Deux groupes de frères, Simon-Pierre et André, fils de Jonas, d'une part, Jean et Jacques, fils de Zébédée, de l'autre, tous les quatre pêcheurs de profession et de familles aisées, formèrent le noyau des apôtres. Au début de sa carrière, Jésus se montre dans leur maison à Capharnaüm, au bord du lac de Génésareth, où ils avaient leurs pêcheries. Il loge, enseigne chez eux, convertit toute la famille. Pierre et Jean se détachent au premier plan et dominent de haut les douze comme les deux figures principales. – Pierre, cœur droit et simple, esprit naïf et limité, aussi prompt à l'espérance qu'au découragement, mais homme d'action capable de mener les autres par son caractère énergique et sa foi absolue. – Jean, nature renfermée et profonde, d'un enthousiasme si bouillant que Jésus l'appelait « fils du tonnerre. » Avec cela, esprit intuitif, âme ardente presque toujours concentrée sur elle-même, d'habitude rêveuse et triste, avec des éclats formidables, des fureurs apocalyptiques, mais aussi des profondeurs de tendresse que les autres sont incapables de soupçonner, que le maître seul a vues. Lui seul, le silencieux, le contemplatif, comprendra sa pensée intime. Il sera l'Évangéliste de l'amour et de l'intelligence divine, l'apôtre ésotérique par excellence.

Persuadés par sa parole, convaincus par ses œuvres, dominés par sa grande intelligence et enveloppés de son rayonnement magnétique, les apôtres suivaient le maître de bourgade en bourgade. Les prédications populaires alternaient avec les enseignements intimes. Peu à peu il leur ouvrait sa pensée. Toutefois il gardait encore un profond silence sur lui-même, sur son rôle, sur son avenir. Il leur avait dit que le royaume du ciel était proche, que le Messie allait venir. Déjà les apôtres murmuraient entre eux : C'est lui ! et le répétaient aux autres. Mais lui-même, avec une gravité douce s'appelait simplement « le Fils de l'Homme » expression dont ils ne comprenaient pas encore le sens ésotérique, mais qui semblait vouloir dire dans sa bouche : messager de l'humanité souffrante. Car il ajoutait : « les loups ont leur tanière, mais le Fils de l'Homme n'a pas où poser sa tête. » Les apôtres ne voyaient encore le Messie que selon l'idée juive populaire, et dans leurs naïves espérances, ils concevaient le royaume du ciel comme un gouvernement politique, dont Jésus serait le roi couronné et eux les ministres. Combattre cette idée, la transformer de fond en comble, révéler à ses apôtres le vrai Messie, la royauté spirituelle ; leur communiquer cette vérité sublime qu'il appelait le Père, cette force suprême qu'il appelait l'Esprit, force mystérieuse qui joint ensemble toutes les âmes à l'invisible ; leur montrer par son verbe, par sa vie et par sa mort, un vrai fils de Dieu ; leur laisser la conviction qu'eux et tous les hommes étaient ses frères et pouvaient le rejoindre s'ils le voulaient ; ne les quitter qu'après avoir ouvert à leur espérance toute l'immensité du ciel − voilà l'oeuvre prodigieuse de Jésus sûr ses apôtres. Croiront-ils ou ne croiront-ils pas ? Voilà la question du drame qui se joue entre eux et lui. Il en est un plus poignant et plus terrible qui se passe au fond de lui-même. Nous y viendrons bientôt.

Car à cette heure, un flot de joie submerge la tragique pensée dans la conscience du Christ. La tempête n'a pas encore soufflé sur le lac de Tibériade. C'est le printemps galiléen de l'Évangile, c'est l'aube du royaume de Dieu, c'est le mariage mystique de l'initié avec sa famille spirituelle. Elle le suit, elle voyage avec lui, comme le cortège des paranymphes suit l'époux de la parabole. La troupe croyante se presse sur les traces du maître bien-aimé, aux plages du lac d'azur, enfermé dans ses montagnes comme dans une coupe d'or. Elle va des fraîches rives de Capharnaüm aux massifs d'orangers de Béthsaïda, à la montagneuse Korazim, où des bouquets de palmes ombreuses dominent toute la mer de Génésareth. Dans ce cortège de Jésus, les femmes ont une place à part. Mères ou sœurs de disciples, vierges timides ou pécheresses repenties l'entourent en tout lieu. Attentives, fidèles, passionnées, elles répandent sur ses pas, comme une traînée d'amour, leur éternel parfum de tristesse et d'espérance. Ce n'est pas à elles qu'il a besoin de démontrer qu'il est le Messie. Le voir, cela suffit. L'étrange félicité qui émane de son atmosphère, mêlée à la note d'une souffrance divine et inexprimée qui résonne dans le fond de son être, leur persuade qu'il est le fils de Dieu. Jésus avait étouffé de bonne heure en lui-même le cri de la chair, il avait dompté pendant son séjour chez les Esséniens le pouvoir des sens. Par là il avait conquis l'empire des âmes et le divin pouvoir de pardonner, cette volupté des anges. Il dit à la pécheresse qui se traîne à ses pieds dans un flot de ses cheveux épars et de son baume répandu : « Il lui sera beaucoup pardonné parce qu'elle a beaucoup aimé. » Mot sublime qui contient toute une rédemption ; car qui pardonne, affranchit.

Le Christ est le restaurateur et le libérateur de la femme, quoi qu'en aient dit saint Paul et les Pères de l'Église, qui, en rabaissant la femme au rôle de servante de l'homme, ont faussé la pensée du maître. Les temps védiques l'avaient glorifiée ; Bouddha s'en était défié ; le Christ la relève en lui rendant sa mission d'amour et de divination. La Femme initiée représente l'Ame dans l'Humanité, Aïsha, comme l'avait nommée Moïse, c'est-à-dire la Puissance de l'Intuition, la Faculté aimante et voyante. L'orageuse Marie-Magdeleine dont Jésus avait chassé sept démons selon l'expression biblique, devint la plus. ardente de ses disciples. Ce fut elle qui la première, selon saint Jean, aperçut le divin maître, le Christ spirituel ressuscité sur son tombeau. La légende a voulu voir obstinément dans la femme passionnée et croyante la plus grande adoratrice de Jésus, l'initiée du cœur et elle ne s'est pas trompée. Car son histoire représente toute la régénération de la femme voulue par le Christ.

C'est dans la ferme de Béthanie, entre Marthe Marie et Magdeleine, que Jésus aimait à se reposer des labeurs de sa mission, à se préparer aux suprêmes épreuves. C'est là qu'il prodiguait ses plus douces consolations, et qu'en de suaves entretiens il parlait des divins mystères qu'il n'osait pas encore confier à ses disciples. Parfois, à l'heure où l'or du couchant pâlit entre les branches des oliviers, où déjà le crépuscule emmêle leurs fins feuillages, Jésus devenait pensif. Un voile tombait sur son visage lumineux. Il songea, aux difficultés de son œuvre, à la foi chancelante des apôtres, aux puissances ennemies du monde. Le temple, Jérusalem, l'humanité, avec ses crimes et ses ingratitudes, se roulaient sur lui comme une montagne vivante.

Ses bras dressés vers le ciel seraient-ils assez forts pour la réduire en poussière, ou resterait-il écrasé sous sa masse énorme ? Alors il parlait vaguement d'une épreuve terrible qui l'attendait, et de sa fin prochaine. Frappées de la solennité de sa voix, les femmes n'osaient l'interroger. Quelle que fût l'inaltérable sérénité de Jésus, elles comprenaient que son âme était comme enveloppée du linceul d'une indicible tristesse qui le séparait des joies de la terre. Elles pressentaient la destinée du prophète, elles sentaient sa résolution inébranlable. Pourquoi ces sombres nuages qui s'élevaient du côté de Jérusalem ? Pourquoi ce vent brûlant de fièvre et de mort, qui passait sur leur cœur comme sur les collines flétries de la Judée, aux teintes violettes et cadavéreuses ? Un soir... mystérieuse étoile, une larme brilla dans les yeux de Jésus. Les trois femmes frissonnèrent et leurs larmes silencieuses coulèrent aussi dans la paix de Béthanie.

- Elles pleuraient sur lui ; il pleurait sur l'humanité.

V

LUTTE AVEC LES PHARISIENS –
LA FUITE A CÉSARÉE
LA TRANSFIGURATION

Il dura deux ans, ce printemps galiléen, où, sous la parole du Christ, les lys étincelants des anges semblaient éclore dans l'air embaumé, et l'aurore du royaume du ciel se lever sur les foules attentives. Mais bientôt le ciel s'assombrit, traversé de sinistres éclairs, avant-coureurs d'une catastrophe. L'orage éclata sur la petite famille spirituelle, comme une de ces tempêtes qui balayent le lac de Génésareth et engloutissent, dans leur furie, les frêles barques des pêcheurs. Si les disciples en restèrent consternés, Jésus n'en fut point surpris ; il s'y attendait. Impossible que sa prédication et sa popularité croissante ne missent pas en émoi les autorités religieuses des Juifs. Impossible encore qu'entre elles et lui la lutte ne s'engageât point à fond. Bien plus, la lumière ne pouvait jaillir que de ce choc.

Les Pharisiens formaient du temps de Jésus un corps compact de six mille hommes. Leur nom *Perishin* signifiait les séparés ou les distingués. D'un patriotisme exalté, souvent héroïque, mais étroit et orgueilleux, ils représentaient le parti de la restauration nationale ; son existence ne datait que des Macchabées. A côté de la tradition écrite ils admettaient une tradition orale. Ils croyaient aux anges, à la vie future, à la résurrection ; mais ces lueurs d'ésotérisme qui leur venaient de la Perse, ils les noyaient sous les ténèbres d'une interprétation grossière et matérielle. Stricts observateurs de la loi, mais entièrement opposés à l'esprit des prophètes qui mettaient la religion dans l'amour de Dieu et des hommes, ils faisaient consister la piété dans les rites et les pratiques, les jeûnes et les pénitences publiques. On les voyait aux grands jours parcourir les rues, le visage couvert de suie, clamant des prières d'un air contrit et distribuant des aumônes avec ostentation. Du reste, vivant dans le luxe, briguant avec âpreté les charges et le pouvoir. Ils n'en étaient pas moins les chefs du parti démocratique et tenaient le peuple dans leur main. – Les Saducéens, par contre, représentaient le parti sacerdotal et aristocratique. Ils se composaient de familles qui prétendaient exercer le sacerdoce par droit d'hérédité depuis le temps de David. Conservateurs à outrance, ils rejetaient la tradition orale, n'admettaient que la lettre de la loi, niaient l'âme et la vie future. Ils se moquaient également des pratiques tourmenteuses des Pharisiens et de leurs croyances extravagantes. Pour eux, la religion consistait uniquement dans les cérémonies sacerdotales. Ils avaient détenu le pontificat sous les Séleucides, s'entendant parfaitement avec les païens, s'imprégnant même de sophistique grecque et d'épicurisme élégant. Sous les Macchabées, les Pharisiens les avaient évincés du pontificat. Mais sous Hérode et les Romains, ils avaient repris leur place. C'étaient des hommes durs et tenaces, des prêtres bons vivants, n'ayant qu'une foi : celle en leur supériorité, et qu'une idée : garder le pouvoir qu'ils possédaient par tradition.

Que pouvait apercevoir dans cette religion Jésus, l'initié, l'héritier des prophètes, le voyant d'Engadi, qui cherchait dans l'ordre social l'image de l'ordre di vin, où la justice règne sur la vie, la science sur la justice, l'amour et la sagesse sur tous les trois ? – Au temple, à la place de la science suprême et de l'initiation : l'ignorance matérialiste et agnostique, jouant de la religion comme d'un instrument de pouvoir, en d'autres termes : l'imposture sacerdotale. – Dans les écoles et les synagogues, au lieu du pain de vie et de la rosée céleste tombant dans les cœurs, une morale intéressée, recouverte d'une dévotion formaliste, c'est-à-dire l'hypocrisie. – Très loin au-dessus d'eux, trônant dans un nimbe, César tout-puissant, apothéose du mal, déification de la matière, César seul Dieu du monde d'alors, seul maître possible des Saducéens et des Pharisiens, qu'ils le voulussent ou non. – Jésus, empruntant comme les prophètes une idée à l'ésotérisme persan, avait-il tort de nommer ce règne le règne de Satan ou d'Ahriman, c'est-à-dire la domination de la matière sur l'esprit, à laquelle il voulait substituer celle de l'esprit sur la matière ? Comme tous les grands réformateurs, il s'attaquait, non aux hommes, qui pouvaient être excellents par exception, mais aux doctrines et aux institutions qui sont les moules de la majorité. il fallait que le défi fût jeté, la guerre déclarée aux puissances du jour.

La lutte s'engagea dans les synagogues de la Galilée pour continuer sous les portiques du temple de Jérusalem, où Jésus fit de longs séjours, prêchant et tenant tête à ses adversaires. En ceci comme dans toute sa carrière, Jésus agit avec ce mélange de prudence et d'audace, de réserve méditative et d'action impétueuse qui caractérisait sa nature merveilleusement équilibrée. Il ne prit point l'offensive contre ses adversaires, il attendit leur attaque pour y répondre. Elle ne tarda point. Car, dès les débuts du prophète, les Pharisiens le jalousèrent à cause de ses guérisons et de sa popularité. Bientôt ils soupçonnèrent en lui leur plus dangereux ennemi. Alors, ils l'abordèrent avec cette urbanité railleuse, cette malveillance astucieuse, voilée de douceur hypocrite, qui leur était propre. En savants docteurs, en hommes d'importance et d'autorité, ils lui demandèrent raison de son commerce avec les péagers et les gens de mauvaise vie. Pourquoi aussi ses disciples osaient-ils glaner des épis le jour du sabbat ? Autant de violations graves contre leurs prescriptions. Jésus leur répondit, avec sa douceur et sa largeur, par des paroles de tendresse et de mansuétude. Il essaya sur eux son verbe d'amour. Il leur parla de l'amour de Dieu qui se réjouit plus d'un pécheur repentant que de quelques justes. Il leur raconta la parabole de la brebis perdue et de l'enfant prodigue. Embarrassés, ils se turent. Mais s'étant de nouveau concertés, ils revinrent à la charge lui reprochant de guérir des malades le jour de sabbat. « Hypocrites ! riposta Jésus avec un éclair d'indignation dans les yeux, n'ôtez-vous pas la chaîne du cou de vos bœufs pour les conduire à l'abreuvoir le jour du sabbat, et la fille d'Abraham ne serait pas délivrée ce jour-là des chaînes de Satan ? » Ne sachant plus que dire, les Pharisiens l'accusèrent de chasser les démons au nom de Belzébuth. Jésus leur répondit avec autant d'esprit que de profondeur que le diable ne se chasse pas lui-même, et il ajouta que le péché contre le Fils de l'Homme sera pardonné, mais non celui contre le Saint-Esprit, voulant dire par là qu'il faisait peu de cas des injures contre sa personne, mais que nier le Bien et le Vrai quand on l'a constaté, c'est la perversité intellectuelle, le vice suprême, le mal irrémédiable. Ce mot était une déclaration de guerre. On l'appelait : Blasphémateur ! il répondait : Hypocrites ! – Suppôt de Belzébuth ! il répondait : race de vipères ! A partir de ce moment, la lutte alla s'envenimant et grandissant toujours. Jésus y déploya une dialectique serrée, incisive. Sa parole flagellait comme un fouet, transperçait comme un dard. Il avait changé de tactique ; au lieu de se défendre, il attaquait et répondait aux accusations par des accusations plus fortes, sans pitié pour le vice radical, l'hypocrisie. « Pourquoi transgressez-vous la loi de Dieu à cause de votre tradition ? Dieu a ordonné : Honore ton père et ta mère ; vous dispensez d'honorer les parents quand l'argent afflue au temple. Vous ne servez Isaïe que pat les lèvres, vous êtes des dévots sans cœur.

Jésus ne cessait pas de se posséder ; mais il s'exaltait, il grandissait dans cette lutte. A mesure qu'on l'attaquait, il s'affirmait plus hautement comme le Messie. Il commençait à menacer le temple, à prédire les malheurs d'Israël, à en appeler aux païens, à dire que le Seigneur enverrait d'autres ouvriers dans sa vigne. Là-dessus, les Pharisiens de Jérusalem s'émurent. Voyant qu'on ne pouvait lui fermer la bouche ni le rétorquer, ils changèrent, eux aussi, de tactique. Ils imaginèrent de l'attirer dans un piège. Ils lui envoyèrent des députations pour lui faire dire une hérésie, qui permettrait au sanhédrin de le saisir comme blasphémateur, au nom de la loi de Moïse, ou de le faire condamner comme rebelle par le gouverneur romain. De là, la question insidieuse sur la femme adultère et sur le denier de César. Pénétrant toujours les desseins de ses ennemis, Jésus les désarma par ses réponses, en profond psychologue et en stratège habile. Le trouvant insaisissable, les Pharisiens tentèrent de l'intimider en le harcelant à chaque pas. Déjà le gros des populations, travaillé par eux, se détournait de lui en voyant qu'il ne restaurait pas le royaume d'Israël. Partout, dans la moindre bourgade, il rencontrait des faces cauteleuses et soupçonneuses, des espions pour le surveiller, des émissaires perfides pour le décourager. Quelques-uns vinrent lui dire « — Retire-toi d'ici, car Hérode (Antipas) veut te faire mourir. » Il répondit fièrement : « — Dites à ce renard : il n'arrive point qu'un prophète meure hors de Jérusalem ! » Cependant il dut passer plusieurs fois la mer de Tibériade et se réfugier sur la rive orientale pour fuir ces embûches. Il n'était plus en sûreté nulle part. Sur ces entrefaites, arriva la mort de Jean-Baptiste, auquel Antipas avait fait trancher la tête, dans la forteresse de Makérous. On dit qu'Annibal voyant la tête de son frère Asdrubal, tué par les Romains, s'écria : « Maintenant je reconnais le destin de Carthage. » Jésus put reconnaître son propre destin dans la mort de son précurseur. Il n'en doutait pas depuis sa vision d'Engadi ; il n'avait commencé son œuvre qu'en l'acceptant d'avance ; et néanmoins cette nouvelle, apportée par les disciples attristés du prêcheur dans le désert, frappa Jésus comme un avertissement funèbre. Il s'écria : « Ils ne l'ont pas reconnu, mais ils lui ont fait ce qu'ils ont voulu ; c'est ainsi que le Fils de l'Homme souffrira par eux. »

Les douze s'inquiétaient ; Jésus hésitait sur sa voie. Il ne voulait pas se laisser prendre, mais s'offrir de plein gré, une fois l'œuvre terminée, et finir en prophète à l'heure choisie par lui-même. Déjà traqué depuis un an, habitué à échapper à l'ennemi par des marches et des contremarches, écœuré du peuple, dont il sentait le refroidissement après les jours d'enthousiasme, Jésus résolut encore une fois de fuir avec les siens. Parvenu au haut d'une montagne avec les douze, il se retourna, pour regarder une dernière fois son lac bien-aimé, sur les rives duquel il a voulu faire luire l'aube du royaume des cieux. Il embrassa du regard ces villes couchées au bord des flots ou étagées sur les monts, noyées dans leurs oasis de verdure, et blanches sous le voile doré du crépuscule, toutes ces bourgades chéries où il avait semé la parole de vie et qui maintenant l'abandonnaient. Il eut le pressentiment de l'avenir. D'un regard prophétique, il vit ce pays splendide changé en désert, sous la main vengeresse d'Ismaël, et ces paroles sans colère, mais pleines d'amertume et de mélancolie, tombèrent de sa bouche : « Malheur à toi, Capharnaüm ! Malheur à toi, Korazim ! Malheur à toi, Betsaïda ! » Puis, se tournant vers le monde païen, il prit avec les apôtres le chemin qui remonte la vallée du Jourdain, de Gadara à Césarée de Philippe.

Triste et longue fut la route de la troupe fugitive à travers de grandes plaines de roseaux et les maremmes du haut Jourdain, sous le soleil ardent de Syrie. On passait la nuit sous la tente des pâtres de buffles, ou chez des Esséniens établis dans les petites bourgades de ce pays perdu. Les disciples oppressés baissaient la tête ; le maître triste et silencieux restait plongé dans sa méditation. Il réfléchissait à l'impossibilité de faire triompher sa doctrine dans le peuple par la prédication, aux machinations redoutables de ses adversaires. La lutte suprême devenait imminente ; il était arrivé à une impasse ; comment en sortir ? D'autre part, sa pensée se reportait avec une sollicitude infinie sur sa famille spirituelle disséminée, et surtout sur les douze apôtres qui, fidèles et confiants, avaient tout quitté pour le suivre, famille, profession, fortune, et qui cependant allaient être déchirés dans leurs cœurs et déçus dans la grande espérance du Messie triomphant. Pouvait-il les abandonner à eux-mêmes ? La vérité avait-elle suffisamment pénétré en eux ? Croiraient-ils quand même en lui et en sa doctrine ? Savaient-ils qui il était ? Sous l'empire de cette préoccupation, il leur demanda un jour : « Que disent les hommes que je suis, moi le Fils de l'Homme ? – Et ils lui répondirent : Les uns disent que tu es Jean-Baptiste ; les autres Jérémie ou l'un des prophètes. – Et vous, qui dites-vous que je suis ? – Alors, Simon-Pierre prenant la parole, dit : Tu es le Christ, le fils du Dieu vivant[138]. »

Dans la bouche de Pierre et dans la pensée de Jésus, ce mot ne signifiait pas, comme le voulut plus tard l'Église : Tu es l'unique incarnation de l'Être absolu et tout-puissant, la seconde personne de la Trinité ; mais simplement : tu es l'Élu d'Israël annoncé par les prophètes. Dans l'initiation indoue, égyptienne et grecque, le terme de *Fils de Dieu* signifiait *une conscience*

---

[138] Matth., XVI, 13-16.

identifiée avec la vérité divine, une volonté capable de la manifester. Selon les prophètes, ce Messie devait être la plus grande de ces manifestations. Il serait le Fils de l'Homme, c'est-à-dire l'Élu de l'Humanité terrestre ; le Fils de Dieu, c'est-à-dire l'Envoyé de l'Humanité céleste, et comme tel, ayant en lui le Père ou l'Esprit, qui par Elle règne sur l'univers.

A cette affirmation de la foi des apôtres par leur porte-parole, Jésus éprouva une joie immense. Donc ses disciples l'avaient compris ; il vivrait en eux ; le lien entre le ciel et la terre serait rétabli. Jésus dit à Pierre : « Tu es heureux, Simon, fils de Jonas; car ce n'est pas la chair et le sang qui t'ont révélé cela, mais mon Père qui est dans les cieux ». Par cette réponse, Jésus donne à entendre à Pierre qu'il le considère comme initié au même titre que lui-même : par la vue intérieure et profonde de la vérité. Voilà la vraie, la seule révélation, voilà « la pierre sur laquelle le Christ veut bâtir son église et contre laquelle les portes de l'enfer ne prévaudront pas ». Jésus ne compte sur l'apôtre Pierre qu'en tant qu'il aura cette intelligence. Un instant après, celui-ci étant redevenu l'homme naturel, craintif et borné, le maître le traite tout autrement. Jésus ayant annoncé à ses disciples qu'il allait être mis à mort à Jérusalem, Pierre se mit à protester : – A Dieu ne plaise, Seigneur, cela ne t'arrivera point. » Mais Jésus, comme s'il voyait une tentation de la chair dans ce mouvement de sympathie, qui essayait d'ébranler sa grande résolution, se retourna vivement vers l'apôtre et dit : « Retire-toi de moi, Satan ! tu m'es un scandale, car tu ne comprends point les choses qui sont de Dieu, mais seulement celles qui sont des hommes[139] ». Et le geste impérieux du maître disait : En avant à travers le désert ! – Intimidés par sa voix solennelle, par son regard sévère, les apôtres courbèrent la tête en silence et se remirent en route sur les collines pierreuses de la Gaulonitide. Cette fuite, où Jésus entraînait ses disciples hors d'Israël, ressemblait à une marche vers l'énigme de sa destinée messianique dont il cherchait le dernier mot.

On était arrivé aux portes de Césarée. La ville devenue païenne depuis Antiochus le Grand s'abritait dans une oasis verdoyante, à la source du Jourdain, au pied des cimes neiges de l'Hermon. Elle avait son amphithéâtre, elle resplendissait de palais luxueux et de temples grecs. Jésus la traversa et s'avança jusqu'à l'endroit où le Jourdain s'échappe, d'un flot bouillonnant et clair, d'une caverne de la montagne, comme la vie jaillissante du sein profond de l'immuable nature. Il y avait là un petit temple dédié à Pan, et, dans la grotte, sur les rives du fleuve naissant, une foule de colonnes, de nymphes de marbre et de divinités païennes. Les Juifs avaient en horreur ces signes d'un culte idolâtre. Jésus les regarda sans colère, d'un sourire indulgent. Il y reconnut les effigies imparfaites de la beauté divine dont il portait dans son âme les radieux modèles. Il n'était pas venu pour maudire le paganisme, mais pour le transfigurer ; il n'était pas venu pour jeter l'anathème à la terre et à ses puissances mystérieuses, mais pour lui montrer le ciel. Son cœur était assez grand, sa doctrine assez vaste

---

[139] Matth., XVI 21-23.

pour embrasser tous les peuples et dire à tous les cultes : « Levez la tête et reconnaissez que vous avez tous un même Père. » Et cependant il se trouvait là à l'extrême limite d'Israël, traqué comme une bête fauve, serré, étouffé entre deux mondes qui le repoussaient également. Devant lui, le monde païen qui ne le comprenait pas encore et où sa parole expirait impuissante ; derrière lui, le monde juif, le peuple qui lapidait ses prophètes, se bouchait les oreilles pour ne pas entendre son Messie ; la bande.des Pharisiens et des Saducéens guettait sa proie. Quel courage surhumain, quelle action inouïe fallait-il donc pour briser tous ces obstacles, pour pénétrer par delà l'idolâtrie païenne et la dureté juive, jusqu'au cœur de cette humanité souffrante qu'il aimait de toutes.ses fibres, et lui faire entendre son verbe de résurrection ? Alors, par un retour subit, sa pensée bondit en arrière et redescendit le cours du Jourdain, le fleuve sacré d'Israël ; elle vola du temple de Pan au temple de Jérusalem : elle mesura toute la distance qui séparait le paganisme antique de la pensée universelle des prophètes, et, remontant à sa propre source, comme l'aigle à son nid, elle retourna de la détresse de Césarée à la vision d'Engadi ! Et voici, de nouveau, il vit surgir de la mer Morte ce fantôme terrible de la croix !... − L'heure était-elle venue du grand sacrifice ? Comme tous les hommes, Jésus avait en lui deux consciences. L'une, terrestre, le berçait d'illusions et lui disait : Qui sait ? peut- être éviterai-je le destin ; l'autre, divine, répétait implacablement : Le chemin de la victoire passe par la porte de l'angoisse. Fallait-il enfin obéir à celle-ci ?

Dans tous les grands moments de sa vie, nous voyons Jésus se retirer dans la montagne pour prier. Le sage védique n'avait-il pas dit : « La prière soutient le ciel et la terre et domine les Dieux ? » Jésus connaissait cette force des forces. D'habitude, il n'admettait aucun compagnon dans ces retraites, où il descendait dans l'arcane de sa conscience. Cette fois-ci, il emmena Pierre et les deux fils de Zébédée, Jean et Jacques, sur une haute montagne pour y passer la nuit. La légende veut que ce soit le mont Thabor. C'est là qu'eut lieu, entre le maître et les trois disciples les plus initiés, cette scène mystérieuse que les Évangiles racontent sous le nom de *Transfiguration*. Au dire de Matthieu, les apôtres virent apparaître dans la pénombre transparente d'une nuit d'Orient la forme du maître lumineuse et comme diaphane, sa face resplendir comme le soleil, et ses habits devenir éclatants. comme la lumière, puis deux figures se montrer à ses côtés, qu'ils prirent pour celles de Moïse et d'Élie. Quand ils sortirent tout tremblants de leur étrange prostration qui leur semblait à la fois un sommeil plus profond et une veille plus intense, ils virent le maître seul à côté d'eux, les touchant pour les réveiller tout à fait. Le Christ transfiguré qu'ils avaient contemplé dans ce rêve ne s'effaça plus de leur mémoire[140].

Mais Jésus lui-même, qu'avait-il vu, qu'avait-il senti et traversé pendant cette nuit, qui précéda l'acte décisif de sa carrière prophétique ? – Un effacement graduel des choses terrestres sous le feu de la prière ; une ascension de sphère en sphère sur les ailes de l'extase ; peu à peu, il lui sembla qu'il rentrait par sa conscience profonde dans une existence antérieure, toute

―――――――――――――――――

[140] Matth., XVII, 1-8.

spirituelle et divine. Loin de lui les soleils, les mondes, les terres, tourbillons des incarnations douloureuses ; mais, dans une atmosphère homogène, une substance fluide, une lumière intelligente. Dans cette lumière, des légions d'êtres célestes forment une voûte mouvante, un firmament de corps éthérés, blancs comme la neige, d'où jaillissent de douces fulgurations. Sur la nuée brillante où lui-même est debout, six hommes en habits sacerdotaux et de puissante stature élèvent dans leurs mains réunies un Calice resplendissant. Ce sont six Messies qui ont déjà paru sur la terre ; le septième, c'est lui, et cette Coupe signifie le Sacrifice qu'il doit accomplir en s'y incarnant à son tour. Sous la nuée gronde la foudre ; un abîme noir s'ouvre : le cercle des générations, le gouffre de la vie et de la mort, l'enfer terrestre. Les fils de Dieu, d'un geste suppliant, élèvent la Coupe ; le ciel immobile attend. Jésus, en signe d'assentiment, étend les bras en forme de croix, comme s'il voulait embrasser le monde.

Alors, les fils de Dieu se prosternent, la face coutre terre ; une troupe d'anges-femmes aux longues ailes et aux yeux baissés, emporte le Calice incandescent vers la voûte de lumière. – L'*hosanna* retentit de cieux en cieux, mélodieux, ineffable... Mais Lui, sans même l'écouter, plonge dans le gouffre...

Voilà ce qui s'était passé jadis dans le monde des Essences, dans le sein du Père, où se célèbrent les mystères de l'Amour éternel et où les révolutions des astres passent légères comme des ondes. Voilà ce qu'il avait juré d'accomplir ; voilà pourquoi il était né ; voilà pourquoi il avait lutté jusqu'à ce jour. Et voici que ce grand serment le ressaisissait au terme de son œuvre, par la plénitude de sa conscience divine revenue dans l'extase.

Serment formidable, effrayant calice ! Il fallait le boire. Après l'ivresse de l'extase, il se réveillait au fond du gouffre, au bord du martyre. Plus de doute ; les temps étaient révolus. Le ciel avait parlé ; la terre criait au secours.

Alors, rebroussant chemin, par lentes étapes, Jésus redescendit la vallée du Jourdain et prit la route de Jérusalem.

VI

DERNIER VOYAGE A JÉRUSALEM
LA PROMESSE
LA CÈNE, LE PROCÈS, LA MORT
ET LA RÉSURRECTION

« Hosanna au fils de David ! » Ce cri retentissait sur les pas de Jésus, à son entrée par la porte orientale de Jérusalem, et les branches de palmier pleuvaient sous ses pieds. Ceux qui l'accueillaient avec tant d'enthousiasme étaient des adhérents du prophète galiléen, accourus des environs et de l'intérieur de la ville pour cette ovation. Ils saluaient le libérateur d'Israël, qui bientôt serait couronné roi. Les douze apôtres qui l'accompagnaient partageaient encore cette illusion obstinée, malgré les prédictions formelles de Jésus. Lui seul, le Messie acclamé, savait qu'il marchait au supplice et que les siens ne pénétreraient dans le sanctuaire de sa pensée qu'après sa mort. Il s'offrait résolument, de pleine conscience et de pleine volonté. De là sa résignation, sa douce sérénité. Tandis qu'il passait sous le porche colossal, percé dans la sombre forteresse de Jérusalem, la clameur s'engouffrait sous la voûte et le poursuivait comme la voix du Destin, qui saisit sa proie : « Hosanna au fils de David ! »

Par cette entrée solennelle, Jésus déclarait publiquement aux autorités religieuses de Jérusalem qu'il assumait le rôle du Messie avec toutes ses conséquences. Le lendemain, il parut au temple, dans la cour des Gentils, et s'avançant vers les marchands de bêtes et les changeurs, dont les faces d'usuriers et le cliquetis assourdissant des monnaies profanaient le parvis du saint lieu, il leur dit cette parole d'Isaïe : « Il est écrit : ma maison sera une maison de prière, et vous en faites une caverne de brigands. » Les marchands s'enfuirent, emportant leurs tables et leurs sacs d'argent, intimidés par les partisans du prophète, qui l'entouraient comme d'un rempart solide, mais plus encore par son regard flamboyant et son geste impérieux. Les prêtres ébahis s'étonnèrent de cette audace et restèrent effrayés de tant de puissance. Une députation du sanhédrin vint lui en demander raison avec ces mots : « Par quelle autorité fais-tu ces choses ? » A cette question captieuse, Jésus, selon son habitude, répondit par une question non moins embarrassante pour ses adversaires : « Le baptême de Jean, d'où venait-il, du ciel ou des hommes ? » Si les Pharisiens avaient répondu : Il vient du ciel, Jésus leur eût dit : Alors, pourquoi n'y avez vous pas cru ? S'ils avaient dit : il vient des hommes, ils avaient à craindre le peuple qui tenait Jean-Baptiste pour un prophète. Ils répondirent donc : Nous n'en savons rien. – Et moi, leur dit Jésus, je ne vous dirai pas non plus par quelle autorité je fais ces choses. Mais le coup paré, il prit l'offensive et ajouta : « Je vous dis en vérité que les péagers et les femmes de mauvaise vie vous devancent au royaume de Dieu. » Puis il les compara, dans une parabole, au mauvais vigneron qui tue le fils du maître pour avoir l'héritage de la vigne, et se nomma lui-même « la pierre angulaire qui les écraserait. » Par ces actes, par ces paroles, on voit qu'à son dernier voyage dans la capitale d'Israël, Jésus voulut se couper la retraite. On tenait depuis longtemps de sa bouche les deux grands chefs d'accusation nécessaires pour le perdre : ses menaces contre le temple et l'affirmation qu'il était le Messie. Ses dernières attaques exaspérèrent ses ennemis. A partir de ce moment, sa mort, résolue par les autorités, ne fut plus qu'un affaire de temps. Dès son arrivée, les membres le plus influents du Sanhédrin, Saducéens et Pharisiens, réconciliés dans la haine contre Jésus, s'étaient entendus pour faire périr « le séducteur du peuple. » On hésitait seulement à le saisir en public, car on redoutait un soulèvement populaire. Plusieurs fois déjà, de sergents qu'on avait envoyés contre lui s'en étaient revenus, gagnés par sa parole ou effrayés par les rassemblements. Plusieurs fois les soldats du temple l'avaient vu disparaître au milieu d'eux d'une manière incompréhensible. C'est ainsi que l'empereur Domitien, fasciné, suggestionné et comme frappé de cécité par le mage qu'il voulait condamner, vit disparaître Apollonius de Tyane, devant son tribunal et au milieu de ses gardes ! La lutte entre Jésus et les prêtres continuait ainsi de jour en jour, avec une haine croissante de leur côté, et du sien avec une vigueur, une impétuosité, un enthousiasme surexcités par la certitude qu'il avait de l'issue fatale. Ce fut le dernier assaut de Jésus contre les puissances du jour. Il y déploya une extrême énergie, et toute cette force masculine qui revêtait comme une armure la tendresse sublime, qu'on peut appeler : l'Éternel-Féminin de son âme. Ce combat formidable se termina par les terribles malédictions contre les falsificateurs de la religion : « Malheur à vous, scribes et Pharisiens, qui fermez le royaume des cieux à ceux qui veulent y enter ! − Insensés et aveugles, qui payez la dîme et négligez la justice, la miséricorde et la fidélité ! − Vous ressemblez aux sépulcres blanchis qui paraissent beaux par dehors, mais qui au- dedans sont pleins d'ossements des morts et de toute sorte de pourriture ! »

Après avoir ainsi stigmatisé pour les siècles l'hypocrisie religieuse et la fausse autorité sacerdotale, Jésus considéra sa lutte comme terminée. Il sortit de Jérusalem, suivi de ses disciples, et prit avec eux le chemin du Mont des Oliviers. En le gravissant, on apercevait, d'en haut, le temple d'Hérode dans toute sa majesté, avec ses terrasses, ses vastes portiques, son revêtement de marbre blanc incrusté de jaspe et de porphyre, l'étincellement de sa toiture lamée d'or et d'argent. Les disciples, découragés, pressentant une catastrophe, lui firent remarquer la splendeur de l'édifice que le maître quittait pour toujours. Il y avait dans leur ton une nuance de mélancolie et de regret. Car ils avaient espéré jusqu'au dernier moment y siéger comme juges d'Israël, autour du Messie couronné pontife-roi. Jésus se retourna mesura le temple des yeux et dit : « Voyez-vous tout cela ? Pas une pierre ne restera sur l'autre[141]. » Il jugeait de la durée du temple de Jéhovah par la valeur morale de ceux qui le détenaient. Il comprenait que le fanatisme, l'intolérance et la haine n'étaient pas des armes suffisantes contre les béliers et les haches du César

---

[141] Matth., XXIV 2

romain. Avec son regard d'initié, devenu plus perçant par cette clairvoyance que donne l'approche de la mort, il voyait l'orgueil judaïque, la politique des rois, toute l'histoire juive aboutir fatalement à cette catastrophe. Le triomphe n'était pas là ; il était dans la pensée des prophètes, dans cette religion universelle, dans ce temple invisible, dont lui seul avait pleine conscience à cette heure. Quant à l'antique citadelle de Sion et au temple de pierre, il voyait déjà l'ange de la destruction debout à ses portes, une torche à la main.

Jésus savait que son heure était proche, mais il ne voulait pas se laisser surprendre par le sanhédrin et se retira à Béthanie. Comme il avait une prédilection pour le mont des Oliviers, il y venait presque tous les jours s'entretenir avec ses disciples. De cette hauteur, on jouit d'une vue admirable. L'œil embrasse les sévères montagnes de la Judée et de Moab aux teintes bleuâtres et violacées ; on aperçoit au loin un bout de la mer Morte comme un miroir de plomb, d'où s'échappent des vapeurs sulfureuses. Au pied du mont s'étend Jérusalem que dominent le temple et la citadelle de Sion. Encore aujourd'hui, quand le crépuscule descend dans les gorges funèbres d'Hinnôm et de Josaphat, la cité de David et du Christ, protégée par les fils d'Ismaël, surgit imposante de ces sombres vallées. Ses coupoles, ses minarets retiennent la lumière mourante du ciel et semblent toujours attendre les anges du jugement. C'est là que Jésus donna à ses disciples ses dernières instructions sur l'avenir de la religion qu'il était venu fonder et sur les destinées futures de l'humanité, leur léguant ainsi sa promesse terrestre et divine, profondément liée à son enseignement ésotérique.

Il est clair que les rédacteurs des *Évangiles synoptiques* ne nous ont transmis les discours apocalyptiques de Jésus que dans une confusion qui les rend presque indéchiffrables. Leur sens ne commence à devenir intelligible que dans celui de Jean. Si Jésus avait réellement cru à son retour sur les nuages, quelques années après sa mort, comme l'admet l'exégèse naturaliste ; ou bien, s'il s'était figuré que la fin du monde et le jugement dernier des hommes auraient lieu sous cette forme, comme le croit la théologie orthodoxe, il n'eût été qu'un illuminé chimérique, un visionnaire très médiocre, au lieu du sage initié, du Voyant sublime que démontre chaque mot de son enseignement, chaque pas de sa vie. Evidemment, ici plus que jamais, ses paroles doivent être entendues dans le sens allégorique, selon le symbolisme transcendant des prophètes. Celui des quatre Évangiles qui nous a le mieux transmis l'enseignement ésotérique du maître, celui de Jean, nous impose lui-même cette interprétation d'ailleurs si conforme au génie parabolique de Jésus, quand il nous rapporte ces paroles du maître : « J'aurais encore plusieurs choses à vous dire, mais elles sont au-dessus de votre portée... *Je vous ai dit ces choses par des similitudes ;* mais le temps vient que je ne vous parlerai plus par des similitudes, mais je vous parlerai ouvertement de mon Père. »

La promesse solennelle de Jésus aux apôtres vise quatre objets, quatre sphères grandissantes de la vie planétaire et cosmique : la vie psychique individuelle ; la vie nationale d'Israël ; l'évolution et la fin terrestres de l'humanité ; son évolution et sa fin divines. Reprenons un à un ces quatre objets de la promesse, ces quatre sphères où rayonne la pensée du Christ avant son martyre, comme un soleil couchant qui remplit de sa gloire toute l'atmosphère terrestre jusqu'au zénith, avant de luire à d'autres mondes.

1. *Le premier jugement* signifie : la destinée ultérieure de l'âme après la mort. Elle est déterminée par sa nature intime et par les actes de sa vie. J'ai exposé plus haut cette doctrine à propos de l'entretien de Jésus avec Nicodème. Au mont des Oliviers, il dit à ce sujet aux apôtres : « Prenez garde à vous-mêmes, de peur que vos cœurs ne soient appesantis par la gourmandise et que ce jour ne vous surprenne[142]. » Et encore : « Tenez-vous prêts, car le Fils de l'Homme viendra à l'heure que vous ne pensez pas[143]. »

2. *La destruction du temple et la fin d'Israël.* « Une nation s'élèvera contre une autre... Vous serez livrés aux gouverneur pour être tourmentés... Je vous dis en vérité que cette génération ne passera point que toutes ces choses n'arrivent[144]. »

3. *Le but terrestre de l'humanité* qui n'est pas fixé à une époque déterminée, mais qui doit être atteint par une série d'accomplissements échelonnés et successifs. Ce but est l'avènement du Christ social, ou de l'homme divin sur la terre ; c'est-à-dire l'organisation de la Vérité, de la Justice et de l'Amour dans la société humaine, et par suite la pacification des peuples. Isaïe avait déjà prédit cette époque lointaine dans une vision

---

[142] Luc,XXI, 34.

[143] Matth, XXIV. 44.

[144] Matth, XXIV, 4-34.

magnifique qui commence par ces mots : « Pour moi, voyant leurs œuvres et leurs pensées, je viens pour rassembler toutes les nations et toutes les langues ; elles viendront et verront ma gloire, et je mettrai mon signe en eux, etc[145]... » Jésus complétant cette prophétie explique à ses disciples quel sera ce signe. Ce sera le dévoilement complet de mystères ou l'avènement du Saint-Esprit, qu'il appelle aussi le Consolateur ou « l'Esprit de Vérité qui vous conduira dans toute vérité. » – « Et je prierai mon Père qui vous donnera un autre Consolateur, afin qu'il demeure éternellement avec vous, savoir l'Esprit de Vérité que le monde ne peut recevoir parce qu'il ne le voit point ; mais vous le connaissez parce qu'il demeure avec vous et qu'il sera en vous[146]. » Les apôtres auront cette révélation à l'avance, l'humanité l'aura plus tard, dans la série des temps. Mais chaque fois qu'elle a lieu dans une conscience ou dans un groupe humain, elle les traverse de part en part et jusqu'au fond. « L'avènement du Fils de l'Homme sera comme un éclair qui sort de l'Orient et va jusqu'en Occident[147]. » Ainsi quand s'allume la vérité centrale et spirituelle, elle illumine toutes les autres et tous les mondes.

4. *Le jugement dernier* signifie la fin de l'évolution cosmique de l'humanité ou son entrée dans un état spirituel définitif. C'est ce que l'ésotérisme persan avait appelé la victoire d'Ormuzd sur Ahriman ou de l'Esprit

---

[145] Isaïe, XXIV, 18-33.

[146] Jean. XXIV. 16-17.

[147] Matth, XXIV. 27.

sur la matière. L'ésotérisme indou le nommait la résorption complète de la matière par l'Esprit ou la fin d'un jour de Brahmâ. Après des milliers et des millions de siècles une époque doit venir, où, à travers la série des naissances et des renaissances, des incarnations et des régénérations, les individus qui composent une humanité seront définitivement entrés dans l'état spirituel ou bien anéantis comme âmes conscientes par le mal, c'est-à-dire par leurs propres passions que symbolisent le feu de la géhenne et les grincements de dents. « Alors le signe du Fils de l'Homme apparaîtra dans le ciel. Le Fils de l'Homme viendra sur la Nue. Il enverra ses Anges avec un grand son de trompette et il rassemblera ses Élus des quatre vents[148] » – *Le Fils de l'Homme*, terme générique, signifie ici l'humanité dans ses représentants parfaits, c'est-à-dire le petit nombre de ceux qui se sont élevés jusqu'au rang de fils de Dieu. – Son *signe* est l'Agneau et la Croix, c'est-à- dire l'Amour et la Vie éternelle. – La *Nue* est l'image des Mystères devenus translucides, ainsi que de la matière subtile transfigurée par l'esprit, de la substance fluidique qui n'est plus un voile épais et obscur, mais un vêtement léger et transparent de l'âme, non plus une entrave grossière mais une expression de la vérité, non plus une apparence trompeuse, mais la vérité spirituelle elle-même, le monde intérieur instantanément et directement manifesté. – Les *Anges* qui rassemblent les élus sont les esprits glorifiés, issus eux-mêmes de l'humanité. – La *Trompette* qu'ils sonnent symbolise le verbe vivant de l'Esprit, qui montre les

---

[148] Matth, XXIV. 30-31.

âmes telles qu'elles sont et détruit toutes les apparences mensongères de la matière.

Jésus, se sentant à la veille de la mort, ouvrit et déroula ainsi devant les apôtres étonnés les hautes perspectives qui, dès les temps antiques, avaient fait partie de la doctrine des mystères, mais auxquelles chaque fondateur religieux a toujours donné une forme et une couleur personnelles. Pour graver ces vérités dans leur esprit, pour en faciliter la propagation, il les résuma dans ces images d'une extrême hardiesse et d'une incisive énergie. L'image révélatrice, le symbole parlant était le langage universel des initiés antiques. Il possède une vertu communicative, une force de concentration et de durée qui manque au terme abstrait. En s'en servant, Jésus ne fit que suivre l'exemple de Moïse et des prophètes. Il savait que l'Idée ne serait pas comprise sur-le-champ, mais il voulait l'imprimer en lettres flamboyantes dans l'âme naïve des siens, laissant aux siècles le soin de générer les puissances contenues dans sa parole. Jésus se sent un avec tous les prophètes de la terre qui l'avaient précédé, comme lui porte-voix de Vie et du Verbe éternel. Dans ce sentiment d'unité et de solidarité avec la vérité immuable, devant ces horizons sans bornes d'une sidérale radiance qui ne s'aperçoivent que du zénith des Causes premières, il osa dire à ses disciples affligés ces fières paroles : « Le ciel et la terre passeront, mais mes paroles ne passeront pas. »

Ainsi glissaient les matins et les soirs sur le mont des Oliviers. Un jour, par un de ces mouvements de sympathie propres à. sa nature ardente et impressionnable, qui le faisaient revenir brusquement des plus sublimes hauteurs aux souffrances de la terre qu'il sentait comme siennes, il versa des larmes sur Iéroushalaïm, sur la ville sainte et sur son peuple, dont il pressentait le destin épouvantable. Le sien aussi approchait à pas de géant. Déjà le sanhédrin avait délibéré sur son destin et décidé sa mort ; déjà Judas de Kériot avait promis de livrer son maître. Ce qui détermina cette noire trahison ne fut pas l'avarice sordide, mais l'ambition et l'amour-propre blessé. Judas, type d'égoïsme froid et de positivisme absolu, incapable du moindre idéalisme, ne s'était fait disciple du Christ que par spéculation mondaine. Il comptait sur le triomphe terrestre, immédiat du prophète et sur le profit qui lui en reviendrait. Il n'avait rien compris à cette profonde parole du maître : « Ceux qui voudront gagner leur vie la perdront et ceux qui voudront la perdre la gagneront. » Jésus, dans sa charité sans limite, l'avait admis au nombre des siens dans l'espoir de changer sa nature. Quand Judas vit que les choses tournaient mal, que Jésus était perdu, ses disciples compromis, lui-même frustré de toutes ses espérances, sa déception se tourna en rage. Le malheureux dénonça celui qui, à ses yeux, n'était qu'un faux Messie et par lequel il se croyait trompé lui-même. De son regard pénétrant, Jésus avait deviné ce qui se passait dans l'apôtre infidèle. Il résolut de ne plus éviter le destin dont l'inextricable filet se resserrait chaque jour autour de lui. On était à la veille de Pâques. Il ordonna à ses disciples de préparer le repas, dans la ville, chez un ami. Il pressentait que ce serait le dernier et voulait lui donner une solennité exceptionnelle.

Nous voici parvenus au dernier acte du drame messianique. Il était nécessaire, pour saisir l'âme et l'œuvre de Jésus à leur source, d'éclairer par le dedans les deux premiers actes de sa vie, à savoir son initiation et sa carrière publique. Le drame intérieur de sa conscience s'y est déroulé. Le dernier acte de sa vie, ou le drame de la passion, est la conséquence logique des deux précédents. Connu de tous, il s'explique tout seul. Car le propre du sublime est d'être à la fois simple, immense et clair. Le drame de la passion a puissamment contribué à faire le christianisme. Il a arraché des larmes à tous les hommes qui ont un cœur, et converti des millions d'âmes. Dans toutes ces scènes ; les Évangiles sont d'une beauté incomparable. Jean lui-même descend de ses altitudes. Son récit circonstancié prend ici la vérité poignante d'un témoin oculaire. Chacun peut revivre en soi-même le drame divin, personne ne saurait le refaire. Je dois cependant, pour achever ma tâche, concentrer les rayons de la tradition ésotérique sur les trois évènements essentiels par lesquels s'acheva la vie du divin Maître : la sainte Cène, le procès du Messie, et la résurrection. Si la lumière se fait sur ces points, elle rejaillira en arrière sur toute la carrière du Christ, et, en avant, sur toute l'histoire du christianisme.

Les douze, formant treize avec le Maître, s'étaient réunis dans la chambre haute d'une maison de Jérusalem. L'ami inconnu, l'hôte de Jésus, avait orné la chambre d'un riche tapis. Selon la mode orientale, les disciples et le Maître se couchèrent trois par trois sur quatre larges divans en forme de tricliniums, disposés autour de la table. Lorsqu'on eut apporté l'agneau pascal, les vases remplis de vin et la coupe précieuse, le calice d'or prêté par l'ami inconnu, Jésus, placé entre Jean et Pierre, dit : « J'ai ardemment.désiré de manger avec vous cette Pâque, car je vous dis que je n'en mangerai plus jusqu'à ce qu'elle soit accomplie dans le royaume du ciel[149]. » Après ces mots, les visages se rembrunirent et l'air devint lourd. « Le disciple que Jésus aimait », et qui seul devinait tout, pencha en silence sa tête vers le sein du Maître. Selon la coutume des Juifs au repas de Pâque, on mangea sans parler les herbes amères et le charoset. Alors Jésus prit le pain, et, ayant rendu grâces, il le rompit et le leur donna en disant : « Ceci est mon corps qui est donné pour vous ; faites ceci en mémoire de moi. »

De même il leur donna la coupe la coupe après souper, en leur disant : « Cette coupe est la nouvelle alliance en mon sang qui est répandu pour vous[150]. »

Telle est l'institution de la Cène dans toute sa simplicité. Elle renferme plus de choses qu'on ne le dit et ne le sait communément. Non seulement cet acte symbolique et mystique est la conclusion et le résumé de tout l'enseignement du Christ, il est encore la consécration et le rajeunissement d'un très ancien symbole d'initiation. Chez les initiés d'Égypte et de Chaldée, comme chez les prophètes et les Esséniens, l'agape fraternelle marquait le premier degré de l'initiation. La communion sous l'espèce du pain, ce fruit de la gerbe, signifiait la connaissance des mystères de la vie terrestre en même temps que le partage des biens de la terre, et, par suite, l'union parfaite des frères affiliés. Au degré supérieur, la communion sous l'espèce

---

[149] Luc, XXII, 15.

[150] Luc, XXII, 19,20.

du vin, ce sang de la vigne pénétré par le soleil, signifiait le partage des biens célestes, la participation aux mystères spirituels et à la science divine. Jésus, en léguant ces symboles aux Apôtres, les élargit. Car, à travers eux, il étend la fraternité et l'initiation, jadis limitées à quelques-uns, à l'humanité tout entière. Il y ajoute le plus profond des mystères, la plus grande des forces : celle de son sacrifice. Il en fait la chaîne d'amour invisible, mais infrangible, entre lui et les siens. Elle donnera à son âme glorifiée un pouvoir divin sur leurs cœurs et sur celui de tous les hommes. Cette coupe de vérité venue du fond des âges prophétiques, ce calice d'or de l'initiation que le vieillard essénien lui avait présenté en l'appelant prophète, ce calice de l'amour céleste que les fils de Dieu lui avaient offert dans le transport de sa plus haute extase – cette coupe où maintenant il voit reluire son propre sang – il la tend à ses disciples bien.aimés avec la tendresse ineffable de l'adieu suprême.

La voient-ils, la comprennent-ils, les Apôtres, cette pensée rédemptrice qui embrasse les mondes ? Elle brille dans le profond et douloureux regard que le Maître reporte du disciple aimé sur celui qui va le trahir. Non, ils ne comprennent pas encore ; ils respirent péniblement, comme dans un mauvais rêve ; une sorte de vapeur pesante et rougeâtre flotte dans l'air, et ils se demandent d'où vient l'étrange rayonnement de la tête du Christ. Lorsque,enfin, Jésus déclare qu'il va passer la nuit en prière au jardin des Oliviers et se lève pour dire : Allons ! – ils ne se doutent pas de ce qui va suivre......

Jésus a traversé la nuit et l'angoisse de Gethsémani. D'avance, avec une effrayante lucidité, il a vu se rétrécir le cercle infernal qui va l'étreindre. Dans la terreur de cette situation, dans l'horrible attente, au moment d'être saisi par ses ennemis, il a frémi ; un instant son âme a reculé devant les tortures qui l'attendent ; une sueur de sang a perlé sur son front. Puis la prière l'a raffermi. – Des rumeurs de voix confuses, des lueurs de torches sous les sombres oliviers, un cliquetis d'armes : c'est la troupe des soldats du sanhédrin. Judas, qui les conduit, embrasse son maître afin qu'on reconnaisse le prophète. Jésus lui rend son baiser avec une ineffable pitié et lui dit : « Mon ami, pour quel sujet es-tu ici ? » L'effet de cette douceur, de ce baiser fraternel donné en échange de la plus basse trahison sera tel sur cette âme cependant si dure, qu'un instant après Judas, saisi de remords et d'horreur devant lui-même, ira se suicider. De leurs mains rudes, les sergents ont saisi le rabbi galiléen. Après une courte résistance, les disciples épouvantés se sont enfuis comme une poignée de roseaux dispersés par le vent. Seuls, Jean et Pierre se tiennent à proximité et suivront le maître au tribunal, le cœur brisé et l'âme rivée à son destin. Mais Jésus a repris sou calme. A partir de ce moment, pas une protestation, pas une plainte ne sortira de sa bouche.

Le sanhédrin s'est réuni à la hâte en séance plénière. Au milieu de la nuit, on y mène Jésus. Car le tribunal veut en finir prestement avec le dangereux prophète. Les sacrificateurs, les prêtres en tuniques pourpres, jaunes, violettes, leurs turbans sur la tête, sont solennellement assis en demi- lune. Au milieu d'eux, sur un siège plus élevé, trône Caïphe, le grand pontife, coiffé de la migbâh. A chaque extrémité du demi-cercle, sur deux petites tribunes surmontées d'une table, se tiennent les deux greffiers, l'un pour l'acquittement, l'autre pour la condamnation, *advocatus Dei, advocatus Diaboli*. Jésus, impassible, est debout au centre, dans sa robe blanche d'Essénien. Des officiers de justice, armés de courroies et de cordes, l'entourent, bras nus, le poing sur la hanche et le regard mauvais. Il n'y a que des témoins à charge, pas un défenseur. Le pontife, le juge suprême est l'accusateur principal ; le procès soi-disant une mesure de salut public contre un crime de lèse religion, en réalité la vengeance préventive d'un sacerdoce inquiet qui se sent menacé dans son pouvoir.

Caïphe se lève et accuse Jésus d'être un séducteur du peuple, un *mésit*. Quelques témoins ramassés au hasard dans la foule font leur déposition, mais ils se contredisent. Enfin, l'un d'eux rapporte ce mot, considéré comme un blasphème, et que le Nazaréen avait jeté plus d'une fois à la face des Pharisiens, sous le portique de Salomon : « Je puis détruire le temple et le relever en trois jours. » Jésus se tait. « – Tu ne ré ponds pas ? » dit le grand-prêtre. Jésus sait qu'il sera condamné et ne veut pas prodiguer son verbe inutilement, garde le silence. Mais ce mot, même prouvé, ne suffirait pas à motiver une condamnation capitale. Il faut un aveu plus grave. Pour le soutirer à l'accusé, l'habile saducéen Caïphe lui adresse une question d'honneur, la question vitale de sa mission. Car la plus grande habileté consiste souvent à aller droit au fait essentiel : « – Si tu es le Messie, dis-le-nous ! » Jésus répond d'abord d'une manière évasive, qui prouve qu'il n''est pas dupe du stratagème : « – Si je vous le dis, vous ne me croirez pas ; mais si je vous le demande, vous ne me répondrez pas. » Caïphe, n'ayant pas réussi avec sa ruse de juge d'instruction, use de son droit de grand pontife et reprend avec solennité : « − Je te conjure, par le Dieu vivant, de nous dire si tu es le Messie, le Fils de Dieu. » Ainsi interpellé, sommé de se dédire ou d'affirmer sa mission devint le plus haut représentant de la religion d'Israël, Jésus n'hésite plue. Il répond tranquillement : « Tu l'as dit ; mais je vous dis qu'à partir de maintenant vous verrez le Fils de Dieu assis à la droite de la Force et venant sur les nuées du ciel[151]. » En s'exprimant ainsi dan la langue prophétique de Daniel et du livre d'Hénoch, l'initié essénien Iéhoshoua ne parle pas à Caïphe comme individu. Il sait que le Saducéen agnostique est incapable de le comprendre. Il parle au souverain pontife de Jéhovah, et à. travers lui à tous les pontifes futurs, à tous les sacerdoces de la terre, et leur dit : « Après ma mission scellée par ma mort, le règne de la Loi religieuse sans explication est terminé en principe et en fait. Les Mystères seront révélés et l'homme verra le divin à travers l'humain. Les religions et les cultes, qui ne sauront pas démontrer et vivifier l'un par l'autre seront sans autorité. » Voilà, selon l'ésotérisme des prophètes et des Esséniens, le sens du Fils assis à la droite du Père. Ainsi comprise, la réponse de Jésus au grand-prêtre de Jérusalem contient le testament intellectuel et scientifique du Christ aux autorités religieuses de la terre, comme l'institution de la Cène contient son testament d'amour et d'initiation aux Apôtres et aux hommes.

---

[151] Matth.,.XXVI, 64.

Par-dessus la tête de Caïphe, Jésus a parlé au monde. Mais le Saducéen, qui a obtenu ce qu'il voulait, ne l'écoute déjà plus. Déchirant sa robe de lin fin, il s'écrie : Il a blasphémé ! Qu'avons-nous besoin de témoins ? Vous avez entendu son blasphème ! Que vous en semble ? » Un murmure unanime et lugubre du sanhédrin répond : « Il a mérité la mort. » Aussitôt l'injure vile et l'outrage brutal des inférieurs répondent à la condamnation d'en haut. Les sergents lui crachent, le frappent au visage et lui crient : – Prophète ! devine qui t'a frappé. » Sous ce débordement de haine basse et féroce, le sublime et pâle visage du grand souffrant reprend son immobilité marmoréenne et visionnaire. Il y a, dit-on, des statues qui pleurent ; il y a aussi des douleurs sans larmes et des prières muettes de victimes, qui terrifient les bourreaux et les poursuivent pour le reste de leur vie.

Mais tout n'est pas fini. Le sanhédrin peut prononcer la peine de mort ; pour l'exécuter, il faut le bras séculier et l'approbation de l'autorité romaine. L'entretien avec Pilate, rapporté en détail par Jean, n'est pas moins remarquable que celui avec Caïphe. Ce dialogue curieux entre le Christ et le gouverneur romain, où les interjections violentes des prêtres juifs et les cris d'une populace fanatisée font la partie des chœurs dans la tragédie antique, a la persuasion de la grande vérité dramatique. Car il met à nu l'âme des personnages, il montre le choc des trois puissances en jeu : le césarisme romain, le judaïsme étroit, et la religion universelle de l'Esprit représentée par le Christ. Pilate, très indifférent à cette querelle religieuse, mais très ennuyé de l'affaire, parce qu'il craint que la mort de Jésus n'entraîne un soulèvement populaire, l'interroge avec précaution et lui tend une échelle de sauvetage, espérant qu'il en profitera. « – Es-tu le roi des Juifs ? – Mon règne n'est pas de ce monde. – Tu es donc roi ? – Oui ; je suis né pour cela ; et je suis venu dans le monde pour rendre témoignage à la vérité. » Pilate ne comprend pas plus cette affirmation de la royauté spirituelle de Jésus que Caïphe n'a compris son testament religieux. « Qu'est-ce que la vérité ? » dit-il en haussant les épaules, et cette réponse du chevalier romain sceptique révèle l'état d'âme de la société païenne d'alors comme de toute société en décadence. Mais ne voyant d'ailleurs dans l'accusé qu'un rêveur innocent, il ajoute : « – Je ne trouve aucun crime en lui. » Et il propose aux Juifs de le relâcher, mais la populace, instiguée par les prêtres, vocifère : « Relâche-nous Barrabas ! » Alors Pilate qui déteste les Juifs se donne le plaisir ironique de faire fouetter de verges leur prétendu roi. Il croit que cela suffira à ces fanatiques. Ils n'en deviennent que plus furieux et clament avec rage : Crucifie-le !

Malgré ce déchaînement des passions populaires, Pilate résiste toujours. Il est las d'être cruel. Il a vu tant de sang couler dans sa vie, il a envoyé tant de révoltés au supplice, il a entendu tant de gémissements et de malédictions sans sortir de son indifférence ! Mais la souffrance muette et stoïque du prophète galiléen, sous le manteau de pourpre et la couronne d'épines, l'a secoué d'un frisson inconnu. Dans une vision étrange et fugitive de son esprit, sans en mesurer la portée, il a lâché ce mot : « *Ecce Homo !* Voilà l'Homme ! » Le dur Romain est presque ému ; il va prononcer l'acquittement. Les prêtres du sanhédrin, qui l'épient d'un œil aigu, ont vu cette émotion et s'en sont effrayés ; ils sentent la proie leur échapper. Astucieusement, ils se concertent entre eux. Puis, d'une seule voix, ils s'écrient en avançant la main droite et en détournant la tête avec un geste d'horreur hypocrite. « Il s'est fait fils de Dieu ! »

Quand Pilate eut entendu ces paroles, dit Jean, il eut encore plus de crainte. Crainte de quoi ? Qu'est-ce que ce nom pouvait faire au Romain incrédule, qui méprisait de tout son cœur les Juifs et leur religion, et ne croyait qu'à la religion politique de Rome et à César ? – Il y a une raison sérieuse à cela. Quoiqu'on lui donnât des sens différents, le nom de *fils de Dieu* était assez répandu dans l'ésotérisme antique, et Pilate, quoique sceptique, avait son coin de superstition. A Rome, dans les petits mystères de Mithras auxquels les chevaliers romains se faisaient initier, il avait entendu dire qu'un fils de Dieu était une sorte d'interprète de la divinité. A quelque nation, à quelque religion qu'il appartînt, attenter à sa vie était un grand crime. Pilate ne croyait guère ces rêveries persanes mais le mot l'inquiétait quand même et augmentait son embarras Ce que voyant, les Juifs lancent au proconsul l'accusation suprême : « Si tu délivres cet homme, tu n'es pas ami de César ; *car quiconque se fait roi se déclare contre César... nous n'avons d'autre roi que César.* » Argument irrésistible ; nier Dieu est peu, tuer n'est rien, mais conspirer contre César est le crime des crimes. Pilate est forcé de se rendre et de prononcer la condamnation. Ainsi, au terme de sa carrière publique, Jésus se retrouve en face du maître du monde qu'il a combattu indirectement, en adversaire occulte, pendant toute sa vie. L'ombre de César l'envoie à la croix. Logique profonde des choses : les Juifs l'ont livré, mais le spectre romain le tue en étendant la main. Il tue son corps ; mais c'est Lui, le Christ glorifié, qui par son martyre enlèvera à tout jamais à César l'auréole usurpée, l'apothéose divine, ce blasphème infernal du pouvoir absolu.

Pilate, après s'être lavé les mains du sang de l'innocent, a prononcé le mot terrible : *Condemno, ibis in crucem*. Déjà la foule impatiente se presse vers le Golgotha.

Nous voici sur la hauteur dénudée et semée d'ossements humains, qui domine Jérusalem et qui porte le nom de Gilgal, Golgotha ou lieu du crâne, désert sinistre, consacré depuis des siècles à d'horribles supplice. La montagne chauve est sans arbres ; il n'y pousse que des gibets. C'est là qu'Alexandre Jannée, le roi juif, avait assisté avec tout son harem à l'exécution de centaines de prisonniers ; c'est là que Varus avait fait crucifier deux mille rebelles ; c'est là que le doux Messie prédit par les prophètes devait subir l'affreux supplice, inventé par le génie atroce des Phénicien, adopté par la loi implacable de Rome. La cohorte des légionnaires a formé un grand cercle au sommet de la colline ; elle écarte à coups de lance les derniers fidèles qui ont suivi le condamné. Ce sont les femmes galiléennes ; muettes et désespérées, elles se jettent la face contre terre. L'heure suprême est venue pour Jésus. Il faut que le défenseur des pauvres, des faibles et des opprimés achève son œuvre dans le martyre abject, réservé aux esclaves et aux brigands. Il faut que le prophète consacré par les Esséniens se laisse clouer sur la croix acceptée dans la vision d'Engadi ; il faut que le fils de Dieu boive le calice entrevu dans la

Transfiguration ; il faut qu'il descende jusqu'au fond de l'enfer et de l'horreur terrestre. – Jésus a refusé le breuvage traditionnel préparé par les pieuses femmes de Jérusalem et destiné à étourdir les suppliciés. C'est en pleine conscience qu'il souffrira ces agonies. Pendant qu'on le lie sur l'infâme gibet, pendant que les durs soldats enfoncent à grands coups de marteau les clous dans ces pieds adorés des malheureux, dans ces mains qui ne savaient que bénir, le nuage noir d'une souffrance déchirante éteint ses yeux, étouffe sa gorge. Mais du fond de ces convulsions et de ces ténèbres infernales, la conscience du Sauveur toujours vivante n'a qu'une parole pour ses bourreaux : « Père, pardonne-leur, car ils ne savent pas ce qu'ils font. »

Mais voici le fond du calice : les heures de l'agonie, de midi jusqu'au coucher du soleil. La torture morale se surajoute et surpasse la torture physique. L'initié a abdiqué ses pouvoirs ; le fils de Dieu va s'éclipser ; il ne reste que l'homme souffrant. Pour quelques heures il perdra son ciel, afin de mesurer l'abîme de l'humaine souffrance. La croix se dresse lentement avec sa victime et son écriteau, dernière ironie du proconsul : *Ceci est le roi des Juifs !* Maintenant les regards du crucifié voient flotter dans un nuage angoissant Jérusalem, la ville sainte qu'il a voulu glorifier et qui lui jette l'anathème. Où sont ses disciples ? Disparus. Il n'entend que les injures des membres du sanhédrin, qui jugent que le prophète n'est plus à craindre et triomphent de son agonie. « Il a sauvé les autres, disent-ils, et ne peut se sauver lui-même ! » A travers ces blasphèmes, à travers cette perversité, dans une vision terrifiante de l'avenir, Jésus voit tous les crimes que d'iniques potentats, que des prêtres fanatiques vont commettre en son nom. On se servira de son signe pour maudire ! On crucifiera avec sa croix ! Ce n'est pas le sombre silence du ciel voilé pour lui, mais la lumière perdue pour l'humanité qui lui fait pousser ce cri de désespoir : « Mon Père, pourquoi m'as-tu abandonné ? » Alors la conscience du Messie, la volonté de toute sa vie, rejaillit dans un dernier éclair, et son âme s'échappe avec ce cri : « Tout est accompli. »

O sublime Nazaréen, ô divin Fils de l'Homme, déjà tu n'es plus ici. D'un seul coup d'aile, sans doute, ton âme a retrouvé, dans une lumière plus éclatante, ton ciel d'Engadi, ton ciel du mont Thabor ! Tu as vu ton verbe victorieux volant par delà les siècles, et tu n'as voulu d'autre gloire que les mains et les regards, levés vers toi, de ceux que tu as guéris et consolés... Mais à ton dernier cri, incompris de tes gardiens, un frisson a passé sur eux. Les soldats romains se sont retournés et, devant l'étrange rayon laissé par ton esprit sur la face apaisée de ce cadavre, tes bourreaux étonnés se regardent et se disent : « Serait un dieu ? »

Est-il vraiment accompli, le drame ? Est-elle terminée, la lutte formidable et silencieuse entre le divin Amour et la Mort qui s'est acharnée sur lui avec les puissances répugnantes de la terre ? Où est le vainqueur ? Sont-ce ces prêtres qui descendent du Calvaire, contents d'eux-mêmes, sûrs de leur fait, puisqu'ils ont vu le prophète expirer, ou serait-ce le pâle crucifié déjà livide ? Pour ces femmes fidèles que les légionnaires romains ont laissé approcher et qui sanglotent au pied de la croix, pour les disciples consternés et réfugiés dans une grotte de la vallée de Josaphat, tout est fini. Le Messie qui devait s'asseoir sur le trône de Jérusalem a péri misérablement, par le supplice infâme de la croix. Le maître a disparu ; avec lui l'espérance, l'Évangile, le royaume du ciel. Un morne silence, un profond désespoir pèsent sur la petite communauté. Pierre et Jean eux-mêmes sont accablés. Il fait noir autour d'eux ; plus un rayon ne luit dans leur âme. Cependant, de même que dans les mystères d'Éleusis une lumière éblouissante succédait aux ténèbres profondes, de même dans les Évangiles, à ce désespoir profond succède une joie subite, instantanée, prodigieuse. Elle éclate, elle fait irruption comme la lumière au lever du soleil, et ce cri frémissant de joie se propage dans toute la Judée : Il est ressuscité !

C'est d'abord Marie-Magdeleine, qui, errante aux environs du tombeau, dans l'excès de sa douleur, a vu le maître et l'a reconnu à sa voix qui l'appelait par son nom : Marie ! Folle de joie, elle s'est précipitée à ses pieds. Elle a vu encore Jésus la regarder, faire un geste comme pour lui défendre l'attouchement, puis l'apparition s'évanouir brusquement, laissant autour de Magdeleine une chaude atmosphère et l'ivresse d'une présence réelle. Ce sont ensuite les saintes femmes qui ont rencontré le Seigneur et lui ont entendu dire ces mots : « Allez et dites à mes frères de se rendre en Galilée et que c'est là qu'ils me verront. » Le même soir, les onze étant réunis et les portes fermées, ils virent Jésus entrer. Il prit sa place au milieu d'eux, leur parla doucement, leur reprochant leur incrédulité. Puis il dit : « Allez-vous-en par tout le monde et prêchez l'Évangile à toute créature humaine[152]. » Chose

---

[152] Marc., XVI, 15

étrange, pendant qu'ils l'écoutaient, ils étaient tous comme dans un rêve, ils avaient complètement oublié sa mort, ils le croyaient vivant et ils étaient persuadés que le maître ne les quitterait plus. Mais au moment où ils allaient parler eux-mêmes, ils l'avaient vu disparaître comme une lumière s'éteint. L'écho de sa voix vibrait encore à leurs oreilles. Les apôtres éblouis cherchèrent sa place restée vide ; une vague lueur y flottait ; soudain elle s'effaça. Selon Matthieu et Marc, Jésus reparut peu après sur une montagne devant cinq cents frères réunis par les apôtres. Il se montra encore une fois aux onze réunis. Puis les apparitions cessèrent. Mais la foi était créée, l'impulsion donnée, le christianisme vivait. Les apôtres remplis du feu sacré guérissaient les malades et prêchaient l'Évangile de leur maître. Trois ans après, un jeune Pharisien du nom de Saül, animé contre la nouvelle religion d'une haine violente, et qui persécutait les chrétiens avec une ardeur juvénile, se rendit à Damas avec plusieurs compagnons. En route, il se vit subitement enveloppé d'un éclair si aveuglant qu'il tomba par terre. Tout tremblant il s'écria : – Qui es tu ? Et il entendit une voix lui dire – Je suis Jésus que tu persécutes, il te serait dur de regimber contre les aiguillons. » Ses compagnons ainsi effrayés que lui le relevèrent. Ils avaient entendu la voix sans rien voir. Le jeune homme aveuglé par l'éclair ne recouvra la vue qu'après trois jours[153].

Il se convertit à la foi du Christ et devint Paul, l'apôtre des Gentils. Tout le monde s'accorde à dite

---

[153] Actes, IX, 1-9.

que, sans cette conversion, le christianisme confiné en Judée n'eût pas conquis l'Occident.

Tels les faits rapportés par le Nouveau Testament. Quelque effort que l'on fasse pour les réduire au minimum, et quelle que soit d'ailleurs l'idée religieuse ou philosophique qu'on y attache, il est impossible de les faire passer pour de pures légendes et de leur refuser la valeur d'un témoignage authentique, quant à l'essentiel. Depuis dix-huit siècles les flots du doute et de la négation ont assailli le rocher de ce témoignage ; depuis cent ans la critique s'est acharnée contre lui avec tous ses engins et toutes ses armes. Elle a pu l'ébrécher par endroits, mais non le faire bouger de place. Qu'y a-t-il derrière les visions des apôtres ? Les théologiens primaires, les exégètes de la lettre et les savants agnostiques pourront se disputer là-dessus à l'infini et se battre dans l'obscurité, ils ne se convertiront par les uns les autres et ils raisonneront à vide, tant que la théosophie qui est la science de l'Esprit n'aura pas élargi leurs conceptions, et qu'une psychologie expérimentale supérieure qui est l'art de découvrir l'âme, ne leur aura pas ouvert les yeux. Mais, pour ne nous placer ici qu'au simple point de vue de l'historien consciencieux, c'est-à-dire de l'authenticité de ces faits comme faits psychiques, il y a une chose dont on ne peut douter, c'est que les apôtres aient eu ces apparitions et que leur foi en la résurrection du Christ ait été inébranlable. Si l'on rejette les récits de Jean comme ayant reçu leur rédaction définitive cent ans environ après la mort de Jésus et celui de Luc sur Emmaüs comme une amplification poétique, il reste les affirmations simples et positives de Marc et de Matthieu, qui sont la racine même de la tradition et de la religion chrétienne. Il reste quelque chose de plus solide et de plus indiscutable encore : le témoignage de Paul. Voulant expliquer aux Corinthiens la raison de sa foi et la base de l'Évangile qu'il prêche, il énumère par ordre six apparitions successives de Jésus : celles à Pierre, aux onze, aux cinq cents « dont la plupart, dit-il, sont encore vivants », à Jacques, aux apôtres réunis, et finalement sa propre vision sur le chemin de Damas[154]. Or, ces faits furent communiqués à Paul par Pierre lui-même et par Jacques trois ans après la mort de Jésus, peu après la conversion de Paul, lors de son premier voyage à Jérusalem. Il les tenait donc des témoins oculaires. Enfin, de toutes ces visions, la plus incontestable n'est pas la moins extraordinaire, j'entends celle de Paul lui-même ; dans ses épîtres il y revient sans cesse comme à la source de sa foi. Etant donnés l'état psychologique précédent de Paul et la nature de sa vision, elle vient du dehors et non du dedans ; elle est d'un caractère inattendu et foudroyant ; elle change son être de fond en comble. Comme un baptême de feu, elle le trempe de pied en cap, le revêt d'une armure infrangible, et en fait à la face du monde le chevalier invincible du Christ.

Ainsi le témoignage de Paul a une double force, en ce qu'il affirme sa propre vision et corrobore celles des autres. Si l'on voulait douter de la sincérité de pareilles affirmations, il faudrait rejeter en masse tous les témoignages historiques et renoncer à écrire l'histoire. Ajoutez que, s'il n'y a pas d'histoire critique sans un pesage exact et un triage raisonné de tous les

---

[154] Cor., XV, 1-9.

documents, il n'y a pas d'histoire philosophique, si l'on ne conclut pas de la grandeur des effets à la grandeur des causes. On peut avec Celse, Strauss et M. Renan n'accorder aucune valeur objective à la résurrection et la considérer comme un phénomène de pure hallucination. Mais en ce cas, on est forcé de fonder la plus grande révolution religieuse de l'humanité sur une aberration des sens et sur une chimère de l'esprit[155]. Or, qu'on ne s'y trompe pas, la foi en la résurrection est la base du christianisme historique. Sans cette confirmation de la doctrine de Jésus par un fait éclatant, sa religion n'eût pas même commencé.

Ce fait a opéré une révolution totale dans l'âme des apôtres. De judaïque qu'elle était, leur conscience en devint chrétienne. Pour eux, le Christ glorieux est vivant ; il leur a parlé ; le ciel s'est ouvert ; l'au-delà est entré dans l'en-deçà ; l'aurore de l'immortalité a touché leur front et embrasé leurs âmes d'un feu qui ne peut plus s'éteindre. Au-dessus du royaume terrestre d'Israël qui s'écroule, ils ont entrevu dans toute sa splendeur le royaume céleste et universel. De là, leur élan à la lutte, leur joie au martyre. De la résurrection de Jésus part cette impulsion prodigieuse, cette immense espérance qui porte l'Évangile à tous les.peuples et va battre de ses flots les derniers rivages de la terre. Pour que le christianisme réussît, il fallait deux choses, comme le

---

[155] Strauss a dit : Le fait de la résurrection n'est explicable que comme un tour de charlatan à l'usage de l'histoire universelle, *ein welthistorischer kumbug*. Le mot est plus cynique que spirituel et n'explique pas les visions des apôtres et de Paul.

dit Fabre d'Olivet, que Jésus voulût mourir et qu'il eût la force de ressusciter.

Pour concevoir du fait de la résurrection une idée rationnelle, pour comprendre aussi sa portée religieuse et philosophique, il faut ne s'attacher qu'au phénomène des apparitions successives et écarter dès l'abord l'absurde idée de la résurrection du corps, une des plus grandes pierres d'achoppement du dogme chrétien qui, sur ce point comme sur beaucoup d'autres, est resté absolument primaire et enfantin. La disparition du corps de Jésus peut s'expliquer par des causes naturelles, et il est à noter que les corps de plusieurs grands adeptes ont disparu sans trace et d'une manière tout aussi mystérieuse, entre autres ceux de Moïse, de Pythagore et d'Apollonius de Tyane, sans qu'on ait jamais pu savoir ce qu'ils étaient devenus. Il se peut que les frères connus ou inconnus qui veillaient sur eux aient détruit par le feu la dépouille de leur maître, pour la soustraire à la profanation des ennemis. Quoi qu'il en soit, l'aspect scientifique et la grandeur spirituelle de la résurrection n'apparaissent que si on la comprend dans le sens ésotérique.

Chez les Égyptiens, comme chez les Persans de la religion mazdéenne de Zoroastre, avant comme après Jésus, en Israël comme chez les chrétiens des deux premiers siècles, la résurrection a été comprise de deux manières, l'une matérielle et absurde, l'autre spirituelle et théosophique. La première est l'idée populaire finalement adoptée par l'Église après la répression du gnosticisme ; la seconde est l'idée profonde des initiés. Dans le premier sens, la résurrection signifie la rentrée en vie du corps matériel, en un mot la reconstitution du cadavre décomposé ou dispersé, qu'on se figurait comme devant advenir à l'avènement du Messie ou au jugement dernier. Il est inutile de faire ressortir le matérialisme grossier et l'absurdité de cette conception. Pour l'initié, la résurrection avait un sens très différent. Elle se rattachait à la doctrine de la constitution ternaire de l'homme. Elle signifiait : la purification et la régénération du corps sidéral, éthéré et fluidique, qui est l'organisme même de l'âme et en quelque sorte la capsule de l'esprit. Cette purification peut avoir lieu dès cette vie par le travail intérieur de l'âme et un certain mode d'existence ; mais elle ne s'accomplit pour la plupart des homme qu'après la mort, et pour ceux-là seulement qui d'une manière ou d'une autre ont aspiré au juste et au vrai. Dans l'autre monde, l'hypocrisie est impossible. Là, les âmes apparaissent ce qu'elles sont en réalité ; elles se manifestent fatalement sous la forme et la couleur de leur essence ; ténébreuses et hideuses si elles sont mauvaises ; rayonnantes et belles si elles sont bonnes. Telle est la doctrine exposée par Paul dans l'épître aux Corinthiens. Il dit formellement : « Il y a un corps animal et il y a un corps spirituel[156]. » Jésus l'annonce symboliquement, mais avec plus de profondeur, pour qui sait lire entre les lignes, dans l'entretien secret avec Nicodème. Or, plus une âme est spiritualisée, plus grand sera son éloignement pour l'atmosphère terrestre, plus lointaine la région cosmique qui l'attire par sa loi d'affinité, plus difficile sa manifestation aux homme

---

[156] Cor., XV, 39-46.

Aussi, les âmes supérieures ne se manifestent-elles guère à l'homme que dans l'état de sommeil profond ou d'extase. Alors, les yeux physiques étant fermés, l'âme, à demi dégagée du corps, quelquefois voit des âmes. Il arrive cependant qu'un très grand prophète, un véritable fils de Dieu se manifeste aux siens d'une manière sensible et à l'état de veille, afin de les mieux persuader en frappant leurs sens et leur imagination. En pareil cas, l'âme désincarnée parvient à donner momentanément à son corps spirituel une apparence visible, quelquefois même tangible, au moyen du dynamisme particulier, que l'esprit exerce sur la matière par l'intermédiaire des forces électriques de l'atmosphère et des forces magnétiques des corps vivants.

C'est ce qui advint selon toute apparence pour Jésus. Les apparitions rapportées par le Nouveau Testament rentrent alternativement dans l'une et dans l'autre de ces deux catégories : vision spirituelle et apparition sensible. Il est certain qu'elles eurent pour les apôtres le caractère d'une réalité suprême. Ils auraient plutôt douté de l'existence du ciel et de la terre que de leur communion vivante avec le Christ ressuscité. Car ces visions émouvantes du Seigneur étaient ce qu'il y avait de plus radieux dans leur vie, de plus profond dans leur conscience. Il n'y a pas de surnaturel, mais il y a l'inconnu de la nature, sa continuation occulte dans l'infini et la phosphorescence de l'invisible aux confins du visible. Dans notre état corporel présent, nous avons peine à croire et même à concevoir la réalité de l'impalpable ; dans l'état spirituel, c'est la matière qui nous paraîtra l'irréel et le non existant. Mais la synthèse de l'âme et de la matière, ces deux faces de la substance une, se trouve dans l'Esprit. Car si l'on remonte aux principes éternels, aux causes finales, ce sont les lois innées de l'Intelligence qui expliquent le dynamisme de la nature, et c'est l'étude de l'âme, par la psychologie expérimentale, qui explique les lois de la vie.

La résurrection comprise dans le sens ésotérique, tel que je viens de l'indiquer, était donc à la fois la conclusion nécessaire de la vie de Jésus et la préface indispensable à l'évolution historique du christianisme. Conclusion nécessaire, car Jésus l'avait annoncée mainte fois à ses disciples. S'il eut le pouvoir de leur apparaître après sa mort avec cette splendeur triomphante, ce fut grâce à la pureté, à la force innée de son âme, centuplée par la grandeur de l'effort et de l'œuvre accomplie.

Vu du dehors et au point de vue terrestre, le drame messianique finit sur la croix. Sublime en soi, il lui manque cependant l'accomplissement de la promesse. Vu du dedans, du fond de la conscience de Jésus et au point de vue céleste, il a trois actes dont *la Tentation, la Transfiguration* et *la Résurrection* marquent les sommets. Ces trois phases représentent en d'autres termes *l'Initiation du Christ, la Révélation totale* et *le Couronnement de l'œuvre.* Elles correspondent assez bien à ce que les apôtres et les chrétiens initiés des premiers siècles nommèrent *les mystères du Fils, du Père et du Saint-Esprit.*

Couronnement nécessaire disais-je, de la vie du Christ, et préface indispensable de l'évolution historique du christianisme. Le navire construit sur la plage avait besoin d'être lancé à l'Océan. La résurrection fut en outre une porte de lumière ouverte sur toute la réserve ésotérique de Jésus. Ne nous étonnons pas que les premiers chrétiens aient été comme éblouis et aveuglés de sa fulgurante irruption, qu'ils aient souvent entendu l'enseignement du maître à la lettre, et se soient mépris sur le sens de ses paroles. Mais aujourd'hui que l'esprit humain a fait le tour des âges, des religions et des sciences, nous devinons ce qu'un saint Paul, un saint Jean, ce que Jésus lui-même entendaient par les mystères du Père et de l'Esprit. Nous voyons qu'ils renfermaient ce que la science psychique et l'intuition théosophique de l'orient avaient connu de plus haut et de plus vrai. Nous voyons aussi la puissance d'expansion nouvelle que le Christ a donné à l'antique, à l'éternelle vérité par la grandeur de son amour, par l'énergie de sa volonté. Nous apercevons enfin le côté à la fois métaphysique et pratique du christianisme qui fait sa puissance et sa vitalité.

Les vieux théosophes de l'Asie ont connu les vérités transcendantes. Les brahmanes ont même trouvé la clef de la vie antérieure et future, en formulant la loi organique de la réincarnation et de l'alternance des vies. Mais à force de se plonger dans l'au-delà et dans la contemplation de l'Éternité, ils ont oublié la réalisation terrestre ; la vie individuelle et sociale. – La Grèce, primitivement initiée aux mêmes vérités sous des formes plus voilées et plus anthropomorphiques, s'attacha, par son génie propre, à la vie naturelle et terrestre. Cela lui permit de révéler par l'exemple les lois immortelles du Beau et de formuler les principes des sciences d'observation. Mais, par ce point de vue, sa conception de l'au-delà se rétrécit et s'obscurcit graduellement. – Jésus, par sa largeur et son universalité, embrasse les deux côtés de la vie. Dan la prière dominicale qui résume son enseignement, il dit : « Que ton règne vienne *sur la terre comme au ciel.* Or le règne du divin sur la terre signifie l'accomplissement de la loi morale et sociale dans toute la richesse, dans toute la splendeur du Beau, du Bien et du Vrai. Aussi la magie de sa doctrine, sa puissance de développement en quelque sorte illimitée résident-elles dans l'unité de sa morale et de sa métaphysique, dans sa foi ardente en la vie éternelle, et dans son besoin de la commencer dès ici-bas par l'action, par la charité active. Le Christ dit à l'âme accablée de tous les poids de la terre : Relève-toi, car ta patrie est au ciel ; mais pour y croire et pour y parvenir, prouve-le dès ici-bas par ton œuvre et par ton amour !

VII

LA PROMESSE ET L'ACCOMPLISSEMENT LE TEMPLE

« En trois jours je renverserai le temple ; en trois jours je le relèverai », avait dit à ses disciples le fils de Marie, l'Essénien consacré Fils de l'Homme, c'est-à-dire l'héritier spirituel du Verbe de Moïse, d'Hermès et de tous les anciens fils de Dieu. Cette promesse audacieuse, cette parole d'initié et d'initiateur, l'a réalisée ? Oui, si l'on envisage les conséquences que l'enseignement du Christ, confirmé par sa mort et par sa.résurrection spirituelle, ont eues pour l'humanité, et toutes celles que contient sa promesse pour un avenir illimité. Son verbe et son sacrifice ont posé les fondements d'un temple invisible, plus solide et plus indestructible que tous les temples de pierre ; mais il ne se continue et ne s'achève que dans la mesure où chaque homme et tous les siècles y travaillent.

Ce temple, quel est-il ? Celui de l'humanité régénérée. Il est moral, social et spirituel.

Le temple moral est la régénération de l'âme humaine, la transformation des individus par l'idéal humain, offert comme exemple à l'humanité en le personne de Jésus. L'harmonie merveilleuse et la plénitude de ses vertus le rendent difficile à définir. Raison équilibrée, intuition mystique, sympathie humaine, puissance du verbe et de l'action, la sensibilité jusqu'à la douleur, l'amour débordant jusqu'au sacrifice, le courage jusqu'à la mort, rien ne lui a manqué. Il y avait assez d'âme dans chaque goutte de son sang pour faire un héros ; mais avec cela quelle douceur divine ! L'union profonde de l'héroïsme et de l'amour, de la volonté et de l'intelligence, de l'Éternel-Masculin avec l'Éternel-Féminin, en font la fleur de l'idéal humain. Toute sa morale, qui a pour dernier mot l'amour fraternel sans limite et l'alliance humaine universelle, découle naturellement de cette grande personnalité. Le travail des dix-huit siècles écoulés depuis sa mort a eu pour résultat de faire pénétrer cet idéal dans la conscience de tous. Car il n'est plus guère d'homme dans le monde civilisé qui n'en ait une notion plus ou moins claire. On peut donc affirmer que le temple moral voulu par le Christ est non pas achevé, mais fondé sur des bases indestructibles dans l'humanité actuelle.

Il n'en est pas de même du temple social. Celui-ci suppose l'établissement du règne de Dieu ou de la loi providentielle dans les institutions organiques de l'humanité ; il reste à construire tout entier. Car l'humanité vit encore à l'état de guerre, sous la loi de la Force et du Destin. La loi du Christ qui règne dans la conscience morale n'a pas encore passé dans les institutions. Je n'ai touché qu'incidemment aux questions d'organisation sociale et politique, dans ce livre uniquement destiné à éclairer la question philosophique et religieuse en son centre, par quelques-unes des essentielles vérités ésotériques et par la vie des grands initiés. Je ne m'en occuperai pas davantage dans cette conclusion. Elle est trop vaste et trop complexe et elle échappe trop à ma compétence pour que j'essaye même de la définir en quelques lignes. Je n'en dirai que ceci. La guerre sociale existe en principe dans tous les pays européens. Car il n'y a pas de principes économiques, sociaux et religieux admis par toutes les classes de la société. De même les nations européennes entre elles n'ont cessé de vivre à l'état de guerre ouverte ou de paix armée. Car aucun principe fédératif commun ne les relie légalement. Leurs intérêts, leurs aspirations communes n'ont de recours chez aucune autorité reconnue, de sanction chez aucun tribunal suprême. Si la loi du Christ a pénétré dans les consciences individuelles, et jusqu'à un certain point dans la vie sociale, c'est encore la loi païenne et barbare qui gouverne nos institutions politiques. Actuellement le pouvoir politique est constitué partout sur des bases insuffisantes. Car d'une part, il émane du soi-disant droit divin des rois, qui n'est autre que la force militaire ; de l'autre, du suffrage universel, qui n'est que l'instinct des masses ou l'intelligence non sélectée. Une nation n'est pas un nombre de valeurs indistinctes ou de chiffres additionnés. Elle est un être vivant composé d'organes. Tant que la représentation nationale ne sera pas l'image de cet organisme, depuis ses corps de métiers jusqu'à ses corps enseignants, il n'y aura pas de représentation nationale organique et intelligente. Tant que les délégués de tous les corps scientifiques et de toutes les Églises chrétiennes ne siégeront pas ensemble dans un conseil supérieur, nos sociétés seront gouvernées par l'instinct, la passion et la force ; et il n'y aura pas de temple social.

D'où vient donc qu'au-dessus de l'Église trop petite pour le contenir tout entier, de la politique qui le nie et de la Science qui ne le comprend encore qu'à demi, le Christ est plus vivant que jamais ? C'est que sa morale sublime est le corollaire d'une science plus sublime encore. C'est que l'humanité commence seulement à pressentir la portée de son œuvre, l'étendue de sa promesse. C'est que derrière lui nous apercevons à côté et au-delà de Moïse toute l'antique théosophie des initiés de l'Inde, de l'Égypte et de la Grèce, dont il est la confirmation éclatante. Nous commençons à comprendre que Jésus à sa plus haute conscience, que le Christ transfiguré ouvre ses bras aimants à ses frères, aux autres Messies qui l'ont précédé, comme lui rayons du Verbe vivant, qu'il les ouvre tout grands à la Science intégrale, à l'Art divin et à la Vie complète. Mais sa promesse ne peut s'accomplir sans le concours de toutes les forces vives de l'humanité. Deux choses principales sont nécessaires aujourd'hui à la poursuite du grand œuvre : d'une part, l'ouverture progressive de la science expérimentale et de la philosophie intuitive, aux faits de l'ordre psychique, aux principes intellectuels et aux vérités spirituelles ; de l'autre, l'élargissement du dogme chrétien dans le sens de la tradition et de la science ésotérique, par suite, une réorganisation de l'Église selon l'initiation graduée, et cela par un mouvement libre et d'autant plus irrésistible de toutes les églises chrétiennes, qui sont toutes également et au même titre les filles du Christ. Il faut que la science devienne religieuse et que la religion devienne scientifique. Cette double évolution, qui déjà se prépare, amènerait finalement et forcément une réconciliation de la Science et de la Religion sur le terrain ésotérique. L'œuvre n'ira pas sans de grandes difficultés au début, mais l'avenir de la société européenne en dépend. La transformation du Christianisme dans le sens ésotérique entraînerait celle du Judaïsme et de l'Islam, ainsi qu'une régénération du Brahmanisme et du Bouddhisme dans le même sens ; il fournirait donc une base religieuse à la réconciliation de l'Asie et de l'Europe.

Voilà le temple spirituel à construire ;voilà le couronnement de l'œuvre intuitivement conçue et voulue par Jésus. Son verbe d'amour peut-il former la chaîne magnétique des sciences et des arts, des religions et des peuples, et devenir ainsi le verbe universel ?

Aujourd'hui, le Christ est maître du globe par les deux races les plus jeunes et les plus vigoureuses, encore pleines de foi. Par la Russie, il a le pied en Asie ; par la race anglo-saxonne, il tient le Nouveau Monde. L'Europe est plus vieille que l'Amérique, mais plus jeune que l'Asie. Ceux qui là croient vouée à une décadence irrémédiable la calomnient. Mais si elle continue à s'entre-déchirer, au lieu de se fédéraliser sous l'impulsion de la seule autorité valable : l'autorité scientifique et religieuse ; si, par l'extinction de cette foi, qui n'est que la lumière de l'esprit nourrie par l'amour, elle continue à préparer sa décomposition morale et sociale, sa civilisation risque de périr par les bouleversements sociaux d'abord, ensuite par l'invasion des races plus jeunes ; et celles-ci saisiront le flambeau qu'elle aura laissé échapper de ses mains.

Elle aurait un plus beau rôle à remplir. Ce serait de garder la direction du monde, en achevant l'œuvre sociale du Christ, en formulant sa pensée intégrale, en couronnant par la Science, l'Art et la Justice, te temple spirituel du plus grand des fils de Dieu.

FIN